JN101114

令和5年版

防災白書

内閣府

本白書は，災害対策基本法（昭和36年法律第223号）第9条第2項の規定に基づき第211回国会（常会）に報告を行った「防災に関してとった措置の概況」及び「令和５年度の防災に関する計画」について取りまとめたものである。

防災白書の刊行に当たって

内閣府特命担当大臣（防災）

　防災白書は、災害対策基本法に基づき、昭和38年から作成されています。61回目となる本白書は、本年6月16日に閣議決定の上、国会に報告されました。

　今年は、1923年に発生した関東大震災から、100年の節目に当たります。関東大震災は、その発生日である9月1日が「防災の日」と定められているように、近代日本における災害対策の出発点となった災害です。このため、本白書では、特集として「関東大震災と日本の災害対策」と題し、関東大震災の被害及びその対応を検証するとともに、その後の大規模災害等を契機とした災害対策の進展等について紹介しています。

　我が国の災害対策は、自然災害による度重なる大規模被害を踏まえて、その教訓をその後の対策に活かすことで強化されてきました。令和4年度においても、8月の大雨、台風第14号、台風第15号等による被害が発生しました。この節目の年に、今一度、大災害への備えを新たにし、災害対策の一層の強化を図ることが重要です。

　また、災害の多い我が国では、災害を自分の事として捉え、「自らの命は自らが守る」という意識を、お一人お一人に持っていただくことが重要です。本白書により、国民の皆様が、我が国における防災・減災政策の歩みや、最新の動向について理解を深められ、それぞれの防災の取組を更に進めていただくことを期待しています。

　引き続き、我が国の防災対策の推進について一層の御協力をいただければ幸いです。

令和5年6月

目　次

〈特集１〉
関東大震災と日本の災害対策

┌─ 特集1のコラム ─────────────────────────────┐

└──────────────────────────────────────┘

〈特集2〉
令和4年度に発生した主な災害

第1部
我が国の災害対策の取組の状況等

―― 第1部のコラム ――

第2部
令和3年度において防災に関してとった措置の概況

第3部
令和5年度の防災に関する計画

本白書に記載した地図は、我が国の領土を網羅的に記したものではない。

各施策について、詳しくは内閣府防災情報ホームページ等を御覧ください。
URL:https://www.bousai.go.jp/index.html

はじめに

　令和5年版防災白書では、特集1を「関東大震災と日本の災害対策」と題し、関東大震災の被害及びその後の対応、関東大震災以降の大規模災害等を契機として充実・強化されてきた災害対策の進展等について記載しています。さらに、「特集2」として、令和4年度に発生した主な災害について、その被害状況及びそれらに対する政府の対応等の振り返りについて記載しています。

　また、第1部においては、

- 自助・共助による事前防災と多様な主体の連携
- 防災体制・災害発生時の対応とその備え
- 災害種別ごとの対策
- 国際防災協力
- 国土強靱化の推進
- 原子力防災

に関し、令和4年度に重点的に実施した施策の取組状況について取り上げています。

「令和5年版防災白書」における主な法律・指針等の新設・改正事項（掲載順）	本体頁
防災基本計画の修正	80p
防災分野における個人情報の取扱いに関する指針	90p
「日本海溝・千島海溝周辺海溝型地震に係る地震防災対策の推進に関する特別措置法」の改正	96p

関東大震災と日本の災害対策

特集1 関東大震災と日本の災害対策

　令和5年（2023年）は、大正12年（1923年）に発生した関東大震災から100年の節目の年に当たる。関東大震災は、近代日本の首都圏に未曾有の被害をもたらした、我が国の災害史において特筆すべき災害である。その発生日である9月1日は、閣議了解により「防災の日」と定められ、当日及びその前後の「防災週間」（8月30日から9月5日）の期間を中心に、政府の総合防災訓練を始めとする防災訓練や各種啓発行事等が毎年各地で行われる。このように関東大震災は、我が国の災害対策の出発点とも言える存在となっている。

　一方で、100年前の大震災がもたらした当時の被害の様相や、その後の応急対策、復興の取組等が、広く現代の国民に知られているとは言い難い。この災害では、東京府（当時。以下同じ。）において火災による人的被害が大きかった一方で、震源の相模湾に近い神奈川県等を中心に、強震、津波、土砂崩れ、火災、液状化などによる被害が各地に及び、複雑な様相を呈した。また、災害救護に当たっては、現代で言うところのボランティアとも言うべき住民同士の助け合いや、海外を含む遠隔地からの支援が大きな役割を果たした。さらに、帝都復興計画に基づく復興事業の成果は、現代の東京や横浜の中心部を形作っている。様々な大規模災害のリスクに直面する現代の我々にとっても、当時の取組から学ぶことは多いと考えられる。

　また、現在の我が国の災害対策の出発点となった関東大震災から100年の節目に、この間の災害対策の充実・強化の経緯や、我が国を取り巻く様々な環境の変化を俯瞰することは、今後の災害対策の大きな方向性を考える上で有意義であると考えられる。

　このため、令和5年版防災白書では、「特集1」として、「関東大震災と日本の災害対策」をテーマに取り上げる。まず、第1章では、関東大震災の被害及びその後の対応を検証するとともに、関東大震災を出発点として、その後の大規模災害等を契機として充実・強化されてきた災害対策の経緯を振り返る。次に、第2章では、この100年間に生じた我が国を取り巻く様々な環境の変化を分析し、今後の災害対策を推進する上での課題を整理する。その上で、第3章では、関東大震災から得られる教訓及びその後の環境変化を踏まえた今後の災害対策の方向性を示すことにする。

　併せて、「特集2」として、令和4年度に発生した主な災害について、その被害状況やそれらに対する政府による対応等を振り返る。

第1章　関東大震災からの100年を振り返る

　図表1-1は、関東大震災の被害状況等について、その後の二つの大震災である阪神・淡路大震災及び東日本大震災と比較したものである。関東大震災は、その後の二つの大震災と比べても、人的・物的被害の甚大さ、当時の社会経済に与えたインパクトの大きさのいずれの観点からも極めて大きい規模の災害であったことがわかる。

図表1-1	関東大震災、阪神・淡路大震災及び東日本大震災による被害状況等の比較		
	関東大震災	阪神・淡路大震災	東日本大震災
発生年月日	1923年（大正12年）9月1日 土曜日 午前11時58分	1995年（平成7年）1月17日 火曜日 午前5時46分	2011年（平成23年）3月11日 金曜日 午後2時46分
地震規模	マグニチュード7.9	マグニチュード7.3	モーメントマグニチュード9.0
直接死・行方不明	約10万5千人 （うち焼死 約9割）	約5,500人 （うち窒息・圧死 約7割）	約1万8千人 （うち溺死 約9割）
災害関連死	–	約900人	約3,800人
全壊・全焼住家	約29万棟	約11万棟	約12万棟
経済被害	約55億円	約9兆6千億円	約16兆9千億円
当時のGDP	約149億円	約522兆円	約497兆円
GDP比	約37%	約2%	約3%
当時の国家予算	約14億円	約73兆円	約92兆円

注：「当時のGDP」のうち、関東大震災については粗国民生産の値
出典：諸井・武村（2004）『日本地震工学会論文集』第4巻第4号、東京市役所（1926）『東京震災録：前輯』、一橋大学社会
　　　科学統計情報研究センター『長期経済統計データベース』、気象庁、警察庁、消防庁、復興庁、国土庁、内閣府、財務
　　　省及び兵庫県資料を基に内閣府作成

　我が国の災害対策は、大規模災害の発生とその教訓を反映させる形で充実・強化が図られてきた。関東大震災以降、災害対策の転換点となった大規模災害としては、上述の二つの大震災のほか、昭和34年（1959年）の伊勢湾台風が挙げられる。

　このため、本章では、まず、関東大震災に焦点を当て、第1節において、その被害の様相を詳述するとともに、第2節及び第3節において、それぞれ応急対策と復興の取組を振り返る。

　その上で、第4節において、関東大震災を契機として充実・強化された災害対策を取り上げる。さらに、第5節において、その後の伊勢湾台風及び二つの大震災を契機として充実・強化された様々な災害対策についても触れ、関東大震災を出発点とした我が国における災害対策の歩みを俯瞰することとする。

第1節　関東大震災による被害の様相

（関東大震災の概要）

　関東大震災は、大正12年（1923年）9月1日11時58分に発生した、マグニチュード7.9と推定される地震（大正関東地震）によってもたらされた災害である。この地震により、埼玉県、千葉県、東京都、神奈川県及び山梨県で震度6を観測したほか、北海道道南から中国・四国地方にかけての広い範囲で震度5から震度1を観測した。[1]

　同地震は、相模トラフを震源とする海溝型地震であり、震源の直上に箱根や丹沢などの中山間地があることに加えて、人口が集中する首都圏にも近いことから、多岐にわたる被害を発生させた。具体

1　当時の震度階級は震度0から震度6までの7階級であったが、家屋の倒潰状況などから相模湾沿岸地域や房総半島南端では、現在の震度7相当の揺れであったと推定されている。

的には、強震によって10万棟を超える家屋を倒潰[2]させるとともに、山間部での崖崩れなどの土砂災害、沿岸部での津波被害といった被害を発生させた。また、発生が昼食の時間と重なったことから、多くの火災が発生し、大規模な延焼火災に拡大した。さらに、地盤の液状化による被害は広範囲に及び、震源域から遠く離れた埼玉県の低地でとりわけ激しかった。

図表1-2	関東大震災の震度分布及び住家全潰率

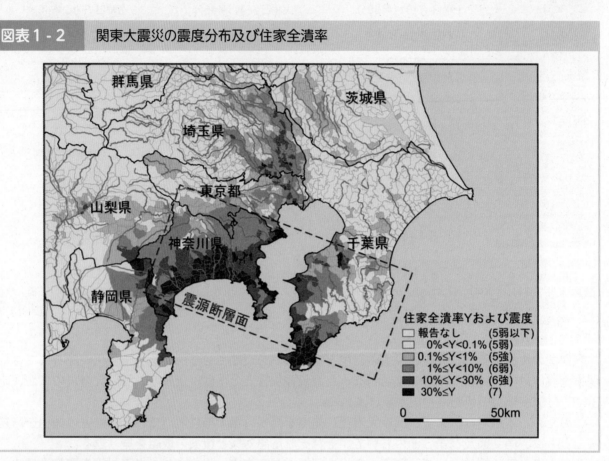

注1：図の破線は推定された震源断層面の地表への投影を表す。
注2：震度分布は住家全潰率から推定
出典：諸井・武村（2002）「日本地震工学会論文集」第2巻第3号35-71（中央防災会議（2006）「関東大震災報告書 第1編」で引用）を基に内閣府作成

（人的被害・住家被害）
　関東大震災により全半潰・焼失・流失・埋没の被害を受けた住家は総計約37万棟に上り、死者・行方不明者は約10万5,000人に及んだ。
　人的被害の多くは、火災によるものであり、約9万人の死者・行方不明者が発生したと推計されている。特に本所区（現墨田区）横網町の被服廠跡で起こった火災では、避難していた住民約4万人が亡くなった。一方、住家全潰による死者等も約1万人に上るほか、津波、土砂災害、工場の倒潰による死者等も多数発生するなど、様々な要因により人的被害が発生している。
　住家被害については、地震の揺れによる全半潰が約20万棟以上発生した。特に、神奈川県の鎌倉郡（当時）、千葉県の安房郡（当時）等では全潰率が60％以上に達した。また、東京府を中心とした火災による焼失や、神奈川県や静岡県等で津波による流失や土砂災害による埋没も発生した。

2　本節では、関東大震災による住家被害について、「壊」ではなく「潰」の字を用いている。これは、当時の木造住家の構造的被害の態様が「壊れる」というより「潰れる」であったとする中央防災会議専門調査会の報告書の記述（中央防災会議（2006）「関東大震災報告書 第1編」）に即したものである。

| 図表1-3 | 関東大震災による住家被害棟数及び死者数の集計 |

府県	住家被害棟数（棟）								死者数（行方不明者含む）（人）				
	全潰	（うち）非焼失	半潰	（うち）非焼失	焼失	流失埋没	合計（除半潰）	合計（含半潰）	住家全潰	火災	流失埋没	工場等の被害	合計
神奈川県	63,577	46,621	54,035	43,047	35,412	497	82,530	125,577	5,795	25,201	836	1,006	32,838
東京府	24,469	11,842	29,525	17,231	176,505	2	188,349	205,580	3,546	66,521	6	314	70,387
千葉県	13,767	13,444	6,093	6,030	431	71	13,946	19,976	1,255	59	0	32	1,346
埼玉県	4,759	4,759	4,086	4,086	0	0	4,759	8,845	315	0	0	28	343
山梨県	577	577	2,225	2,225	0	0	577	2,802	20	0	0	2	22
静岡県	2,383	2,309	6,370	6,214	5	731	3,045	9,259	150	0	171	123	444
茨城県	141	141	342	342	0	0	141	483	5	0	0	0	5
長野県	13	13	75	75	0	0	13	88	0	0	0	0	0
栃木県	3	3	1	1	0	0	3	4	0	0	0	0	0
群馬県	24	24	21	21	0	0	24	45	0	0	0	0	0
合計	109,713	79,733	102,773	79,272	212,353	1,301	293,387	372,659	11,086	91,781	1,013	1,505	105,385
（うち）													
東京市	12,192	1,458	11,122	1,253	166,191	0	167,649	168,902	2,758	65,902	0	0	68,660
横浜市	15,537	5,332	12,542	4,380	25,324	0	30,656	35,036	1,977	24,646	0	0	26,623
横須賀市	7,227	3,740	2,514	1,301	4,700	0	8,440	9,741	495	170	0	0	665

※住家被害棟数の合計は重複を避けるために、非焼失分と焼失、流失・埋没の合計とする。

出典：中央防災会議（2011）「災害史に学ぶ 海溝型地震・津波編」を基に内閣府作成

| 図表1-4 | 東京市（当時）の焼失地域（約34.7km²）と死者分布（左）及び横浜市の焼失地域（約10km²）と出火点分布（右） |

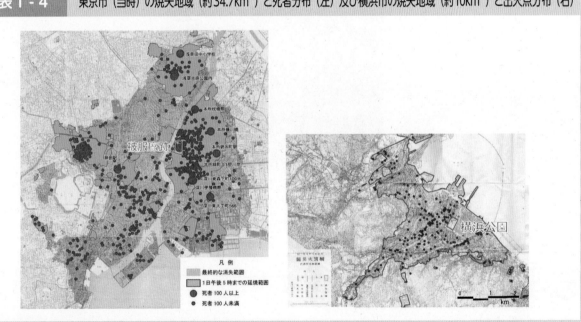

出典：中央防災会議（2011）「災害史に学ぶ 海溝型地震・津波編」、中央防災会議（2006）「関東大震災報告書 第1編」を基に内閣府作成

（ライフライン被害）

　ライフラインにも甚大な被害が生じた。多数の水力発電所や火力発電所、送電線や変電所が被害を受け、一般家庭への配電が再開されたのは9月5日の夜であったとされる。都市ガスについては、東京市（当時。以下同じ。）の約半数の世帯を占める約24万戸に供給されていたが、そのうちの約14万戸の家屋は焼失した。残りの約10万戸に対しては、9月末から部分的な供給が再開されたものの、

完全な復旧は年末となった。上水道については、9月4日から山の手方面から徐々に通水し始めたものの、被害が甚大であった本所・深川等では時間を要し、全域に通水が完了したのは11月20日であった。

　鉄道についても、東京や神奈川を中心に被害が生じた。192か所の停車場のうち178か所が全潰や破損あるいは焼失した。また、地震発生時に運転していた112の列車について、23の列車が転覆又は脱線し、11の列車が火災に遭遇した。多くの路線は地震から1週間ないし3週間で復旧したものの、東海道本線の横浜-桜木町間のように12月末頃までかかった区間や、熱海線の根府川駅付近など、全線開通まで1年半を要した区間もあった。一方、総武本線の亀戸-稲毛間のように、9月1日のうちに再開した路線もあった。

写真1　関東大震災発災後の状況

現銀座四丁目交差点付近の焼跡
出典：東京市「東京震災録」

震災当日、火災により発生した入道雲
出典：内務省社会局「大正震災志」

東京上野周辺を空から撮影
出典：東京市「東京震災録」

第2節　関東大震災の応急対策

（政府の初動体制）

　関東大震災は、内閣総理大臣が空席の中で発生した災害だった。8月24日に当時の加藤友三郎内閣総理大臣が現職のまま死去し、発災当日は、山本権兵衛内閣の組閣に向けて作業中の折だった。山本内閣の親任式が行われたのは震災翌日の9月2日夜だったが、それに先立ち、2日午前中の臨時閣議において臨時震災救護事務局設置及び戒厳令の公布が決定された。

　臨時震災救護事務局（図表1-5）は、内閣総理大臣を総裁、内務大臣を副総裁として、内務省に設置された。事務局の第1回会合が開かれたのは、発災から約27時間が経過した2日午後3時頃とされている。

　内閣総理大臣の空席に加え、応急対策の中心を担うべき内務省と首都の治安を掌る警視庁の本庁舎

が全焼するなど、政府自体が被災者となったことも初動の遅れの原因となった。加えて、当日がたまたま半日勤務の土曜日であったことから、政府や自治体の職員の多くが家族の安否確認も兼ねて地震発生直後に帰宅していたことも初動に悪影響を与えた。

　また、軍隊は、9月3日に関東戒厳司令部が設置されて以降、組織的な活動を開始した。

図表1-5	臨時震災救護事務局の執務状況及び組織

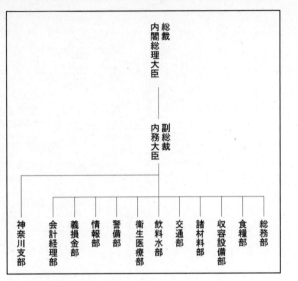

出典：内務省（1926）「大正震災志写真帖」（中央防災会議（2006）「関東大震災報告書 第1編」に掲載）、中央防災会議（2009）「関東大震災報告書 第2編」を基に内閣府作成

（被災者の救護及び消火活動）

　都市部では、延焼火災が発生したため、倒潰建物からの救出、負傷者の手当てとともに、消防が当面の重要な課題となった。また、被災地では主に火災のため家屋や食料を含む物資が失われ、交通機関や橋の被害により、地域外への脱出や地域外からの物資の搬入も困難であった。このような中、各地において被災者の救護及び消火活動が行われた。

　東京市では、地震発生直後から火災が発生していたが、地震の揺れにより電話や火災報知器のほとんどが破損して不通となった。また、水道が断水する中で著しく消防力が低下し、消防機関や住民の消火活動にもかかわらず、延焼火災は地震発生後2日近く続いた。その結果、焼失面積は当時の市域面積の43.6％に上った。

　当時は災害時に避難する場所等は定められておらず、人々は、出火点や風向、人の動きによって、上野公園や皇居、靖国神社等の比較的広い空間に避難した（図表1-6）。火災に追われて避難した後、持ち込んだ家財道具や輻射熱によって避難先にて火災が発生し、本所区横網町の被服廠跡のように、多くの死者が発生してしまった場所もあった。

　これらの避難場所を中心に東京府や東京市、警視庁による救護活動が行われたものの、発災翌日までに公的な食料配給を受けられたのは10人に1人程度であり、組織的な配給体制は9月6日頃から実施されるなど、食糧供給・救護体制が整うまでに一定の期間を要した。

| 図表 1 - 6 | 東京市における震災直後の主な避難場所と避難人口 |

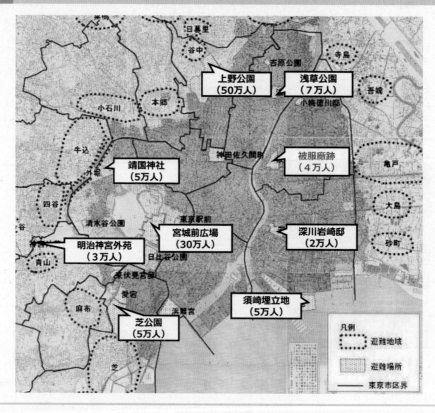

上野公園
（50万人）

浅草公園
（7万人）

靖国神社
（5万人）

被服廠跡
（4万人）

明治神宮外苑
（3万人）

宮城前広場
（30万人）

深川岩崎邸
（2万人）

須崎埋立地
（5万人）

芝公園
（5万人）

凡例
- - - 避難地域
避難場所
—— 東京市区界

出典：中央防災会議（2009）「関東大震災報告書 第2編」を基に内閣府作成

（情報の途絶及び流言飛語の発生）

　日本でラジオ放送が始まったのは震災発生から2年後の大正14年（1925年）であり、震災当時の情報発信手段は電信、電話、新聞等であった。震災直後、報道・通信機関はその機能を停止してしまい、大火災で生じた爆発や飛び火、井戸水や池水の濁り等が、爆弾投擲、放火、投毒によるものなどといった、根拠のない噂が広まった。こうした流言飛語が広まることによって、朝鮮人の殺傷事件などが発生したという調査報告[3]もなされている。

（住民同士の助け合い）

　当時の想定を超える規模となった関東大震災では、住民同士の相互の助け合いが救護の中心となった。各地で、知り合った被災者を宿泊させたり、食糧を分け与えるなどの共助の取組が行われるとともに、炊き出しや町内の警備のために団結するなど、住民の活動が大きな役割を果たした。

　当時は、避難所をあらかじめ指定する仕組みはなく、学校、官公庁、社寺境内や華族・富豪等の大邸宅が開放され、避難者を収容した。また、公的な食糧の配給が開始された後には、町内会が取りまとめて各家に食料を配布する等の取組も行われた。さらに、各地に設けられた救護所については、この町内会のほか、青年団や在郷軍人会などの応援を得て活動するなど、現在で言うところのボランティアの活動が行われていた。

（来援救護団、外国政府等による救援）

　他府県から来援した救護団など、公私様々な団体が救護所の運営などの救護活動を担った。特に、東京市の焼失地域と都心部での公的な救護活動は、群馬県の救護団が9月3日以降に到着してから本格化したとされている。その後、11月初旬までに、東京府及び東京市が受けた地方からの応援団体

3　中央防災会議（2009）「関東大震災報告書 第2編」p206

（青年団、在郷軍人会、消防隊その他救護団体）の数は、1道1府18県の181団体、延べ2万3,357人に上った。[4]

　また、より被害が甚大だった横浜市では、公的機関による救護がなかなか進まず混乱が生じた。このため、他県からの来援救護団のほか、民間の汽船会社や外国政府等による救援も重要な役割を担った。例えば、震災当時横浜港に停泊していた民間汽船会社の船舶は、被災者を収容したほか、神奈川県の県港事務所や税関等の仮事務所の設置場所ともなった。さらに、イギリス、フランスなどの汽船会社の船舶やアメリカ等の艦船も被災者の救援や神戸港への輸送などを行った。

第3節　関東大震災からの復興

（帝都復興計画の構想）

　関東大震災では、東京や横浜を中心に首都圏が壊滅的な被害を受け、その被災範囲も焼失面積が約4,500haに及ぶなど広大であった。震災としては世界最大規模となる復興事業を担う審議機関として、内閣総理大臣を総裁とする帝都復興審議会が設置された。また、その執行機関として、内務省が直轄する帝都復興院が設置され、帝都復興計画の原案作成の中心を担った。

　帝都復興院の総裁には、当時の内務大臣であった後藤新平が就任し、後に「後藤の大風呂敷」と言われる理想主義的な原案の作成を主導した。その原案では、100m道路の建設やライフラインの共同化など、近代国家にふさわしい都市計画が企図されていた。しかし、第一次世界大戦後の不景気という社会状況の中で、約30億円（当時）という巨額の財政支出を伴う原案は受け入れられず、復興審議会の中でその内容が大幅に修正された。この結果、復興事業の範囲から非被災地を外す、京浜運河や京浜築港等の計画は除く、幹線道路の幅員を大幅に削減するなどの変更が行われ、予算も約5億円まで縮減された。

（帝都復興事業の展開）

　そのような計画の大幅な縮小にもかかわらず、帝都復興計画に基づく事業は大きな成果を挙げたと評価されている。特に約3,300haに及ぶ土地区画整理事業が実施され、街路や公園が整備された近代的な街並みが造られたことは特筆に値する。昭和通りなどの幹線道路の多くはグリーンベルトを伴ったもので、都市景観の観点からも都市防災の観点からも評価されるものであった（図表1-7）。また、隅田公園や山下公園等の大公園の整備に加え、小学校に隣接する形で「復興小公園」が各地に設置された。さらに、鉄筋コンクリート造の小学校や隅田川に架かる橋梁など、近代的な公共施設やインフラが整備された（図表1-8）。

　東京市及び横浜市の帝都復興計画は、震災翌年の大正13年（1924年）1月に決定され、東京市は昭和5年（1930年）3月、横浜市は昭和4年（1929年）に復興事業がほぼ完了した。

4　中央防災会議（2009）「関東大震災報告書 第2編」p.140

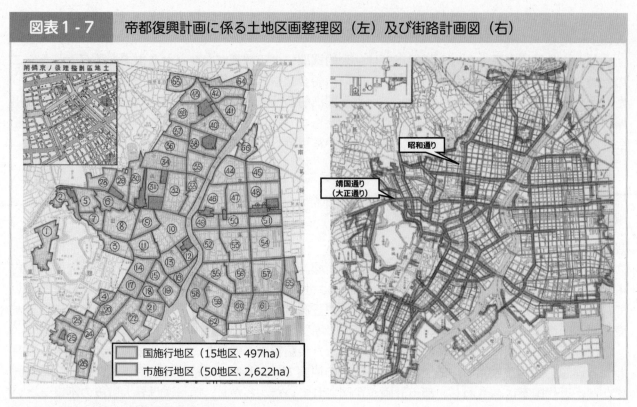

| 図表 1 - 7 | 帝都復興計画に係る土地区画整理図（左）及び街路計画図（右） |

出典：東京市（1930）「帝都復興事業図表」を基に内閣府作成

| 図表 1 - 8 | 隅田川の橋梁（左）、横浜市の山下公園（右、震災時のがれきを埋め立てて造られた） |

出典：東京市（1930）「帝都復興事業図表」、横浜市（1981）「港町横浜の都市形成史」（中央防災会議（2009）「関東大震災報告書 第3編」に掲載）

（住宅復興及び社会事業）

　関東大震災では約37万棟の住宅が火災や倒潰等による被害を受けたため、住宅の復興も重要な課題であった。震災直後は、応急仮設住宅であるバラックが自治体によって建設されたが、それでは避難民を収容するのに十分ではなく、結果的に、住民自らの手で多くのバラックが建設された。

　その後、恒久的な住宅の確保のために、震災義援金による小住宅の建設や、財団法人同潤会による簡易住宅団地等の整備が進められた。震災後の仮設住宅団地や不良住宅地区においては、簡易浴場や職業紹介所、簡易食堂、公設市場等の社会施設の設置が精力的に進められ、これらの取組により、比

較的速やかな生活の回復と社会の安定が図られた。

写真2　靖国神社境内のバラック（左）、同潤会青山アパート（右）

出典：興文堂（1930）「復興の東京」絵葉書（東京都立図書館ＴＯＫＹＯアーカイブ）、復興調査協会編
（1930）「帝国復興史附横浜復興記念史」（中央防災会議（2009）「関東大震災報告書 第3編」に掲載）

関東大震災からの100年を振り返る　第1章　第3節　関東大震災からの復興

【コラム】
関東大震災に寄せられた国内外からの義援金

　関東大震災では、国内外から多くの義援金が寄せられた。当時の内務省の資料によると、その総額は約6,459万円に上り、とりわけ海外からは、約2,211万円と総額の3分の1以上を占める義援金が30か国から寄せられた。また、その他に多くの義援品も寄せられた。

　東日本大震災の義援金の総額が約3,425億円であり、そのうち、国外からの支援は約225億円（令和2年12月末時点）であったことを踏まえると、当時の震災後の国外からの義援金の割合は非常に大きかったことが伺える。なお、当時の貨幣価値は、企業物価指数を用いて試算すると600倍程度となることから、当時の約2,211万円は少なくとも約100億円以上に相当する。当時の日本経済の規模を考えると、非常に多額の義援金が海外から寄せられたことが分かる。

　義援金の使途としては、食糧費や衣類費、衛生医療費等として被災者に直接給付されたほか、バラックと呼ばれる応急仮設住宅の管理や、財団法人同潤会への交付金を通した簡易住宅団地の整備等の住宅確保にも幅広く活用され、当時の被災者支援活動を支える貴重な原資となった。

外国からの義援金について（金額順／上位10か国／在留本邦人、在留外国人による義援金を含む）

国名	金額	国名	金額
アメリカ	1532万7,875円	ペルー	18万6,514円
イギリス	407万5,615円	メキシコ	13万7,926円
中国	133万6,941円	スイス	8万9,624円
オランダ	34万1,285円	フランス	8万7,988円
ベルギー	19万4,771円	タイ	6万1,648円

出典：内務省社会局編（1926）「大正震災志」を基に内閣府作成
大正震災志（国立国会図書館デジタルコレクション）
https://dl.ndl.go.jp/pid/981916/1/60

日本赤十字社ホームページ
https://www.jrc.or.jp/international/news/210303_006556.html

（耐震規定の制定）

　関東大震災が発生した大正時代末期の東京では、旧来からの木造建築物、明治以降に建築されたレンガ造建築、地震に縁のない外国の建設会社が関わった高層ビル、日本の研究者が独自に考案した耐震建築など、耐震構造化が考慮された建築物とそうでないものが混在した状態にあった。

　このような中、関東大震災による建築物の被害は、レンガ造、木造及び耐震構造化を考慮していない外国流のビルに多く発生し、日本流の耐震建築には少なかった。例えば、丸の内で当時施工中だった日本興業銀行は、耐震設計研究で有名な佐野利器に学んだ建築家の内藤多仲が構造設計を手がけたが、同ビルがほとんど無傷でこの地震に耐えたのに対して、外国の建設会社の手による他のビルの中には、施工中に倒潰し作業員が犠牲になったり、大規模な改修を余儀なくされたりしたものもあった。

写真3　東京・丸の内のオフィスビルへの被害状況

内外ビル
（建設工事中に崩壊）

日本興業銀行
（1923年竣工、
内藤多仲による耐震壁を取り入れた設計）

出典：国立科学博物館地震資料室ホームページ等（中央防災会議（2006）「関東大震災報告書 第1編」に掲載）

　関東大震災による建築物の膨大な被害を直接の契機として、大震災の翌年の大正13年（1924年）には「市街地建築物法施行規則」（大正9年内務省令第37号）の構造強度規定が改正された。これによって、法令による地震力の規定が世界で初めて制定された。戦後、「市街地建築物法」（大正8年法律第37号）は、全国を対象とした「建築基準法」（昭和25年法律第201号）に置き換わるが、当時制定された耐震規定は、外観を変えながらも現在の耐震基準に至っていると評価されている。

（地震研究の進展）

　関東大震災は、地震という現象を科学的に追求するとともに、地震防災に関わる研究を積極的に進めることの重要性を認識させることになった。関東大震災に先立つ明治24年（1891年）の濃尾地震災害を契機として震災予防調査会が既に設立されていたが、これに代わる新しい研究機関として、大正14年（1925年）に東京帝国大学（当時）に地震研究所が設立された。

　地震研究所は、その官制（設置規定）において、「地震研究所ハ地震ノ学理及震災予防ニ関スル事項ノ研究ヲ掌ル」とされており、地震の学理が第一に挙げられている。それまでの統計的研究や観測に重点を置いた地震研究ではなく、振動工学や物理学、地球物理学等の立場から地震現象を理解しようとするものだった。

　その後、地震学は大きく発展し、関東大震災当時はよく理解されていなかった地震発生のメカニズムの解明や高度な地震観測網の整備が進み、今後予想される巨大地震の予測や地震発生時の即時の情報発信など、今日の地震防災対策の基礎となっている。

第5節　その後の大災害を契機とした災害対策の充実・強化

5-1　伊勢湾台風を契機とした総合的な防災体制の確立

（伊勢湾台風の概要）

　関東大震災の後も、大規模災害の発生を契機として災害対策の充実・強化が進められてきた。

　戦後の災害対策を大きく前進させる契機となったのが、昭和34年（1959年）の伊勢湾台風である。伊勢湾台風は、同年9月26日に和歌山県潮岬に上陸し、満潮に近い潮位や強風による高波も相まって、名古屋港のそれまでの最高潮位を1m近く上回る高潮を発生させた。この台風は、東海地方を中心に広範囲にわたって死者・行方不明者を5,098人も出すなど、大きな被害をもたらした。

写真4　泥の海と化した伊勢湾奥の低平地の状況

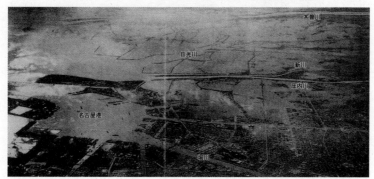

出典：木曽川下流河川事務所「自然と人とのかかわり－伊勢湾台風から40年－」

（災害対策基本法の制定）

　伊勢湾台風による被害の発生を受け、昭和36年（1961年）には、我が国の災害対策に関する基本法制となる「災害対策基本法」（昭和36年法律第223号）が制定された。この法律では、二つの政策転換が行われた。一点目は、災害発生後の応急対策に重点が置かれていたそれまでの災害対策を見直し、災害の予防から応急対策、復旧・復興まで一貫した災害対策を実施していくこととした点である。二点目は、総合的な防災対策の推進のため、各分野の取組を総合調整する仕組みを構築した点である。

　第2節で見たとおり、関東大震災発生時の災害対策は、災害発生後の事後的な対策が中心であった。また、政府の体制としても、臨時震災救護事務局が内務省に設置されたように、内務省を中心として対策が講じられてきた。

　「災害対策基本法」が成立したことにより、「災害を未然に防止し、災害が発生した場合における被害の拡大を防ぎ、及び災害の復旧を図る」と、初めて防災の概念が明確にされた。また、防災に関する各主体の責任を明確にし、具体的な対策・措置を明記するとともに、中央防災会議を始めとする防災会議の設置、防災基本計画を始めとする防災計画の策定等が規定され、総合的かつ体系的な防災の推進体制が確立した。

5-2　阪神・淡路大震災を契機とした政府の初動体制の強化等

（阪神・淡路大震災の概要）

　平成7年（1995年）1月17日、阪神・淡路大震災が発生した。同震災は、淡路島北部を震源とするマグニチュード7.3の直下型地震（兵庫県南部地震）によってもたらされた。この地震によって、神戸市から西宮市、宝塚市にかけての地域、淡路島の北部で震度7を確認したほか、豊岡市、彦根

市、京都市等でも震度5が観測され、東北から九州の広い範囲で有感となった。

　阪神・淡路大震災は、関東大震災と同様の都市型の地震であり、人的被害は死者・行方不明者6,437人（災害関連死を含む。）に上った（消防庁情報、平成18年5月19日現在）。また、家屋やビルの倒壊、電気・ガス・水道等の停止、鉄道・高速道路・港湾の損壊など、物的な被害も甚大だった。さらに、この災害では、情報網が寸断されるとともに、行政機能や道路、鉄道、港湾等の諸機能が停止するなど、都市機能が麻痺状態に陥った。

写真5　阪神・淡路大震災の被害状況

出典：総理府 阪神・淡路復興対策本部事務局（2000年）「阪神・淡路大震災復興誌」

（政府の初動体制の強化）

　この災害では、総理大臣官邸への情報連絡を始めとして、政府全体の情報連絡や初動体制に遅れが生じた。特に発生直後には被害情報が迅速に収集できず、死者数や建物倒壊数等の被害規模の把握が困難だった。

　これを踏まえて、24時間体制で情報収集を行う内閣情報集約センターの設置、官邸の危機管理センターの設置のほか、大地震が発生した時には、緊急参集チームが直ちに参集し、初動対応を行うこととされるなど、緊急参集体制の構築がなされた。また、被害規模を即時に推計し、初動対応に活用するための被害の早期予測システムが整備された。

　関東大震災の発生時にも、迅速な被害情報の収集や初動対応が課題となったが、阪神・淡路大震災においても改めて同じ課題がクローズアップされたと言える。第2節で述べたとおり、関東大震災の発生時には臨時震災救護事務局の設置・開催までに約27時間がかかったが、阪神・淡路大震災における非常災害対策本部は約6時間[5]で設置・開催された。後述する東日本大震災の発生時には、平日の日中であり多くの職員が在庁していたことも理由の一つではあるが、政府の初動体制の強化の成果として、地震発生から1時間以内[6]に緊急災害対策本部を設置・開催することができた。

（その他の災害対策の充実・強化）

　第4節で見たとおり、関東大震災を契機として設けられた建築物の耐震規定は、戦後の「建築基準法」に受け継がれ、昭和53年（1978年）の宮城県沖地震を契機として、昭和56年（1981年）に強化された。阪神・淡路大震災では、本改正後の耐震基準を満たしていない既存不適格建物に被害が集中したことから、同震災を契機として、耐震診断・耐震改修のための法整備及び支援措置が講じられることになった。この結果、その後の東日本大震災では、建物の倒壊による被害は抑えられた。

　また、阪神・淡路大震災では、全国各地から延べ130万人以上の人々が各種ボランティア活動に参加し、後に「ボランティア元年」と言われた。災害時のボランティアの役割が重要との認識の下、

5　地震の発生が平成7年1月17日5時46分。閣議で非常災害対策本部の設置を決定したのが同日10時4分。第1回本部会議の開催が同日11時30分。

6　地震の発生が平成23年3月11日14時46分。閣議で緊急災害対策本部の設置を決定したのが同日15時14分。第1本部会議の開催が同日15時37分。

平成7年に「災害対策基本法」が改正され、ボランティアの活動環境の整備に関する規定が初めて設けられた。また、平成10年（1998年）には「特定非営利活動促進法」（平成10年法律第7号）が制定され、災害救援活動が特定非営利活動と位置付けられた。関東大震災でも住民による助け合いや遠隔地からの救護班等の活動が重要な役割を果たしたが、その後70年余りを経て、ボランティア活動として再認識された。

　一方で、公助による被災者支援の充実も図られ、平成10年には、災害により生活基盤に著しい被害を受けた方を支援するための「被災者生活再建支援法」（平成10年法律第66号）が制定された。

5-3　東日本大震災を契機とした被災者支援体制の充実等

（東日本大震災の概要）

　平成23年（2011年）3月11日、東日本大震災が発生した。同震災は、三陸沖を震源とするモーメントマグニチュード9.0の海溝型地震（東北地方太平洋沖地震）によってもたらされた。地震の規模は国内観測史上最大であり、宮城県北部の栗原市で最大震度7が観測されたほか、宮城県、福島県、茨城県及び栃木県では震度6強を観測し、北海道から九州地方の広範囲で揺れが観測された。また、この地震により、岩手県、宮城県及び福島県を中心とした太平洋沿岸部を巨大な津波が襲った。各地を襲った津波の高さは、福島県相馬市では9.3m以上、宮城県石巻市で8.6m以上、岩手県宮古市で8.5m以上、大船渡市で8.0m以上であった。

　この地震や津波により、13都道県で死者・行方不明者が22,318名（災害関連死を含む。）、9都県で12万2,039棟（消防庁情報、令和5年3月9日現在）の住宅が全壊となり、発災当初の避難者は最大で約47万人に及んだ。また、東京電力福島第一原子力発電所の事故による放射性物質の放出に伴い、同施設周辺の多くの住民が避難を余儀なくされるとともに、あらゆる産業が大きな被害を受けるなど、未曾有の複合災害となった。

写真6　堤防を乗り越えて町に押し寄せる津波（左、岩手県宮古市）、
緊急消防援助隊による被災者の救出（右、宮城県気仙沼市）

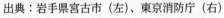

出典：岩手県宮古市（左）、東京消防庁（右）

（被災者支援体制の充実）

　東日本大震災では、被災市町村における通信途絶、職員や庁舎の被災により、被災者に必要な物資等の情報把握が困難となった。また、避難所によって運営に大きな差が生じ、被災者ニーズの変化に十分対応できなかった。女性、高齢者、障害者等への配慮の必要性についても指摘された。

　これらを踏まえて、平成24年（2012年）及び平成25年（2013年）の「災害対策基本法」の改正では、国等が地方公共団体の要請を待たずに自らの判断で物資等を供給できるプッシュ型支援に係る規定、被災者が一定期間滞在する避難所と緊急時の一時的な避難場所をあらかじめ指定する規定や、避難行動要支援者に関する規定等が設けられた。また、避難所運営に関する取組指針やガイドラインの制定、男女共同参画の視点からの取組指針の制定等も行われた。

　第2節で見たように、関東大震災当時は、あらかじめ避難所を指定しておく仕組みはなく、学校、

官公庁、社寺境内等が開放され、避難者を収容した。また、住民同士の助け合いによって、食料などの物資が被災者に供給された。東日本大震災を経て、指定避難所が法定化されるとともに、プッシュ型支援を含めた行政主導による物資支援の仕組みが構築された。一方で、将来の大規模災害を見据えると、関東大震災の当時と同様、指定避難所以外も含めた避難生活環境の確保や、住民同士の助け合いなど自助・共助による被災者支援も引き続き重要である。

（その他の災害対策の充実・強化）
　東日本大震災の発生時には、「想定外」という言葉がよく使われたが、過去数百年間の地震・津波を再現することを基本とする従来の被害想定の在り方に再検討が求められた。また、ハード対策のみでは災害は防げないとの考えの下、ハード・ソフトの様々な対策を組み合わせることで被害を最小化する「減災」の考え方の徹底が求められることとなった。

　これを踏まえて、南海トラフ地震、首都直下地震及び日本海溝・千島海溝周辺海溝型地震に関する被害想定の見直し等が順次進められるとともに、「減災」の考え方など災害対策の基本理念を災害対策基本法に明記し、その徹底を図っている。

　関東大震災当時は、地震の科学的な発生メカニズムに関する知見は乏しく、地震の震源が地下で動く断層であることが確信されたのは、昭和40年（1965年）頃であるとされている。その後も地震学の研究や観測が進むにつれて、最新の科学的知見に基づく地震モデルが考案され、現在に至っている。引き続き、最新の知見に基づく科学的なリスクの評価が求められるとともに、想定以上の災害が発生する可能性も常に念頭に置きながら災害対応に当たることが求められる。

　なお、以上の内容を含めた、我が国における戦後の防災制度・体制の歩みの概要については、附属資料5も併せて参照されたい。

第2章 我が国を取り巻く環境の変化と課題

　本章では、この100年間を振り返り、この間に生じた我が国を取り巻く様々な環境の変化を俯瞰することで、今後の災害対策推進上の課題を明らかにする。

第1節 自然災害の激甚化・頻発化等

　気候変動等によって、自然災害のリスクは高まってきていると言える。本節では、関東大震災が発生した100年前と比較し、気温や大雨の発生頻度等がどのように変化してきたのか、気象データを活用しつつ長期変化傾向も確認しながら考察する。また、今後想定される首都直下地震、南海トラフ地震等の大規模地震の切迫性の高まりについて、政府の地震調査委員会の評価結果を参考に論じる。

（我が国における気候変動とその影響）

　我が国では、第1章第5節で述べた伊勢湾台風を始めとして、暴風、豪雨、洪水、土砂災害、高潮等の気象災害による被害が毎年のように発生している。

　近年では、令和元年東日本台風、令和2年7月豪雨等により大きな被害を受けており、令和4年度に入ってからも、令和4年8月の大雨、令和4年台風第14号、同第15号等により、被害が立て続けに発生している。近年の平均気温の上昇や大雨の頻度の増加など、気候変動とその影響が全国各地で現れており、我が国にとって重要な問題である。

　世界と日本の気温の長期的な変化を見てみると、世界の年平均気温は、様々な変動を繰り返しながら上昇しており、100年当たりで0.74℃上昇している（図表2-1）。

　一方、我が国の年平均気温は、世界の平均気温よりも更に上昇の幅が大きくなっており、100年当たりで1.30℃上昇している。この100年の間、二酸化炭素などの温室効果ガスの増加に伴う地球温暖化や、数年から数十年程度で繰り返される自然変動の影響等により、確実に温暖化が進んでいると言える。なお、5年の移動平均推移を見ると、1980年代後半から平均気温の上昇速度が加速していることも見てとれる（図表2-2）。

　こうした平均気温の上昇と相関するように、全国的に大雨や短時間強雨の発生頻度も増加している。日降水量100mm以上及び200mm以上の日数は、この100年でともに増加傾向が見られる（図表2-3）。また、1970年代後半から多くの地点で観測を開始したアメダスにおいては、おおよそ50年間で、1時間降水量50mm以上及び80mm以上の短時間強雨の年間発生回数は、ともに増加していることがデータで明らかとなっている（図表2-4）。

　さらに、日本近海における年平均海面水温は、100年間で1.24℃上昇しており、日本の平均気温の上昇幅と同程度となっている（図表2-5）。海面水温の上昇は、一般に台風の勢力拡大に影響を与えるとされており、台風による被害拡大につながるおそれがある。

図表2-1	世界の年平均気温偏差の経年変化（1891〜2022年）

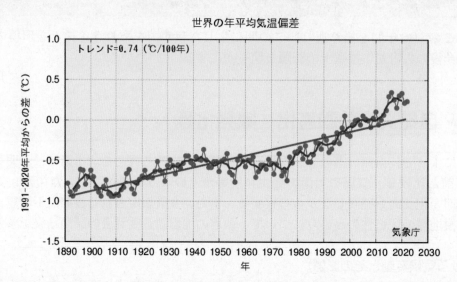

偏差の基準値は1991〜2020年の30年平均値。黒線は各年の値（基準値からの偏差）を示している。青線は偏差の5年移動平均値、赤線は長期変化傾向（この期間の平均的な変化傾向）を示している。なお、長期変化傾向は信頼水準99%で統計的に有意である。

出典：気象庁「気候変動監視レポート2022」を基に内閣府作成

図表2-2	日本の年平均気温偏差の経年変化（1898〜2022年）

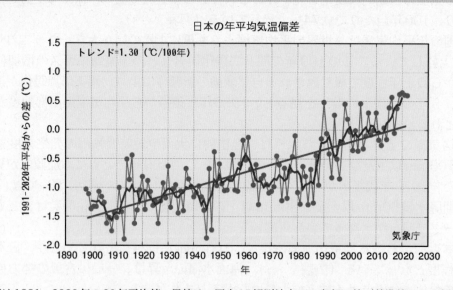

偏差の基準値は1991〜2020年の30年平均値。黒線は、国内15観測地点での各年の値（基準値からの偏差）を平均した値を示している。青線は偏差の5年移動平均値、赤線は長期変化傾向（この期間の平均的な変化傾向）を示している。なお、長期変化傾向は信頼水準99%で統計的に有意である。

出典：気象庁「気候変動監視レポート2022」を基に内閣府作成

| 図表2-3 | 日降水量100mm以上及び200mm以上の年間日数の経年変化（1901〜2022年） |

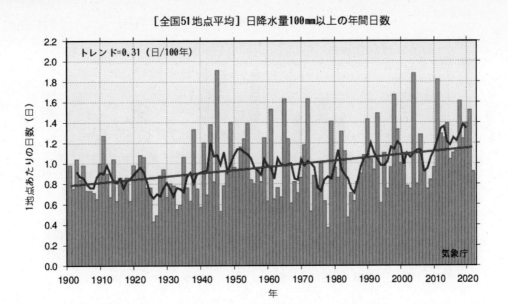

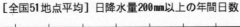

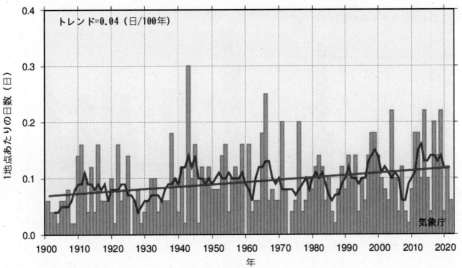

緑色棒グラフは各年の年間日数の合計を有効地点数の合計で割った値（1地点あたりの年間日数）を示す。青色折れ線は5年移動平均値、赤色直線は長期変化傾向（この期間の平均的な変化傾向）を示す。なお、日数の増加はそれぞれ信頼水準99%で統計的に有意である。

出典：気象庁「気候変動監視レポート2022」を基に内閣府作成

| 図表2-4 | 1時間降水量50mm以上及び80mm以上の年間発生回数（日数）の経年変化（1976～2022年） |

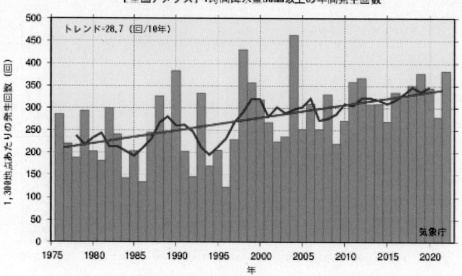

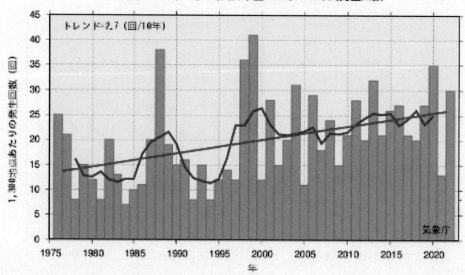

緑色棒グラフは全国のアメダス地点の各年の年間発生回数（日数）を示す（1,300地点あたりに換算した値）。青色折れ線は5年移動平均値、赤色直線は長期変化傾向（この期間の平均的な変化傾向）を示す。なお、日数の増加はそれぞれ信頼水準99%で統計的に有意である。

出典：気象庁「気候変動監視レポート2022」を基に内閣府作成

| 図表2-5 | 日本近海の海域平均海面水温（年平均）の変化傾向（℃/100年） |

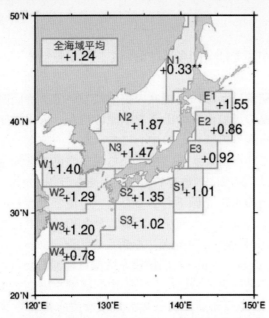

海域 番号	海域名	海域 番号	海域名
E1	釧路沖	N1	日本海北東部
E2	三陸沖	N2	日本海中部
E3	関東の東	N3	日本海南西部
S1	関東の南	W1	黄海
S2	四国・東海沖	W2	東シナ海北部
S3	沖縄の東	W3	東シナ海南部
		W4	先島諸島周辺

1900～2022年の上昇率を示す。なお、上昇率の数字に印がない場合は信頼水準99％以上で有意な変化傾向があることを、「**」が付加されている場合は信頼水準90％以上で有意な変化傾向があることを示す。

出典：気象庁「気候変動監視レポート2022」を基に内閣府作成

（大規模地震の切迫性の高まり）

　政府の地震調査委員会は、主要な活断層や海溝型地震の活動間隔、地震の発生確率等を評価し、その結果を公表している。例えば、南海トラフ地震（マグニチュード8～9級）の30年以内の発生確率について、10年前の平成25年公表時は60％～70％であったのに対し、令和5年公表時では70％～80％との評価がなされており、時間の経過とともに地震の切迫性は高まっている。また、南関東地域の直下における、相模トラフ沿いのプレートの沈み込みに伴うマグニチュード7程度の地震については、特定の場所で繰り返し発生する地震として扱えないことから、30年以内の発生確率は、平成26年（2014年）公表時の70％程度から変化していない。しかし、関東エリアでは、これまで把握できているだけでも度々マグニチュード7級の地震が発生しており、加えて、関東大震災から現在までの100年は地震活動が比較的静穏に経過しているが、今後は比較的活発な時期を迎えるとの想定もあり、引き続き警戒が必要である。

（今後もさらに高まる自然災害リスク）

　この100年で気象災害の激甚化・頻発化が目に見える形で進んできており、地球温暖化の進行に伴って、この傾向が続くことが見込まれている。また、今後発生が想定されている首都直下地震や南海トラフ地震等の大規模地震や火山噴火への備えも怠ることはできない。

　我々は、今後もさらに高まる自然災害リスクと正面から向き合い、将来予測される被害を回避・軽減するために、あらゆる努力を行うことが求められている。

第2節　防災・減災インフラの整備等による災害への対応力の向上

　関東大震災が発生した大正時代と比べて、現在の防災・減災のためのインフラ（以下「防災・減災インフラ」という。）は高度に整備されてきたと言える。ここでは、河川や港湾の整備による被害軽減の実例を示すとともに、建物の耐震化を中心に、我が国の地震対策の取組とその進捗状況について

確認する。また、防災・減災インフラの整備に加えて、防災意識の向上に向けた取組の必要性等についても論じる。

（治水対策や高潮対策による被害軽減）

　自然災害から住民の生命・財産を守るため、我が国では全国各地において、河川整備やダム建設等の防災・減災インフラの整備が進められてきた。

　まず、治水対策における防災・減災インフラの整備による被害軽減の実例について、静岡県伊豆半島を流れる狩野川を例にとって確認する。伊豆半島の天城山系の山々を水源に持ち、太平洋側では珍しく南から北に流れる狩野川は、千年以上も前から人々の暮らしの中心にあった。一方で、下流部に狭窄部を持つ地理的特徴と多雨地帯を流域に抱えていることから、古くから幾多の洪水を発生させており、特に昭和33年（1958年）9月の狩野川台風は、流域に未曾有の浸水被害をもたらした（写真7）。これを受けて、下流域の都市部を流れる狩野川本川の水位を低下させるため、中流で分流してそのまま海に注ぐ狩野川放水路が整備された。その後、この地域で大雨をもたらした令和元年東日本台風では、総降雨量が778mmを記録し、狩野川台風の総降雨量（739mm）を超える状況にあったが、狩野川放水路による洪水分派により狩野川本川の越水を防ぎ、人的・物的被害を大幅に軽減した（写真8）。

　次に、高潮対策における防災・減災インフラの整備効果について、大阪市の事例を確認する。大阪市は、昭和36年（1961年）9月の第二室戸台風に伴う高潮によって大規模な浸水被害を経験しており、これを契機に、水門や高潮堤の整備、防潮堤鉄扉の設置などの高潮対策を実施してきた。第二室戸台風から半世紀以上が経った平成30年（2018年）9月の台風第21号において、大阪湾ではこれまでの最高潮位（第二室戸台風のＴＰ＋2.93m）を大幅に超過し、ＴＰ＋3.29mを記録したが、大阪湾高潮対策で整備した水門、防潮堤鉄扉等の適切な操作により、大阪市街地における浸水被害は回避された（写真9）。

写真7　狩野川台風（昭和33年9月）による被害状況

出典：国土交通省中部地方整備局沼津河川国道事務所

写真8　狩野川放水路

出典：国土交通省中部地方整備局沼津河川国道事務所

写真9　平成30年台風第21号による高波襲来から市街地を守る大阪湾・木津川水門

出典：国土交通省資料

（建物の耐震化の進捗）

　次に、建物の耐震化に着目して、我が国の地震対策の取組を確認する。第1章第1節で見たように、関東大震災では、建物の倒潰とそれにより発生した火災等によって約10万5,000人を超える犠牲者が出た。第1章第4節で見たように、耐震構造化を考慮されていないビルが多数倒潰したことを受け、法令による地震力規定が制定された。その後の阪神・淡路大震災では、耐震基準を満たさない建物に特に被害が集中していたことから、耐震基準を満たさない建物の耐震化が促進された。

　このような取組を踏まえ、我が国の建物の耐震化は着実に進捗している。例えば、住宅の耐震化率[7]は、平成15年（2003年）が約75%、平成20年（2008年）が約79%、平成25年（2013年）が約82%、平成30年（2018年）が約87%と着実に上昇しており、東日本大震災では、耐震化された建物の多くは被害を免れているなど、耐震化の有効性が確認されている（図表2-6）。将来想定される首都直下地震等の大規模地震に備え、耐震性が不十分な住宅を令和12年（2030年）までにおおむね解消するという目標を設定し、様々な公的支援を行いながら取組を進めている。

7　耐震基準（昭和56年基準）が求める耐震性を有している住宅ストックの比率

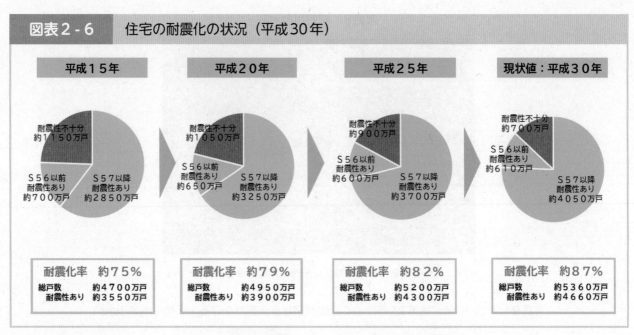

図表2-6　住宅の耐震化の状況（平成30年）

平成15年	平成20年	平成25年	現状値：平成30年
耐震性不十分 約1,150万戸	耐震性不十分 約1,050万戸	耐震性不十分 約900万戸	耐震性不十分 約700万戸
S56以前 耐震性あり 約700万戸	S56以前 耐震性あり 約650万戸	S56以前 耐震性あり 約600万戸	S56以前 耐震性あり 約610万戸
S57以降 耐震性あり 約2850万戸	S57以降 耐震性あり 約3250万戸	S57以降 耐震性あり 約3700万戸	S57以降 耐震性あり 約4050万戸
耐震化率　約75%	耐震化率　約79%	耐震化率　約82%	耐震化率　約87%
総戸数　約4700万戸 耐震性あり　約3550万戸	総戸数　約4950万戸 耐震性あり　約3900万戸	総戸数　約5200万戸 耐震性あり　約4300万戸	総戸数　約5360万戸 耐震性あり　約4660万戸

出典：国土交通省資料

（ハード・ソフト一体となった防災対策の推進）

　激甚化・頻発化する自然災害に対応するため、我が国はこの100年で着実に防災・減災インフラの整備等が進められ、維持管理がなされてきた。そのため、前述した被害軽減の事例のように、昔なら大規模な災害が発生していたと思われる大雨や地震等であっても、防災・減災インフラの整備等によって災害発生が防止・軽減された地域も多々ある。また、このような地域の安全度向上に伴って、都市部では新たな住宅開発が行われ、また、周辺部では工場のための土地開発が進められるなど、国全体で土地利用の高度化が図られ、生産性の向上に寄与したことが、我が国の経済発展の一助になったとも言える。

　しかし、ハード面の整備が進むにつれ、適切な管理を行わなければ、施設の老朽化や空き家の増加といった課題が生じる。また、国民の大多数が自然災害を直接経験することが少なくなり、また、それゆえに自然災害が遠い存在となった側面がある。「自分は大丈夫」、「自分の住む地域で災害は起きない」など、自然災害を自らのことと捉えられない、又は災害が発生するまで適切な防災行動を取る必要性を実感できない国民が増加している面も否定できない。

　今後も、防災・減災インフラの整備等を着実に進め、維持管理や老朽化対策を適切に実施することの必要性は論をまたないが、第1章第5節で述べたとおり、ハード・ソフトの様々な対策を組み合わせることで被害を最小化する「減災」の考え方を徹底し、防災教育や防災訓練といったソフト対策の取組についても、改めて強化していくことが求められている。

第3節　人口の大都市部への集中と高齢化の進展

　前章では関東大震災から今日に至る大規模災害とその対応の経緯を振り返ったが、我が国の経済社会の姿はこの100年で大きく変化している。我が国の国勢調査は、関東大震災の3年前に当たる大正9年（1920年）に開始されたことから、災害の生じた当時の経済社会状況と今日の違いを時系列的に俯瞰することが可能である。そこで、本節では、主に国勢調査のデータ[8]を使って、大震災発生当時の人口構造の特徴を明らかにするとともに、その後の人口構造の変化と将来動向を分析し、今後

8　総務省「国勢調査」

懸念が高まる人口構造上のリスクについて論じる。

3-1　人口の地域分布

（関東大震災当時の東京圏の人口は現在の4分の1以下）

　令和2年（2020年）の我が国の総人口は約1億2,615万人であるが、関東大震災発生の3年前に当たる大正9年（1920年）は約5,596万人（令和2年の44.4%）であり、総人口は現在の半分に満たなかった。

　また、圏域別[9]の人口分布をみると、令和2年の東京圏には約3,691万人が居住し、総人口の約29.3%を占めている一方、大正9年における東京圏の人口は約768万人（総人口の約13.7%）であり、現在の4分の1以下、総人口に占める割合も現在の半分程度であった（**図表2-7**）。

　以上のことから、関東大震災の人口や経済社会活動に対する影響度合いは、現代において同様の震災が発生した場合と比べると相対的に小さかったということができる。

図表2-7	総人口及び圏域別人口構成割合の推移

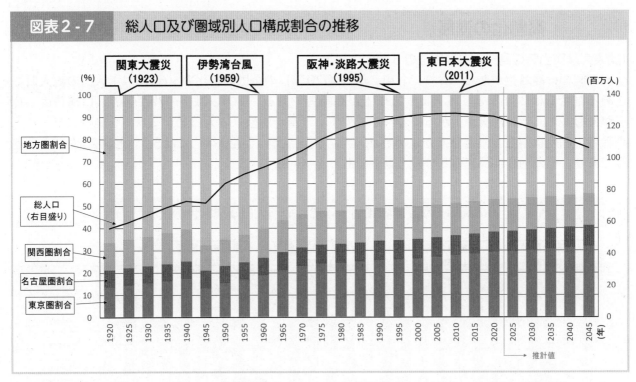

出典：総務省『国勢調査』、社会保障・人口問題研究所『日本の地域別将来推計人口（平成30（2018）年推計）』

（大都市圏への人口急増期に起きた伊勢湾台風）

　関東大震災以降、戦後の大規模災害発生時の人口構造を調べると、時代によって人口の地域分布がそれぞれ異なることが分かる。

　昭和34年（1959年）の伊勢湾台風の発生は、三大都市圏への人口集中が本格化した時期に当たる。地方圏の人口は、昭和35年～40年の間に戦後初めて減少した一方で、伊勢湾台風の被害を受けた名古屋圏を含め、三大都市圏の人口がこの時期に急増した。

9　圏域区分は次のとおり。
　東京圏：埼玉県、千葉県、東京都、神奈川県
　名古屋圏：岐阜県、愛知県、三重県
　関西圏：京都府、大阪府、兵庫県、奈良県
　地方圏：上記以外の道県

（東京一極集中の傾向が強まった時期に起きた阪神・淡路大震災）

　平成7年（1995年）の阪神・淡路大震災の発生は、バブル崩壊を経て、東京圏への一極集中の傾向が強まった時期に当たる。関西圏の人口増減率（5年間）は、平成2～7年に0.8%とほぼ横ばいになり、その後平成27年（2015年）以降はマイナスで推移している。

　平成23年（2011年）の東日本大震災は、我が国の総人口が平成20年（2008年）に約1億2,808万人でピークを迎えた直後に発生した。東京一極集中の傾向は更に強まり、東京圏の人口割合は平成22年に27.8%を占めた一方、東北地方を含む地方圏の人口割合は48.9%と半分を下回った。

（今後一層進む東京一極集中傾向）

　国立社会保障・人口問題研究所の地域別将来推計人口[10]によれば、東京圏の人口一極集中は今後更に進み、東京圏の人口割合は令和27年（2045年）には31.9%に達すると推計されている。南関東地域におけるM7クラスの地震の30年以内の発生確率が70%程度とされている中、首都直下地震等の巨大災害の発生に備えて、100年前の関東大震災当時よりも一層の対策が求められている。

3-2　高齢化の進展

（関東大震災当時の高齢化率は現在の5分の1以下）

　我が国では高齢化が進んでおり、令和2年（2020年）の全国高齢化率（65歳以上人口の総人口に占める割合）は28.6%と、4人に1人以上が高齢者である。一方、戦後の我が国の人口構造は、0歳が最も多く、年齢階層が上がるにつれて減少する「富士山型」の人口ピラミッドを維持しており、高齢者の割合は現在よりもはるかに小さかった。大正9年（1920年）には5.3%と、20人に1人程度であり、その割合は現在の5分の1以下であった（**図表2-8**）。

| 図表2-8 | 全国の高齢化率及び圏域別・年齢階級別人口構成割合の推移 |

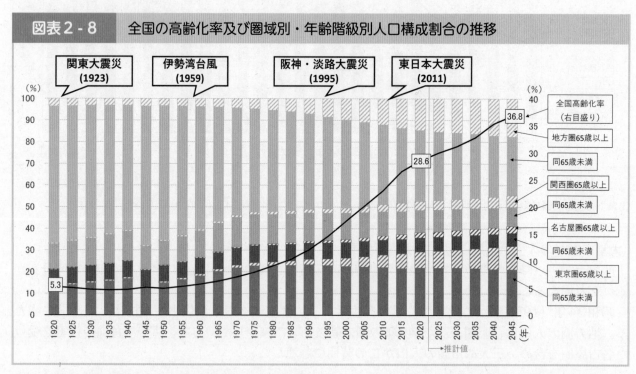

出典：総務省『国勢調査』（2015年及び2020年は不詳補完値による。2010年以前は年齢不詳を按分して高齢化率を算出している。）、社会保障・人口問題研究所『日本の地域別将来推計人口（平成30（2018）年推計）』

10　国立社会保障・人口問題研究所「日本の地域別将来推計人口」（平成30年推計）

（阪神・淡路大震災で注目された高齢者の災害関連死の問題）

戦後のベビーブームを経て高度経済成長が始まると、我が国は少産少死の社会に入ったが、高齢化率はしばらくの間は低位で推移していた。成長率の鈍化が生じた昭和後期には出生率の低下が進み、高齢化率もすう勢的に高まり始めた。

阪神・淡路大震災が発生した平成7年（1995年）には14.6％と、その5年前から約2.5パーセントポイントの上昇を記録した。同震災では、避難の長期化などに伴ういわゆる災害関連死が課題となったが、その背景には高齢世代の急増があった。

なお、高齢化率は、地方圏が先行する形で上昇し続け、東日本大震災（平成23年（2011年））当時には、地方圏の高齢化率が24.7％（平成22年（2010年））に達していた。

（今後東京圏でも進む高齢化）

高齢化は今後も一層進むことが見込まれており、高齢化率の全国平均は、令和2年の28.6％が令和27年（2045年）には36.8％に上昇すると推計されている。特に地方圏の水準は高く、令和2年の31.0％が令和27年には39.3％に上昇すると推計されている。

一方、東京圏の高齢化率は25.1％（令和2年（2020年））と、全国平均や地方圏と比べれば低いものの、今後は地方圏と同様に高齢化が進み、令和27年（2045年）には約33.7％に達すると推計されている。

このように、今後20年程度の人口動態予測を踏まえると、東京圏の人口の3分の1以上が高齢世代となり、さらに75歳以上の後期高齢者が増えるなど高齢者の高齢化も進むことが予測される。災害関連死の大半は高齢者の間で発生していることなどを踏まえると、首都直下地震等の巨大災害の発生時には、高齢者の心身のケアや避難の長期化を念頭に置いた避難生活の環境改善が一層の課題となる。

第4節　国民の防災意識の変化、自助・共助の取組の進展

関東大震災から得られた教訓の一つは、国民一人一人の防災意識や、それに基づく「自助」「共助」の取組が、地域の防災力を高める上で不可欠な要素であるという点である。

関東大震災の発生当時から継続的に国民の防災意識や防災の取組状況を把握している調査は無いものの、ここでは、内閣府の世論調査及び消防庁の調査等を基に、昭和後期以降の動向を分析し、今後の課題を検討する。

4-1　国民の防災意識と「自助」の取組の進展

（阪神・淡路大震災以前は低かった国民の防災意識）

昭和59年（1984年）9月の「防災に関する世論調査」において、「あなたの家庭では大地震が起こった場合に備えて、何らかの対策を講じていますか、いませんか」という問い（複数回答方式）を初めて実施したところ、「特に何もしていない」という回答が41.6％に上った（図表2-9）。

その後3回の調査でも国民の防災意識の高まりは見られなかったことから、今から約30年前の平成4年版防災白書では、国民の被災体験の有無と防災意識の関係性に触れつつ、次のような考察を行っている。

「関東大震災が発生したとき20歳の者は、現在90歳になろうとしているところであり、伊勢湾台風の災害に見舞われたとき20歳の者も、すでに50歳代になっており、過去の大きな災害の体験はま

すます風化していくであろう。」[11]

　当時の白書はこのように述べた上で、災害映像や起震車等の積極的利用によって擬似的に災害体験を積むことの必要性を論じていた。

　このような国民の防災意識の傾向が大きく変わる契機となったのは、阪神・淡路大震災（平成7年（1995年））の発生である。同震災の発生から間もない平成7年9月に実施した世論調査では、「特に何もしていない」は26.3％まで急減した。

　また、具体的な「自助」の取組の実施率をみると、「家具等の固定」が6.8％から12.7％（昭和59年と平成7年の比較）、「食料や水の備蓄」が11.4％から23.3％（昭和62年（1987年）と平成7年の比較）と、それぞれ大きく上昇した。このことは、阪神・淡路大震災において、死者の死因の大半が家具の転倒等による圧迫死であったことや、発災直後の避難所では食料・物資の量が圧倒的に不足したなどの事実[12]が知られたことが要因になっていると考えられる。

図表2-9	大地震に備えた自助の取組に係る選択率の推移（防災に関する世論調査）

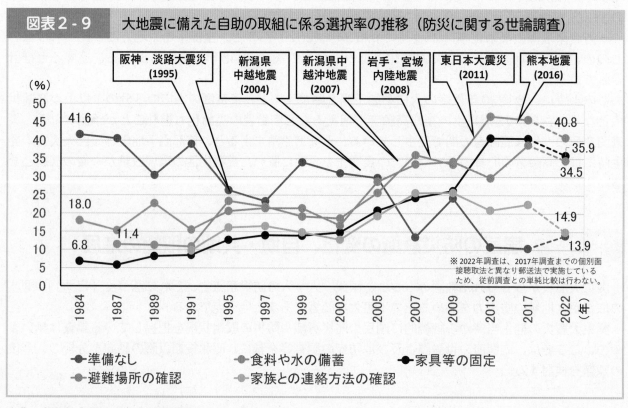

出典：内閣府「防災に関する世論調査」

（平成中期に相次いだ地震災害による国民の防災意識の向上）

　阪神・淡路大震災以降も、平成16年（2004年）新潟県中越地震、平成19年（2007年）新潟県中越沖地震、平成20年（2008年）岩手・宮城内陸地震など、平成時代の中期には各地で地震災害が相次いだ。

　平成7年の世論調査以降、東日本大震災（平成23年（2011年））発生までの間に、計6回の世論調査を実施しているが、この間、「家具等の固定」が12.7％から26.2％（平成7年（1995年）と平成21年（2009年）の比較）、「食料や水の備蓄」が23.3％から33.4％（同）、「避難場所の確認」が20.6％から34.2％（同）、「家族との連絡方法の確認」が16.1％から25.7％（同）と、いずれもおおむね上昇傾向を維持した背景には、このような相次ぐ地震災害を受けた国民の防災意識の高まりが

---

11 国土庁「平成4年版　防災白書」p198～p199
12 内閣府「阪神・淡路大震災教訓情報資料集」

あったと考えられる。

(東日本大震災発生後の「自助」の取組は頭打ち傾向)

　言うまでもなく、東日本大震災（平成23年（2011年））の発生は、国民の防災意識を一層大きく高めることになり、平成25年（2013年）の世論調査では、「特に何もしていない」と回答した者が10.8%まで低下した。また、具体的な「自助」の取組についても、「家具等の固定」が40.7%、「食料や水の備蓄」が46.6%と、実施率が前回調査よりもそれぞれ10ポイント以上上昇した。

　しかし、東日本大震災後、平成28年（2016年）に熊本地震が発生し、大きな被害をもたらしたにもかかわらず、その後に実施した平成29年（2017年）の調査では、例えば「家具等の固定」が40.6%となるなど、自助の取組の実施率は頭打ち傾向にある。また、直近の調査である令和4年（2022年）の調査は、それまでの個別面接聴取法と異なり郵送法で実施しているため、従前の調査結果との単純比較はできないものの、総じて取組の実施率は高まっていないおそれがある。

(国民が取組に着手するためのきっかけづくりが必要)

　近年は、地震災害に加え、台風、豪雨、土砂災害などの風水害が相次いでいるものの、国民による「自助」の取組の実施率が頭打ち傾向にある背景として、多くの国民にとっては報道で見聞きするだけであり、自らが被災者となる実感が得られないことから、災害の発生を契機とした国民の防災意識の高まりが得られにくくなっているとも考えられる。

　一方で、令和4年の調査では、「自然災害への対処などを家族や身近な人と話し合ったことがない」と回答した者（全体の36.9%）に対して、その理由を新たに聞いたところ（複数回答方式）、「身の回りで自然災害が起きたとしても安全だと思うから」や「身の回りで自然災害が起きないと思うから」との回答選択率は少なく、「話し合うきっかけがなかったから」の回答選択率が圧倒的に高かった（58.1%）。このことから、国民の多くは、自然災害のリスクを認識しているものの、着手の一歩を踏み出せない層が一定程度あることが分かる（図表2-10）。

　また、令和4年の調査で大地震に備えての対策について、「特に対策は取っていない」と回答した者は、回答者の13.9%に当たるが、これを回答者の属性別に見ると、地域別には、東京都区部の居住者では6.4%となっている。また、年齢階層別では18～29歳が17.2%、30～39歳が17.6%であるのに対して、70歳以上では11.4%となっている。このように、東京都区部の居住者や高齢者層の方が、その他の階層よりも対策を取っている者の割合が高い。このため、このような対象地域や年齢層による違いも意識した上で、まだ着手の一歩を踏み出せていない国民層に働きかける取組を強化していくことが求められる（図表2-11）。

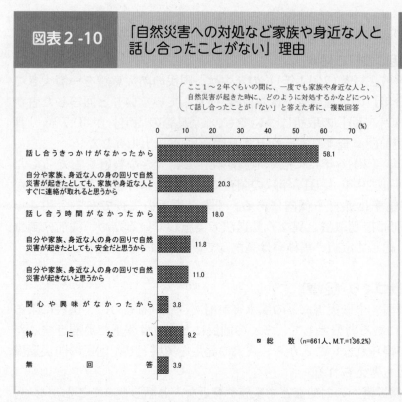

| 図表2-10 | 「自然災害への対処など家族や身近な人と話し合ったことがない」理由 |

ここ1～2年ぐらいの間に、一度でも家族や身近な人と、自然災害が起きた時に、どのように対処するかなどについて話し合ったことが「ない」と答えた者に、複数回答

- 話し合うきっかけがなかったから 58.1
- 自分や家族、身近な人の身の回りで自然災害が起きたとしても、家族や身近な人とすぐに連絡が取れると思うから 20.3
- 話し合う時間がなかったから 18.0
- 自分や家族、身近な人の身の回りで自然災害が起きたとしても、安全だと思うから 11.8
- 自分や家族、身近な人の身の回りで自然災害が起きないと思うから 11.0
- 関心や興味がなかったから 3.8
- 特にない 9.2
- 無回答 3.9

総　数（n=661人、M.T.=136.2%）

出典：内閣府「防災に関する世論調査」（令和4年9月調査）

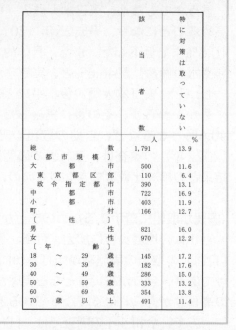

| 図表2-11 | 大地震に備えての対策を特に取っていないとした回答の割合 |

	該当者数	特に対策は取っていない
	人	%
総　　　　数	1,791	13.9
〔都市規模〕		
大　都　市　部	500	11.6
東　京　都　区　部	110	6.4
政　令　指　定　都　市	390	13.1
中　　都　　市	722	16.9
小　都　市	403	11.9
町　村	166	12.7
〔性〕		
男　　　性	821	16.0
女　　　性	970	12.2
〔年　齢〕		
18　～　29歳	145	17.2
30　～　39歳	182	17.6
40　～　49歳	286	15.0
50　～　59歳	333	13.2
60　～　69歳	354	13.8
70歳以上	491	11.4

出典：内閣府「防災に関する世論調査」（令和4年9月調査）

4-2 「共助」の取組の進展

（地域における「共助」の取組の進展）

　地域防災力の向上のためには、住民一人一人による「自助」の取組の促進に加えて、「自分たちの地域は自分たちで守る」という意識を持って「共助」の防災活動を行うことが重要である。このため、コミュニティにおける自主的な防災活動を支える自主防災組織の育成が進められており、その組織数及び活動カバー率は年々上昇している。

　一方で、地域防災力の中核を成す存在である消防団は、昭和40年（1965年）には約133万人だった団員数が、令和4年（2022年）には約78万人と、初めて80万人を下回った（図表2-12）。また、団員構成の高齢化も進んでおり、昭和40年には10～30代が90.4%を占めていたが、令和4年には39.3%まで減少しており（図表2-13）、女性や若者等幅広い住民の入団促進や、装備・教育訓練の充実強化に取り組んでいる。

特集1　関東大震災と日本の災害対策

図表2-12	消防団員数および被用者である消防団員の割合の推移

（各年4月1日現在）

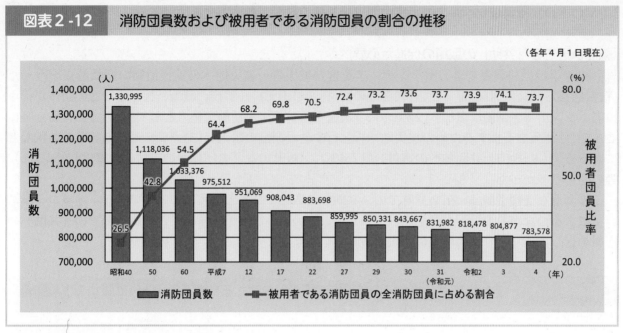

出典：総務省消防庁「令和4年版 消防白書」

図表2-13	消防団の年齢階級別構成の推移

（各年4月1日現在）

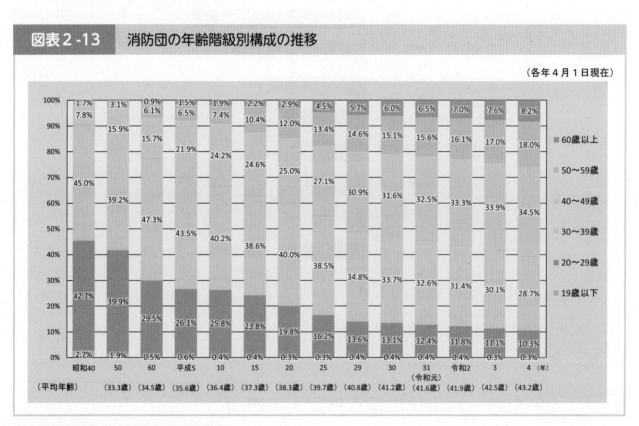

出典：総務省消防庁「令和4年版 消防白書」

（ボランティア活動の進展）

　「ボランティア元年」といわれ、延べ約138万人のボランティアが活動した阪神・淡路大震災（平成7年（1995年））以降、災害ボランティアによる支援活動は被災地・被災者にとって欠かせない存在となっている。中越地震（平成16年（2004年））等を契機として、全国の社会福祉協議会が災害ボランティアセンターを運営することが一般化し、個人ボランティアの活動環境が整備された。さらに、東日本大震災（平成23年（2011年））などを契機として、NPOや企業などの団体によるボランティア活動が活発化し、それらの活動を支援する全国災害ボランティア支援団体ネットワーク

（ＪＶＯＡＤ）や県域レベルでの災害中間支援組織の設置が各地で進みつつある。

（幅広い形での「共助」の取組の促進が必要）

　令和4年の世論調査では、ボランティアを含む被災者・被災地への支援活動の意識調査を行った（複数回答方式）。これによると、「義援金の寄付」（41.0%）、「学校、職場、ＮＰＯなどの団体が行う災害ボランティア活動に参加」（23.6%）、「災害ボランティア活動に個人として参加」（19.9%）等に並んで、「復興を支援するための被災地への旅行や地場産品の購入」（31.7%）や「ふるさと納税などによる被災した地方公共団体への寄付」（17.4%）、「ＮＰＯなどの団体への支援金の寄付」（14.2%）等の回答も多かった（図表2-14）。

　このような支援活動は、広い意味での「共助」の取組であると捉えることができる。地域コミュニティによるつながりの低下が懸念されている中、このような取組を含めて、幅広い形での「共助」の取組を促していくような環境整備が求められている。

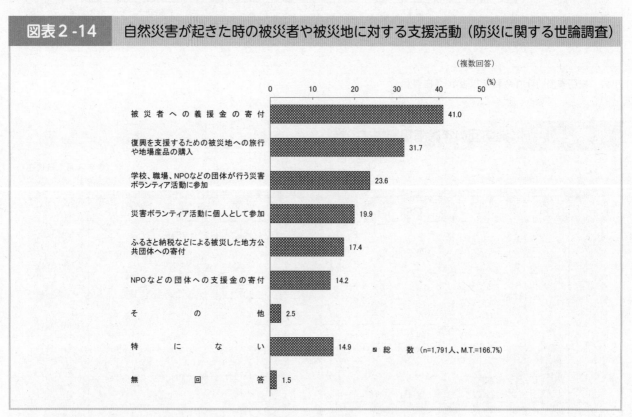

図表2-14	自然災害が起きた時の被災者や被災地に対する支援活動（防災に関する世論調査）

出典：内閣府「防災に関する世論調査」（令和4年9月調査）

第5節　グローバル化に伴う外国人の増加

　この100年間で、我が国に居住する外国人や訪問する外国人の数は大幅に増加した。したがって、災害が発生した際には、被災して支援が必要となる居住外国人や訪日中の外国人も増加している。こうした観点から、ここでは外国人の現状等について100年前と比較する。

（我が国に住む外国人は大幅に増加）

　関東大震災の3年前に当たる大正9年（1920年）、我が国に住む外国人の数は約7万8千人に過ぎなかったが、100年後の令和2年（2020年）には、約274万7千人と約35倍にまで増加した。日本人人口は、平成22年（2010年）の国勢調査から減少に転じている一方、外国人人口は増加が

続いており、外国人が全人口に占める割合は、大正9年（1920年）の0.1％から令和2年（2020年）には2.2％にまで大幅に増加している。

（外国人の4割以上は東京圏に在住）

我が国に居住する都道府県別外国人数について100年前と比較すると、大正9年（1920年）には、兵庫県（約1万2千人）、神奈川県（約1万1千人）、福岡県、東京都（当時の東京府）（いずれも約9千人）の順に多く、東京圏在住の外国人人口割合は25.3％を占めていた。一方、令和2年（2020年）には、東京都（約56万4千人）、愛知県（約25万9千人）、大阪府（約24万2千人）、神奈川県（約23万1千人）の順となり、東京圏在住の外国人人口割合は41.6％まで高まっている（**図表2-15**）。なお、都道府県別の外国人割合は、最も高い東京都において4％となっている。

| 図表2-15 | 日本に住む外国人人口の推移 |

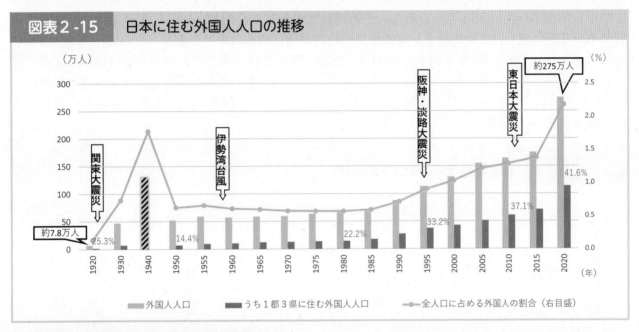

出典：総務省「国勢調査」（2020年は不詳補完値による。）
注：1940年は都道府県別の外国人人口に係るデータ無し

（訪日外国人旅行者も被災者となり得る）

我が国に居住する外国人以外にも、旅行等で一時的に滞在する外国人も増加している。新型コロナウイルス感染症による感染が拡大する前の令和元年（2019年）は、訪日外国人数が年間約3,188万人に上っている。最も多く訪日外国人が宿泊する東京都では、令和元年（2019年）の1年間で延べ約2,935万人泊、東京圏で延べ約3,762万人泊となっており、単純に平均すると1日当たり約10万人の外国人が宿泊していることとなる。

100年前と比較して、我が国に滞在する外国人数が大幅に増えている現状を踏まえれば、関東大震災のような大災害が発生した場合、多くの外国人が被災者となり得ることとなる。したがって、被災者が必要とする情報を理解できるような形で発信するためには、多言語によって行うなどの取組が一層求められている。

第6節　デジタル化等情報伝達手段の変化

情報通信の技術の進歩により、この100年間で、情報の伝達手段については大きく変化している。ここでは、関東大震災以降これまでの情報の伝達手段の変遷を見ながら、現代の情報入手の手段が更にどのように変化しているかについて述べる。

（情報伝達手段の不存在により、関東大震災の被害の把握が遅れる）

　我が国において、リアルタイムで情報を不特定多数の人に配信する初めての伝達手段となるラジオ放送が開始されたのは、関東大震災後の大正14年（1925年）であった。すなわち、関東大震災が発生した際には、まだこうした媒体は存在しておらず、被害の状況を正確に把握することや、被災者に向けた情報発信は困難であった。また、リアルタイムではないにしてもマスコミュニケーションの媒体として存在していた新聞も、震災により新聞社が大きな被害を受けたことから、すぐに情報を発信することができなかった。

（その後、情報伝達の手段は大きく変化）

　大正14年（1925年）のラジオ放送開始以降、戦後間もない時期にかけての30年余り、ラジオの普及率は大きく伸びていく。その後、ラジオに代わる媒体として登場するテレビの本放送が開始されたのが、昭和28年（1953年）である。伊勢湾台風が発生した昭和34年（1959年）は、ラジオの普及率が9割に達し、また白黒テレビの受信契約数が伸び始めた頃でもある。その後、カラーテレビが主流となり、平成7年（1995年）の阪神・淡路大震災では、多くの人がテレビの映像により、被害の状況を知ることとなった。加えて、その後インターネットの利用が広く普及するようになり、平成23年（2011年）の東日本大震災では、インターネットやＳＮＳを使った情報発信も行われ、情報の発信や入手は容易になっている（**図表2-16**）。

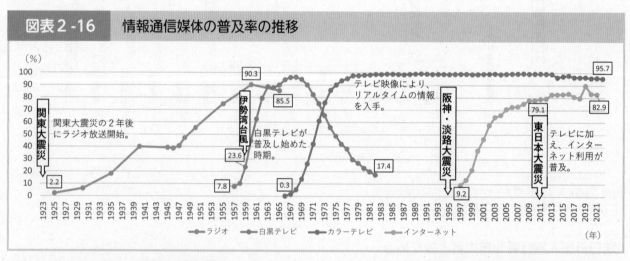

図表2-16　情報通信媒体の普及率の推移

出典：ラジオの普及率は「日本長期統計総覧」、白黒テレビとカラーテレビの普及率は内閣府「消費動向調査」、インターネット利用率は総務省「通信利用動向調査」。

（他方、世代による情報入手手段には大きな違い）

　世論調査において、防災に関して活用したい情報入手手段について質問したところ、近年はテレビという回答が最も多くなっており、平成29年（2017年）に実施した世論調査においても、全ての世代においてテレビと回答した人の割合が最も高かった。他方、令和4年（2022年）に実施した調査では、調査方法がそれまでと異なるため過去の結果との単純な比較はできないが、引き続きテレビと回答とした人の割合が81.7％と最も高かった。一方で、次のラジオ（48.3％）に続き、「Twitter、LINE、FacebookなどのＳＮＳの情報」も36.9％と高かった。これを世代別にみると、18～29歳では、テレビ（73.8％）よりもＳＮＳの情報（76.6％）の方がより高く、30～39歳では、ＳＮＳの情報（70.9％）はテレビ（71.4％）とほぼ同程度の高さとなるなど若い世代におけるＳＮＳ情報の活用が見てとれる。他方、年齢層が上がるにつれて、テレビと回答した人の割合が高まり、70歳以上では、その割合が91.9％に上っており、世代によって情報の入手手段も大きく変化していることが分かる（**図表2-17**）。

特集1　関東大震災と日本の災害対策

図表2-17	防災に関する知識や情報を入手するために積極的に活用したいもの（回答が多かったもの上位5つ・複数回答）

（回答が多かったもの上位5つ・複数回答）

		1	2	3	4	5
全体		テレビ (81.7%)	ラジオ (48.3%)	SNSの情報* (36.9%)	防災アプリ** (34.1%)	ホームページ*** (32.4%)
世代別	18〜29歳	SNSの情報 (76.6%)	テレビ (73.8%)	防災アプリ (36.6%)	ホームページ (26.2%)	ラジオ (24.1%)
	30〜39歳	テレビ (71.4%)	SNSの情報 (70.9%)	ラジオ (40.1%)	防災アプリ (35.7%)	ホームページ (26.4%)
	40〜49歳	テレビ (73.1%)	SNSの情報 (52.4%)	防災アプリ (38.8%)	ラジオ (38.1%)	ホームページ (35.7%)
	50〜59歳	テレビ (79.0%)	ラジオ (47.4%)	ホームページ (44.1%)	防災アプリ (39.3%)	SNSの情報 (38.4%)
	60〜69歳	テレビ (85.6%)	ラジオ (58.2%)	防災アプリ (42.1%)	ホームページ (37.3%)	新聞 (34.7%)
	70歳以上	テレビ (91.9%)	ラジオ (57.8%)	新聞 (46.6%)	パンフレット**** (31.0%)	ホームページ (23.2%)

出典：内閣府「防災に関する世論調査」（令和4年9月調査）
備考　＊：「Twitter、LINE、FacebookなどのSNSの情報」
　　　＊＊：「防災アプリなどの情報」
　　　＊＊＊：「防災情報のホームページなどの情報」
　　　＊＊＊＊：「国や地方公共団体などのパンフレット」

　このように、誰でも簡単に発信したり、情報を入手できる便利なツールであるＳＮＳは、若い世代の主たる情報入手手段として活用されている。災害発生時には、被害の状況を迅速かつ正確に把握することが重要であることから、今後ともその特性を活かして活用していくことが期待される。他方、ＳＮＳは、意図的に、あるいは真偽不明のままに誤った情報が発信されるおそれがあるという課題も抱えている。災害時においては、このようなデマや誤情報による社会的混乱を防止するとともに、一人一人が注意しながら活用していくことが必要である。

第3章　今後の災害対策

本章では、第1章で論じた関東大震災から得られる教訓及び第2章で論じた我が国を取り巻く環境の変化を踏まえ、今後の災害対策の方向性を示す。

第1節　首都直下地震等の切迫する大規模地震への対策の推進

関東大震災や阪神・淡路大震災、東日本大震災など、過去に発生した大規模地震では、建物の倒壊・火災による被害や、地震によって引き起こされた巨大津波による被害が突出している。

まず、地震の揺れによる建物の倒壊を防ぐためには、建物の耐震化を推し進めていくことが重要であるが、特に昭和56年（1981年）以前に建築された建物は、「建築基準法」に定める耐震基準が強化される前の「旧耐震基準」によって建築され、耐震性が不十分なものが多く存在する。政府は、耐震性が不十分な住宅の令和12年までのおおむね解消を目標に設定するなどし、耐震診断による耐震性の把握、耐震性が不十分な場合の耐震改修や建替えの励行、またそれらに係る費用の支援等の取組を進めており、その結果、我が国の建物の耐震化率は着実に上昇している。今後も、建物の所有者一人一人が耐震化の重要性を認識し、自らの問題として意識して対策に取り組むことが重要である。

また、東日本大震災では、東北地方の太平洋側を中心に、巨大な津波により壊滅的な被害が発生した。東日本大震災の教訓として、ハード対策だけでは災害は防ぎきれず、命を守るためには何よりも避難することが大切であることが広く認識された。そのためには、こどもからお年寄りに至るまで、災害を自分のこととして捉え、災害時には自らの判断で適切な防災行動が取れるよう、日頃から防災意識の向上に向けた取組を実践することが大切である。

さらに、関東大震災では、内務省等の庁舎が焼失するなど、政府自身が被災者となったことが初動の遅れを招いた。来るべき首都直下地震に備えて、政府業務継続計画等に基づき、迅速な初動体制の確立、非常時優先業務の実施等により、首都中枢機能の維持を図らなければならない。また、警察や消防、自衛隊の救助部隊の活動拠点や進出ルート等をあらかじめ明確にし、具体的な応急対策に関する計画を定めておくことや、首都直下地震の際に緊急災害対策本部の代替となる拠点を確保しておくことも重要な取組である。加えて、東京圏への人口の一極集中が進む中、首都直下地震により、道路交通の麻痺、膨大な数の避難者や帰宅困難者の発生、深刻な物資の不足等も想定される。このため、避難所における食料・飲料水等の備蓄の確保、一斉帰宅の抑制等の帰宅困難者対策、サプライチェーンの確保等にも取り組む必要がある。

今後発生が懸念されている首都直下地震、南海トラフ地震、日本海溝・千島海溝周辺海溝型地震など、地震による被害の程度は、地震の発生時期や時間帯の前提条件により大きく異なるものの、甚大なものになると想定されている。一方で、災害対策を徹底し、適切な避難行動を取ることにより、地震による被害を最小化できることも併せて指摘されている。我々一人一人が対策の重要性を今一度認識し、建物の耐震化はもとより、適切な避難行動、自動車の利用の自粛、必要な水・食料等の備蓄といった防災対策に取り組む必要がある。

第2節　気候変動に対応した風水害対策の推進

我が国は、戦後まもなく、荒廃した国土の中で頻発する台風や豪雨により深刻な被害が発生したが、その後は、国や都道府県、市町村がそれぞれの役割の下、堤防やダム、下水道、港湾の整備等の対策を計画的に実施することで、地域の安全度を飛躍的に向上させてきた。第2章第2節での狩野川（静岡県）や大阪湾の事例が示すとおり、同規模の過去の台風による被害に比べて被害が大幅に軽減

特集1　関東大震災と日本の災害対策

された地域もあり、これまでの風水害対策による被害軽減効果が確認されている。

　しかしながら、気候変動等による災害の激甚化・頻発化により、国民への直接的な人的被害はもとより、住宅被害等の経済被害も増大し、これによる経済活動への影響など、社会不安も増大していることは確かである。

　これまでの風水害対策は、過去の災害の教訓・反省を生かして対策が講じられてきたものであるが、各地で猛威を振るう台風や豪雨等は、気候変動の影響等によりこれまで経験したことのないような規模となっており、今後さらに強大なものになると想定されている。そのため、治水計画については、過去の降雨実績に基づく計画から、気候変動による降雨量の増加等を考慮した計画に見直す等の対応が図られている。

　我々は、より強大化する風水害の脅威を認識し、これまでの考え方に捉われずに、社会全体でこの危機に立ち向かうことが必要である。そのためには、社会のあらゆる関係者が、防災・減災を意識し、行動することが当たり前となる、防災・減災が主流となる社会の形成を目指して、国を挙げて災害対策に取り組むことが必要である。

第3節　国土強靱化の推進

　気候変動の影響等により気象災害が激甚化・頻発化していることに加え、南海トラフ地震や首都直下地震等の大規模地震の発生も切迫している。また、高度経済成長期以降に集中的に整備されたインフラが、一斉に老朽化していることから、適切な対応を取らなければ、社会経済システムが機能不全に陥るおそれがある。このような危機に打ち勝ち、国民の生命・財産・暮らしを守り、災害に屈しない国土づくりを進めるため、国を挙げて防災・減災、国土強靱化の取組を強化し、「防災・減災、国土強靱化のための5か年加速化対策」（令和2年12月11日閣議決定）を着実に推進しなければならない。

　その上で、これらの取組をより効果的・効率的に進めるためには、国の取組に加えて、各地方公共団体が、それぞれの地域で直面する自然災害のリスクを正しく分析し、地域の強靱化に計画的に取り組むことが必要である。また、行政と民間主体が連携し、民間投資を誘発する仕組みづくり等を行うなど、民間の活力を活かした国土強靱化に取り組むことも重要である。さらに、最新の技術やイノベーション等、防災分野においてデジタル技術を活用するなど、効率的に災害対応力向上を図ることも求められている。

　国土強靱化は国や地方公共団体のみならず、民間企業や個人も含めて全ての関係者が連携・協働しながら取り組むことが必要である。国土強靱化基本法が施行されて10年目を迎える中、国や地方公共団体での取組は進捗してきているが、民間企業や地域コミュニティ、また家庭や個人レベルにおいても、国土強靱化の必要性や効果について理解を深め、それぞれの地域、立場で実践していくことが必要である。

第4節　被災者支援体制の充実

　関東大震災発災直後には、東京市において、当時の人口約248万人のおよそ4割に当たる推計100万人の避難者が発生したといわれている。[13] 第2節で述べたとおり、建築物の耐震性等は関東大震災の時と比べると大幅に向上しているが、その後の急速な市街化の過程で生じた木造密集市街地における家屋倒壊や火災による延焼が懸念されるとともに、断水や停電などのライフラインへの被害によって、自宅への被害が軽微であっても在宅での避難生活が困難となる被災者が多数発生することが

13　中央防災会議（2009）、「関東大震災報告書 第2編」p6（関沢愛氏・西田幸夫氏執筆）

懸念される。

　関東大震災の発生時には、被害の甚大さと応急対策準備の不足のため、行政機関による迅速な応急対策を行うことができず、被災者支援の遅れや被害の拡大を招いた。国は、想定される首都直下地震、南海トラフ地震及び日本海溝・千島海溝周辺海溝型地震への対策として、基本計画等を策定して応急対策準備を行うとともに、各種訓練等を通じてその実効性を高めるための計画の改善に努めている。

　また、高齢化の進展や外国人の増加等の環境変化に伴い、関東大震災の発生時とは異なる新たな課題が生じている。さらに、女性やこども、障害者等も含めて、それぞれの被災者ニーズを踏まえた対応を進めていく必要がある。このため、災害時の情報提供、避難誘導及び避難所の生活環境向上を通じた災害関連死の防止など、災害時要配慮者をはじめとする被災者に対するきめ細やかな施策を、福祉等の関連施策との連携の下で進める必要がある。

　さらに、災害の激甚化・頻発化が今後予想される中、行政による「公助」だけでは十分な被災者支援を行うことができない。このため、国民一人一人の「自助」の意識を高めていくとともに、「共助」の取組を促進するため、男女共同参画の視点を踏まえるとともに、ＮＰＯ、ボランティアを始めとした様々な民間団体が参画するなど、多様な主体が連携した被災者支援体制を構築していく必要がある。加えて、東日本大震災や関東大震災の際に受けたような海外からの支援との連携も強化していかなければならない。

第5節　情報発信の多言語化等

　関東大震災が発生した頃に日本の人口の約1,000人に1人の割合しかいなかった外国人は、現在では、約45人に1人の割合と大幅に増加している。また、日本に居住している外国人に加えて、旅行や仕事等で一時的に滞在している外国人もこの100年間で飛躍的に増加している。

　このような状況下で災害が発生した場合、日本に居住している外国人や一時的に滞在している外国人も数多く被災者になることとなる。

　その際、日本語という言語の理解が壁となって、外国人が災害発生時に迅速な避難行動を取れない、又は避難所等において十分な支援を受けられないといった事態は避けなければならない。このため、現在、関係省庁が連携して、多言語による情報発信の取組などを進めているところであるが、引き続き、外国人が必要な情報を容易に入手できるようにすることが重要である。

第6節　防災におけるデジタル技術の活用

　関東大震災が発生した大正12年（1923年）は、まだラジオ放送が開始される前であった。また、地震により交通や電話などのライフラインも大きな被害を受けたために、新聞も発災後しばらく東京で発刊することができなくなってしまうなど、情報が流通しなくなってしまった。

　しかしながら、災害発生後、人命救助などの応急活動や、避難所生活への対応等の被災者支援など、行政が的確な対応を行うためには、まず発生した災害による被害状況を迅速かつ正確に把握することが必要となる。

　この100年の間、情報通信技術は飛躍的に進歩した。これまでも主要な情報伝達手段となる媒体は、ラジオ、その後テレビと移り変わってきたところである。そして現在、デジタル技術の進展により、インターネットやＳＮＳの活用が個人の日常生活の中でも一般的となっている。政府としても災害対応に役立つ可能性があるデータのデジタル化を推進し、活用していくことは、災害による被害状況の把握に大きく寄与するとともに、国民への情報発信の際にも必要不可欠になっていると考えられる。

　政府では、デジタル技術を活用した情報収集や情報共有に取り組んでいるところであるが、デジタル技術は日進月歩であることから、今後とも更なる活用に向けた取組を進めていくことが必要である。

【コラム】
外国人に向けた防災・気象情報の発信

　内閣府では、「外国人材の受入れ・共生のための総合的対応策」（令和4年6月14日外国人材の受入れ・共生に関する関係閣僚会議決定）に基づき、関係省庁とともに、災害発生時に外国人が必要な情報を容易に入手できるように、多言語化等の取組を進めている。

　具体的には、災害時に便利なアプリやＷＥＢサイト等の情報をまとめた15言語※のリーフレットや、外国人にも理解しやすい「やさしい日本語」に対応したポスターを作成するなど、様々な機会を通じて周知・普及を行っている。

　さらに、関係機関が外国人向けの防災訓練や研修等を行う際に活用できるよう、「外国人に向けた防災・気象情報の発信」に関する資料を15言語※で作成し、提供している。

※15言語：日本語、英語、中国語（繁体字、簡体字）、韓国語、スペイン語、
　　　　　　ポルトガル語、ベトナム語、タイ語、インドネシア語、タガログ語、
　　　　　　ネパール語、クメール語、ビルマ語、モンゴル語

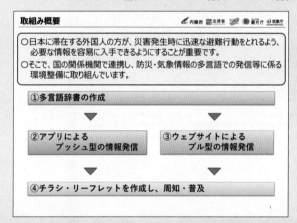

出典：内閣府ホームページ「外国人への災害情報の発信について」
　　　（参照：https://www.bousai.go.jp/kyoiku/gaikoku/index.html）

【コラム】
SNSなどを通じた助け合い活動（「つながる共助」）の促進

　近年のSNSなどのコミュニケーションツールの急速な普及によって、災害発生時に、これらのツールを使った助け合いが大きな力を発揮する可能性が高まっている。このため、これまで被災地支援に役立つ情報の発信等を行ってきた一般社団法人FUKKO DESIGNは、全国災害ボランティア支援団体ネットワーク（JVOAD）と連携して、「つながる共助」という考え方を提案し、情報発信をしている。

　具体的には、仲間同士の情報交換、物資・資金支援の募集と応募、復旧作業の手伝いの募集と応募などの場面でSNSなどのツールをどのように使えば良いか、また、プライバシーを守る上で留意すべき点は何かなどの情報を分かりやすくまとめた啓発資料を作成し、SNSやホームページで情報発信している。

（参考）「つながる共助」

（参照）https://note.com/fukko_design/n/n8e0e33ce414a

本年の白書では、100年前に発生した関東大震災を振り返り、そこから得られる教訓とその後の社会経済情勢の変化を踏まえて、今後の災害対策の方向性を論じた。

関東大震災を自ら体験し、その後の地震研究所の設立にも深く関わった物理学者の寺田寅彦は、昭和9年（1934年）の著作「天災と国防」の中で、国家の安全を脅かす敵国に対する国防策と比べて、当時の政府による自然災害への対策が不十分であることを批判的に論じている。これに対し、我が国はその後、「災害対策基本法」の制定や、阪神・淡路大震災、東日本大震災を踏まえた施策の拡充等を経て、災害対策を相当程度進展させてきたと言える。

一方で、寺田は、同じ著作の中で、次のようにも述べている。

「しかしここで一つ考えなければならないことで、しかもいつも忘れられがちな重大な要項がある。それは、文明が進めば進むほど天然の暴威による災害がその劇烈の度を増すという事実である。」[14]

寺田は、文明が発達し、自然の力に抗するような造営物を作ることで自然の猛威を封じ込めたつもりになっていると、あるとき急に自然が猛威をふるって、建物を倒したり堤防を壊したりして人命・財産に大きな被害を及ぼすと論じている。また、文明の進歩に伴い、国家・国民の内部機構が著しく分化することによって、その一部が損傷した場合に、システム全体に大きな影響を及ぼす可能性が高まるとも述べている。

我が国では、防災・減災インフラの整備を始めとする防災投資等によって、多数の死者が発生するような災害の発生頻度は減少した。一方で、寺田が警鐘を鳴らしたように、阪神・淡路大震災の発生以前は国民の防災意識が低い状態が続くとともに、東日本大震災のような想定外の巨大災害に対する備えは疎かになってきたと言える。

また、首都圏への人口や諸機能の集中は、ひとたび首都圏で災害が起きた場合の波及的な影響のリスクを高める結果となっている。同じことは、グローバル化に伴う世界の相互依存の高まりの中で、海外における災害が我が国に与える影響についても言うことができる。

本年は、関東大震災の発生から100年の節目に当たり、その教訓を忘れることなく、100年後に向けて承継していく必要がある。また、今後一層高まる災害リスクに対しては、国土強靱化の理念も踏まえつつ、国土政策や産業政策も含めた総合的な見地から向き合い、災害に強い国土・地域・経済社会の構築を目指していく必要がある。その上で、災害対策の観点からは、直面する大規模災害に対する備えを怠ることなく、防災・減災インフラの整備を始めとする防災投資、災害応急対策の準備、被災者支援の充実、国際連携等に取り組むとともに、防災教育等を通じて国民一人一人の自覚と努力を促すことによって、できるだけ災害による被害を軽減していく必要がある。

---

14 寺田寅彦（1934）「天災と国防」より引用

特集2　令和4年度に発生した主な災害

　我が国は、その自然的条件から各種の災害が発生しやすい特性を有しており、毎年のように水害・土砂災害、地震・津波等の自然災害が発生している。近年では、平成23年（2011年）東北地方太平洋沖地震や平成28年熊本地震、平成30年7月豪雨、令和元年東日本台風、令和2年7月豪雨、令和3年7月1日からの大雨等により大規模な被害を受けた。令和4年度においても、令和4年8月の大雨、令和4年台風第14号、令和4年台風第15号、令和4年12月17日からの大雪及び令和4年12月22日からの大雪等により全国各地において被害が発生した。

令和4年度に発生した主な災害

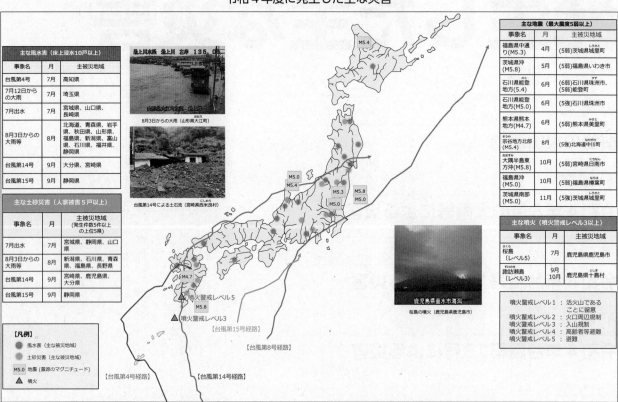

出典：水害レポート2022（国土交通省資料）

第1章　桜島の火山活動

（1）概要

　令和4年7月24日20時05分に桜島の南岳山頂火口で爆発が発生し、弾道を描いて飛散する大きな噴石が火口から概ね2.4kmまで到達した。気象庁は、同日20時50分に桜島の噴火警戒レベルを3（入山規制）から5（避難）に引き上げ、南岳山頂火口及び昭和火口から概ね3km以内の居住地域（鹿児島市有村町及び古里町の一部）への厳重な警戒等を呼び掛けた。その後、火口から2kmを超える範囲に影響を及ぼす噴火が発生する可能性は低くなったことから、気象庁は同月27日20時00分に噴火警戒レベルを3（入山規制）に引き下げた。

（2）被害状況

　この火山活動による人的被害、住家被害等は確認されていない（消防庁情報、令和4年7月28日現在）。

（3）政府の対応

　政府は、令和2年6月23日より設置されていた情報連絡室を、令和4年7月24日20時50分に官邸対策室に改組するとともに、岸田内閣総理大臣から「早急に被害状況を把握すること」、「地方自治体とも緊密に連携し、人命第一の方針の下、政府一体となって、登山者や住民の避難等被害防止の措置を徹底すること」及び「火山活動の状況について観測を強化し、登山者や住民に対する適時的確な情報提供を行うこと」について指示が行われた。

第2章　令和4年8月の大雨等による災害

（1）概要

　令和4年8月3日から4日は、東北南部から新潟県にかけて前線が停滞し、前線に向かって暖かく湿った空気が流れ込んだため、前線の活動が活発となった。複数の線状降水帯が発生し、雷を伴った猛烈な雨が断続的に降り続いたため、東北地方から北陸地方にかけての多くの観測地点で1時間降水量や24時間降水量の観測史上1位の値を更新するなど大雨となった。特に山形県と新潟県では記録的な大雨となったことから、気象庁は、山形県と新潟県を対象とした大雨特別警報を発表した。前線は次第に南下し、4日は石川県や福井県でも断続的に猛烈な雨が降り記録的な大雨となったほか、5日から6日にかけては福井県、滋賀県及び三重県等で大雨となった。

　8月8日から14日は、前線が北日本から北陸地方に停滞した。北海道地方から北陸地方の広い範囲で猛烈な雨が降り、青森県や秋田県では7日間で平年の8月の月降水量の2倍を超える大雨となった。また、13日から14日は、伊豆半島に上陸した令和4年台風第8号の影響で、東日本太平洋側を中心に大雨となった。15日から22日は、前線や低気圧の影響により北日本から西日本で大雨となった。24日から25日は、低気圧の影響で東日本や西日本で局地的に大雨となった。

1時間降水量の期間最大値・降水量の期間合計値等

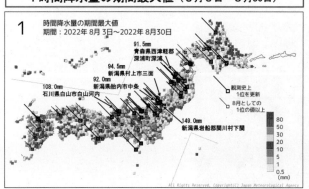

順位	都道府県	市町村	地点名（よみ）	降水量（mm）
1	青森県	西津軽郡深浦町	深浦（ふかうら）	827.0
2	新潟県	岩船郡関川村	下関（しもせき）	818.5
3	新潟県	村上市	高根（たかね）	787.5
4	秋田県	大館市	陣場（じんば）	758.0
5	青森県	弘前市	岳（だけ）	705.0

出典：気象庁資料

（2）被害状況

　令和4年8月の大雨等により、青森県や新潟県では、土石流等による被害が発生したほか、14道県において国・道県管理の132河川で氾濫し、浸水被害が発生した。これらにより、死者は2名（岩手県、長野県）、行方不明者は1名（山形県）、重傷者は2名及び軽傷者は7名となった。住家被害は、全壊が37棟、半壊・一部破損が1,114棟、床上・床下浸水が6,264棟となった（消防庁情報、令和5年3月24日現在）。

　また、水道については最大断水戸数14,044戸、電力については最大停電戸数8,072戸に及ぶなど、ライフラインにも被害が発生したほか、道路や鉄道等の交通インフラ等にも被害が発生した。

（3）政府の対応

　政府は、令和4年8月3日19時15分に官邸連絡室を設置し、8月5日に関係省庁災害対策会議を開催した（同月23日までに同会議を計6回開催）。

　8月7日には二之湯内閣府特命担当大臣（防災）（当時）が山形県の被災現場を視察した。また、谷内閣府特命担当大臣（防災）が4県の被害現場を視察した（8月20日：新潟県、同月30日：秋田県、同月31日：青森県、10月1日：山形県）。さらに、9月4日には岸田内閣総理大臣が新潟県の被災現場を視察した。また、「災害救助法」（昭和22年法律第118号）については、5県35市町村に適用された。

　激甚災害の指定については、「激甚災害に対処するための特別の財政援助等に関する法律」（昭和37年法律第150号）に基づき、令和4年8月1日から同月22日までの間の豪雨及び暴風雨による災害として、令和4年9月30日に指定政令の閣議決定を行った。

二之湯内閣府特命担当大臣（防災）（当時）による
山形県の被災現場の視察（内閣府資料）

谷内閣府特命担当大臣（防災）による
青森県の被災現場の視察（内閣府資料）

岸田内閣総理大臣による新潟県の被災現場の視察（内閣府資料）

第3章 令和4年台風第14号による災害

（1）概要

　令和4年9月14日3時に小笠原近海で発生した令和4年台風第14号は、17日には大型で猛烈な強さまで急速に発達した。本台風が暴風等の特別警報を発表する基準を満たす勢力で接近する可能性が高まったことから、同日、気象庁は、鹿児島県（奄美地方を除く）を対象とした暴風・波浪・高潮特別警報を発表した。18日19時頃に非常に強い勢力で鹿児島県鹿児島市付近に上陸し、19日朝にかけて九州を縦断した。その後進路を東よりに変え、中国地方から日本海を進み、20日3時に日本海で温帯低気圧に変わった。九州を中心に西日本で記録的な大雨や暴風となり、17日の降り始めからの総雨量は、宮崎県の多いところで900ミリを超えるなど、九州や四国の複数地点で平年の9月の月降水量の2倍前後となった。特に宮崎県では記録的な大雨となったことから、気象庁は宮崎県を対象とした大雨特別警報を発表した。また、鹿児島県屋久島町で最大瞬間風速50.9メートルを観測したほか、九州から中国地方及び近畿地方にかけての多くの地点で、最大瞬間風速の観測史上1位を更新した。

降水量の期間合計値・期間最大瞬間風速等

降水量の期間合計値（9月17日～9月20日）

順位	都道府県	市町村	地点名（よみ）	降水量(mm)
1	宮崎県	えびの市	えびの（えびの）	903.5
2	宮崎県	東臼杵郡美郷町	神門（みかど）	880.0

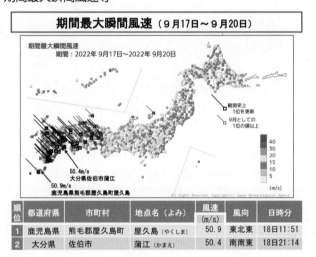

期間最大瞬間風速（9月17日～9月20日）

順位	都道府県	市町村	地点名（よみ）	風速(m/s)	風向	日時分
1	鹿児島県	熊毛郡屋久島町	屋久島（やくしま）	50.9	東北東	18日11:51
2	大分県	佐伯市	蒲江（かまえ）	50.4	南南東	18日21:14

出典：気象庁資料

（2）被害状況

　令和4年台風第14号により、宮崎県三股町で土砂崩れによる被害が発生したほか、宮崎県等で国・県管理の29河川が氾濫し、浸水被害が発生した。これらにより、宮崎県をはじめとする九州地方を中心に、死者は5名（広島県、高知県、宮崎県）、重傷者は20名、軽傷者は141名となった。住家被害は、全壊が17棟、半壊・一部破損が2,162棟、床上・床下浸水が1,310棟となった（消防庁情報、令和5年3月24日現在）。

　また、水道や電力等のライフライン、道路や鉄道等の交通インフラ等にも被害が発生した。特に強風による電柱や電線の損傷により鹿児島県で最大約12万9千戸、宮崎県で最大約11万5千戸等の停電が発生した。

（3）政府の対応

　政府は、令和4年9月16日15時に官邸に情報連絡室を設置した。9月17日15時には岸田内閣総理大臣から「国民に対し、避難や大雨・暴風・河川の状況等に関する情報提供を適時的確に行うこと」、「地方自治体とも緊密に連携し、台風の接近に伴い浸水、土砂崩れ等が想定される地域の住民の避難が確実に行われるよう、避難支援等の事前対策に万全を期すこと」、「被害が発生した場合は、被

害状況を迅速に把握するとともに、政府一体となって、災害応急対策に全力で取り組むこと」について指示が行われるとともに、災害が発生するおそれがある段階では初めて特定災害対策本部が設置され、情報連絡室は官邸連絡室に改組された。同日16時には特定災害対策本部会議（第１回）が開催され（21日までに同会議を４回開催）、本部長である谷内閣府特命担当大臣（防災）から、各省庁に避難の支援・最大限の緊張感を持って対応することを要請したほか、各県へは被災するおそれのある県で「災害救助法」の適用ができること、国民へは躊躇なく避難することについて、呼びかけが行われた。また、９月18日には岸田内閣総理大臣出席の下、関係閣僚会議（第１回）が開催され（19日までに同会議を２回開催）、官邸連絡室は官邸対策室に改組された。９月24日には谷内閣府特命担当大臣（防災）が宮崎県の被災現場を視察した。

　また「災害救助法」については、令和３年の同法の改正後初めて、災害が発生するおそれがある段階で、９県全286市町村に適用された。その後、住家に被害が生じた宮崎県の２市に、改めて「災害救助法」が適用された。

　激甚災害の指定については、後述の令和４年台風第15号による災害とともに、令和４年９月17日から同月24日までの間の暴風雨及び豪雨による災害として、令和４年10月28日に指定政令の閣議決定を行った。

台風第14号に関する関係閣僚会議（第１回）
（首相官邸ホームページより引用）

谷内閣府特命担当大臣（防災）による
宮崎県の被災現場の視察（内閣府資料）

第4章　令和４年台風第15号による災害

（1）概要

　令和４年９月22日９時に日本の南で発生した令和４年台風第15号は、日本の南を北上し、近畿地方に接近した後、23日21時に紀伊半島の南で熱帯低気圧に変わり、24日９時に東海道沖で温帯低気圧に変わった。台風周辺の発達した雨雲により、東日本の太平洋側を中心に大雨となり、静岡県や愛知県では、23日夕方から24日明け方にかけて線状降水帯が発生し記録的な大雨となった。特に、静岡県では猛烈な雨が降り続き、記録的短時間大雨情報が多数発表された。また、複数の地点で24時間雨量が400ミリを超えて平年の９月の月降水量を上回り、観測史上１位の値を更新した。

1時間降水量の期間最大値・24時間降水量の期間最大値等

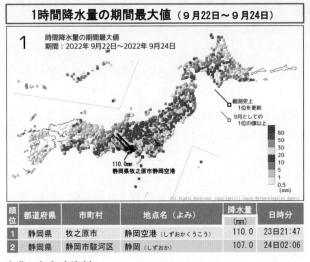

順位	都道府県	市町村	地点名（よみ）	降水量 (mm)	日時分
1	静岡県	牧之原市	静岡空港（しずおかくうこう）	110.0	23日21:47
2	静岡県	静岡市駿河区	静岡（しずおか）	107.0	24日02:06

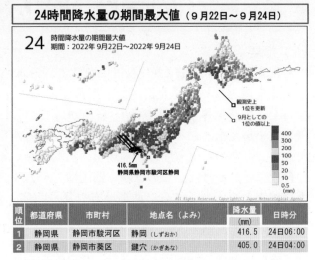

順位	都道府県	市町村	地点名（よみ）	降水量 (mm)	日時分
1	静岡県	静岡市駿河区	静岡（しずおか）	416.5	24日06:00
2	静岡県	静岡市葵区	鍵穴（かぎあな）	405.0	24日04:00

出典：気象庁資料

（2）被害状況

　令和4年台風第15号により、静岡県掛川市において土砂崩れによる被害が発生したほか、3県において県管理の28河川で氾濫し、浸水被害が発生した。これらにより、静岡県を中心に、死者は3名（静岡県）、重傷者は12名、軽傷者は4名となった。住家被害は、全壊が7棟、半壊・一部破損が3,704棟、床上・床下浸水が8,950棟となった（消防庁情報、令和5年3月24日現在）。

　また、電気や水道等のライフライン、道路や鉄道等の交通インフラ等にも被害が発生し、特に静岡市では、取水口の閉塞等により、最大74,300戸で断水が発生した。

（3）政府の対応

　政府は、令和4年9月22日16時30分に関係省庁災害警戒会議を開催した。また9月23日10時05分に官邸に情報連絡室を設置した。9月27日には星野内閣府副大臣及び本田厚生労働大臣政務官が静岡県の被害現場を視察した。

　また、「災害救助法」については、静岡県の23市町に適用された。

　激甚災害の指定については、前述の令和4年台風第14号による災害とともに、令和4年9月17日から同月24日までの間の暴風雨及び豪雨による災害として、令和4年10月28日に指定政令の閣議決定を行った。

星野内閣府副大臣及び本田厚生労働大臣政務官による静岡県の被災現場の視察（内閣府資料）

（1）概要

令和4年12月17日から19日にかけて、日本の上空に強い寒気が流れ込み、日本付近は強い冬型の気圧配置となった。北日本から西日本の日本海側では、福島県や山形県、新潟県を中心に大雪となった。福島県や山形県では19日にかけての24時間降雪量が100センチを超えて、昨冬までの1位の値を超えたところがあった。また、発達した雪雲が流れ込んだ福島県や新潟県では一時的に降雪が強まったため、気象庁は、福島県、新潟県を対象に「顕著な大雪に関する気象情報」を発表し一層の警戒を呼びかけた。このほか、四国地方や九州では山地を中心に大雪となったほか、平野部でも降雪や積雪となった。さらに沖縄地方や九州南部、北日本では風速20メートル以上の非常に強い風を観測した。

また、12月22日から24日にかけて、日本の上空には強い寒気が流れ込み、日本付近は26日にかけて強い冬型の気圧配置となった。北日本から西日本の日本海側では広い範囲で大雪となり、北日本や東日本では降雪の強まったところがあった。また、普段比較的雪の少ない北海道オホーツク海側や西日本太平洋側、東海地方の平地でも大雪となった。さらに、全国的に風が強まり、西日本から北日本にかけての広い範囲で風速20メートル以上の非常に強い風を観測した。

降雪量の期間合計値（12月17日～12月27日）

降雪量の期間合計値（12月17日～12月27日）			
都道府県	市町村	地点	降雪量 （cm）
山形県	西置賜郡小国町	小国（オグニ）	258
福島県	南会津郡只見町	只見（タダミ）	236
新潟県	岩船郡関川村	下関（シモセキ）	222
新潟県	魚沼市	守門（スモン）	217
山形県	西村山郡西川町	大井沢（オオイサワ）	197

出典：気象庁資料

（2）被害状況

令和4年12月17日からの大雪においては、除雪作業中の事故等が発生し、死者は12名（北海道、青森県、秋田県、山形県、新潟県及び石川県）、重傷者は32名、軽傷者は54名となった。住家被害は、一部破損が7棟となった（消防庁情報、令和5年1月13日現在）。また、東北電力管内で最大23,620戸の停電が発生した。特に、新潟県佐渡市においては、送電線の着雪等により、断続的に停電が発生した（18日から27日）。このほか、北日本から西日本にかけて道路の通行止め、鉄道の運休、航空機・船舶の欠航等の交通障害が発生した。特に新潟県では国道8号（新潟県柏崎市）及び国道8・17号（新潟県見附市～長岡市）において、車両のスタック等を契機に断続的に車両滞留が発生した。

令和4年12月22日からの大雪等においては、除雪作業中の事故等が発生し、死者は11名（北海道、秋田県、山形県、石川県、広島県及び愛媛県）、重傷者は22名、軽傷者は34名となった。住家被害は、一部破損が27棟となった（消防庁情報、令和5年1月13日現在）。また、12月22日からの大雪に伴って送電鉄塔倒壊が発生したこと等により、北海道紋別市を中心に、北海道電力管内で約26,900戸等が停電するなど、ライフラインへの被害のほか、北日本から西日本にかけて道路の通行止め、鉄道の運休、航空機・船舶の欠航等の交通障害が発生した。

（3）政府の対応

政府は、令和4年12月17日からの大雪において、令和4年12月1日に官邸において設置されていた情報連絡室により引き続き対応した。また、大雪による交通障害等により、「災害救助法」については、新潟県の4市に適用された。

令和4年12月22日からの大雪において、令和4年12月21日15時30分に官邸に情報連絡室を設置し、関係省庁災害警戒会議を開催した（23日までに計2回開催）。また、12月22日18時25分から12月22日からの大雪に関する関係閣僚会議を開催した。さらに、大雪等による長期停電の発生により、「災害救助法」については、北海道及び新潟県の12市町に適用された。

令和4年12月22日からの大雪に関する関係閣僚会議
（首相官邸ホームページより引用）

第6章　令和5年1月20日からの大雪等による災害

（1）概要

令和5年1月23日に複数の低気圧が日本付近を通過し、その後は25日にかけて、日本の上空に強い寒気が流入し、日本付近は強い冬型の気圧配置となった。25日にかけて西日本から北陸地方を中心に大雪となり、近畿地方や東海地方の平地など普段雪の少ない地域でも積雪となった。気象庁は、一時的に降雪が強まった岡山県に対し、「顕著な大雪に関する気象情報」を発表し、一層の警戒を呼びかけた。また、全国的に風が強まり、北日本では風速25メートル以上の非常に強い風を観測したほか、25日と26日の最低気温は南西諸島を除き全国的に氷点下となって、広い範囲で過去10年の最低気温に近い冷え込みとなった。その後も30日にかけて、冬型の気圧配置や日本海の低気圧の影響で北陸地方から山陰地方を中心に大雪となり、特に28日には、北陸地方に発達した雪雲が流れ込み、気象庁は、富山県に対し「顕著な大雪に関する気象情報」を発表した。

降雪量の期間合計値（1月23日～1月30日）

	降雪量の期間合計値（1月23日～1月30日）		
都道府県	市町村	地点	降雪量 (cm)
山形県	最上郡大蔵村	肘折（ヒジオリ）	199
鳥取県	西伯郡大山町	大山（ダイセン）	194
青森県	青森市	酸ケ湯（スカユ）	186
新潟県	魚沼市	守門（スモン）	182
新潟県	妙高市	関山（セキヤマ）	172

出典：気象庁資料

（2）被害状況

　令和5年1月20日からの大雪等により、除雪作業中の事故等が発生し、死者は8名（北海道、青森県、秋田県、山形県、新潟県、京都府及び岡山県）、重傷者は35名、軽傷者は77名となった。住家被害は、一部破損が1棟、床下浸水が7棟であった（消防庁情報、令和5年2月2日現在）。

　また、1月24日からの強い寒気等により水道管の凍結等で石川県を中心に最大14,385戸が断水し、降雪や強風に伴う倒木による断線等で、中国電力管内では鳥取県を中心に最大約3,100戸が停電するなど、ライフラインへの被害が発生した。さらに、北日本から西日本にかけて道路の通行止め、鉄道の運休、航空機・船舶の欠航等の交通障害が発生した。特に、新名神高速道路（四日市JCT～亀山西JCT、亀山JCT～甲賀土山IC）等において、大規模渋滞が発生した。このほか、JR西日本の山科駅～高槻駅間において15本、JR北海道の江別駅～豊幌駅間において3本の駅間停車が発生した。

（3）政府の対応

　政府は、令和5年1月20日15時に官邸において情報連絡室を設置し、関係省庁災害警戒会議を開催した（23日までに計2回開催）。また、交通障害により、「災害救助法」については、鳥取県の1町に適用された。

第7章　ボランティア・NPO等による対応

（1）令和4年に発生した主な災害におけるボランティアの対応

　令和4年8月の大雨等による災害においては、青森県、岩手県、秋田県、山形県、新潟県、石川県、福井県及び静岡県において、社会福祉協議会により22市町村で災害ボランティアセンター（以下「災害VC」という。）が立ち上げられ、災害VCを通じて延べ約23,000人のボランティアが支援活動を行った（令和4年10月15日現在）。

　令和4年9月の台風第14号による災害においては、大分県、宮崎県において、社会福祉協議会により4市で災害VCが立ち上げられ、災害VCを通じて延べ約1,200人のボランティアが活動を行った（令和4年10月11日現在）。

　令和4年9月の台風第15号による災害においては、静岡県において、社会福祉協議会により3市で災害VCが立ち上げられ、災害VCを通じて延べ約7,000人のボランティアが活動を行った（令和4年12月31日現在）。

　被災地では被災家屋の清掃や片づけ、被災ごみの運び出し、家屋内・水路の土砂搬出、避難所での物品配布、避難所からの引越し支援など、地域の実情に応じた被災者支援活動が展開された。

　また、被災地では、被災者のニーズや新型コロナウイルス感染症の感染状況等を勘案し、ボランティアの募集範囲を定めるとともに、ボランティアにマスクの着用、手洗い、人と人との距離の確保など、基本的な感染予防の実施を求めた。また、ICTを活用した事前登録の仕組みを導入することで受付の混雑緩和を図るなどの取組も展開された。

　さらに、災害VCを通じたボランティアの支援のみならず、専門性を有するNPO等により、土砂・がれきの撤去など被災家屋への技術的な支援や、被災地における災害廃棄物への対応、在宅避難者支援、こどもの居場所づくりや心のケアなど、幅広い分野で支援活動が行われた。

災害ボランティアの活動の様子（静岡県社会福祉協議会資料）

専門性を有するＮＰＯ等によるボランティア活動の様子（ＪＶＯＡＤ資料）

（2）行政・ボランティア・ＮＰＯ等の連携

　被災地となった新潟県及び静岡県では、行政・社会福祉協議会・ＮＰＯ等の多様な被災者支援主体が、支援活動に関する情報を共有し、活動を調整するための場である「情報共有会議」を開催し、被災者のニーズ把握、在宅避難者への支援など、行政・ボランティア・ＮＰＯ等による連携の取れた支援が実施された。

　また、全国域でも、内閣府、環境省、全国災害ボランティア支援団体ネットワーク（ＪＶＯＡＤ）、全国社会福祉協議会及び災害ボランティア活動支援プロジェクト会議（支援Ｐ）により、「全国情報共有会議（コア会議）」が開催され、各団体の有する被災地に関する情報の共有や今後の被災地支援の方法の検討等が行われた。

新潟県における情報共有会議の様子
（新潟県資料）

静岡県における情報共有会議の様子
（静岡県社会福祉協議会資料）

第1部

我が国の災害対策の取組の状況等

第**1**部 我が国の災害対策の取組の状況等

我が国は、その自然的条件から各種の災害が発生しやすい特性を有しており、令和4年度においても、令和4年8月の大雨や令和4年台風第14号、台風第15号等を始めとした多くの災害が発生した。第1部では、最近の災害対策の施策、特に令和4年度に重点的に実施した施策の取組状況を中心に記載する。

第**1**章 災害対策に関する施策の取組状況

第1節 自助・共助による事前防災と多様な主体の連携による防災活動の推進

1-1 国民の防災意識の向上

　我が国ではその地形や気象などの自然的条件により、従来から多くの自然災害を経験してきた。このため、平常時においては堤防の建設や耐震化など災害被害の発生を防止・軽減すること等を目的としたハード対策と、ハザードマップの作成や防災教育など災害発生時の適切な行動の実現等を目的としたソフト対策の両面から対策を講じて、万が一の災害発生に備えている。また、災害が発生した時には、災害発生直後の被災者の救助・救命、国・地方公共団体等職員の現地派遣による被災地への人的支援、被災地からの要請を待たずに避難所や避難者へ必要不可欠と見込まれる物資を緊急輸送するプッシュ型の物資支援、激甚災害指定や「被災者生活再建支援法」等による資金的支援など、「公助」による取組を絶え間なく続けているところである。

　しかし、今後発生が危惧される南海トラフ地震や日本海溝・千島海溝沿いの巨大地震、さらに近年激甚化・頻発化する気象災害等によって広域的な大規模災害が発生した場合において、公助の限界が懸念されている。

　阪神・淡路大震災では、家族も含む「自助」や近隣住民等の「共助」により生き埋めになった人の約8割が救出されており、「公助」である救助隊等による救出は約2割程度に過ぎなかったという調査結果がある（図表1-1-1）。

　市町村合併による市町村エリアの広域化や地方公共団体の公務員数の減少など、地方行政を取り巻く環境が厳しさを増す中、高齢社会の下で配慮を要する者は増加傾向にある。このため、国民一人一人が災害を「他人事」ではなく「自分事」として捉え、防災・減災意識を高めて具体的な行動を起こすことにより、「自らの命は自らが守る」「地域住民で助け合う」という防災意識が醸成された地域社会を構築することが重要である。

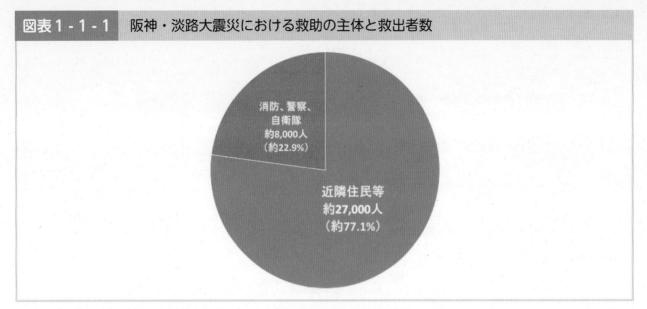

| 図表1 - 1 - 1 | 阪神・淡路大震災における救助の主体と救出者数 |

消防、警察、
自衛隊
約8,000人
（約22.9%）

近隣住民等
約27,000人
（約77.1%）

出典：河田惠昭（1997）「大規模地震災害による人的被害の予測」自然科学第16巻第1号より内閣府作成（平成28年版防災白書　特集「未来の防災」掲載）

　防災・減災のための具体的な行動とは、まずは「自助」として、地域の災害リスクを理解し、家具の固定や食料の備蓄等による事前の「備え」を行うことや、避難訓練に参加して適切な避難行動を行えるように準備することなどが考えられる。また、発災時における近所の人との助け合い等、「共助」による災害被害軽減のための取組が必要である。

　内閣府が令和4年9月に実施した「防災に関する世論調査」の結果によると、「自助」の重要性の認識や具体的な対策を講じる動きのうち、地震対策に係る取組状況は、特集1第2章第4節「国民の防災意識の変化、自助・共助の取組の進展」で述べたとおりであるが、台風や大雨に備えて取っている対策については、「台風情報等を意識的に収集している」（77.2%）、「足元灯や懐中電灯等の準備」（58.0%）、「食料・飲料水、医薬品等の準備」（40.9%）、「避難場所・避難経路を決めている」（35.0%）が上位となった（図表1 - 1 - 2）。

　また、「共助」の取組状況についても、特集第1第2章第4節で述べたとおりである。
（参考：https://survey.gov-online.go.jp/r04/r04-bousai/index.html）

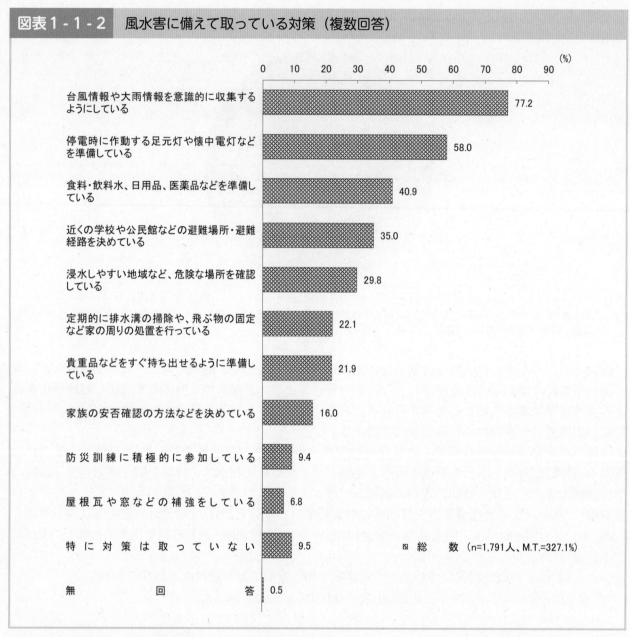

図表1-1-2　風水害に備えて取っている対策（複数回答）

項目	(%)
台風情報や大雨情報を意識的に収集するようにしている	77.2
停電時に作動する足元灯や懐中電灯などを準備している	58.0
食料・飲料水、日用品、医薬品などを準備している	40.9
近くの学校や公民館などの避難場所・避難経路を決めている	35.0
浸水しやすい地域など、危険な場所を確認している	29.8
定期的に排水溝の掃除や、飛ぶ物の固定など家の周りの処置を行っている	22.1
貴重品などをすぐ持ち出せるように準備している	21.9
家族の安否確認の方法などを決めている	16.0
防災訓練に積極的に参加している	9.4
屋根瓦や窓などの補強をしている	6.8
特に対策は取っていない	9.5
無回答	0.5

総　数（n=1,791人、M.T.=327.1%）

出典：内閣府「防災に関する世論調査」（令和4年9月調査）

　行政が「公助」の充実に不断の努力を続けていくことは今後も変わらないが、地球温暖化に伴う気象災害の激甚化・頻発化、高齢社会における支援を要する高齢者の増加等により、突発的に発生する激甚な災害に対して既存の防災施設等のハード対策や行政主導のソフト対策のみで災害を防ぎきることはますます困難になっている。行政を主とした取組だけではなく、国民全体の共通理解の下、住民の「自助」「共助」を主体とする防災政策に転換していくことが必要である。現在、地域における防災力には差がみられるところであるが、防災意識の高い「地域コミュニティ」の取組を全国に展開し、効果的な災害対応ができる社会を構築していくことが求められている。

1-2　防災推進国民会議と防災推進国民大会

　広く各界各層が情報、意見の交換及びその他の必要な連携を図り、中央防災会議と協力しつつ、国民の防災に関する意識向上を図るため、地方六団体、経済界、教育界及び医療・福祉関係等の各界各層の有識者から成る「防災推進国民会議」が平成27年に設立され、普及・啓発活動を行っている。

（1）防災推進国民大会（ぼうさいこくたい）2022

　内閣府、防災推進国民会議及び防災推進協議会（災害被害軽減の国民運動推進を目的として活動する業界団体等で構成される組織）の共同主催により、令和4年10月22日から23日に、「防災推進国民大会（ぼうさいこくたい）2022」を兵庫県神戸市で開催した。大会は「未来につなぐ災害の経験と教訓～忘れない、伝える、活かす、備える～」をテーマとし、災害の経験や教訓の伝承の重要性を再認識し、私たち一人一人が日頃から防災に取り組むことの大切さを訴える機会とすることを目指した。

　オープニングでは、主催者を代表して谷内閣府特命担当大臣（防災）が開会の挨拶を行い、「本大会がきっかけとなって新しい出会いやつながりが生まれ、防災の輪が全国各地に広がり、我が国の防災力強化に一層寄与してほしい」旨を述べた。その後、清家防災推進国民会議議長（日本赤十字社社長）が主催者挨拶を、齋藤兵庫県知事及び久元神戸市長が開催地挨拶を行った。オープニングディスカッションでは、「未来につなぐ教訓と防災教育」をテーマとして、地域と学校がどのように連携して防災教育を行うか、幼児期からの防災教育についてどう取り組むのか等の議論を通じ、阪神・淡路大震災など過去の大災害の教訓から何を学び、どのように次世代に伝えていくのかについて意見交換を行った。また、内閣府が主催するハイレベルセッションでは、「大災害とわたし～トップリーダーがつなぐ災害の経験と教訓～」をテーマとして、兵庫県知事、神戸市長、水鳥国連事務総長特別代表（防災担当）兼国連防災機関（UNDRR）長など、開催地及び国内外の各界を代表するトップリーダーが、災害にまつわる個人的な体験と、それぞれの立場から防災の取組の中で何を意識してきたかを語るとともに、今後の取組について議論を行った。

　このほか、行政、公益団体、学術界、民間企業、NPO等の様々な団体がテーマ別セッションを行い、災害教訓やますます重要となる自助・共助の取組等について議論を行ったほか、ワークショップでは、全国の多様な防災の担い手が集い、日頃からの防災・減災の取組事例や取り組む上での悩み・課題を共有するものなど様々な企画が実施された。さらに、ブースやポスターで各団体の取組を発表するプレゼンテーション・ポスターセッション、今回初の試みとなった出展団体の取組をステージで発表するイグナイトステージ、車両などの屋外展示等の出展があり、延べ319団体が防災・減災活動等を紹介した。

　クロージングでは、秋本防災推進国民会議副議長（公益財団法人日本消防協会会長）による主催者挨拶、河田阪神・淡路大震災記念人と防災未来センター長による大会総括や、開催地兵庫県での出展に向けた取組「現地企画・情報共有会議」の報告がなされた。また、次回開催地の黒岩神奈川県知事からビデオメッセージが寄せられ、締めくくりとして星野内閣府副大臣からは大会参加者への感謝と、次回大会への期待が表明された。現地来場者約12,000人、オンライン視聴数約11,000回の参加実績となった同大会を通じて、行政による「公助」はもとより、国民一人一人が「自らの命は自らが守る」という意識を持って災害に備える「自助」と、地域、学校、企業、ボランティアなどが助け合う「共助」を組み合わせることによって、我が国全体の防災力を高めていくことの重要性が確認された。

谷内閣府特命担当大臣（防災）による開会挨拶

清家議長による主催者挨拶（オープニング）

オープニングディスカッション

ハイレベルセッション

日本学術会議IRDR分科会主催セッション

秋本副議長による主催者挨拶（クロージング）

（2）第8回防災推進国民会議

第8回防災推進国民会議は、令和4年12月14日に総理官邸大ホールにて開催された。冒頭、岸田内閣総理大臣は、防災推進国民会議の各団体の防災活動への取組に対する感謝の言葉とともに、「災害が頻発化・激甚化する中、国民一人一人が日頃の備えを確認するなど、防災意識を一層高め、我が国の防災力を高めることが大切」であるとした上で、令和5年は関東大震災から100年の節目を迎え、各地で様々な取組が予定されることから、国民会議構成団体のなお一層の協力を賜りたい旨の期待を述べた。

続いて、「防災推進国民大会（ぼうさいこくたい）2022」などの活動報告等があり、全国知事会及び全国災害ボランティア支援団体ネットワーク（JVOAD）から自助・共助による防災意識の向上に向けた取組が紹介された。

第8回防災推進国民会議の様子（岸田内閣総理大臣出席）

また、同会議においては、関東大震災100年を踏まえた啓発活動や関連行事を積極的に実施していく方針を確認した。内閣府では、国・自治体・民間団体等の関連行事開催等に当たっては、「関東

大震災100年」共通ロゴマーク使用を呼びかけるとともに、内閣府ホームページにおいて「関東大震災100年」特設ページを設け、同ページにおいて関東大震災の概要や関連行事等の紹介等を行った。

「関東大震災100年」共通ロゴマーク

（「関東大震災100年」特設ページ　https://www.bousai.go.jp/kantou100/index.html）

1-3　防災訓練・防災教育の取組

　災害発生時には、国の行政機関、地方公共団体、その他の公共機関等の防災関係機関が一体となって、住民と連携した適切な対応をとることが求められることから、平時より関係機関が連携した訓練等、防災への取組を行うことが重要である。このため、防災関係機関は「災害対策基本法」、防災基本計画、その他の各種規程等に基づき、災害発生時の応急対策に関する検証・確認と住民の防災意識の高揚を目的として、防災訓練を実施することとされている。

　令和4年度は、防災訓練実施に当たっての基本方針や政府における総合防災訓練等について定めた「令和4年度総合防災訓練大綱」（令和4年6月17日中央防災会議決定）に基づき、以下のような各種訓練を実施した。

（1）「防災の日」総合防災訓練

　令和4年9月1日の「防災の日」に、地震発生直後を想定した政府本部運営訓練を新型コロナウイルス感染症対策に配慮して行った。まず、岸田内閣総理大臣を始めとする閣僚が徒歩で官邸に参集し、緊急災害対策本部会議の運営訓練を実施した。同会議では、大村愛知県知事とのテレビ会議を通じた被害状況や支援要請の把握、各閣僚からの被害・対応状況の報告、人命第一での対応方針の確認など、地方公共団体等と連携しながら、地震発生直後の応急対策の実施体制の確保、手順確認等を行った。会議終了後には、岸田内閣総理大臣が記者会見を行い、ＮＨＫ中継を通じて国民へ命を守る行動をとるよう呼びかけるとともに、「南海トラフ地震臨時情報（巨大地震警戒）」が発表されたこと、今後1週間は揺れを感じたら直ちに避難できるよう準備すること等について発信を行った。また、併せて緊急災害対策本部の設置、災害緊急事態の布告などに必要な手続に係る訓練も実施した。

　また、同日に千葉県千葉市を主会場とする九都県市合同防災訓練が行われ、岸田内閣総理大臣や関係閣僚等が現地調査訓練として参加した。岸田内閣総理大臣は、消防、警察、自衛隊による救出救助訓練の視察、防災普及車（ＶＲ起震車）による地震体験、防災マップ作成の視察、段ボールベッドの間仕切りの設置の体験等を実施した。

政府本部運営訓練

九都県市合同防災訓練と連携した現地調査訓練
出典：首相官邸ホームページ

（2）政府図上訓練

　令和4年12月に首都直下地震を想定した緊急災害対策本部事務局運営訓練（内閣府（中央合同庁舎8号館））と緊急災害現地対策本部運営訓練（東京湾臨海部基幹的広域防災拠点（有明の丘地区））とを連動させて実施した。本訓練においては、関係府省庁職員や東京都、埼玉県、千葉県、神奈川県の職員が参加し、訓練会場に参集した上で、実際の災害に近い状況を模擬した状況付与型訓練と、災害発生時に関係機関の連携を要する課題等について討議する討議型訓練を実施した。

首都直下地震を想定した
緊急災害対策本部事務局運営訓練

南海トラフ地震を想定した
緊急災害現地対策本部運営訓練（九州）

　地域ブロック毎の訓練では、被災が想定される府県等と連携し、南海トラフ地震を想定した緊急災害現地対策本部運営訓練を実施した。令和4年11月に近畿（大阪市）、同年12月に九州（熊本市）、令和5年2月に中部（名古屋市）において、現地に参集した上で、状況付与型訓練と討議型訓練を実施した。

　これらの訓練によって、関係府省庁職員の知識・練度の向上や関係機関との連携の強化を図るとともに、これらの訓練を踏まえ、諸計画やマニュアルに規定された応急対策の有効性の検証を行った。

　さらに、令和4年6月に物資調達・輸送調整等支援システム操作・物資拠点開設訓練を実施した。本訓練においては、関係府省庁職員、地方公共団体職員等が参加し、物資拠点の確認を行うとともに、オンラインで物資調達・輸送調整等支援システムを活用した支援物資の要請、配分等を実施した。

（3）防災教育の取組

　全ての国民が災害から自らの命を守るためには、災害時に国民一人一人が適切な行動をとることができるようになることが極めて重要である。このため、こどもの頃から必要な防災知識や主体的な防災行動を身に付けることができるよう、実践的な防災教育を全国に展開していく必要がある。

　このため、政府においては令和4年3月に閣議決定された「第3次学校安全の推進に関する計画」に基づき、

- 全国全ての学校で地域の災害リスクや正常性バイアス等の必要な知識を教える実践的な防災教育や避難訓練を実施できるよう、発達段階を考慮した防災教育の手引きを新たに作成し周知する
- 学校現場で活用しやすい教材やデータ等を作成し、その普及を図るとともに、特に幼児期からの防災教育については、家庭に向けた情報伝達・啓発を行うためのひな形も含めて幼児向けの教材を作成し、保護者及び幼児に対する防災教育の充実を図る
- 実践的な避難訓練の実施状況や見直しの状況を始めとする全国の学校の防災教育に関する実施内容を定期的かつ具体的に調査し、主要な指標を設定し、その状況を公表する

などの取組を進めている。

令和4年度は、文部科学省において、小学校教員向けの防災教育の手引きを作成するとともに、内閣府においては、地域と学校が連携した防災教育の推進に係る手引きの作成を行った。

1-4　津波防災に係る取組

（1）津波避難訓練

令和4年度は「津波防災の日（11月5日）」の前後の期間を中心に、全国各地で国、地方公共団体、民間企業等の主催する地震・津波防災訓練が実施され、約195万人が参加した。

内閣府では上記の期間を中心に地方公共団体と連携し、住民参加型の訓練を全国11ヶ所（北海道根室市、山形県酒田市、茨城県北茨城市、神奈川県平塚市、静岡県掛川市、愛知県常滑市、和歌山県那智勝浦町、広島県福山市、徳島県徳島市、愛媛県西条市、沖縄県那覇市）で実施した。これらの訓練では、地震発生時に我が身を守る訓練（シェイクアウト訓練）及び揺れが収まった後に津波からの避難行動を行う訓練（津波避難訓練）のほか、地域ごとの防災計画等に応じて、安否確認、避難所開設・運営訓練等を行った。また、住民が参加して、地域の被害想定や地理的条件等を知り、地域の避難計画の見直しにつなげるきっかけとするワークショップを訓練の前後に開催した。訓練及びワークショップには延べ約1万2,000人が参加した。

我が身を守る訓練（徳島県徳島市）

津波避難訓練（和歌山県那智勝浦町）

避難所開設訓練（愛知県常滑市）

防災に関するワークショップ（沖縄県那覇市）

（2）普及啓発活動

①津波防災の普及啓発活動

　「津波防災の日」及び「世界津波の日」について周知し、津波防災への認識や取組を促進するため、令和４年度は全国の企業、地方公共団体等における啓発ポスターの掲示、大手コンビニエンスストアやスーパーマーケットにおけるレジ・ディスプレイ画像の表示など、様々な媒体を活用して普及啓発を行った。

令和４年度の津波防災啓発ポスター

②令和４年度「津波防災の日」スペシャルイベントの実施

　11月５日の「津波防災の日」及び「世界津波の日」当日には、内閣府、防災推進国民会議及び防災推進協議会の主催によって、「津波防災の日」スペシャルイベントを東京をメイン会場として開催した。

　同イベントでは、谷内閣府特命担当大臣（防災）からの挨拶に続いて、基調講演として、今村東北大学災害科学国際研究所所長から、「津波防災を進化させる―津波避難訓練等でタブーへも挑戦」と題した発表が行われた。また、その後のパネルディスカッションではサブ会場である北海道根室市及び和歌山県那智勝浦町から、オンラインにてそれぞれの地域における津波防災に関する取組について紹介されたほか、メイン会場とサブ会場を結んで、意見交換が行われた。

　同イベントのアーカイブ動画は「津波防災特設サイト」において公開されている。

　（参照：https://tsunamibousai.jp/）

谷内閣府特命担当大臣（防災）による開会挨拶

第1部　基調講演（今村 文彦 所長）

第2部　パネルディスカッションの様子

1-5　住民主体の取組（地区防災計画の推進）

　地区防災計画制度は、平成25年の「災害対策基本法」の改正により、地区居住者等（居住する住民及び事業所を有する事業者）が市町村と連携しながら、自助・共助による自発的な防災活動を推進し、地域の防災力を高めるために創設された制度である。これによって地区居住者等が地区防災計画（素案）を作成し、市町村地域防災計画に地区防災計画を定めるよう、市町村防災会議に提案できることとされている。

　地区防災計画は、地区内の住民、事業所及び福祉関係者など様々な主体が、地域の災害リスクや、平時・災害時の防災行動、防災活動について話し合い、計画素案の内容を自由に定め、その後、市町村地域防災計画に位置付けられることで、共助と公助をつなげるものである。計画内容はもとより、地区住民等が話し合いを重ねることなど、作成過程も共助の力を強くする上で重要である。

　令和4年4月1日現在、38都道府県177市区町村の2,091地区の地区防災計画が地域防災計画に定められ、さらに45都道府県333市区町村の5,162地区で地区防災計画の策定に向けた活動が行われている。制度創設から9年が経過し、地区防災計画が更に浸透していくことが期待される（図表1-5-1、図表1-5-2）。

| 図表1-5-1 | 地域防災計画に反映された地区防災計画数（令和4年4月1日現在） |

◆地域防災計画に反映済み：**38**道府県、**177**市区町村、**2,091**地区
（R3年度に新たに反映された計画 264地区）

※調査対象：市区町村
※R4.4.1時点の集計値

都道府県名	市区町村数	地区数	都道府県名	市区町村数	地区数	都道府県名	市区町村数	地区数
北海道	9	42	石川県	1	1	岡山県	3	5
青森県	0	0	福井県	1	1	広島県	0	0
岩手県	6	57	山梨県	8	541	山口県	3	79
宮城県	3	14	長野県	14	182	徳島県	0	0
秋田県	2	17	岐阜県	6	20	香川県	4	28
山形県	2	39	静岡県	7	70	愛媛県	8	83
福島県	1	2	愛知県	8	14	高知県	3	42
茨城県	6	80	三重県	4	16	福岡県	3	20
栃木県	9	13	滋賀県	2	6	佐賀県	0	0
群馬県	0	0	京都府	3	47	長崎県	0	0
埼玉県	6	17	大阪府	3	18	熊本県	6	185
千葉県	2	6	兵庫県	6	155	大分県	0	0
東京都	11	190	奈良県	4	7	宮崎県	2	5
神奈川県	4	34	和歌山県	1	1	鹿児島県	12	47
新潟県	2	2	鳥取県	1	4	沖縄県	0	0
富山県	0	0	島根県	1	1	計	177	2,091

出典：内閣府資料

| 図表1-5-2 | 地区防災計画の作成に向けて活動中の地区数（令和4年4月1日現在） |

◆地区防災計画の策定に向けて活動中(注)：**45**都道府県、**333**市区町村、**5,162**地区
（注）市区町村に提案済みだが地域防災計画には未反映分を含む

※調査対象：市区町村
※R4.4.1時点の集計値

都道府県名	市区町村数	地区数	都道府県名	市区町村数	地区数	都道府県名	市区町村数	地区数
北海道	7	35	石川県	7	228	岡山県	9	110
青森県	3	10	福井県	16	823	広島県	5	100
岩手県	3	42	山梨県	12	81	山口県	3	30
宮城県	7	123	長野県	13	47	徳島県	5	18
秋田県	3	3	岐阜県	6	53	香川県	12	32
山形県	4	66	静岡県	4	79	愛媛県	5	30
福島県	9	24	愛知県	12	34	高知県	2	4
茨城県	7	28	三重県	15	97	福岡県	8	78
栃木県	21	78	滋賀県	8	174	佐賀県	0	0
群馬県	7	102	京都府	4	16	長崎県	2	17
埼玉県	11	158	大阪府	12	392	熊本県	17	346
千葉県	4	13	兵庫県	10	409	大分県	1	305
東京都	4	44	奈良県	3	5	宮崎県	7	32
神奈川県	7	32	和歌山県	0	0	鹿児島県	13	642
新潟県	7	166	鳥取県	2	7	沖縄県	5	6
富山県	7	23	島根県	4	20	計	333	5,162

出典：内閣府資料

（1）地区防災計画の動向

　内閣府において、令和3年度中に地域防災計画に定められた264地区の事例等を分析したところ、以下のような特徴が見られた（**図表1-5-3～図表1-5-5**）。

①　地区防災計画の作成主体は、22%が自治会、71%が自主防災組織であった。

②　地区内の人口については、42%が500人以下、62%が1,000人以下であった。

③　地区防災計画策定のきっかけとして、82%の地区に関する回答が「行政の働きかけ」であった。このことから、地区防災計画の策定には、行政による後押しが重要であると考えられる。

図表1-5-3	令和3年度中に地域防災計画に定められた地区防災計画の作成主体

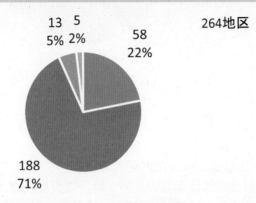

264地区

■自治会　■自主防災組織　■地域運営団体　■その他

その他：町会関係者を中心に組織した策定準備委員会
　　　　臨海地域の自治会自主防災会及び企業
　　　　町内会かつ自主防災組織

出典：内閣府資料

図表1-5-4	令和3年度中に地域防災計画に定められた地区防災計画の人口別地区数

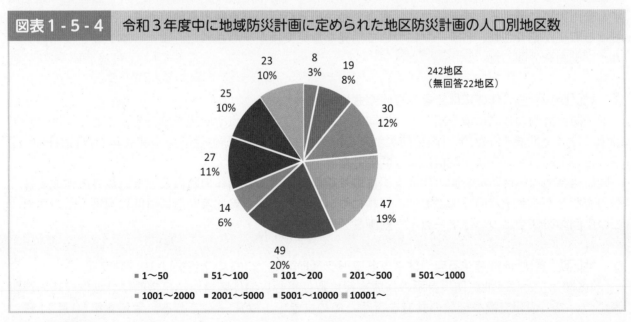

242地区
（無回答22地区）

■1～50　■51～100　■101～200　■201～500　■501～1000
■1001～2000　■2001～5000　■5001～10000　■10001～

出典：内閣府資料

| 図表1-5-5 | 令和3年度中に地域防災計画に定められた地区防災計画の作成のきっかけ |

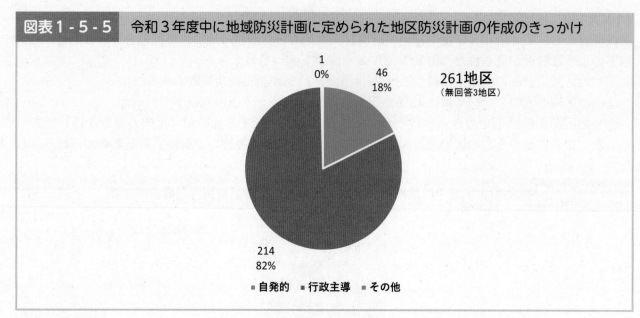

261地区
（無回答3地区）

1
0%

46
18%

214
82%

■自発的　■行政主導　■その他

出典：内閣府資料

（2）地区防災計画の策定促進に向けた内閣府の取組

　内閣府は、地区防災計画の策定促進のため、地区防災計画ガイドライン等の地区防災計画の策定の際に参考となる資料の作成や、地区防災計画を地域別・テーマ別に一覧できる「地区防災計画ライブラリ」の構築を行っている。また、令和4年度には以下のとおりフォーラムや研修等を開催した。
　（参照：https://www.bousai.go.jp/kyoiku/chikubousai/index.html）

①　地区防災計画フォーラム2023の開催

　各地における事例や経験の共有を図り、地区防災計画の策定を促進するため、「地区防災計画フォーラム2023」を令和5年3月26日に開催した。本フォーラムでは、「いつ起きるかわからない大地震に備える」をテーマに、東京都昭島市つつじが丘及び東京都国分寺市高木町から、「激甚化・頻発化する豪雨災害に備える」をテーマに、青森県むつ市及び岡山県倉敷市真備町から、それぞれの地区における取組が紹介され、各テーマについて活発な意見交換が交わされた。また、本フォーラムのアーカイブ動画を公開した。

②　地区防災計画の作成に関する基礎研修会の開催

　地区防災計画の作成に取り組む方々に向けて異なる立場の視点や取組を紹介することで、地区防災計画の作成を推進するため、「地区防災計画の作成に関する基礎研修会」を令和4年10月26日と12月6日の2回、オンライン配信により開催した。
　同研修会では地区防災計画の作成支援に取り組む有識者、自治体の職員及びそれ以外の作成支援人材の方などがそれぞれの立場における経験について述べた後、参加者からの質問に回答した。また、この2回の研修会についてアーカイブ動画を公開した。

③　地区防災計画を推進する自治体ネットワーク「地区防'z（ちくぼうず）」の活動支援

　「地区防'z」とは、地区防災計画の作成支援に取り組む自治体職員が、日常的に計画作成時の課題等についての情報交換や経験の共有を行うためのプラットフォームである。令和4年10月21日には、兵庫県神戸市において「地区防'z意見交換会」を現地とオンラインのハイブリッドで開催し、有識者を交えながら、自治体職員同士で地区防災計画の取組支援に関する意見交換を行った。

1-6 ボランティア活動の環境整備について

　発災時には、ボランティア、ＮＰＯその他多様な団体が被災地にかけつけ、きめ細やかな被災者支援を行い、重要な役割を果たしている。内閣府においては、ボランティア・ＮＰＯ等による被災者支援の活動が円滑に行われるよう環境整備に努めており、近年、大規模災害時には、行政・ボランティア・ＮＰＯ等の多様な被災者支援主体が連携し、情報の共有、活動の調整をしながら、被災者支援の活動を行うことが定着してきている。

（1）行政・ボランティア・ＮＰＯ等の多様な被災者支援主体間の連携の推進

　内閣府が令和5年1月に実施した「令和4年度 多様な被災者支援主体間の連携・協働に関する調査」によると、43都道府県において、災害時に情報共有など連携ができる体制が整備されていることが確認できた。しかし、連携体制は整えられているものの、都道府県によって連携の状況は様々であり、災害時の被災者支援活動における行政・ボランティア・ＮＰＯ等の役割の整理が必要であること、特に行政の役割について、行政内部で十分に整理、理解されていないことが課題であると都道府県が感じていることが本調査を通じて分かった。

（2）防災とボランティアのつどい

　令和5年1月22日、内閣府が主催する「防災とボランティアのつどい」が開催された。「関東大震災から100年を迎える今、現代に通じる被災者支援の課題と災害ボランティア活動の広がりについて考える」をテーマとし、都内会場には約70名、オンラインでは約200名の参加者がつどった。第1部では、「関東大震災から100年目を迎えるにあたり、当時災害対応にあたったボランティアの取組を振り返る」をテーマとして、内閣府より関東大震災の被害概要等を説明した後、当時救護活動を行った民間団体（日本赤十字社、全国社会福祉協議会、東京ＹＭＣＡ）によるリレートークを行った。

　また、第2部では、「ボランティアのすそ野を広げる、多様な取組について話し合う」をテーマに、多様な民間主体（防災士会、経済界及びボランティア団体）による現在の災害支援に関する活動についてパネルディスカッションを行った。

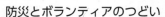

防災とボランティアのつどい

谷内閣府特命担当大臣（防災）による挨拶

リレートークの様子

（3）行政・ボランティア・ＮＰＯ等の多様な被災者支援主体間の連携促進のための研修会

　災害時に行政・ボランティア・ＮＰＯ（災害中間支援組織を含む。）等の連携・協働が円滑に行われるためには、平時から研修等を通じて交流や相互理解を図っておくことが必要である。内閣府では、行政、社会福祉協議会等の災害ボランティアセンター関係者、ＮＰＯ等が顔を合わせ、連携・協働する際の諸課題について議論し、相互理解を深めるため、研修会を実施している。

　令和4年度は、これまで全国各地で連携体制の構築が進んできた現状を踏まえ、「多様な主体間における連携促進のための研修会」を、受講対象を分けて実施した。「基礎研修」はオンライン配信と

し、多様な主体間の連携の必要性について行政、社会福祉協議会、災害中間支援組織等がそれぞれの立場から説明を行い、26都道府県から約210人が受講した。「連携関係づくり研修」は、5都県が受講し、それぞれの会場で行政、社会福祉協議会、NPO等の多様な主体の方が参加した（新型コロナウイルス感染症対策のため、一部の参加者はオンライン参加）。研修では、既に連携・協働体制の構築に取り組んでいる地方公共団体や社会福祉協議会、NPO等による連携状況等の説明も踏まえ、参加自治体が、更なる連携・協働体制の構築を図るための意見交換を行った。

多様な主体間における連携促進のための研修会（連携関係づくり研修）の様子

（4）「避難生活支援リーダー／サポーター」モデル研修

　近年、自然災害が激甚化・頻発化しているとともに、避難生活も長期化しており、避難所の設置期間が数週間から数ケ月に及ぶ場合もあり、避難生活環境の向上が課題となっている。発災後、様々な業務を抱える中で、避難所の開設後、その運営を市町村等の自治体職員が中心となって担い続けることには限界があり、被災者の避難生活支援にあたっては「自助」と「共助」の視点を欠かすことはできない。また、長期化する避難所の運営には専門の知識とスキルが必要となる。

　このため、内閣府では、令和3年5月に取りまとめられた「防災教育・周知啓発ワーキンググループ（災害ボランティアチーム）」の提言を踏まえ、意欲のある地域の人材に、体系的なスキルアップの機会を提供し、避難生活支援の担い手となる人材を各地に増やし、地域の防災力強化につなげていく「避難生活支援・防災人材育成エコシステム」の実現に向けた取組を進めている。

　令和4年度は、避難生活支援を担う人材である「避難生活支援リーダー／サポーター」の育成を進めるための研修プログラムを構築し、全国5地区（群馬県前橋市、長野県上田市、愛知県美浜町、大阪府吹田市及び岡山県矢掛町）でモデル研修を実施した。

　モデル研修は事前のオンデマンド学習（1コマ20分程度×8コマ）と3日間の演習で構成され、演習では、避難所の様子を再現した会場での環境改善演習やロールプレイによる対人コミュニケーション演習等を行った。

「避難生活支援リーダー／サポーター」モデル研修の様子

1-7　事業継続体制の構築

（1）中央省庁の業務継続体制の構築

　国の行政機関である中央省庁においては、これまで、首都直下地震等の発災時に首都中枢機能の継続性を確保する観点から、中央省庁ごとに業務継続計画を策定し、業務継続のための取組を進めてきた。平成26年3月には、「首都直下地震対策特別措置法」（平成25年法律第88号）に基づき「政府業務継続計画（首都直下地震対策）」（以下「政府業務継続計画」という。）が閣議決定されたことを受け、中央省庁はこれまでの業務継続計画について見直しを行った。

　内閣府においては、中央省庁の業務継続計画の策定を支援するため、平成19年6月にガイドラインを策定した。その後、社会情勢の変化や新たな課題等に対応するため見直しを行い、最近では令和4年4月に改定を行った。また、政府業務継続計画に基づき、中央省庁の業務継続計画の実効性について、有識者等による評価を行っており、これを受けて中央省庁は、必要に応じて業務継続計画の見直しや取組の改善等を行っている。

　政府としては、このような取組を通じて、首都直下地震発生時においても業務を円滑に継続することができるよう、業務継続体制を構築していくこととしている。

（2）地方公共団体の業務継続体制の構築

　地方公共団体は、災害発生時においても行政機能を確保し業務を継続しなければならない。このため、地方公共団体において業務継続計画を策定し、業務継続体制を構築しておくことは極めて重要である。地方公共団体における業務継続計画の策定状況は、都道府県では平成28年4月に100％に達し、市区町村では令和4年6月時点で前年比1％増となる約98％となっている（図表1-7-1）。

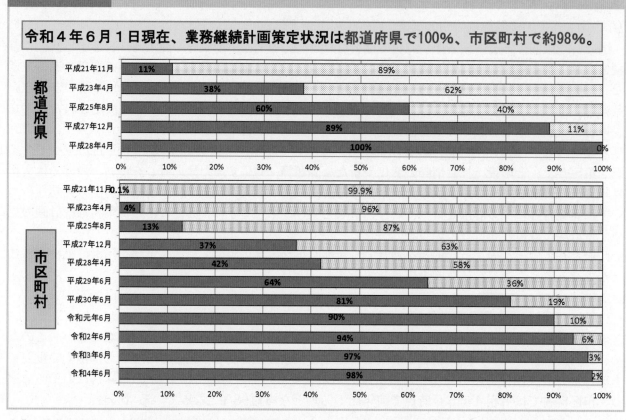

図表1-7-1 地方公共団体における業務継続計画の策定状況

令和4年6月1日現在、業務継続計画策定状況は都道府県で100%、市区町村で約98%。

都道府県

調査時点	策定済	未策定
平成21年11月	11%	89%
平成23年4月	38%	62%
平成25年8月	60%	40%
平成27年12月	89%	11%
平成28年4月	100%	0%

市区町村

調査時点	策定済	未策定
平成21年11月	0.1%	99.9%
平成23年4月	4%	96%
平成25年8月	13%	87%
平成27年12月	37%	63%
平成28年4月	42%	58%
平成29年6月	64%	36%
平成30年6月	81%	19%
令和元年6月	90%	10%
令和2年6月	94%	6%
令和3年6月	97%	3%
令和4年6月	98%	2%

出典：平成21年11月：地震発生時を想定した業務継続体制に係る状況調査（内閣府（防災）及び総務省消防庁調査）
平成23年4月：地方自治情報管理概要（平成24年3月）（総務省自治行政局地域情報政策室調査）
平成25年8月：地方公共団体における総合的な危機管理体制に関する調査（総務省消防庁調査）
平成27年12月：地方公共団体における「業務継続計画策定状況」及び「避難勧告等の具体的な発令基準策定状況」に係る調査（総務省消防庁調査）
平成28年4月、平成29年6月、平成30年6月、令和元年6月、令和2年6月、令和3年6月：地方公共団体における業務継続計画策定状況の調査結果（総務省消防庁調査）
令和4年6月：地方公共団体における業務継続計画等の策定状況の調査結果（総務省消防庁調査）

　内閣府では、「市町村のための業務継続計画作成ガイド」（平成27年5月策定）、「大規模災害発生時における地方公共団体の業務継続の手引き」（平成28年2月改定）及び「市町村のための人的応援の受入れに関する受援計画作成の手引き」（令和3年6月改定）を策定し、周知しているほか、地方公共団体における業務継続体制の構築を支援するため、内閣府・消防庁共催で、市町村の担当職員を対象とした研修会を平成27年度から毎年開催している。

（3）民間企業の事業継続体制の構築

　大規模災害等が発生して企業の事業活動が停滞した場合、その影響は自社にとどまらず、サプライチェーンの途絶など、関係取引先や地域の経済社会、ひいては我が国全体に多大な影響を与えることとなる。そのため、大規模災害等の発生時における企業の事業活動の継続を図ることは、極めて重要である。

　このため、内閣府では、企業の事業継続計画（BCP）の策定を促進するため、平成17年にガイドラインを策定し、平成25年には事業継続における平常時からのマネジメント（Business Continuity Management（BCM））の考え方を盛り込むなど、社会情勢の変化等を踏まえた見直しを行ってきた。最近では、令和5年3月に改定版を公表し、その普及を進めるとともに、ガイドラインに沿ったBCPの策定を推奨している。

　また、内閣府では、BCPの策定率を始めとした民間企業の取組に関する実態調査を隔年度で継続して実施しており、「令和3年度企業の事業継続及び防災の取組に関する実態調査」では、BCPを

策定した企業は大企業70.8%（前回調査（令和元年度）では68.4%）、中堅企業40.2%（前回調査では34.4%）と、ともに増加しており、策定中を含めると大企業は約85%、中堅企業は約52%となっている（図表1-7-2）。

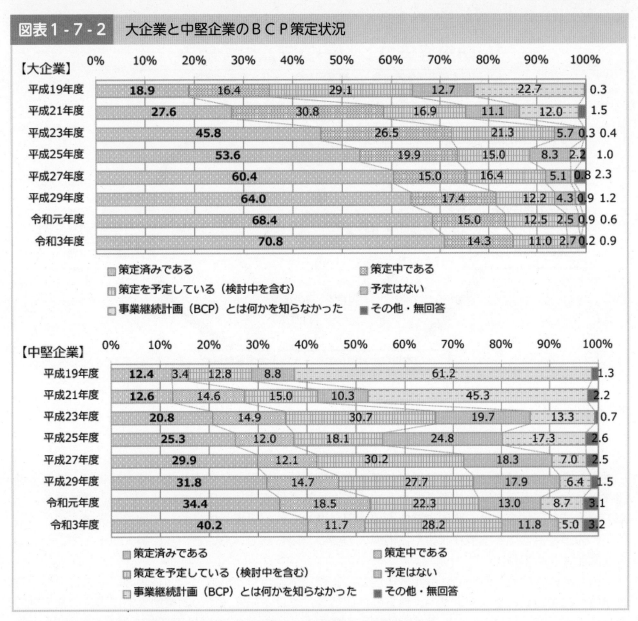

図表1-7-2　大企業と中堅企業のBCP策定状況

【大企業】

	策定済みである	策定中である	策定を予定している（検討中を含む）	予定はない	事業継続計画（BCP）とは何かを知らなかった	その他・無回答
平成19年度	18.9	16.4	29.1	12.7	22.7	0.3
平成21年度	27.6	30.8	16.9	11.1	12.0	1.5
平成23年度	45.8	26.5	21.3	5.7	0.3	0.4
平成25年度	53.6	19.9	15.0	8.3	2.2	1.0
平成27年度	60.4	15.0	16.4	5.1	0.8	2.3
平成29年度	64.0	17.4	12.2	4.3	0.9	1.2
令和元年度	68.4	15.0	12.5	2.5	0.9	0.6
令和3年度	70.8	14.3	11.0	2.7	0.2	0.9

【中堅企業】

	策定済みである	策定中である	策定を予定している（検討中を含む）	予定はない	事業継続計画（BCP）とは何かを知らなかった	その他・無回答
平成19年度	12.4	3.4	12.8	8.8	61.2	1.3
平成21年度	12.6	14.6	15.0	10.3	45.3	2.2
平成23年度	20.8	14.9	30.7	19.7	13.3	0.7
平成25年度	25.3	12.0	18.1	24.8	17.3	2.6
平成27年度	29.9	12.1	30.2	18.3	7.0	2.5
平成29年度	31.8	14.7	27.7	17.9	6.4	1.5
令和元年度	34.4	18.5	22.3	13.0	8.7	3.1
令和3年度	40.2	11.7	28.2	11.8	5.0	3.2

出典：「令和3年度企業の事業継続及び防災の取組に関する実態調査」より内閣府作成
https://www.bousai.go.jp/kyoiku/kigyou/pdf/chosa_210516.pdf

1-8　産業界との連携

（1）防災経済コンソーシアム

　社会全体の災害リスクマネジメント力を向上させるため、民間事業者においても大規模な自然災害に対する事前の備えを充実していく必要性がある。このための事業者の意見交換・交流の場として、平成30年に「防災経済コンソーシアム」が設立された（図表1-8-1）。

　この「防災経済コンソーシアム」では、それぞれの業界の特性に応じた創意工夫により、事業者の災害リスクマネジメント力向上のための普及・啓発を図る等の「防災経済行動原則」を策定しており、令和4年度は、17団体のメンバーが主に当該原則の理念をそれぞれの下部組織まで普及・啓発する活動を行った。具体的には、2回の事務部会を開催し、メンバー間の意見交換に加え、内閣府に

よる防災に関する施策の紹介、有識者による講演等を実施した。
　（参照：https://www.bousai.go.jp/kyoiku/consortium/index.html）

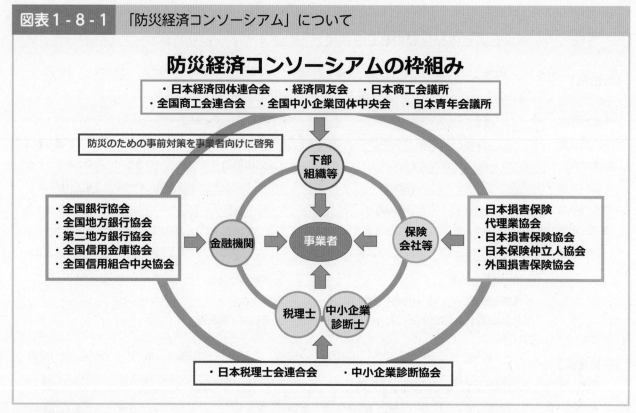

出典：内閣府資料

（2）防災×テクノロジー官民連携プラットフォーム
　近年、激甚化・頻発化する災害に対して、より効果的・効率的に対応していくためには、地方公共団体等においてもデジタル技術を始めとする先進技術を積極的に活用していくことが重要である。一部の地方公共団体等では、既に先進技術の活用が進められ、災害対応において効果を発揮しているものの、先進技術に関する情報収集や技術導入の機会が限られていることから、導入が進んでいない地方公共団体等も多い。
　このため、内閣府において、令和3年度に、災害対応に当たる地方公共団体等のニーズと民間企業等が持つ先進技術のマッチングや、地方公共団体等における先進技術の効果的な活用事例の横展開等を行う場として、「防災×テクノロジー官民連携プラットフォーム」（以下「防テクPF」という。）を設置した（図表1 - 8 - 2）。
　これまでに、常設のウェブサイト（以下「マッチングサイト」という。）を運営するとともに、地方公共団体等と民間企業等が交流する場となるセミナー（以下「マッチングセミナー」という。）を開催している。
　マッチングサイトは、令和3年7月から運用を開始しており、地方公共団体等は自団体が抱える防災上の課題やニーズを、民間企業等は自社が保有する防災に有用な技術を、それぞれ登録することができる。令和5年3月末現在、地方公共団体等は約270件、民間企業等は約800件がマッチングサイトに登録している（図表1 - 8 - 3）。

図表1-8-2　防災×テクノロジー官民連携プラットフォーム（防テクPF）の概要

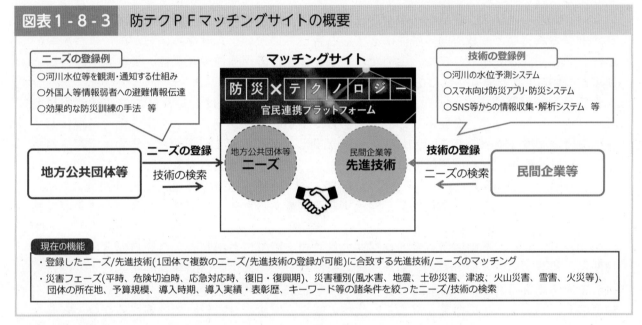

マッチング支援

・災害対応を行う地方公共団体等の困りごとや関心事項(ニーズ)と民間企業等が持つ先進技術のマッチングの場の提供

➡ ・マッチングサイトの開設　　　　　・マッチングセミナーの開催

先進技術の活用事例の共有、導入に関するノウハウ等の全国展開

・先進技術の導入事例、効果的な活用事例を共有
・技術導入における課題の洗い出しや効果の検証を行い、それら先進技術導入に関するノウハウ等を全国展開

➡ マッチングサイト・マッチングセミナー等を通じた情報発信

出典：内閣府資料

図表1-8-3　防テクPFマッチングサイトの概要

ニーズの登録例
○河川水位等を観測・通知する仕組み
○外国人等情報弱者への避難情報伝達
○効果的な防災訓練の手法　等

技術の登録例
○河川の水位予測システム
○スマホ向け防災アプリ・防災システム
○SNS等からの情報収集・解析システム　等

マッチングサイト
防災×テクノロジー
官民連携プラットフォーム

地方公共団体等　ニーズの登録　地方公共団体等 ニーズ　民間企業等 先進技術　技術の登録　民間企業等

技術の検索　ニーズの検索

現在の機能
・登録したニーズ/先進技術(1団体で複数のニーズ/先進技術の登録が可能)に合致する先進技術/ニーズのマッチング
・災害フェーズ(平時、危険切迫時、応急対応時、復旧・復興期)、災害種別(風水害、地震、土砂災害、津波、火山災害、雪害、火災等)、団体の所在地、予算規模、導入時期、導入実績・表彰歴、キーワード等の諸条件を絞ったニーズ/技術の検索

出典：内閣府資料

　登録されたニーズや技術は、合致しそうな相手と自動的にマッチングされるほか、「平時」から「復旧・復興期」までの災害フェーズや、「風水害」「地震」等の災害種別、導入費用、導入実績など、条件を絞って自由に検索することもできる。また、登録団体は、有用な情報を持つ相手方に対して、マッチングサイトに登録されている連絡先から連絡を取ることが可能となっている。
（参照：https://www.bosaitech-pf.go.jp）
　マッチングセミナーは、令和4年度末までに計6回開催され、第1回から第3回については、防テクPFの事業概要の説明をはじめ、地方公共団体に実際に導入されている先進技術の事例紹介、災害対策に向けた地方公共団体独自の施策の紹介、民間企業等と地方公共団体が一対一で直接、自社の技術の紹介及び自団体の課題やニーズ等の相談ができる「個別相談会」を実施した。第4回以降については、第3回までの取組に加え、地方公共団体が運営している官民連携ネットワークと連携し、防災に関する官民連携の取組の紹介を実施した。
　このほか、「防テクPFモデル自治体支援事業」を実施し、事業化に向けた意欲があるが、マッチングや事業化が進展していない自治体をモデルとして選定し、技術導入における課題や、マッチングに向けた課題の洗い出しや、その対応策の効果の検証などを行う支援を実施した。

これらの取組により、地方公共団体等が先進技術を知る機会の提供や、民間企業等による地方公共団体等への技術の紹介及び地方公共団体等による企業への課題の共有がなされ、新たな導入の契機となるなどしている。

【コラム】
自然災害に対する不動産のレジリエンスを定量化・可視化する認証制度を開発

　近年我が国では、様々な自然災害が多発する傾向にある。自然災害に対する建物の被害を最小化し、災害後のレジリエンス（弾性力、回復力）を高め、人々の安全・安心に繋げることは、不動産に携わる者にとって重要な責務になっている。加えて、気候変動を巡る社会的な動きとしてＴＣＦＤ（気候関連財務情報開示タスクフォース）提言等に沿った物理的リスクの把握と開示への必要性も高まるなど、年々ＥＳＧの観点からの対応も求められつつある。

　しかし、我が国の特性を踏まえた不動産のレジリエンス性能を可視化する仕組みは存在していない。海外ではリスク評価ツールが存在するが、土地情報のみで判断し、高潮等の慢性リスクが強調されるなど、我が国の特性に必ずしも合っていない。なぜなら、我が国では台風等の急性リスクが課題であり、また、土地だけでなく、建物の頑強性や冗長性、災害発生時の即応性などの運営面も考慮すべきだからである。

　そこで、一般財団法人・民間企業等７社が「不動産分野におけるレジリエンス検討委員会（D-ismプロジェクト）」を発足し、日本で初めて不動産のレジリエンスを定量化・可視化して認証を行う制度「ResReal（レジリアル）」を開発し、令和５年１月末から、まずは水害を対象とした認証を開始した。同認証では、土地に加えて建物や運営面も対象にし、その性能を数値化し５段階で評価する。これにより、より高いスコアを目指して対策を行うことが可能になる。また、スコアリングの評価項目は全て開示する予定であるため、レジリエンス向上に必要な指標を得ることも可能になる。

　ResRealにより、不動産所有者はレジリエンス向上策の打ち出しやＴＣＦＤ提言に沿った情報開示へ役立てることができる。また、ビル選びや自然災害に強い開発等の基準にすることも可能である。このようにResRealは、様々な「意思決定の判断基準」となり得ることから、不動産のレジリエンスへの意識が高まり、建物の被害を減少させ、延いては国民の安全・安心な生活に繋がることが期待される。また、環境性能やウェルネス性能に関する認証制度は既に整備されており、これらの認証を取得した不動産の経済価値は高いという分析結果が公表されている。今後、レジリエンス性能を有する不動産の経済価値の向上も明らかになることが期待される。

○認証ロゴマーク

出典：ResRealホームページより
（参照：https://resreal.jp/）

1-9　学術界の取組

　我が国では、地震、津波、火山、豪雨等の自然現象、土木、建築等の構造物、救急医療、環境衛生等の医療・衛生、経済、地理、歴史等の人々の営み、情報、エネルギー等の様々な領域において、防災についての研究活動が行われている。東日本大震災を受け、これらの分野の総合的で複合的な視点からの防災・減災研究が不可欠であり、専門分野の枠を超えた異なる分野との情報共有や交流を進め、学際連携を行うことの必要性が認識された。このため、日本学術会議や関係する学会等での議論を経て、防災減災・災害復興に関わる学会のネットワークとして、平成28年1月に47の学会が連携した「防災学術連携体」が発足した。令和5年2月末現在、62学協会（正会員59学会、特別会員3協会）が同連携体に参加している。

　同連携体は、日本学術会議防災減災学術連携委員会と共同で、令和4年8月に第4回「防災に関する日本学術会議・学協会・府省庁の連絡会」を開催し、「自然災害を取り巻く環境の変化と防災政策～出現した多様な危機への備え～」をテーマに、中央省庁と学術界の双方からそれぞれの取組を発表した。また、令和4年5月及び10月には公開シンポジウムを開催し、防災科学が果たすべき役割について広く意見交換を実施した。

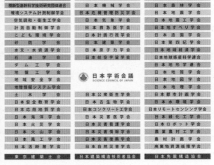

第4回「防災に関する日本学術会議・学協会・府省庁の連絡会」

1-10　男女共同参画の視点からの災害対応の取組強化

　災害は全ての人の生活を脅かすが、性別や年齢、障害の有無などの違いにより受ける影響が異なることが知られている。災害に強い社会の実現のために、女性やこども、高齢者、障害がある方など、それぞれのニーズの違いを踏まえた災害対応を行うことにより、人々が災害から受ける影響を最小限にすることが重要である。内閣府では男女共同参画の視点からの防災・復興の取組を推進してきた。

　令和4年4月現在、都道府県防災会議の女性委員の割合は19.2%、市町村防災会議では10.3%に留まっている。第5次男女共同参画基本計画（令和2年12月25日閣議決定）では、都道府県・市町村防災会議における女性委員の割合を令和7年までに30%にすることなどを目標に掲げており、防災の意思決定過程への女性の参画は喫緊の課題である。

　令和4年5月に「災害対応力を強化する女性の視点～男女共同参画の視点からの防災・復興ガイドライン～」（令和2年5月作成。以下本項において「ガイドライン」という。）に基づく、地方公共団

体における男女共同参画の視点に立った防災の取組状況について調査結果を公表した。調査の結果、防災・危機管理部局に女性職員が1名も配置されていない市区町村が全国で約6割に及ぶことや、市区町村の備蓄状況については、地方防災会議の女性委員の割合が高い自治体の方が、女性委員が一人もいない自治体に比べ、多様なニーズを踏まえた備蓄がなされていることなどが明らかとなった。このガイドラインに基づく取組状況のフォローアップは、今後も継続して実施する。

（参照：https://www.gender.go.jp/policy/saigai/fukkou/chousa_r03.html）

また、令和4年度は、ガイドラインの取組状況調査の結果を踏まえ、防災や災害対応の現場での意思決定過程への女性の参画推進を目的とし、先進的な取組を行っている自治体の事例をヒアリング調査により収集し、好事例としてまとめた。また、令和5年2月には、男女共同参画の視点からの防災について理解を深め、各自治体での実践につなげてもらうために、全国の自治体の男女共同参画担当と防災・危機管理担当の職員等を対象としたテーマ別の研修を3回実施した。本研修は、有識者による各テーマに関する講義や、自治体による男女共同参画の視点からの計画の改定や取組などの好事例の紹介、パネルディスカッション形式での質疑応答などを行った。

上記のほか、兵庫県神戸市で開催された「防災推進国民大会（ぼうさいこくたい）2022」において、防災に関わる女性の行政職員、地域の女性防災リーダー、女性防災士やその関係者たちが組織を超えてつながることを目的とした企画を出展するなど、地域や民間との連携強化にも取り組んだ。

防災分野や災害対応の現場での意思決定過程において女性が主体的な担い手として参画し、防災・復興に多様な視点が反映されることで、誰ひとり取り残さない災害対応が実現できるよう、今後も取組を推進していく。

＊第5次男女共同参画基本計画において掲げる主な取組：
・平常時より、国においても、地方公共団体においても、防災・危機管理部局と男女共同参画部局とが、より密接に連携・協働し、男女共同参画の視点に立った防災・復興の取組を進める。
・都道府県防災会議における女性委員の割合について、各都道府県に対して、女性の参画拡大に向けた取組を促進するよう要請する。また、女性委員のいない市町村防災会議の早期解消とともに、女性委員の割合を増大する取組を促進するため、都道府県と連携し、女性を積極的に登用している市町村の好事例の展開などを行う。（図表1-10-1、図表1-10-2）
・地方公共団体の災害対策本部について、女性職員や男女共同参画担当職員の配置、構成員となる男性職員に対する男女共同参画の視点からの取組に関する理解促進等が図られるよう、平常時から働きかけを行う。
・ガイドラインに基づく地方公共団体の取組状況をフォローアップして「見える化」する。
（参照：https://www.gender.go.jp/about_danjo/basic_plans/5th/pdf/2-08.pdf）

図表 1 -10- 1　都道府県防災会議における委員に占める女性の割合

都道府県	委員総数(人)	女性(人)	女性割合(%)	
徳 島 県	81	38	46.9	40%以上 3団体
島 根 県	73	31	42.5	
鳥 取 県	69	29	42.0	
滋 賀 県	62	21	33.9	20%以上～40%未満 15団体
鹿 児 島 県	57	17	29.8	
岐 阜 県	61	17	27.9	
茨 城 県	52	14	26.9	
佐 賀 県	69	18	26.1	
東 京 都	87	22	25.3	
埼 玉 県	73	17	23.3	
広 島 県	73	17	23.3	
群 馬 県	53	12	22.6	
千 葉 県	53	12	22.6	
福 島 県	54	12	22.2	
青 森 県	60	13	21.7	
栃 木 県	56	12	21.4	
沖 縄 県	56	12	21.4	
福 岡 県	61	13	21.3	
京 都 府	66	13	19.7	15%以上～20%未満 11団体
熊 本 県	57	11	19.3	
長 野 県	80	15	18.8	
福 井 県	56	10	17.9	
新 潟 県	77	13	16.9	
山 口 県	60	10	16.7	
香 川 県	60	10	16.7	
富 山 県	67	11	16.4	
宮 崎 県	55	9	16.4	
岩 手 県	77	12	15.6	
岡 山 県	59	9	15.3	
和 歌 山 県	55	8	14.5	10%以上～15%未満 13団体
三 重 県	65	9	13.8	
長 崎 県	68	9	13.2	
大 阪 府	61	8	13.1	
奈 良 県	61	8	13.1	
石 川 県	69	9	13.0	
神 奈 川 県	56	7	12.5	
兵 庫 県	56	7	12.5	
愛 媛 県	60	7	11.7	
宮 城 県	58	6	10.3	
北 海 道	69	7	10.1	
愛 知 県	69	7	10.1	
高 知 県	60	6	10.0	
秋 田 県	61	6	9.8	10%未満 5団体
山 形 県	61	6	9.8	
大 分 県	59	5	8.5	
静 岡 県	60	4	6.7	
山 梨 県	65	2	3.1	
合　　計	2,977	571	19.2	

（備考）1.資料出所は内閣府「地方公共団体における男女共同参画社会の形成又は女性に関する施策の推進状況」（令和4年度）。
　　　　2.調査時点は原則として2022年4月1日現在であるが、各地方自治体の事情により異なる場合がある。
　　　　3.女性割合は小数点第2位を四捨五入したもの。
　　　　4.データの表記の都合上、島の省略などを行っているものがある。

出典：「地方公共団体における男女共同参画社会の形成又は女性に関する施策の推進状況（令和4年度）」より内閣府作成

図表 1 -10- 2　第5次男女共同参画基本計画における都道府県防災会議及び市町村防災会議の成果目標と現状値

項目	現状	成果目標（期限）
都道府県防災会議の委員に占める女性の割合	19.2% （2022 年）	30% （2025 年）
市町村防災会議の委員に占める女性の割合		
女性委員が登用されていない組織数	285 （2022 年）	0 （2025 年）
委員に占める女性の割合	10.3% （2022 年）	15%（早期）、 更に30%を目指す（2025 年）

出典：「第5次男女共同参画基本計画～すべての女性が輝く令和の社会へ～」（令和2年12月25日閣議決定）、「地方公共団体における男女共同参画社会の形成又は女性に関する施策の推進状況（令和4年度）」より内閣府作成

防災基本計画の修正

　防災基本計画は、「災害対策基本法」第34条第１項に基づき中央防災会議が作成する我が国の防災に関する基本的な計画であり、「災害及び災害の防止に関する科学的研究の成果並びに発生した災害の状況及びこれに対して行なわれた災害応急対策の効果を勘案して毎年防災基本計画に検討を加え、必要があると認めるとき」は修正することとされている。防災基本計画に基づき、地方公共団体は地域防災計画を、指定行政機関及び指定公共機関は防災業務計画を作成することとされている。
　（参照：https://www.bousai.go.jp/taisaku/keikaku/kihon.html）
　最近では、令和４年６月に防災基本計画の修正を行った（図表2-1-1）。主な修正内容としては、令和３年度に発生した災害を踏まえた修正として、盛土による災害の防止に向けた対応や、安否不明者の氏名等公表による救助活動の効率化・円滑化等について記述しているほか、海外で大規模噴火が発生した場合等の情報の周知や津波における避難指示の適切な発令等の記述を追加している。
　このほか、自治体等の災害対応における先進技術の導入の促進等、防災に関する最近の施策の進展等を踏まえた修正を行っている。

図表2-1-1　防災基本計画修正（令和４年６月）の概要

防災基本計画修正（令和４年６月）の概要

■ **防災基本計画**
　災害対策基本法に基づき、中央防災会議が作成する我が国の防災に関する総合的かつ長期的な計画で、指定行政機関や指定公共機関が作成する防災業務計画や、自治体が作成する地域防災計画の基本となるもの

主な修正項目

令和３年度に発生した災害を踏まえた修正

＜令和３年７月１日からの大雨＞
○盛土による災害の防止に向けた対応
・都道府県等が行う危険箇所対策への国による支援
・危険が確認された盛土に対する自治体による速やかな是正指導

○安否不明者の氏名等公表による救助活動の効率化・円滑化
・平時からの安否不明者の氏名等公表に係る手続等の整理
・災害時における氏名等公表による速やかな安否不明者の絞り込み

○適切な避難行動の促進や避難情報の適切な発令
・学校における消防団員等が参画した防災教育の推進
・避難情報の発令に関する気象防災アドバイザー等による助言

＜海底火山「福徳岡ノ場」の噴火に伴う軽石被害＞
○航路等に漂流する軽石の除去
・国、港湾管理者、漁港管理者による航路啓開等のための軽石の除去

＜トンガ諸島の火山噴火による潮位変化＞
○海外で大規模噴火が発生した場合等の情報の周知や津波における避難指示の適切な発令
・海外で大規模噴火が発生した場合等の潮位変化に関する情報の周知
・市町村における津波高に応じた避難指示の発令対象区域の設定

関連する法令の改正を踏まえた修正

＜津波対策の推進に関する法律の改正＞
○津波対策の推進
・津波対策におけるデジタル技術の活用
・地域の特性に応じた避難施設等の整備の推進

＜豪雪地帯対策特別措置法の改正＞
○豪雪地帯における雪害対策の推進
・命綱固定アンカーの設置の促進等
・克雪に係る技術の開発・普及の促進

＜海上交通安全法等の改正＞
○船舶交通の安全確保
・異常気象等による船舶交通の危険防止のための三大湾等における船舶に対する湾外等への避難勧告等

＜航空法施行規則の改正＞
○災害応急対策に従事する航空機の安全確保
・都道府県による緊急用務空域の指定の依頼や同空域における無人航空機の飛行許可申請に係る調整

その他最近の施策の進展等を踏まえた修正

○防災情報のデータ連携のための環境整備
○自治体等の災害対応における先進技術の導入の促進
○線状降水帯に関する情報発信及び観測体制の強化等

○避難所における食物アレルギーへの配慮
○避難所等における再生可能エネルギーを活用した非常用発電設備等の整備
○一般送配電事業者等における無電柱化の促進

出典：内閣府資料

2-2　地方公共団体の首長、職員に対する研修内容の充実

　迅速かつ的確な災害対応は、地方公共団体の首長や防災担当職員の知識と経験によるところが大きい。このため、内閣府においては「危機事態に迅速・的確に対応できる人」や「国・地方のネットワークを形成できる人」を目指すべき人物像とした人材育成を図るために、平成25年度より地方公共団体の職員等を対象とする「防災スペシャリスト養成研修」を企画・運営している。

　令和4年度は、法令制度等の防災基礎から指揮統制等の防災マネジメントに至る防災業務全般の知識・技術を習得する「有明の丘研修」を、9～10月期と1～3月期に実施した。また、地域の実情やニーズに合わせたカリキュラムを都道府県が検討して開催する「地域研修」を全国7ヶ所で実施した。さらに、有明の丘研修の修了者を対象とした「フォローアップ研修」を3月に実施し、更なるスキルアップと人的ネットワークの強化を図った。

　加えて、災害対応の現場で防災業務を行う応援職員等が、短時間に担当業務の基礎的な知識を習得するための災害対応eラーニングについて、新たに「要配慮者への支援」、「災害廃棄物処理」、「防疫・遺体処理」の3テーマを作成するとともに、引き続き、「避難所開設・運営」、「住家被害認定調査／罹災証明発行」、「避難情報の判断・伝達」の3テーマの運用を図った。

　なお、これら研修の企画・運営に当たっては、防災関連の有識者からなる「防災スペシャリスト養成」企画検討会を設置し、社会情勢・ニーズ等を踏まえた助言を勘案しながら研修内容等の見直しと拡充を図った。

　大規模な災害発生時においては、地方公共団体の首長や危機管理・防災責任者等が国や他の地方公共団体等と密接に連携しながら迅速かつ的確な災害対応を図る必要がある。このため、全国の市区長・町村長を対象とした「全国防災・危機管理トップセミナー」を内閣府及び消防庁の共催で実施し、災害発生時に十分なリーダーシップを発揮し、災害危機管理における対応力の向上に資する支援を行うとともに、都道府県の部局長・危機管理監等を対象とした「防災・危機管理特別研修」や市町村の危機管理・防災責任者を対象とした「自治体危機管理・防災責任者研修」を内閣官房、内閣府及び消防庁の共催により実施し、初動対応や災害対応の各フェーズで必要となる知識・技術を深め、平時から「顔の見える関係」の構築を図った。

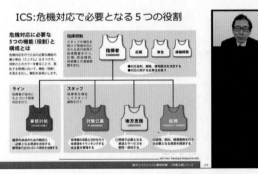

「防災スペシャリスト養成研修
（有明の丘研修）オンライン座学」の様子

「防災スペシャリスト養成研修
（地域研修）演習」の様子

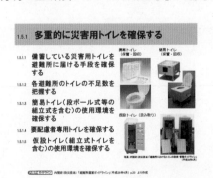

「災害対応eラーニング」（避難所開設・運営）

「全国防災・危機管理トップセミナー」の様子

【コラム】
災害廃棄物処理支援員制度（人材バンク）の本格運用

　大規模災害が発生した際には、平時の数年分に及ぶ膨大な量の災害廃棄物が一度に発生し、被災した地方公共団体において廃棄物関連業務に従事する職員に大きな負担が生じることがある。環境省では、被災地方公共団体の災害廃棄物処理の方針決定や事務手続への支援のため、災害廃棄物処理を経験し、知見を有する地方公共団体職員から構成される災害廃棄物処理支援員制度（人材バンク）の運用を令和3年8月に開始した。

　本格運用が開始された令和4年度においては、令和4年8月の大雨による災害では、5市町から延べ20人日の災害廃棄物処理支援員が被災地方公共団体（5市町村）に派遣され、仮置場の運用についての助言や、災害等廃棄物処理事業費補助金の申請に必要な災害報告書の作成支援などを行った。また、令和4年台風第15号による災害では、1市から延べ8人日の災害廃棄物処理支援員が被災地方公共団体（1町）に派遣され、損壊家屋の撤去事業や災害廃棄物の処分に関する助言などの支援を行った。実際に支援を受けた被災地方公共団体からは、同じ地方公共団体職員という目線で親身になって対応していただいて大変感謝している、という言葉を頂いた。また、現地入りした支援員からも、今後も関係を継続し様々な場面で支援していきたい、という声を頂いている。

　災害廃棄物処理支援員の制度はまだ運用が開始されたばかりであり、今後も制度を改善・拡充させていく必要がある。環境省として、対応可能分野や経験に応じた新規支援員の登録や、支援員の能力向上を図る研修の機会などを設け、今後も被災地方公共団体に寄り添った制度となるよう改善に取り組んでいく。

　環境省ホームページ　災害廃棄物処理支援員制度
　（参考：http://kouikishori.env.go.jp/action/jinzai_bank/index.html）

青森県鰺ヶ沢町の支援を行う神奈川県横浜市職員（環境省資料）

【コラム】
大規模災害時に備えた「誰一人取り残さない」栄養・食生活支援に向けた部局連携による取組

　新潟県五泉市では、防災担当課と、健康福祉課、こども課及び学校教育課の管理栄養士の職員が連携して大規模災害時の栄養・食生活支援のあり方について検討し、備蓄食品の効率的な管理・活用の取組を進めている。

　取組当初は、備蓄食品の栄養バランスの改善と、乳児や食物アレルギーがある住民など要配慮者への対応が課題であった。この課題解決に向け、防災担当課が作成した備蓄食品リストから、管理栄養士の職員が既存の備蓄食品の内容や原材料等を確認し、備蓄食品の現状把握に取り組んでいた。

　こうした中、令和2年4月に、厚生労働省から「大規模災害時に備えた栄養に配慮した食料備蓄量の算出のための簡易シミュレーター」が公開された。同シミュレーターは、大規模災害時に、健康・栄養面や要配慮者も考慮した栄養・食生活支援を行うための食料備蓄の推進を目的に作成され、各自治体の基本情報を基に必要な食品の備蓄量を概算できるものである。これにより、五泉市は、大規模災害時における市民の栄養必要量を推計し、栄養価の過不足などをデータ化することができた。大規模災害発生時に栄養価の過不足が生じやすいことは、国内におけるこれまでの被災経験からも明らかになっている。五泉市は、地域の誰一人取り残さない栄養・食生活支援に備え、現在も同シミュレーターを活用しながら、栄養価を改善するための備蓄食品の検討を防災担当課と管理栄養士の職員が連携して行っている。

　また、五泉市では、賞味期限が切れる前の備蓄食品を防災教育の指導教材として活用している。小学校の社会科や中学校の家庭科、地域における健康教室や高齢者の通いの場、さらに、子育て支援センターや保育所等での親子クッキングにおいて、備蓄食品の試食や活用方法などを紹介している。備蓄食品の入れ替えに当たっては、防災教育の場における地域住民の方々の声を防災担当課と共有し、備蓄食品の改善につなげている。

　五泉市では、データに基づいた備蓄食品の管理と、防災教育等への備蓄食品の活用は、限られた予算の中で最大限の健康危機管理を行うための礎であると考えている。今後も防災担当課と管理栄養士の職員との緊密な連携の下、大規模災害時に備えた栄養・食生活支援に向けた取組を引き続き推進していくこととしている。

保育所での親子クッキングを通じた防災教育の様子

大規模災害時に備えた栄養に配慮した食料備蓄量の簡易シミュレーターの目的・用途

○ 本シミュレーターは、各自治体の防災部門の担当者等を対象に、健康・栄養面や要配慮者も考慮した食料備蓄の重要性を認識いただくとともに、そうした食料備蓄の推進を目的として作成したものです。

名称	大規模災害時に備え栄養に配慮した食料備蓄量の算出のための簡易シミュレーター
本シミュレーター作成の背景	・本シミュレーターは厚生労働省予算事業「『成長のための栄養サミット2020(仮称)』に向けた調査・分析等」一環として作成したもので、防災栄養の専門家を含む有識者委員会の監修の下、作成しています。
本シミュレーターの目的	・各自治体にて、健康・栄養面や要配慮者も考慮した食料備蓄の必要量等を概算していただくものです。 ・併せて、災害時に備えた栄養・食生活支援体制(防災栄養)の強化に繋がるよう、自治体の皆様の防災備蓄の意識・理解を高める一助としていただくことを目的としています。
想定利用者	各自治体における防災部門の職員等 ※本シミュレーターは、健康増進部門の管理栄養士等と適宜連携の上、ご活用ください。
本シミュレーターの機能	・各自治体の基本情報(対象者数等)を入力すると、必要な食品の備蓄数がExcel®上で自動算出されるよう設計しています。 ・食品は政府刊行物を参照し、備蓄に適さない食品を除いた一覧から選択いただき、栄養面を考慮した備蓄食品の最適量を算出できます。 (参照) 農林水産省：「災害時に備えた食品ストックガイド」(平成31年3月) 農林水産省：「緊急時に備えた家庭用食料品備蓄ガイド」(平成26年2月) 文部科学省：「食品成分データベース」、「日本食品標準成分表2015年版(七訂)追補2018年」

栄養面を考慮した備蓄食品の最適量を算出するための考え方
本ツールでは、栄養面を考慮した最適な食料備蓄量を算出するため、「需要」と「供給」の考え方を用いています。

「需要」: 人口及び想定される被災者数に対し、1日当たりに必要となる各栄養素等の量(エネルギー、たんぱく質、ビタミン等)及び対応日数を乗じて算出される各栄養素等の「総必要量」を指します。

「供給」: 選択した食料ごとの各栄養素等の量を合計した「総供給量」を指します。この「需要」を「供給」と一致又は近似させることで、栄養面を考慮した備蓄食料の最適量を算出します。

参考：厚生労働省「大規模災害時に備えた栄養に配慮した食料備蓄量の算出のための簡易シミュレーター」
https://www.mhlw.go.jp/stf/seisakunitsuite/bunya/0000089299_00004.html

2-3 指定緊急避難場所と指定避難所の確保

「指定緊急避難場所」とは、津波や洪水等による危険が切迫した状況において、住民等の生命の安全の確保を目的として住民等が緊急に避難する施設又は場所を位置付けるものであり、「指定避難所」とは、避難した住民等を災害の危険性がなくなるまで必要な期間滞在させ、又は災害により家に戻れなくなった住民等を一時的に滞在させることを目的とした施設となっている。

東日本大震災時においては、避難場所と避難所が必ずしも明確に区別されておらず、そのことが被害拡大の一因ともなった。このため、内閣府は平成25年に「災害対策基本法」を改正し、市町村長は指定緊急避難場所及び指定避難所を区別してあらかじめ指定し、その内容を住民に周知（公示）しなければならないこととした。令和4年4月1日現在の指定緊急避難場所の指定状況は図表2-3-1のとおりとなっている。

図表2-3-1　指定緊急避難場所の指定状況

| | 指定緊急避難場所の指定状況 | | | | | | | |
	洪水	崖崩れ、土石流及び地滑り	高潮	地震	津波	大規模な火事	内水氾濫	火山現象
指定箇所数（箇所）	70,979	66,671	22,577	85,901	39,118	40,550	37,990	10,665
想定収容人数（万人）	12,263	13,426	5,992	23,872	8,874	17,813	7,621	2,705

出典：消防庁「地方防災行政の現況」を基に内閣府作成（それぞれの区分毎に複数回答あり）

また、指定緊急避難場所は国土地理院が管理するウェブ地図「地理院地図」で閲覧できるようにしている（参照：https://www.gsi.go.jp/bousaichiri/hinanbasho.html）。

内閣府は、消防庁とともに、地方公共団体に対して指定緊急避難場所の指定等を促しているところである。また、災害の種類ごとに指定緊急避難場所を指定することとなっているため、案内板等を整備及び更新する際は、避難者が明確に判断できるように制定した「災害種別避難誘導標識システム（ＪＩＳ　Ｚ　9098）（平成28年3月）」に倣い表示するように全国の地方公共団体に呼びかけている（図表2-3-2）。なお、災害種別避難誘導標識システムの国際規格（ＩＳＯ22578）が令和4年2月に発行された。

（参照：https://www.bousai.go.jp/kyoiku/zukigo/index.html）

図表2-3-2　災害種別避難誘導標識システムによる案内板の表示例

・避難場所を表す図記号（必須）
・災害種別一般図記号（必須）
・適不適表示マーク（適しているものに"○"を，不適には"×"を示す。）

・避難場所であることを記載（避難場所の名称記載例）
・外国語併記が望ましい（英語併記の例）

出典：内閣府資料

また、「災害対策基本法」第49条の7に基づく指定避難所の指定状況については、平成26年10月1日現在は48,014ヶ所であったが、令和4年12月1日現在は82,184ヶ所に増加した。

災害時に避難所において不自由な生活を強いられる状況下においても、生活の質を向上させ、良好な生活環境の確保を図ることが重要と考えられる。このため、内閣府では市町村における避難所や福祉避難所の指定の推進、避難所のトイレの改善、要配慮者への支援体制や相談対応の整備等に係る課題について幅広く検討し、必要な対策を講じている。

近年では、令和2年度に開催された「令和元年台風第19号等を踏まえた高齢者等の避難に関するサブワーキンググループ」（以下「高齢者ＳＷＧ」という。）において、福祉避難所ごとに受入対象者を特定して、あらかじめ指定の際に公示することによって、受入対象者とその家族のみが避難する施設であることを明確化できる制度を創設することが適当であるとされたことを踏まえ、令和3年5月に「災害対策基本法施行規則」（昭和37年総理府令第52号）及び「福祉避難所の確保・運営ガイドライン」等の改正を行った。

さらに、避難所をめぐって、感染症対策、生活環境等の改善、立地状況に応じた適切な開設、防災機能設備等の確保、女性の視点を踏まえた避難所運営などの対応が必要となっていることから、令和4年4月に「避難所における良好な生活環境の確保に向けた取組指針」、本取組指針に基づく「避難所運営ガイドライン」と「避難所におけるトイレの確保・管理ガイドライン」を改定し、公表した。

また、避難所運営における先進的な取組事例について、令和4年7月に「避難所における生活環境の改善および新型コロナウイルス感染症対策等の取組事例集」を公表した。

（参考：https://www.bousai.go.jp/taisaku/hinanjo/index.html）

2-4　個別避難計画の作成

近年の災害において多くの高齢者や障害者等が被災している。このため高齢者ＳＷＧの最終取りまとめ等において、自ら避難することが困難な高齢者・障害者等の避難行動要支援者ごとの避難支援等を実施するための計画である個別避難計画の作成を一層推進することにより、高齢者等の円滑かつ迅速な避難を図る必要があるとの指摘を受けた。そして、一部の市町村において作成が進められている個別避難計画について、全国的に作成を推進する観点から、個別避難計画の作成を市町村の努力義務とすることが適当とされた。

高齢者ＳＷＧからの提言を踏まえ、「災害対策基本法」が令和3年5月に改正・施行されたことを受け、市町村における個別避難計画の円滑な作成を推進するため、「避難行動要支援者の避難行動支援に関する取組指針」を改定・公表し、市町村が優先度が高いと判断する避難行動要支援者について、おおむね5年程度で個別避難計画の作成に取り組んでいただきたいことや個別避難計画の作成手順などを示した。

個別避難計画作成の所要経費については、令和3年度に新たに地方交付税措置を講ずることとされ、令和5年度においても引き続き講ずることとされている。

個別避難計画を作成する市町村により、災害の態様やハザードの状況、気候に加え、人口規模、年齢構成、避難先の確保状況など、地域の状況が異なり、個別避難計画の作成に当たって課題となる事柄は様々である。

このため、個別避難計画作成モデル事業を、令和3年度では34市区町村及び18都府県のモデル団体において、令和4年度では23市区町村及び11都道府県のモデル団体において実施し、個別避難計画の効果的・効率的な作成手法を構築して、全国の自治体に対し、計画作成のプロセス及びノウハウの共有を図った。

＜個別避難計画作成モデル事業の概要＞

○実効性のある個別避難計画を作成する優良モデルの集積

・地域ごとに多種多様な課題に対応して実効性のある個別避難計画を効率的・効果的に作成する優良モデルを集積する。

・市町村に対して、個別避難計画作成に係る有識者が指導・助言等の支援を行い、福祉専門職や地域の専門家が参画するモデル事業を実施し、当該事業の下での一連の作成作業を通じて、効率的な作成プロセスの確立を目指す。

○地方公共団体間におけるノウハウ共有の場の提供

・取組状況を共有する場や、お互いに相談できる意見交換の場を設け、得られた知見を効果的に全国の自治体に共有できる機会を提供する。

○成果の普及

・モデル事業で得られた知見をポータルサイト、成果発表会、報告書・事例集等により、全国の地方公共団体に対して普及・啓発を行う。

　また、モデル団体の取組を基に、作成手順を整理したものを、個別避難計画の作成に取り組む市町村の担当者や関係者に向けて示し、普及啓発を図った（**図表2-4-1**）。

図表2-4-1	個別避難計画の作成に取り組むみなさまへ（抜粋）

  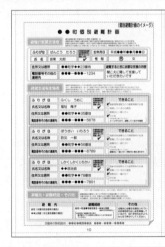

出典：内閣府資料
　　　（https://www.bousai.go.jp/taisaku/hisaisyagyousei/r4kohou.html）

　これらの取組により、避難行動要支援者の避難の実効性を確保し、個別避難計画の全国的な作成推進を図った。

2-5　被災者支援の充実に向けた検討

　被災者支援に関する制度や取組の現状を踏まえ、より効率的で質の高い被災者支援について検討することを目的として、令和4年5月に「被災者支援のあり方検討会」を設置した。同検討会においては、避難生活の環境改善、住まいの確保・改善、被災者支援における多様な主体間の連携強化、災害ケースマネジメント（被災者が抱える多様な課題が解消されるよう、一人一人の被災者の状況を把握した上で、関係者が連携して、被災者に対するきめ細やかな支援を継続的に実施する取組）等について議論が進められている。同検討会での議論も踏まえ、下記のとおり、災害ケースマネジメントの手

引きの作成や説明会の開催、ＮＰＯやボランティア等との連携強化のためのモデル事業の実施等の取組を行っている。また、同検討会においては、継続的に議論を行い、実現可能なものから実行に移すなど、被災者支援の充実強化に取り組んでいくこととしている。

特に災害ケースマネジメントについては、これまで、防災基本計画への関連記載の位置づけや、先進的な地方公共団体の事例をまとめた「災害ケースマネジメントに関する取組事例集」の作成等の取組を行ってきた。

令和４年度は、被災経験の有無を問わず、全国の地方公共団体が災害ケースマネジメントを実施できるよう、標準的な取組方法をまとめた手引きを作成するため、「令和４年度災害ケースマネジメントの手引書作成に関する有識者検討会」を設置し、平時からの準備や発災後の具体的な取組方法等について議論を行った。同手引きについては令和５年３月に策定し、各地方公共団体に周知したところである。

（参考：https://www.bousai.go.jp/taisaku/hisaisyagyousei/case/index.html）

令和５年度以降、事例集や手引きを活用し、地方公共団体職員・福祉関係者・ＮＰＯ等の幅広い関係者を対象とした説明会の実施等の周知啓発を進めるなど、災害ケースマネジメントの普及に向け、引き続き取り組む。

2-6 防災におけるデジタル技術の活用等

（1）災害時の情報の集約化

災害発生時には、国・地方公共団体、民間企業の各機関がそれぞれ収集している、被害状況や避難者の動向、物資の状況などの情報を共有することが重要である。このため、内閣府では、情報の共有を図るために効果的な手段と考えられるデジタル技術の活用、また、関係機関間における情報共有の方法や期間等のルール及びこれを通じた情報のやりとり（以下「災害情報ハブ」という。）（図表2-6-1）を推進するため、平成29年度から「国と地方・民間の『災害情報ハブ』推進チーム」を設置し、検討を進めてきた。

（参照：https://www.bousai.go.jp/kaigirep/saigaijyouhouhub/index.html）

このような検討を踏まえ、令和元年度から、ＩＳＵＴ（Information Support Team）という大規模災害時に被災情報や避難所などの情報を集約・地図化・提供して、地方公共団体等の災害対応を支援する現地派遣チームの運用を開始した。災害現場では、被害状況や災害廃棄物の情報等、時々刻々と変化し、事前にデータで共有する体制が整えられないもの（動的な情報）も存在する。ＩＳＵＴがそのような情報を収集・整理・地図化し、電子地図を表示するためのサイトである、ＩＳＵＴサイトにおいて体系的に整理するとともに、関係機関（行政機関、指定公共機関等）へ共有することで、災害対応機関の迅速かつ的確な意思決定を支援することができる。

これまでＩＳＵＴは、平成30年7月豪雨や令和元年東日本台風、令和2年7月豪雨、令和3年7月1日からの大雨による熱海での土石流災害などの災害対応に当たってきた。令和4年度には、台風第14号、第15号、令和4年12月17日からの大雪や令和5年1月20日からの大雪等において、発災前より情報共有を開始するとともに、災害廃棄物の発生状況や降雪状況、道路規制・通行止め等の情報を共有するなど、ＩＳＵＴサイトによる災害対応機関への情報支援を実施した。

さらに、ＩＳＵＴがより迅速かつ効果的な活動を行うため、令和3年度より地図化などの業務の一部について民間事業者へ委託し、体制強化を図るとともに、ＩＳＵＴサイトの活用に関する研修プログラムなども実施した。

図表2-6-1　「災害情報ハブ」のイメージ図

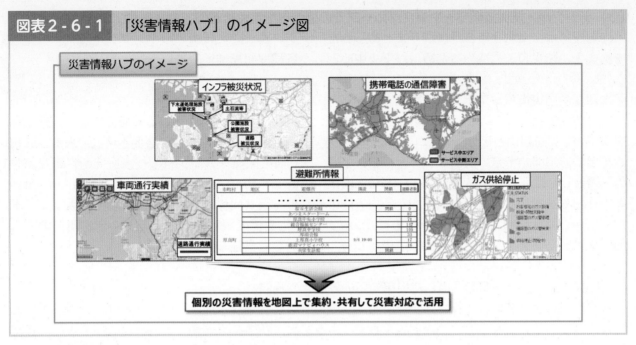

出典：内閣府資料

（2）被災者支援システムの構築

　内閣府において、平時からの個別避難計画の作成支援を始め、発災時には住基データをベースとした被災者台帳の作成、マイナンバーカードを活用した罹災証明書等のオンライン申請・コンビニ交付等が可能となる「クラウド型被災者支援システム」を令和3年度から令和4年度にかけて開発し、地方公共団体情報システム機構（J-LIS）において参加市町村を募り運用を開始した。

図表2-6-2　クラウド型被災者支援システムの概要

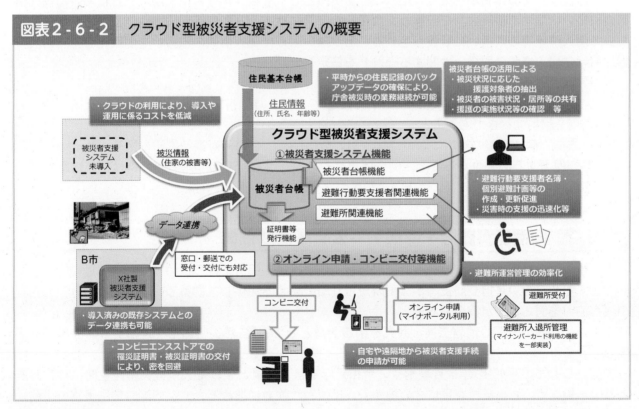

出典：内閣府資料

（3）デジタル・防災技術ワーキンググループでの提言を踏まえた対応
　内閣府では、令和3年5月に取りまとめられた「デジタル・防災技術ワーキンググループ」の提言を踏まえ、防災DXを進めるため、以下を中心とした各種取組を推進している。

①次期総合防災情報システムの構築
　総合防災情報システムは、災害情報を地理空間として共有し、災害時における政府の迅速・的確な意思決定の支援を目的としたシステムであるが、更なる情報収集機能等の強化が必要不可欠である。令和6年度に運用開始予定の次期システムにおいては、国立研究開発法人防災科学技術研究所が研究開発の一環として運用しているSIP4D（Shared Information Platform for Disaster Management）等の仕組みを実装し、利用対象範囲も中央省庁の他に地方公共団体や指定公共機関まで拡大する。また、情報収集・分析・加工・共有等の機能の実現・強化や他の災害対応機関とシステム連携するため、災害時に必要となる情報項目や取扱いルールの検討等も実施している。

②「防災IoT」データを活用した災害対応の高度化の検討
　災害現場においては、各種カメラや防災ヘリ等による状況確認に加え、ドローン等による空撮なども行われている。これらを含めた各種IoTによる膨大・多様なデータを、被災自治体を含めた各防災関係機関の間において適切に取得・共有するため、データ形式や使用する機器の規格等の、技術的な標準手法の整理に資する調査事業を実施し、検証システムを立ち上げ、その有効性について検証を実施している。

③防災分野における個人情報の取扱いの検討
　従来、自治体ごとの個人情報保護条例において、個人情報の取扱いの定めは様々であった（いわゆる「2,000個問題」）が、デジタル改革関連法により共通ルールが定められ、個人情報の取扱いを一元的に監視監督する体制が構築された。これを契機とし、令和4年3月に「防災分野における個人情報の取扱いに関する検討会」を設置し、令和5年3月に地方公共団体等が災害対応や、平時の準備において個人情報等の取扱いに疑義が生じることが無いように個人情報の取扱いを明確化した「防災分野における個人情報の取扱いに関する指針」を策定した。
　本指針は、以下の2点を基本的な方針としている。
　a　発災当初の72時間が人命救助において極めて重要な時間帯であるため、積極的な個人情報の活用を検討すべきであること。
　b　一方で、個人情報の活用においては、個人情報保護法や災害対策基本法に則り、個人の権利利益を保護する必要があること。例えばDVやストーカー行為の被害者等、特に個人の権利利益を保護する必要がある者には十分な配慮が必要であること。

2-7　自然災害即応・連携チーム会議の開催等

　大規模災害発災直後の政府の初動対応と応急対策を迅速・円滑に行うためには、内閣危機管理監を始めとする政府の災害担当局長等が、平時から「顔の見える関係」を構築し、適切な役割分担と相互の連携協力を図ることが重要である。
　このため、関係者間の情報交換・共有を図る会議として、「自然災害即応・連携チーム会議」を開催している。
　また、これまで平成30年7月豪雨や、令和元年東日本台風といった大規模災害発生時には、政府として、被災者の生活支援を更にきめ細かく、迅速かつ強力に進めるため、内閣官房副長官（事務）の下に各省横断の被災者生活支援チームを開催してきた。このチームを通じ、電力や水道の早期復旧、被災者ニーズの把握はもとより、水、食料、段ボールベッド、パーティション等のプッシュ型支援、避難所生活の環境整備、被災自治体への職員派遣、住まいの確保など、必要が生じる事柄を先取

りし、関係省庁が一体となって、被災地の生活と生業の再建に向けた対策パッケージを取りまとめるなど、被災者の生活支援を政府一丸となって迅速に進めてきた。

これらの経験を踏まえ、令和2年度より、今後大規模災害が発生した場合には被災者の生活・生業の迅速・円滑な再建支援のために「被災者生活・生業再建支援チーム」を設置することを防災基本計画に明記し、その設置をルール化した。

2-8 災害時における船舶を活用した医療提供体制の整備の検討

病院船（災害時等において船内で医療活動を行うことを主要な機能とする船舶をいう。以下同じ。）に関しては、従来から政府において、調査研究や既存船舶を活用した実証訓練が実施されてきた。

令和3年6月には、議員立法により「災害時等における船舶を活用した医療提供体制の整備の推進に関する法律」（令和3年法律第79号）が成立し、公布の日から3年以内に施行される予定である。同法は、災害時等に備え、船舶を活用した医療提供体制の整備の推進を目的とするものであり、基本方針として、①陸上医療との役割分担・連携協力、②災害時等における医療の提供の用に主として供するための船舶の保有（国以外の者により保有することを含む。）、③人員の確保、④人材の育成、⑤物資の確保、⑥平時の活用、⑦民間活用を挙げ、また、内閣に船舶活用医療推進本部を設置することとしている。政府はこの基本方針に基づき、必要な法制上又は財政上の措置等を講じるとともに、整備推進計画を策定することとされている。

政府は、同年10月に関係府省連絡会議を開催し、令和4年7月には内閣官房に船舶活用医療推進本部設立準備室を設置するなど、同法の施行に向け政府一体となって検討を進めている。令和5年2月には、関係府省と医療関係団体が連携し、自衛隊艦艇等を活用した災害医療活動の初動から活動完了までの訓練を実施した。また、災害時に医療活動が可能な民間船舶等の現状調査及び民間船舶を活用した実証訓練を実施し、災害医療における民間との連携強化について調査を行った。

引き続き、これまでの政府の取組を活かしつつ、医療関係団体等の意見にも十分に耳を傾けながら、災害時における船舶を活用した医療提供体制の整備の推進に向けて取り組んでいく。

2-9 気候変動リスクを踏まえた防災・減災対策

（1）緩和策と適応策は気候変動対策の車の両輪

近年の平均気温の上昇や大雨の頻度の増加など、気候変動及びその影響が世界各地で現れており、気候変動問題は人類や全ての生き物にとっての生存基盤を揺るがす「気候危機」とも言われている。個々の気象現象と地球温暖化との関係を明確にすることは容易ではないが、今後、地球温暖化の進行に伴い、このような猛暑や大雨のリスクはさらに高まることが予測されている。

我が国では、2050年カーボンニュートラルと整合的で野心的な目標として、2030年度に温室効果ガスを2013年度から46%削減することを目指し、さらに、50%の高みに向けて挑戦を続けることとしている。しかしながら、2050年カーボンニュートラル実現に向けて気候変動対策を着実に推進し、気温上昇を1.5℃程度に抑えられたとしても、極端な高温現象や大雨等の発生リスクは増加すると予測されていることから、現在生じている、又は将来予測される被害を回避・軽減するため、適応の取組が必要となる（図表2-9-1）。

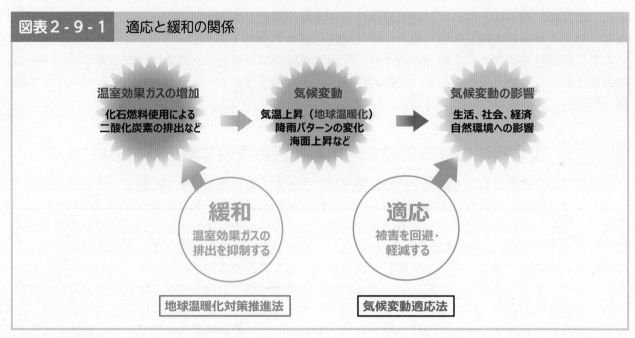

図表2-9-1 適応と緩和の関係

温室効果ガスの増加
化石燃料使用による
二酸化炭素の排出など

気候変動
気温上昇（地球温暖化）
降雨パターンの変化
海面上昇など

気候変動の影響
生活、社会、経済
自然環境への影響

緩和
温室効果ガスの
排出を抑制する

適応
被害を回避・
軽減する

地球温暖化対策推進法

気候変動適応法

出典：環境省資料

（2）気候変動適応計画の推進

　気候変動適応の法的位置づけを明確化し、一層強力に推進していくため、平成30年6月13日に「気候変動適応法」（平成30年法律第50号）（以下「適応法」という。）が公布され、同年12月1日に施行された。適応法施行前の同年11月には適応法の規定に基づき、「気候変動適応計画」（以下「適応計画」という。）が策定された。

　令和2年12月には、気候変動及び多様な分野における気候変動影響の観測、監視、予測及び評価に関する最新の科学的知見を踏まえ、「気候変動影響評価報告書」を公表し、令和3年10月には、同報告書を踏まえ、適応計画の改定を行った。

　また、関係府省庁により構成される「気候変動適応推進会議」において、適応計画に基づく施策の短期的な進捗管理方法について確認した。その方法に基づき、分野別・基盤別施策に関する取組状況やKPI（政府の適応に関する取組の短期的な進展を確認することを目的とし、目標や効果につながる施策の達成度合いを、可能な限り定量的に測定するための重点的な指標）の実績値を把握し、適応計画のフォローアップ報告書として令和4年11月に公表した。

　（参照：http://www.env.go.jp/earth/tekiou.html）

（3）「気候変動×防災」「適応復興」の取組

　環境省及び内閣府は、令和2年6月に気候変動対策と防災・減災対策を効果的に連携して取り組む戦略である「気候危機時代の『気候変動×防災』戦略」を公表した（図表2-9-2）。

　環境省では、各分野の政策において気候変動対策と防災・減災対策を包括的に講じていく「気候変動×防災」を組み込み、政策の主流にしていくため、令和3年10月に改定した適応計画でも考え方等を盛り込むとともに、原形復旧にとらわれず土地利用のコントロールを含めた気候変動への適応を進める「適応復興」の取組を促進するための地方公共団体向けマニュアルについて令和5年度末の公表に向け検討を進めるなど、気候変動対策と防災・減災対策を効果的に連携させた取組を促進している。

図表2-9-2	「気候危機時代の『気候変動×防災』戦略」概要

気候危機時代の「気候変動×防災」戦略（共同メッセージ）概要　令和2年6月30日

【自然要因】
・気候変動により気象災害が激甚化・頻発化しており、今後も大雨や洪水の発生頻度の増加が予測される
・これまでの想定を超える気象災害が各地で頻繁に生じる時代を迎えた

【社会要因】
・人口減少と少子高齢化による避難行動要支援者増加と支援世代減少
・都市への人口集中による災害リスクの高まり
・感染症と自然災害が同時に発生する複合リスク

・気候変動リスクを踏まえた抜本的な防災・減災対策が必要
・SDGsの達成も視野に入れながら、気候変動対策と防災・減災対策を効果的に連携させて取り組む戦略を示す

気候変動×防災の主流化
・気候変動と防災は、あらゆる分野で取り組むべき横断的な課題である。
・気候変動のリスクを可能な限り小さくするため、温室効果ガスを削減する緩和策にも取り組む。
・各分野の政策において「気候変動×防災」を組み込み、政策の主流にしていくことを追求する。

課題	方向性	今後の取組例
脱炭素で防災力の高い社会の構築に向けた包括的な対策の推進	・あらゆる主体が、各分野で、様々な手法により、気候変動対策と防災・減災対策を包括的に実施 ・「災害をいなし、すぐに興す」社会の構築 ・土地利用のコントロールを含めた弾力的な対応により気候変動への適応を進める「適応復興」の発想を持って対応	・東京等に過度に集積する人口、産業等の地方分散の推進 ・気候変動を踏まえた基準や計画に基づくインフラ施設の整備 ・災害危険エリアになるべく住まわせない土地利用、災害リスクに適応した暮らし ・古来の知恵に学び、自然が持つ多様な機能を活用して災害リスクの低減等を図る「グリーンインフラ」や「生態系を活用した防災・減災」の本格的な実行 ・デジタル時代の社会変革（テレワーク等）の有効活用 ・避難所等での感染症や熱中症のリスクへの対応 ・再生可能エネルギーの導入加速化など脱炭素社会への移行
個人、企業、地域の意識改革・行動変容と連携の促進	・「自らの命は自らが守る」自助・「皆と共に助かる」共助の意識の促進、適切な防災行動、あらゆる主体が連携・協力する災害対応の促進	・避難行動を促すための意識改革、行動変容のための取組 ・気象災害の激甚化も念頭においた、地区防災計画、避難行動要支援者の個別計画、企業の事業継続計画等の策定推進 ・地域レベルで多世代が気候変動と防災を学び、災害に備える環境づくり ・治水に係る連携、地域の企業から住民への避難場所の提供、災害廃棄物の収集・運搬をはじめとする被災者支援活動における官民を超えた多くの関係者の連携
国際協力、海外展開の推進	・パリ協定、仙台防災枠組及びSDGsを「『気候変動×防災』の三位一体」として同時達成	・防災に関するわが国の技術やノウハウを用いた各国の防災力向上への貢献 ・アジア防災センターやアジア太平洋気候変動適応情報プラットフォームを通じた国際的な適応の取組の強化、プラットフォーム間の連携の推進

出典：内閣府・環境省資料
　　　（https://www.bousai.go.jp/pdf/0630_kikohendo.pdf）

（4）災害時の避難生活や片付け作業における熱中症対策

　夏季に自然災害が発生した場合、被災直後のインフラ障害や物資の不足等により、避難生活や片付け作業において熱中症のリスクが高まることが考えられる。このため、環境省・内閣府・消防庁・厚生労働省・気象庁が連携し、災害時の避難生活や片付け作業における熱中症対策に関するリーフレットを令和3年3月に作成した（令和4年6月改訂）。令和4年度においても、夏季を迎えるに当たって、6月に地方公共団体への周知等を行った（図表2-9-3）。

図表2-9-3　災害時の熱中症予防リーフレット

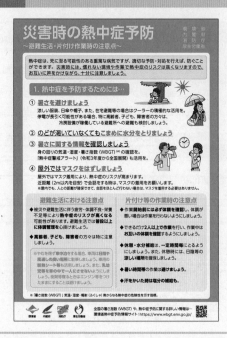

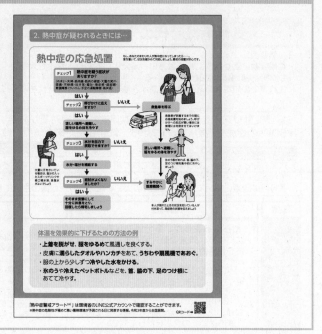

出典：環境省ホームページ
https://www.wbgt.env.go.jp/pdf/pr/20220630_heatillness_leaflet_saigai.pdf

【コラム】
災害障害見舞金

　自然災害による人的な被害は死亡と負傷に大別されるが、負傷した方の中には、その負傷が治ったとき（症状が固定した場合を含む。）に相当程度の障害が残る場合もある。

　阪神・淡路大震災においては、復興フォローアップ委員会（兵庫県が設置）から出された「震災障害者、震災遺児の実態把握や将来の災害に備えとなる教訓の抽出を図るべき」との提言（平成22年3月）を踏まえ、兵庫県、神戸市が合同調査を行い、障害等級の分布や身体障害者手帳の取得時期、現在の健康状態と生活、被災時の状況などの項目について、アンケートや面接による調査を実施しており、取りまとめた調査結果を公表している。

（参考）兵庫県ホームページ　震災障害者・震災遺児実態調査報告書
　　　　　https://web.pref.hyogo.lg.jp/kk41/wd34_000000177.html

　また、阪神・淡路大震災で被災した高齢者などの支援を行ってきた「よろず相談室」（代表：牧秀一氏）は、平成19年から阪神・淡路大震災で障害を負った方の支援を開始し、東日本大震災以降は、高齢者や障害者の支援を広げるため、関係機関への働きかけを行っている。（同相談室ホームページから要点抜粋）

　一般に、障害を負った方については、障害者福祉行政において、障害の原因にかかわらず、障害者手帳の交付や障害福祉サービスの提供等の必要な支援が行われている。

　また、これとは別に、災害で負った障害が特に重度である方に対して、市町村は、「災害弔慰金の支給等に関する法律」（昭和48年法律第82号）に基づき、その条例の定めるところにより災害障害見舞金を支給することができることとされている。これは、災害により重度の障害を受け、社会経済活動に復帰することが難しい方については、死亡に匹敵するような厳しい環境におかれているということに鑑み、例外的に公費で見舞金を支給するとしたものであり、支給対象となる障害は、両眼失明、両上肢の喪失、常時介護など特に重度の障害である。災害障害見舞金の支給は、市町村の固有事務（自治事務）とされているが、その費用は、国が2分の1を、都道府県及び市町村がそれぞれ4分の1を負担することとなっている。

　内閣府においては、令和4年12月に、災害障害見舞金の支給件数をホームページに公表している。

（参考：https://www.bousai.go.jp/taisaku/hisaisyagyousei/pdf/shikyukensu.pdf）

（参考）支給件数

年度	平成29年度	平成30年度	令和元年度	令和2年度	令和3年度
件数	12件	6件	6件	1件	2件

注1：表中の件数は、各年度に災害障害見舞金が支給された件数。
　　　（当該年度に発生した被災者数とは必ずしも一致しない。）
注2：東日本大震災に係る災害障害見舞金の支給件数を含む。
※東日本大震災の災害障害見舞金の支給件数　平成23年度～令和3年度まで　107件

3-1　地震・津波災害対策

（1）南海トラフ巨大地震対策の検討

　南海トラフ沿いの巨大地震の防災対策については、平成26年3月に作成した南海トラフ地震防災対策推進基本計画（以下本項において「基本計画」という。）等に基づき、国や地方公共団体、民間事業者等が連携し、重点的に進めてきたところであるが、間もなく作成から10年を迎えることを踏まえ、計画の見直しに向けた検討を開始した。

　まず、令和5年2月に地震学や地震工学等の学識有識者で構成される「南海トラフ巨大地震モデル・被害想定手法検討会」を内閣府に設置し、最新の科学的知見を踏まえ、津波高や震度分布、被害想定の計算手法等の技術的な検討を進めている。

　（参照：https://www.bousai.go.jp/jishin/nankai/kento_wg/index.html）

　さらに、令和5年3月に中央防災会議防災対策実行会議の下に「南海トラフ巨大地震防災対策検討ワーキンググループ」を設置し、基本計画に掲げた防災対策の進捗状況の確認と課題の整理を行うとともに、「南海トラフ巨大地震モデル・被害想定手法検討会」で検討した新たな計算手法を用いて、防災対策の進捗を反映した被害想定の見直しを行い、今後推進すべき新たな対策の検討を進めることとしている。

（2）日本海溝・千島海溝沿いの巨大地震対策の検討
①検討の経緯

　日本海溝・千島海溝沿いの巨大地震対策については日本海溝・千島海溝周辺海溝型地震防災対策推進基本計画（以下本項において「基本計画」という。）等に基づき、政府全体で重点的に進めてきたところであり、平成27年2月に「日本海溝・千島海溝沿いの巨大地震モデル検討会」を内閣府に設置し、最大クラスの地震・津波による震度分布、津波高等の検討を行い、結果を令和2年4月に公表した。

　さらに、同月に「日本海溝・千島海溝沿いの巨大地震対策検討ワーキンググループ」（以下本節において「日本海溝・千島海溝WG」という。）を中央防災会議防災対策実行会議の下に設置し、令和3年12月に最大クラスの地震・津波による人的・物的・経済的被害想定結果を、令和4年3月には被害想定を踏まえた防災対策を取りまとめ公表した。

②地域の指定、基本計画の変更

　日本海溝・千島海溝WGの報告等を踏まえ、令和4年5月に「日本海溝・千島海溝周辺海溝型地震に係る地震防災対策の推進に関する特別措置法」（平成16年法律第27号）が議員立法により改正された（同年6月17日施行）。

　同法において、「日本海溝・千島海溝周辺海溝型地震防災対策推進地域」（以下本節において「地震防災対策推進地域」という。）及び「日本海溝・千島海溝周辺海溝型地震津波避難対策特別強化地域」（以下本節において「津波避難対策特別強化地域」という。）を内閣総理大臣が指定することとされており、これらの地域の新たな指定について、中央防災会議に諮問された。関係地方公共団体への意見照会や中央防災会議防災対策実行会議での議論を経て、令和4年9月に開催された中央防災会議における答申を踏まえ、1道7県272市町村が地震防災対策推進地域に、1道6県108市町村が津波避難対策特別強化地域に、それぞれ指定された（**図表3-1-1**）。

図表3-1-1	「地震防災対策推進地域」及び「津波避難対策特別強化地域」

地震防災対策推進地域

推進地域の指定基準
○ 震度6弱以上の地域
○ 津波高3ｍ以上で
　海岸堤防が低い地域
○ 防災体制の確保、
　過去の被災履歴への配慮

■ 平成18年指定
■ 令和4年追加指定

津波避難対策特別強化地域

特別強化地域の指定基準
○ 津波により30cm以上の浸水が
　地震発生から40分以内※に生じる地域
○ 特別強化地域の候補市町村に
　挟まれた沿岸市町村
○ 同一道県内の津波避難対策の
　一体性の確保
※積雪寒冷地以外の地域は30分以内
　（茨城県以南）

■ 令和4年指定

出典：内閣府資料（令和4年9月公表）
　　　（参照：https://www.bousai.go.jp/jishin/nihonkaiko_chishima/pdf/chizu.pdf）

　また、同会議においては、基本計画が変更され、想定される死者数（日本海溝沿いの巨大地震で最大約19万9千人、千島海溝沿いの巨大地震で最大約10万人）を今後10年間で概ね8割減少させるという減災目標が設定されたほか、減災目標の達成に向けた施策やその具体的な数値目標が定められた（図表3-1-2）。

日本海溝・千島海溝周辺海溝型地震防災対策推進基本計画の変更の概要

変更のポイント

①減災目標・施策・具体目標の設定

○ 10年間で達成すべき減災目標を新たに設定

想定される死者数
・日本海溝沿いの巨大地震　最大約19万9千人
・千島海溝沿いの巨大地震　最大約10万人
　　　　　　　　　　　を今後10年間でそれぞれ**概ね8割減少**

○ 地震防災対策を進めるための様々な施策を拡充

＜津波対策＞
・訓練・防災教育等による早期避難への意識の向上
・避難路・避難施設等の整備・指定等の推進

＜地震対策＞
・住宅、学校、医療施設等の建築物の耐震化

＜デジタル技術の活用＞
・防災情報のデータ連携のための環境整備

＜積雪寒冷地特有の課題への対応＞
・防寒具・暖房器具等の備蓄による、避難時の低体温症対策の推進
・避難路・避難施設等の整備での、積雪や凍結等の影響への配慮
　　　　　　　　　　　　　　　　　　　　　　　　　　　等

防寒機能付き避難タワー

○ 施策の具体目標を新たに設定

・すぐに避難するという意識を持つ地域住民の割合：70%
・津波避難訓練を毎年実施する市町村の割合：100%
・津波避難ビル等を指定している市町村の割合：100%
・耐震性が不十分な住宅：概ね解消（R12まで）　　　等

②後発地震に関する情報の発信等

○ 後発地震に関する情報の発信とその対応について、新たに記載

・後発地震発生の可能性が高まった場合、後発地震への注意を促す情報を気象庁が発信

→ 社会全体として、後発地震に対して注意する措置（迅速に避難するための備え 等）を、1週間実施

迅速に避難するための備えの例

避難時の持ち物の準備　　避難経路等の確認

③各種計画の作成方針等

○ 以下の計画の作成方針等を新たに記載

・国の応急対策活動に関する「具体計画」
・自治体の津波避難対策に関する「緊急事業計画」

○ 最新の科学的知見に基づく最大クラスの地震・津波を想定し、推進計画・対策計画の記載事項を見直し

出典：内閣府資料（令和4年9月公表）
（参照：https://www.bousai.go.jp/jishin/nihonkaiko_chishima/pdf/r409_gaiyou.pdf）

　主な施策としては、早期避難への意識の向上を図るための訓練・防災教育の実施や、津波ハザードマップの整備などの津波対策、建築物の耐震化や、家具等の固定などの揺れ対策等が定められている。また、防寒具・暖房器具等の備蓄による避難時の低体温症対策や、積雪や凍結等の影響に配慮した避難路・避難施設等の整備などの積雪寒冷地特有の課題への対応についても定められている。

　加えて、日本海溝・千島海溝沿いでは、モーメントマグニチュード7.0以上の地震が発生した後、続いて発生する大規模な地震（以下本節において「後発地震」という。）の事例なども確認されていることから、日本海溝・千島海溝WGの報告書（令和4年3月）において、「実際に後発地震が発生する確率は低いものの、巨大地震が発生した際の甚大な被害を少しでも軽減するため、後発地震への注意を促す情報の発信が必要である」旨の提言がされた。これを踏まえ、基本計画の変更において、後発地震への注意を促す情報の発信とその対応が定められ、気象庁が後発地震への注意を促す情報を発信した場合には、迅速に避難するための備え等を1週間実施すること等が定められた。

③後発地震への注意を促す情報とその対応について

　後発地震への注意を促す情報の発信とその対応について、「日本海溝・千島海溝沿いの後発地震への注意を促す情報発信に関する検討会」において、主にその運用や周知・啓発について検討がなされた。この検討結果を踏まえ、内閣府と気象庁において、後発地震への注意を促す情報の名称を「北海道・三陸沖後発地震注意情報」と定めるとともに、令和4年11月8日に内閣府から「北海道・三陸沖後発地震注意情報防災対応ガイドライン」を公表し、気象庁は北海道・三陸沖後発地震注意情報の運用を同年12月16日より開始した。

第1部　我が国の災害対策の取組の状況等

④今後の取組について
　基本計画の変更等を踏まえ、国においては、日本海溝・千島海溝沿いの巨大地震が実際に発生した場合に備えた具体的な応急対策活動に関する計画を、地震防災対策推進地域に指定された地方公共団体等においては、「日本海溝・千島海溝周辺海溝型地震防災対策推進計画」（以下本節において「推進計画」という。）を、病院、劇場、百貨店等の施設管理者や、ライフライン・インフラ事業者等においては「日本海溝・千島海溝周辺海溝型地震防災対策計画」（以下本節において「対策計画」という。）を、それぞれ作成することとされている（図表3-1-3）。

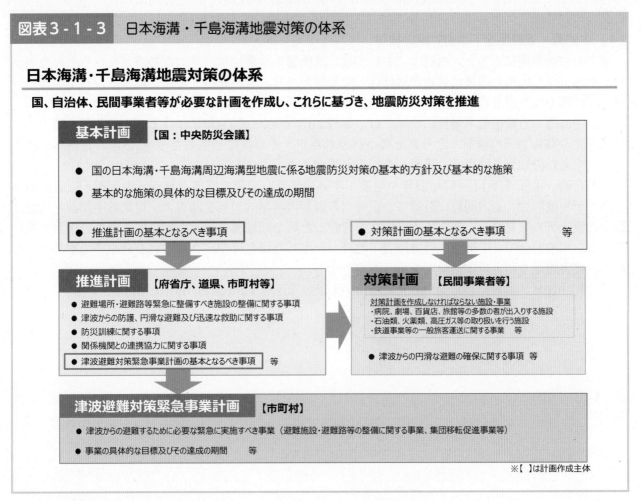

図表3-1-3　日本海溝・千島海溝地震対策の体系

出典：内閣府資料（令和4年9月公表）
　　　（参照：https://www.bousai.go.jp/jishin/nihonkaiko_chishima/pdf/suishin_gaiyou.pdf）

　今後は、基本計画に定められた減災目標の達成に向けた防災対策や、北海道・三陸沖後発地震注意情報の性質や内容を踏まえた適切な防災行動の普及・啓発に取り組み、各地域に指定された地方公共団体等と連携しながら、日本海溝・千島海溝沿いの巨大地震対策を推進していく。

（3）首都直下地震の帰宅困難者等への対策に関する検討
　首都圏に甚大な被害をもたらす首都直下地震の発生に伴い、大量の帰宅困難者が一斉に徒歩帰宅を開始した場合、車道に人が溢れ、救命・救助、消火活動等の応急活動への支障や、集団転倒等による二次被害が懸念されることから、発災後3日間はむやみに移動を開始しないとする「一斉帰宅抑制」を基本原則とするガイドラインを策定し（平成27年3月）、企業等における施設内待機の促進や一時滞在施設の確保等の施策に取り組んでいるところである。
　一方、近年における鉄道等公共交通機関の耐震化やデジタル技術の進展といった社会状況の変化を受け、令和3年11月に設置された「首都直下地震帰宅困難者等対策検討委員会」において、令和4

年8月に「帰宅困難者等対策に関する今後の対応方針」がとりまとめられた。当該対応方針においては、「対策の実効性向上に必要な一斉帰宅抑制等の正しい理解と認知度の向上」、「デジタル技術の活用等による帰宅困難者の適切な行動の促進」、「鉄道が段階的に運行再開する場合の鉄道帰宅者への支援」といった検討の方向性が示された。

　今後、関係省庁や地方公共団体、民間事業者等と連携しながら、従来からの基本原則である「3日間の一斉帰宅抑制」を堅持しつつ、当該対応方針に基づき、被害状況に応じた柔軟な対策を検討し、帰宅困難者等対策の実効性の向上を図っていく。

（参照：https://www.bousai.go.jp/jishin/syuto/kitaku/kento_index.html）

（4）中部圏・近畿圏直下地震対策の検討

　過去の地震事例によると、西日本においては、活断層の地震により甚大な被害がもたらされた事例や、南海トラフ地震の前後に活動が活発化した事例があり、府県を越えて市街地が広がっている中部圏・近畿圏で大規模地震が発生した場合の被害は甚大かつ広域にわたると想定される。

　この中部圏・近畿圏直下地震については、平成16年から平成20年にかけて、中央防災会議の下、被害想定や防災対策の検討・とりまとめが行われたが、その後に発生した平成23年の東日本大震災の教訓や最新の知見を踏まえ、見直しを行う必要がある。

　このため、令和4年11月に地震学や地震工学等の学識有識者で構成される「中部圏・近畿圏直下地震モデル検討会」を内閣府に設置し、現時点の最新の科学的知見を踏まえ、従来の中部圏・近畿圏直下地震モデルを見直し、あらゆる可能性を考慮した新たな地震モデルを構築するための検討を進めている。本検討会で、中部圏・近畿圏直下地震が発生した場合に想定される震度分布等の推計を行った後、被害想定や防災対策の検討を行う予定である。

（参照：https://www.bousai.go.jp/jishin/chubu_kinki/kentokai/index.html）

【コラム】
「北海道・三陸沖後発地震注意情報」と「南海トラフ地震臨時情報」

　日本海溝・千島海溝沿いでは、規模の大きな地震が発生した後、その地震に引き続いて大規模地震（後発地震）が発生した事例が確認されている。例えば、平成23年の東北地方太平洋沖地震では、3月9日にモーメントマグニチュード7.3の地震が発生し、その2日後の3月11日にモーメントマグニチュード9.0の巨大地震が発生した。このため、後発地震への注意を促す情報として「北海道・三陸沖後発地震注意情報」の運用を令和4年12月16日より開始した。

　「北海道・三陸沖後発地震注意情報」は、モーメントマグニチュード7.0以上の地震が、日本海溝・千島海溝沿いの巨大地震の想定震源域とその領域に影響を与える外側のエリアで発生した場合に発表される。この際、防災対応が必要な対象市町村においては、地震発生後1週間程度、後発地震の発生に注意し、揺れを感じた際や津波警報等が発表された際に直ちに避難できる態勢の準備を行う、日頃からの備えを再確認するなど、地震への備えを徹底するよう呼びかけられる。「北海道・三陸沖後発地震注意情報」は大規模地震の発生可能性が平常時と比べて相対的に高まっていることをお知らせするものであり、特定の期間中に大規模地震が必ず発生するということをお知らせするものではないが、一人でも多くの人の命を救うためには、後発地震への注意を促す情報を発表し、地震発生に備えた防災行動を取ることが有効である。
　（参照：https://www.bousai.go.jp/jishin/nihonkaiko_chishima/hokkaido/index.html）

北海道・三陸沖後発地震注意情報の概要

出典：内閣府資料

　後発地震への注意を促す情報の発表は、平成29年11月から既に南海トラフ沿いで導入されており、令和元年5月からは「南海トラフ地震臨時情報」の運用が開始されている。

　南海トラフ沿いで異常な現象が観測され、その現象が南海トラフ沿いの大規模な地震と関連するかどうか調査を開始したことをお知らせする「南海トラフ地震臨時情報（調査中）」、有識者による「南海トラフ沿いの地震に関する評価検討会」の評価結果に応じて「南海トラフ地震臨時情報（巨大地震警戒）」、「南海トラフ地震臨時情報（巨大地震注意）」、「南海トラフ地震臨時情報（調査終了）」が発表される。「南海トラフ地震臨時情報（巨大地震警戒）」が発表された場合には、その後、国や自治体からあらかじめ指定された地域の住民等に対して事前避難が呼びかけられる。
　（参照：https://www.bousai.go.jp/jishin/nankai/rinji/index.html）

日本海溝・千島海溝及び南海トラフ沿いの巨大地震では、揺れ、津波、火災、そして避難後の二次災害等に備えるため、平時からの備えとして、

・大地震が発生したときには家具は必ず倒れるものと考え、家具の固定等の転倒防止対策の確認
・津波等から迅速避難を行うための避難場所・避難経路の確認
・電気やガス、水道などのライフラインが止まった場合を想定し、飲料水、食料品等の避難生活等に備えた備蓄・装備の確認

等を徹底することが重要であり、これらの平時からの備えが後発地震への備えにつながる。

出典：内閣府資料

3-2 風水害・土砂災害対策

（1）首都圏等における洪水・高潮氾濫からの大規模広域避難の検討

　地球温暖化に伴い、勢力がより強い台風の割合が増えること等が懸念され、今後、大規模広域避難が必要となる大規模水害が発生するおそれが予測されている。また、我が国の三大都市圏には「ゼロメートル地帯」が広く存在しており、堤防の決壊等により大規模水害が発生した場合には、多数の住民が避難することによる大混雑の発生や、逃げ遅れによる多数の孤立者の発生が予想されている（図表3-2-1）。

　このことから、平成28年6月に中央防災会議防災対策実行会議の下に設置した「洪水・高潮氾濫からの大規模・広域避難検討ワーキンググループ」において、三大都市圏における洪水や高潮氾濫からの大規模かつ広域的な避難の在り方等について検討が行われ、平成30年3月に「洪水・高潮氾濫からの大規模・広域避難に関する基本的な考え方（報告）」が取りまとめられた。

　（参照：https://www.bousai.go.jp/fusuigai/kozuiworking/）

図表3-2-1　三大都市圏のゼロメートル地帯

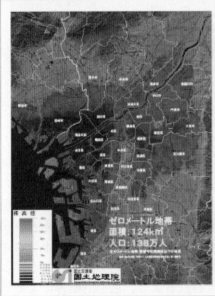

出典：国土地理院ホームページより内閣府作成

　同報告を踏まえ、内閣府では、大規模水害時の大規模広域避難の実装に向けて、特に行政機関等関係機関が連携して取り組むべき事項について整理するとともに、関係機関間の連携・役割分担のあり方について検討することを目的として、平成30年6月に東京都と共同で設置した「首都圏における大規模水害広域避難検討会」を令和3年度までに7回開催し、令和4年3月に「広域避難計画策定支援ガイドライン（報告書）」を作成した。

　（参照：https://www.bousai.go.jp/fusuigai/suigaiworking/suigaiworking.html）

　令和4年6月には、東京都と共同で、首都圏における大規模水害時の広域避難等を円滑に実施するために、平時から各機関の関係を深めた上で、必要な取組事項等について、それぞれの行動等の具体化を図ることを目的として「首都圏における広域的な避難対策の具体化に向けた検討会」を設置し、同ガイドラインに基づき更なる取組の具体化に向けた検討を進めている。

　（参照：https://www.bousai.go.jp/fusuigai/suigaiworking/kouikihinan.html）

（2）盛土による災害の防止に関する検討

　令和3年7月に静岡県熱海市で大雨に伴って盛土が崩落し、大規模な土石流災害が発生したこと

災害対策に関する施策の取組状況　第1章

第3節　発生が危惧される災害種別ごとの対策

や、土地利用に関する各法律による規制が必ずしも十分でないエリアが存在していること等を踏まえ、「宅地造成等規制法」（昭和36年法律第191号）を法律名・目的も含めて抜本的に改正し、土地の用途（宅地、農地、森林等）にかかわらず、危険な盛土等を全国一律の基準で包括的に規制するための「宅地造成及び特定盛土等規制法」（以下「盛土規制法」という。）が令和4年5月27日に公布された（令和5年5月26日に施行）。

盛土規制法の概要は以下のとおりである（**図表3-2-2**）。

図表3-2-2　盛土規制法の概要

1. スキマのない規制

- **規制区域**　◆ 都道府県知事等が、<u>盛土等により人家等に被害を及ぼしうる区域を規制区域として指定</u>
  - ⇒・市街地や集落、その周辺など、人家等が存在するエリアについて、農地や森林を含めて広く指定
  - ・市街地や集落等からは離れているものの、地形等の条件から人家等に危害を及ぼしうるエリア（斜面地等）も指定

- **規制対象**　◆ 規制区域内で行われる盛土等を <u>都道府県知事等の許可</u>の対象に
  - ※宅地造成等の際の盛土だけでなく、単なる<u>土捨て行為や一時的な堆積</u>についても規制

2. 盛土等の安全性の確保

- **許可基準**　◆ 盛土等を行うエリアの地形・地質等に応じて、<u>災害防止のために必要な許可基準を設定</u>

- **中間検査完了検査**　◆ 許可基準に沿って安全対策が行われているかどうかを確認するため、①<u>施工状況の定期報告</u>、②<u>施工中の中間検査</u>及び③<u>工事完了時の完了検査</u>を実施

3. 責任の所在の明確化

- **管理責任**　◆ 盛土等が行われた土地について、<u>土地所有者等が常時安全な状態に維持する責務</u>を有することを明確化

- **監督処分**　◆ 災害防止のため必要なときは、土地所有者等だけでなく、<u>原因行為者</u>に対しても、是正措置等を<u>命令</u>
  - ※当該盛土等を行った造成主や工事施工者、過去の土地所有者等も、原因行為者として命令の対象になり得る

4. 実効性のある罰則の措置

- **罰則**　◆ 罰則が抑止力として十分機能するよう、無許可行為や命令違反等に対する懲役刑及び罰金刑について、<u>条例による罰則の上限より高い水準に強化</u>
  - ※最大で懲役3年以下・罰金1,000万円以下・法人重科3億円以下

出典：国土交通省資料

盛土規制法に基づく制度の施行に向けて、国土交通省と農林水産省は、盛土等の安全基準のあり方等を検討することを目的とした「盛土等防災対策検討会」を令和4年6月に設置し、令和5年3月末までに同検討会を5回開催し有識者等の意見を踏まえながら検討した。具体的には主に、①スキマのない規制とするため、盛土等による災害から守る保全対象である人家等の分布や地形等を踏まえた規制区域の指定の考え方、②盛土等の安全性を確保するための許可基準となる技術的基準の考え方、③既存の盛土等について安全性を把握するため行う調査の考え方、④違法な盛土等や危険な盛土等に対して躊躇なく行政対応をするための方策等について検討し、各種実施要領等の策定を進めている。

盛土規制法の施行後は、同法の規制が速やかに実効性をもって行われるよう、都道府県等による規制区域指定等のための基礎調査や危険な盛土等の安全対策の実施等について支援を行うなど、引き続き盛土等の安全対策を推進する。

| 図表3-2-3 | 規制区域のイメージ図（上図）及び技術的基準のイメージ図（下図） |

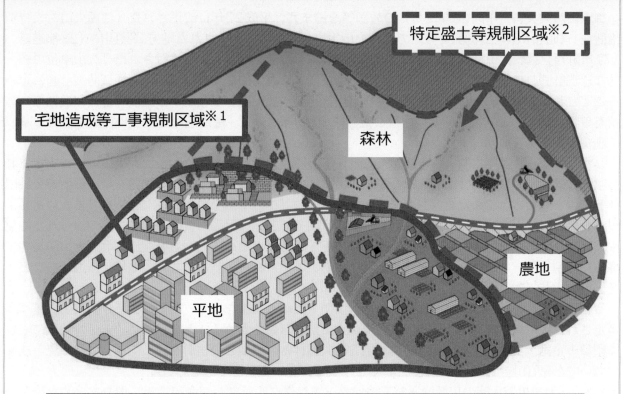

特定盛土等規制区域※2

宅地造成等工事規制区域※1

森林

農地

平地

※1 宅地造成等工事規制区域：市街地や集落など、人家等がまとまって存在し、盛土等がされれば人家等に危害を及ぼしうるエリア
※2 特定盛土等規制区域　：市街地や集落等からは離れるものの、地形等の条件から、盛土等がされれば人家等に危害を及ぼしうるエリア

土地の形質の変更
（宅地造成、特定盛土等）

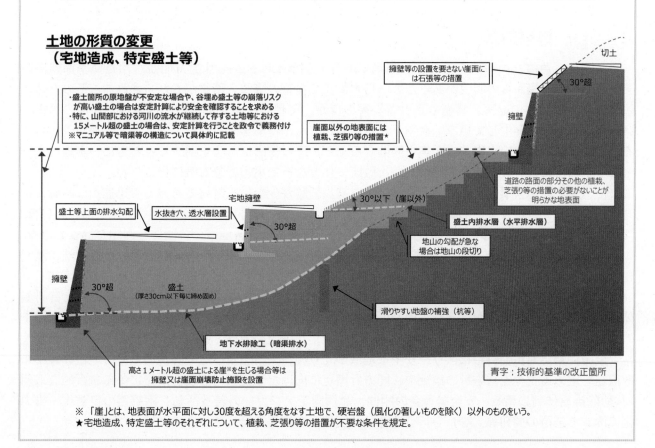

・盛土箇所の原地盤が不安定な場合や、谷埋め盛土等の崩落リスクが高い盛土の場合は安定計算により安全を確認することを求める
・特に、山間部における河川の流水が継続して存する土地等における15メートル超の盛土の場合は、安定計算を行うことを政令で義務付け
※マニュアル等で暗渠等の構造について具体的に記載

擁壁等の設置を要さない崖面には石張等の措置

切土

30°超

擁壁

崖面以外の地表面には植栽、芝張り等の措置★

道路の路面の部分その他の植栽、芝張り等の措置の必要がないことが明らかな地表面

盛土等上面の排水勾配

水抜き穴、透水層設置

宅地擁壁

30°以下（崖以外）

盛土内排水層（水平排水層）

30°超

地山の勾配が急な場合は地山の段切り

擁壁

30°超

盛土（厚さ30cm以下毎に締め固め）

滑りやすい地盤の補強（杭等）

地下水排除工（暗渠排水）

高さ1メートル超の盛土による崖※を生じる場合等は擁壁又は崖面崩壊防止施設を設置

青字：技術的基準の改正箇所

※ 「崖」とは、地表面が水平面に対し30度を超える角度をなす土地で、硬岩盤（風化の著しいものを除く）以外のものをいう。
★宅地造成、特定盛土等のそれぞれについて、植栽、芝張り等の措置が不要な条件を規定。

出典：国土交通省資料

災害対策に関する施策の取組状況　第1章　第3節 発生が危惧される災害種別ごとの対策

3-3 火山災害対策

御嶽山噴火災害（平成26年9月）の教訓等を踏まえ、平成27年に改正された「活動火山対策特別措置法」（昭和48年法律第61号）では、火山災害警戒地域に指定された地方公共団体（23都道県、179市町村）は、火山地域の関係者で構成される「火山防災協議会」で検討された「火山単位の統一的な避難計画」に基づき、警戒避難体制の整備に関する具体的かつ詳細な事項を地域防災計画に定めることとしている。また、市町村が指定する集客施設や要配慮者が利用する施設（避難促進施設）の所有者等に対して、施設利用者の円滑な避難を確保するため、「避難確保計画」の作成や計画に基づく訓練の実施等を義務付けている。

しかしながら、実際に噴火を経験したことのある職員は限られており、また、火山ごとに想定される噴火の規模や地域の特性など様々な違いがあることから、計画の検討等に課題を抱える地方公共団体等も少なくない。このため内閣府では、計画検討の具体の手順や留意事項などを取りまとめた「手引き」の作成、地方公共団体等と協働での避難計画や避難確保計画の検討、協働検討で得られた知見や成果を反映した手引きの改定や取組事例集の作成を行うとともに、地方公共団体等で火山防災の主導的な役割を担った経験のある実務者を「火山防災エキスパート」として火山地域に派遣するなど、全国の火山防災対策の推進に取り組んでいる。

令和4年度には、地方公共団体における火山防災訓練の実施を促し、避難計画及び同計画に基づき策定された地域防災計画の検証や、住民等の火山防災意識を高めることを目的に、モデル地域における訓練の企画・実施を支援した。今後、地方公共団体との協働での検討を通じて得られた知見・成果について、「火山防災訓練事例集」としてとりまとめていく予定である。

また、「大規模噴火時の広域降灰対策検討ワーキンググループ」が令和2年に取りまとめた降灰の影響や対策の基本的な考え方等を踏まえ、引き続き、関係省庁、地方公共団体等と連携し、具体的な対策について検討を進めている。

3-4 雪害対策

我が国は、急峻な山脈からなる弧状列島であり、冬季には、シベリア方面から冷たい季節風が吹き、日本海には南からの暖流があるため、日本海側で多量の降雪・積雪がもたらされる。そのため、屋根の雪下ろし中の転落、雪崩や暴風雪災害のほか、降積雪による都市機能の麻痺、交通の障害といった雪害が毎年発生している。令和4年度においても、特集2で述べたように、大雪等が予想される場合には、関係省庁災害警戒会議を開催するなど、警戒体制に万全を期するとともに、実際に大雪となった場合には、被害状況等を踏まえ、政府一体となって災害応急対策に当たった。

また、過去の雪害事例を踏まえ、降雪による被災経験が少ない市町村であっても迅速かつ的確に降雪対応を実施できるよう、内閣府では、平成31年1月に「市町村のための降雪対応の手引き」（令和4年11月改訂）を作成し、その後も最新の取組等を反映させ、各地方公共団体へ周知を行っている。

また、豪雪地帯においては、「豪雪地帯対策特別措置法」（昭和37年法律第73号）及び同法に基づき策定する豪雪地帯対策基本計画により、雪害の防除を始めとした総合的な豪雪地帯対策を実施している。令和4年12月の豪雪地帯対策基本計画の変更では、新たに「除排雪の担い手の確保と除排雪体制の整備」、「積雪期における豪雪地帯の特性に配慮した防災対策」、「短期集中降雪時の幹線道路上の大規模な車両滞留の回避」等を追加している。また、国土交通省では令和4年度において、豪雪地帯安全確保緊急対策交付金により、安全な地域づくりの将来構想及びその実現のための地域のルールや取組を定める安全克雪方針の策定や、同方針策定に向けた除排雪時の安全対策に係る試行的な取組（共助除排雪体制の整備、安全講習会の開催、命綱固定アンカーの普及活動、除排雪の自動化・省力化に関する技術の開発導入等）を行う地方公共団体への支援を行っている。

第4節　国際防災協力

4-1　国連などの国際機関を通じた防災協力

　我が国は、災害の経験・知識や防災の施策を多く蓄積しており、これらを共有することにより、防災分野で世界の議論をけん引し、世界各国における防災の取組強化に貢献している。特に、平成27年3月に第3回国連防災世界会議を宮城県仙台市で開催したことを踏まえ、そこで採択された「仙台防災枠組2015-2030」（以下「仙台防災枠組」という。）の実施において、主導的な役割を果たすことが世界各国から期待されている。このため、内閣府や外務省においては、国連などの国際機関を通じた防災協力を積極的に推進している。

（1）国連防災機関（UNDRR）を通じた防災協力

　仙台防災枠組を推進するため、同枠組の実施に係るモニタリング、調整、各地域や国の支援等を行っている国連防災機関（UNDRR：United Nations Office for Disaster Risk Reduction）の活動を支援するため、令和4年度においては内閣府及び外務省が合わせて約587万ドル（約6億3,400万円）を拠出している。

　UNDRRは、インドネシア政府とともに、令和4年5月23日～27日にインドネシア・バリ島において、「第7回防災グローバルプラットフォーム会合」を開催した。令和元年以来、3年ぶりの開催となった同会合には、現地参加約3,200人、オンライン参加を含めると185ヶ国より4,000人以上が参加した。

　我が国からは大野内閣府副大臣（当時）が代表として出席し、ハイレベルダイアログにおいてパネリストを務めた。また、気候危機に対抗するための防災の強化をテーマとする閣僚級ラウンドテーブルにも出席し、我が国の取組を発表した。

第7回防災グローバルプラットフォーム会合の様子

　また、UNDRRは、豪州政府とともに、令和4年9月19日～22日、豪州ブリスベンにおいて、「第9回アジア太平洋防災閣僚級会議」を開催した。平成30年以来、4年ぶりの開催となった同会合には、40ヶ国より3,000人以上が参加した。

　我が国からは井上内閣府審議官が代表として出席し、閣僚級ラウンドテーブルに出席するとともに、全体会合ではパネリストの1人として登壇し、防災投資等について、日本の取組を紹介しながら発表した。

第9回アジア太平洋防災閣僚級会議の様子

（2）国際復興支援プラットフォーム（IRP）

　国際復興支援プラットフォーム（IRP：International Recovery Platform）は、平成17年に兵庫県神戸市で開催された第2回国連防災世界会議で採択された「兵庫行動枠組」を受けて、円滑な復興を支援するためのネットワークと兵庫行動枠組の充実を図ること、復興に関する教訓の発信や復興に向けた共通手法・仕組みを開発すること、復興計画・構想策定に助言や支援を行うことなどを目的として、同年3月に神戸市に設立された。仙台防災枠組において、IRPは「より良い復興（Build Back Better）」を推進するための国際的なメカニズムの一つとして、その強化がうたわれている。日本政府（内閣府）は運営委員会共同議長としてその発展の基盤づくりに貢献するとともに、IRPの活動を支援している。

　令和5年1月27日に神戸市において「国際復興フォーラム」を開催し、「より良い復興と長期的な復興の成果：強靭で持続可能な未来への目標」のテーマの下、上村内閣府大臣官房審議官、齋藤兵庫県知事、水鳥国連事務総長特別代表（防災担当）を始め、70ヶ国から443名が参加した。フォーラムでは関東大震災研究の第一人者である武村名古屋大学減災連携研究センター特任教授による基調講演や、世界各地の大規模災害からの長期的な復興等についてのパネル討議等が行われた。

国際復興フォーラムの様子

（3）アジア防災センター（ADRC）との共同活動を通じた防災協力

　アジア防災センター（ADRC：Asian Disaster Reduction Center）は、災害教訓をアジア地域と共有するため、平成10年に兵庫県神戸市に設立されたものであり、令和5年3月現在、アジアの31ヶ国が加盟している。ADRCは、災害情報の共有、加盟国の人材育成、コミュニティの防災力向上、メンバー国・国際機関・地域機関・NGOとの連携の4つの柱を軸に活動を行っている。加盟国から客員研究員を招聘しており（令和5年1月現在で累計126名）、防災政策の研究等を通じて加盟国の防災政策の企画立案に貢献する人材を育成している。また、各国の防災体制や最新災害情報等の収集及びホームページ上での提供、災害発生時の衛星観測による被災情報の提供等の活動も行っている。

内閣府はＡＤＲＣとの共催により、「アジア防災会議（ＡＣＤＲ：Asian Conference on Disaster Reduction)」を開催し、加盟国や国際機関等からの参加を得て、アジアにおける防災・減災の課題に関する情報共有、意見交換、連携促進等を行っている。第18回目の同会議は「ＷＨＡＴ ＩＳ ＮＥＸＴ？-過去に学び、未来に備える-」をテーマに、令和５年３月10日から12日の期間に仙台市にて開催された。加盟国（31ヶ国中22ヶ国）を始め、フィジーの閣僚、ＵＮＤＲＲ、ＡＳＥＡＮなどの関係機関の関係者や専門家など205名が参加した同会議では、谷内閣府特命担当大臣（防災）が開会挨拶を行い、関東大震災100年を記念した特別セッション、大規模災害とその対策、仙台防災枠組の取組におけるデータ連携の拡大、衛星を活用した防災・危機管理情報の提供等について情報共有や意見交換がなされた。

アジア防災会議の様子

4-2 二国間等防災協力

内閣府は国際機関を通じた取組に加え、海外からの防災を担当する閣僚級の訪問等の機会を通じて、防災政策の経験を共有するなど、世界各国の政府における防災担当部局との連携を深めている。

（1）日ＡＳＥＡＮ防災閣僚級会合の開催を通じたＡＳＥＡＮとの連携

令和元年11月に安倍内閣総理大臣（当時）が出席した「第22回ＡＳＥＡＮ＋３（日中韓）首脳会議」の議長声明を踏まえ、日本政府（内閣府）とＡＳＥＡＮ加盟10ヶ国の防災担当部局による「日ＡＳＥＡＮ防災閣僚級会合」が令和３年10月に発足した。

令和４年10月20日、「第２回日ＡＳＥＡＮ防災閣僚級会合」がオンラインで開催され、星野内閣府副大臣が共同議長として出席した。同会合では、「日ＡＳＥＡＮ防災行動計画」が策定され、今後一層協力を深化させていくことを確認した。

日ＡＳＥＡＮ防災閣僚級会合の様子

（2）内閣府と米国連邦緊急事態管理庁（FEMA）との連携

　米国連邦緊急事態管理庁（FEMA：Federal Emergency Management Agency）とは、平成26年12月に締結された協力覚書に基づき、国際会議やビデオ会議等を通じて情報共有や意見交換を実施している。

（3）日中韓防災担当閣僚級会合の開催を通じた日中韓三国の連携

　平成20年の「第1回日中韓首脳会議」における「三国間防災協力に関する共同発表」に基づき、平成21年以来、日中韓三国が、日中韓防災担当閣僚級会合を持ち回り開催している。

　令和4年7月14日、「第7回日中韓防災担当閣僚級会合」がオンラインで開催され、二之湯内閣府特命担当大臣（防災）（当時）が出席した。会合では、それぞれの国から、近年の災害や防災政策の進展について発表するとともに、仙台防災枠組が令和5年に折り返し時期を迎えることを踏まえ、これを着実に実施し、三国間で情報と経験の共有を促すことを、共同声明として取りまとめた。

日中韓防災担当閣僚級会合の様子

（4）防災技術の海外展開に向けた官民連絡会（JIPAD）の活動

　「防災技術の海外展開に向けた官民連絡会（JIPAD：Japan International Public-Private Association for Disaster Risk Reduction）」は、我が国が強みを有する防災技術やノウハウを、官民が一体となり積極的に海外展開していくことを目的に令和元年に設立されたものであり、令和5年3月現在で207企業・団体が会員となっている。

　令和4年12月2日には、第3回JIPAD総会を開催し、大使・臨時大使10名を含む38ヶ国・地域41名の大使館等職員、30以上の日本企業・団体が参加の下、星野内閣府副大臣が開会挨拶を行い、水鳥国連事務総長特別代表（防災担当）による基調講演、関係省庁等からの報告などが行われた。

JIPAD総会の様子

　JIPADでは、我が国の防災政策・技術・ノウハウを一体的に紹介するとともに、官民ネットワークを構築し、防災協力関係を強化する「官民防災セミナー」を開催している。

令和4年9月、前述のアジア太平洋防災閣僚級会議の会期中に、豪州（ブリスベン）にて、JICAと連携してアジア太平洋島嶼国官民防災セミナーを開催した。同セミナーでは、JIPAD企業・団体がプレゼンテーションを行うとともに、参加者との個別面談の場を提供した。

　令和5年2月、JICA研修でベトナムから防災行政幹部や担当官が訪日する機会を捉え、JICAと連携し、内閣府において官民防災セミナーを実施した。

　令和5年3月、前述のアジア防災会議と連携し、仙台市にて、内閣府とADRCが主催するサイドイベントとして官民防災セミナーを開催した。同セミナーにおいては、フィジーの閣僚の他、ASEAN事務局及びAHAセンターの担当者を仙台市に招待し、また、アジア防災会議に参加していたアジア諸国の防災関係者も多数参加した。

【コラム】
「仙台防災枠組」に基づく自治体レベルのモニタリングの取組

　平成27年（2015年）3月に仙台市で開催された「第3回国連防災世界会議」において「仙台防災枠組2015-2030」が採択されたが、令和5年は、同枠組の令和12年（2030年）までの推進期間の中間年に当たる。このため、各国において目標等の進捗に関する中間評価が進められたが、仙台市は、世界に先駆けた自治体レベルでの中間評価に、東北大学災害科学国際研究所とともに取り組んだ。

　評価作業の一環として、災害被害に関するデータ等を分析した結果、仙台市がこれまで市民や関係団体などのステークホルダーとともに推進してきた防災・減災施策が一定程度寄与し、仙台防災枠組の掲げる目標（死亡者・被災者・経済的損失・重要インフラの被害の減少などの7つの「グローバルターゲット」）を達成中であることが明らかとなった。一方で、災害種別ごとの分析を行った結果、風水害による被害は増加傾向にあることが明確となった。このため、仙台市では、統計を参考としながら効果的な防災・減災対策を進めるとしている。

　また、評価作業を通じて、自治体における災害統計分析に有用なデータの項目等を確認できたことから、仙台市では、同様の分析を他の自治体で検討する際の参考となるよう、今後、国連や国等の機関とも連携し、評価手法の共有も含めた成果の積極的な発信に努めることで、国内外における仙台防災枠組の推進に貢献していくとしている。

＜仙台防災枠組における7つの「グローバルターゲット」の達成状況＞

○：達成中　△：未到達

	ターゲット	評価
低減目標 A	災害による10万人あたりの死亡者数	○
低減目標 B	災害による10万人あたりの被災者数	○
低減目標 C	災害による直接経済損失	○
低減目標 D	医療・教育施設を含めた重要インフラの損害や基本サービスの途絶	○
増加目標 E	国家・地方の防災戦略を有する国家数を増やすこと	○
増加目標 F	本枠組の実施のため開発途上国の施策を補完する適切で持続可能な支援を行い、開発途上国への国際協力を大幅に強化すること	○
増加目標 G	マルチハザードに対応した早期警戒システムと災害リスク情報・評価の入手可能性とアクセスを大幅に向上させること	○

● 枠組の規程を踏まえて、「2005年から2014年まで」と「2015年から2021年まで」の数値で増減を比較している。
● Ｅ，Ｆ，Ｇは国レベルの規定であるため、仙台市の施策の経年変化に読み替えて評価した。

＜市民同士で、仙台防災枠組の進捗について話し合う特別講座（ワークショップ）も実施＞

出典：仙台市資料

【コラム】
トルコ南東部を震源とする地震による被害と日本の支援

　トルコ南東部を震源として、令和5年2月6日4時17分（現地時間）頃、マグニチュード7.8の地震が発生し、その約9時間後にはマグニチュード7.5の地震が発生した。その他、複数の余震が発生し、トルコ及びシリアに大きな被害をもたらした。このうちトルコでは、死者50,000名以上（令和5年3月21日時点）、負傷者115,000名以上（同）、建物倒壊約50,000棟（同）などの被害が生じている。都市部を中心に甚大な被害が発生しており、被災各所では建造物が倒壊・一部損壊し、道路も各所で寸断されているほか、多くの市民が避難生活を余儀なくされている。2月27日に公表された世界銀行の報告書によると、本地震の直接的被害は推定342億ドル（トルコの2021年のGDPの4％に相当）とされている。また、シリアでは、正確な数値の確認は困難であるが、5,900名を超える死者が発生していると報道されている（令和5年3月21日時点）。

　これに対して、日本政府は、トルコ政府からの要請に基づき、同国へ国際緊急援助隊の救助チームを2月6日以降順次派遣するとともに、医療チームを同月10日以降派遣した。3月6日には専門家チームを派遣し、被災した建物、インフラの状況を確認し、復興・復旧に向けた技術的助言を実施した。

　また、トルコ・シリア各政府の要請に基づき、緊急援助物資を供与するとともに、2月24日には、両国に対する約2,700万ドルの緊急人道支援の実施を発表した。さらに、3月20日に開催されたEU・スウェーデン共催のドナー会合において、林外務大臣によるビデオメッセージを発出し、日本政府の支援を紹介した上で、被災地の復興に向け、今後も資金協力や技術協力等を通じて貢献していく旨表明した。

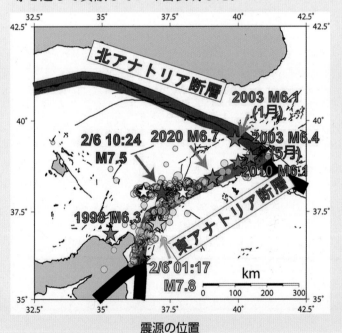

震源の位置
出典：国立研究開発法人海洋研究開発機構ホームページ
https://www.jamstec.go.jp/j/pr/topics/column-20230208/

国際緊急援助隊救助チームの活動の様子
出典：外務省

第5節　国土強靱化の推進のための取組

5-1　国土強靱化年次計画の策定

　政府は、「国土強靱化年次計画2022」（以下本節において「年次計画2022」という。）を令和4年6月21日に決定（国土強靱化推進本部決定）した。年次計画2022では、令和2年12月に策定した「防災・減災、国土強靱化のための5か年加速化対策」（以下本節において「5か年加速化対策」という。）を始めとした施策の進捗状況の取りまとめや、令和3年7月1日からの大雨及び令和3年8月の大雨等への対応を通じて新たに得られた災害の教訓、近年の災害時に課題となっている事項を踏まえ、新しい施策を追加するなど内容の充実強化を行った。

　また、気候変動への対応、予防保全等による老朽化対策等について、政府全体の取組の中で重点的に実施するとともに、新技術・イノベーションについては、防災研究におけるニーズとシーズの把握及び効果分析手法の開発を行い、計画的・戦略的な研究開発を進めることとした（**図表5-1-1**）。

図表5-1-1　国土強靱化年次計画2022の概要（令和4年6月）

国土強靱化年次計画2022の概要−1

国土強靱化

NATIONAL RESILIENCE

年次計画は、「国土強靱化基本計画」に基づき、45のプログラムごとに当該年度に取り組むべき主要施策等をとりまとめるとともに、定量的な指標により進捗を管理し、PDCAサイクルにより施策の着実な推進を図るもの。

1. 2022年度の国土強靱化の取組のポイント

（1）プログラム推進のための施策の充実・強化

① 5か年加速化対策の推進（令和3年度〜令和7年度）
- 123の対策ごとに設定した中長期的な目標の達成に向けて、個別に進捗を管理。2年目となる令和4年度までに約7.2兆円を確保。
- 複数年にわたる大規模な事業等を円滑に実施できるよう、国庫債務負担行為の柔軟な活用等を推進。

②地域の強靱化の推進
- 地域計画は、全都道府県及び1,688市区町村（約97%）で策定が完了（令和4年5月時点）。
- 今後は、全ての主体にとって共通の目標となる「目指すべき将来の地域の姿」を示し、その実現のために「いつまでに」「どこで」「誰が」「どのような」対策を講じるのかを位置づけるなど、実効性ある地域計画へ内容を改善・充実。

③官民連携の促進と「民」主導の取組の活性化
- 大規模自然災害発生後の経済活動の維持、迅速な復旧復興を可能とするため、民間企業等の事業継続の取組の促進、自治体や事業者との連携強化など、民間団体を核とした地域の防災・減災、国土強靱化の取組を進めることとし、それに対して支援。

④広報・普及啓発活動の推進
- 「国土強靱化 広報・普及啓発活動戦略」に基づき、①国土強靱化の理念や具体的な効果等のわかりやすい発信、②受け手の視点に立った情報発信・媒体の活用、③関係機関による主体的・積極的な取組等を基本方針として、関係府省庁が連携し、広報・普及啓発活動を実施。

⑤個別重点事項
- 気候変動への対応、予防保全等による老朽化対策など、政府全体の取組の中で重点的に実施。
- 新技術・イノベーションについては、防災研究におけるニーズとシーズの把握及び効果分析手法の開発を行い、計画的・戦略的な研究開発を進める。
- 令和3年7月の大雨等による災害を通じた経験等を踏まえ、盛土による災害の防止などの必要な施策を推進。また、福島県沖地震を踏まえ、被害の原因分析や課題を整理し、対応を検討。

（2）国土強靱化基本計画の変更に向けて
- 現在の基本計画策定から3年経過したことに鑑み、次期基本計画の見直しの検討に着手。「5か年加速化対策」後も、中長期的かつ明確な見通しの下、継続的・安定的に国土強靱化の取組を進めていくことの重要性等も勘案して、次期「国土強靱化基本計画」に反映させるべく見直しに向けた取組を進める。
- 見直しに当たっては、これまでの国土強靱化の取組、国土強靱化の理念、社会情勢の変化、近年の災害からの知見などを踏まえるとともに、地域や民間の取組の活性化、国土強靱化の計画等の体系のあり方など、今後の国土強靱化のあり方全般について議論を進める。

国土強靱化年次計画2022の概要－2

国土強靱化
NATIONAL RESILIENCE

2. 年次計画2022の主要施策（主な例）

■ あらゆる関係者と協働した流域治水対策、インフラ施設等の耐震・津波対策、老朽化対策の推進
■ 災害に強い国土幹線道路ネットワーク機能の確保のための高規格道路のミッシングリンク解消
■ 集中豪雨等の観測体制の強化・予測精度の向上、防災デジタルプラットフォーム及び防災IoTの構築、ロボット・ドローン技術の活用、スマートフォンを通じた避難に関する情報等の提供、被災状況収集を行う防災チャットボットの社会実装を加速など、災害関連情報の予測、収集・集積・伝達の高度化
■ 安全性把握のための詳細調査及び対策工事の支援など、盛土による災害の防止
■ 災害関連死の防止、避難生活環境の向上に向け、地域の専門人材を育成する「避難生活支援・防災人材育成エコシステム」の構築　等

3. 5か年加速化対策の進捗管理

■ 全体でおおむね15兆円程度の事業規模（財政投融資の活用や民間事業者等による事業を含む）を目途としていたところ、2年目となる令和4年度までに約7.2兆円を確保。
■ 123の対策の初年度完了時点（令和3年度末）の進捗状況を、進捗状況一覧としてとりまとめ。

区分	事業規模の目途〈閣議決定時〉	事業規模〈令和4年度時点〉	うち国費〈令和4年度時点〉
防災・減災、国土強靱化のための5か年加速化対策	おおむね15兆円程度	約7.2兆円	約3.5兆円
1　激甚化する風水害や切迫する大規模地震等への対策	おおむね12.3兆円程度	約5.9兆円	約2.7兆円
2　予防保全型メンテナンスへの転換に向けた老朽化対策	おおむね2.7兆円程度	約1.2兆円	約0.7兆円
3　国土強靱化に関する施策を効率的に進めるためのデジタル化等の推進	おおむね0.2兆円程度	約0.1兆円	約0.1兆円

※ 5か年加速化対策全体のおおむね15兆円程度の事業規模のうち、国費はおおむね7兆円台半ば。
※ 四捨五入の関係で合計が合わない場合がある。

（参考）令和3年度災害を踏まえた取組等

国土強靱化
NATIONAL RESILIENCE

令和3年7月1日からの大雨による災害

■ 梅雨前線が停滞し、西日本から東北地方の広い範囲で大雨。静岡県の複数の地点で72時間降水量の観測史上1位の値を記録するなど記録的な大雨。これにより、静岡県熱海市内で発生した大規模な土石流では、人的被害、住宅被害等の甚大な被害が発生。

令和3年7月1日からの大雨による災害を踏まえた取組

■ 大雨災害を踏まえ、人家等に影響のある盛土について総点検を実施。
■ 人家・公共施設等に被害を及ぼすおそれのある盛土について、行為者による是正措置を基本としつつ、地方公共団体が行う詳細調査や応急対策、抜本的な危険箇所対策について支援。
■ 盛土等を行う土地の用途やその目的にかかわらず、危険な盛土等を全国一律の基準で包括的に規制する「盛土規制法」を公布。
■ 安否不明者の氏名等の公表により、救助・捜索対象者の絞り込みにつながったことから、本事例を踏まえて、地方公共団体が氏名等公表等を行う際の留意事項を周知。

令和3年8月の大雨による災害

■ 前線の活動が活発となった影響により、西日本から東日本の広い範囲で大雨。長崎県、佐賀県、福岡県、広島県を対象とした大雨特別警報を発表。

令和3年8月の大雨による災害において効果を発揮した取組

■ 広島県海田町では、町内の危険箇所にカメラを設置し、住民がスマートフォンで災害の切迫感や臨場感を確認可能としたところ、約1万件/月のアクセスがあり、住民に災害に関する情報伝達を行うなど、デジタル技術を活用した避難行動を促す事例が見られた。
■ また、防災・減災、国土強靱化のための3か年緊急対策等により実施した広島県、佐賀県、静岡県の砂防事業において、堰堤が土石流を捕捉し被害の発生を防止した事例があった。

令和4年3月の福島県沖を震源とする地震

■ 福島県沖を震源とするマグニチュード7.4（暫定値）の地震が発生し、宮城県及び福島県では最大震度6強を観測。
■ 地震により、最大約220万戸の停電が発生したほか、複数の火力発電所の運転停止等により、電力需給が厳しいと見込まれたことから、東京管内に3月21日（東北管内は22日）、電力需給ひっ迫警報が発令された。
■ 東北新幹線が福島駅～白石蔵王駅間で脱線したほか、電柱折損、軌道変位、高架橋損傷、駅設備破損が発生。
■ 水道管の損壊等による断水が最大約7万戸において発生。

令和4年3月の福島県沖を震源とする地震を踏まえた取組

■ 電力に関しては、迅速な復旧を可能にするためのボイラー内足場設置や予備品の確保等を事業者において計画的に実施。休止火力の稼働、燃料在庫水準の引上げや国からの節電要請の多段階化、内容の具体化など、電力需給対策を講じる。
■ 新幹線に関しては、「新幹線の地震対策に関する検証委員会」を設置し、これまで進めてきた地震対策の検証や今後取り組むべき方向性の整理を行う。
■ 水道に関しては、水道管の耐震対策、浄水場の停電対策に加え、配水池の停電対策の促進を図る。

出典：内閣官房国土強靱化推進室ホームページ
（参照：https://www.cas.go.jp/jp/seisaku/kokudo_kyoujinka/pdf/kakuteigaiyou.pdf）

5-2 国土強靱化関係予算及び国土強靱化に資する税制改正

　令和4年度第2次補正予算においては、5年間でおおむね15兆円程度の事業規模を目途とする5か年加速化対策の加速化・深化に係る経費として、国費約1.5兆円を計上し、これまでに約9.6兆円の事業規模を確保した（令和4年11月時点）。その他、国土強靱化基本計画に基づき、国土強靱化の取組を着実に推進するための経費として、国費約0.4兆円を計上した。また、令和5年度当初予算においては、国費約4.7兆円の国土強靱化関係予算を計上した。

　さらに、民間事業者等が行う国土強靱化の取組を税制面においても促進できるよう、関係省庁と連携し国土強靱化に資する税制の更なる充実を図ってきており、令和5年度の税制改正事項については、拡充1件、見直し1件を含む13項目を取りまとめ、公表した。

5-3 国土強靱化地域計画の実効性向上

　国土強靱化を効果的に進めるためには、地方公共団体が中心となり、地域の様々な主体が連携・協働して計画的に取り組むことが極めて重要である。地域の強靱化の推進にあたっての基本的な計画となる「国土強靱化地域計画」（以下本節において「地域計画」という。）は、47都道府県及びほぼ全ての市町村で策定されているが、今後、強靱化の取組の更なる充実を図るためには、計画の検討段階からの住民・企業等の積極的な参画や、いつ・どこで・誰が・何に取り組むのかを計画に具体的に位置付けること等により、実効性の高い地域計画へと見直しを進めていく必要がある。これらを踏まえ、政府においては令和4年7月に地域計画を見直す際に重要となるポイント等を示した「国土強靱化地域計画策定・改定ガイドライン」を作成し、全国の地方公共団体に提供、さらには国の職員による説明会等を開催するとともに、関係府省庁が所管する交付金・補助金を、地域計画に事業箇所や実施時期等が具体的に明記された事業へ重点化するなどにより、地域における強靱化の取組を支援した。

5-4 国土強靱化に関する民間の取組促進及び広報・普及啓発活動の推進

（1）国土強靱化に関する民間の取組促進

　政府は、国土強靱化に資する民間企業等の取組を促進するため、平成28年度より事業継続に積極的に取り組んでいる企業等を「国土強靱化貢献団体」として第三者が認証する仕組みを運用している。大規模自然災害等に際しては、個々の企業等の自助のみならず、社会全体での共助を最大限機能させることが重要であることから、「国土強靱化貢献団体」のうち、社会貢献に積極的に取り組んでいる企業等を「国土強靱化貢献団体（＋共助）」として認証する仕組みを平成30年度に追加しており、令和5年3月末までに、計293団体（うち「＋共助」は188団体）が認証されている。また、民間企業等の国土強靱化に関する先導的な取組については、毎年「国土強靱化に資する民間の取組事例集」を取りまとめ、ホームページやSNSで紹介するなど、先導的取組の浸透を図っている（図表5-4-1）。

　さらに、国土強靱化に関する個人や地域での活動を広げていくため、一般の方を対象に「国土強靱化ワークショップ」を開催しており、令和4年度は計4回開催した。また、国土強靱化に関する官民の連携を促進するため、中小工業団地を対象としたモデル事業を実施するとともに、この官民連携に関するマニュアルを作成し公表した。さらに、令和5年1月に国土強靱化の普及啓発を図るシンポジウムを熊本県熊本市において開催した。

図表5-4-1	国土強靱化に関する民間の取組促進

【「国土強靱化貢献団体」認証制度】
事業継続に積極的に取り組む企業等を「国土強靱化貢献団体」として第三者が認証する仕組みを平成28年度に創設。
また、同団体のうち社会貢献に取り組む企業等を（＋共助）とする仕組みを追加。
☆認証団体：293団体（うち＋共助188団体）

レジリエンス認証
事業継続

レジリエンス認証
事業継続および社会貢献

【国土強靱化に資する民間の取組事例集】
これから国土強靱化に関する取組を行う方々の参考として、平成26年度より先導的な取組を収集し、毎年度、冊子やホームページで公表。
（累計756事例）

国土強靱化
民間の取組事例集

出典：内閣官房国土強靱化推進室ホームページ
（参照：https://www.cas.go.jp/jp/seisaku/kokudo_kyoujinka/torikumi_minkan.html）

（2）国土強靱化の広報・普及啓発活動の推進

国土強靱化の広報・普及啓発活動を推進するため、広報・普及啓発活動のあり方に関する検討会を設置し検討を進め、令和4年6月に国土強靱化広報・普及啓発活動戦略（参考：https://www.cas.go.jp/jp/seisaku/kokudo_kyoujinka/kouhou.html）を策定した。当該戦略では、これまでの取組における課題を検証・分析の上、改善の方向性を示し、広報・普及啓発の基本方針として、（ア）国土強靱化の理念や具体的な効果等のわかりやすい発信、（イ）受け手の視点に立った情報発信・適切な媒体の活用、（ウ）関係機関による主体的・積極的な取組と一層の連携や、内閣官房や関係府省庁等の今後の取組を掲げている。これを踏まえ、内閣官房等において、国土強靱化の更なる広報・普及啓発活動に取り組むこととしている。

その一環として、国土強靱化の取組が災害時に効果を発揮した事例等について取りまとめ、情報発信を行った（図表5-4-2）。

図表5-4-2　防災・減災、国土強靱化の効果発揮事例

国道7号　排水施設等に関する緊急対策（青森県青森市(あおもり)(あおもり)）

3か年緊急対策
災害時の効果発揮事例
国土強靱化
NATIONAL RESILIENCE

効果概要：平成25年台風18号では、24時間雨量約136mmの大雨に伴う道路冠水により約2時間の通行止めが発生。3か年緊急対策として排水施設の補修を実施した結果、令和4年8月の大雨では平成25年台風18号を上回る24時間雨量約145mmの大雨を観測したが、大雨による道路冠水が生じることなく、交通機能を確保。
府省庁名：国土交通省

■ 実施主体：国土交通省　東北地方整備局
■ 対策の概要及び事業費

【対策内容】

路線	対策内容	事業費	対策期間
国道7号	排水構造物工	約3億円	H30～R1

※青森県 国道7号 維持管理における、3か年緊急対策事業費（冠水）の総額

【位置図】

青森県
事業箇所
至 岩手県
今回対策箇所
被災事例
至 秋田県
㊫ H25.9被災箇所
3か年緊急対策

<被災事例>

平成25年台風18号による被災（道路冠水）

冠水対策

令和元年12月対策完了

路面排水の呑口を増やした対策

【平成25年台風18号における効果】

平成25年台風18号
24時間雨量：約136mm

・大雨に伴う道路冠水により、約2時間の通行止めが発生

令和4年8月大雨
24時間雨量：約145mm

・冠水なし（通行止めなし）

五ヶ瀬川(ごかせ)直轄河川改修事業（宮崎県延岡市(のべおか)）

5か年加速化対策
3か年緊急対策
災害時の効果発揮事例
国土強靱化
NATIONAL RESILIENCE

　5か年加速化対策や3か年緊急対策等による築堤や河道掘削の実施、星山ダム等の上流3ダムによる事前放流等により、令和4年9月台風14号において、五ヶ瀬川及び大瀬川からの越水を回避し、浸水被害を防止。

■実施主体：国土交通省九州地方整備局
■対策の概要及び事業費

主な事業	対策内容	事業費	対策期間
河川改修事業	築堤、河道掘削	約352億円	H17～R4
うち3か年緊急対策	河道掘削	約6億円	H30～R2
うち5か年加速化対策	築堤、河道掘削	約12億円	R2～R3

水位低減効果

延岡市古川町地先

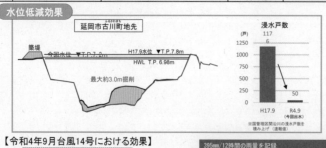

築堤
今回水位 ▼T.P.7.2m
H17.9水位 ▼T.P.7.8m
HWL T.P.6.98m
最大約3.0m掘削

浸水戸数
（戸）
1250
1000
750
500
250
0
117
6
50
H17.9　R4.9（今回出水）
※国管理区間沿川の浸水戸数を積み上げ（速報値）

延岡市北町地区（五ヶ瀬川3.6k付近）
整備前（平成17年度撮影）

板田橋
河川敷駐車場（延岡市）
五ヶ瀬川

整備後（令和4年度撮影）

板田橋
五ヶ瀬川

【令和4年9月台風14号における効果】

未整備の場合
河道掘削、堤防整備やダムによる事前放流が行われなかった場合、外水氾濫により、延岡市の中心市街地で浸水するなどの被害が想定された

395mm/12時間の雨量を記録
（観測史上第1位）　※日之影雨量観測所

外水氾濫による被害なし

※本資料の数値はR4.12時点の速報値であり、今後の精査等により変更となる場合がある。

出典：内閣官房国土強靱化推進室ホームページ
　　　（参照：https://www.cas.go.jp/jp/seisaku/kokudo_kyoujinka/kouhou/koukahakkijirei.html）

第1部　我が国の災害対策の取組の状況等

5-5　国土強靱化基本計画の見直し

　現在の国土強靱化基本計画（以下本節において「基本計画」という。）は「『国家百年の大計』の国づくりとして、千年の時をも見据えながら行っていくことが必要」（基本計画第1章）との理念の下、国土強靱化に関する施策の総合的かつ計画的な推進を図るための基本的な計画として、施策の策定に係る基本的な指針等を定めている。また同時に「今後の国土強靱化を取り巻く社会経済情勢等の変化や、国土強靱化の施策の推進状況等を考慮し、おおむね5年ごとに計画内容の見直しを行うこととする」（基本計画第4章）とも定めている。平成30年12月に変更された現在の基本計画に対し、令和4年10月に開催した第15回国土強靱化推進本部において、本部長である岸田内閣総理大臣から「現在取り組んでいる次期国土形成計画と一体として、令和5年夏を目途に改定すべく、取組を開始する」よう指示を受け、「ナショナル・レジリエンス懇談会」（以下本節において「懇談会」という。）において同計画の見直しについて検討に着手した。

　懇談会ではこれまでの国土強靱化に関する取組のほか、国土強靱化の理念に関することや、近年の社会情勢の変化や災害からの知見、懇談会の下に設置された「事前防災・複合防災ワーキンググループ」の提言（令和3年5月）等を踏まえ、国土強靱化の取組を一層推進していくため、地域計画、年次計画、民間の取組の活性化、各種対策等の国土強靱化の計画等の体系の在り方等、今後の国土強靱化の在り方全般について議論を行うとともに、最新の科学的知見に基づく脆弱性評価（「起きてはならない最悪の事態」に至るプロセスの分析と施策の進捗状況の評価により、国土強靱化を推進する上で必要となる事項を整理するもの。）を実施し、今後、これらの議論を踏まえ基本計画の見直しを進めていくこととしている。

第2章 原子力災害に係る施策の取組状況

第1節 原子力防災体制について

1-1 平時の原子力防災体制

　原子力災害対策に係る施策は、万が一の被害が甚大かつ広範囲にわたるため、政府全体が一体的に取り組み、これを推進することが必要である。このため、平時から政府全体の原子力防災対策を推進するための機関として、内閣に「原子力防災会議」が設置されている。同会議の主な役割は、内閣府を始めとする関係省庁と関係地方公共団体等が参加する各地域の地域原子力防災協議会において、原子力災害対策指針等に照らし、具体的かつ合理的なものであることを確認した地域の緊急時対応について、了承することである。この原子力防災会議の議長には内閣総理大臣、副議長には内閣官房長官、環境大臣、内閣府特命担当大臣（原子力防災）及び原子力規制委員会委員長等を、議員には全ての国務大臣及び内閣危機管理監等を充てている（図表1-1-1）。

図表1-1-1　平時・緊急時における原子力防災体制

平時・緊急時における原子力防災体制

原子力防災会議 ※常設　（原子力基本法 第三条の三）

○原子力災害対策指針に基づく施策の実施の推進等、原子力防災に関する平時の総合調整
○事故後の長期にわたる取組の総合調整

【会議の構成】
議長：　内閣総理大臣
副議長：内閣官房長官、環境大臣、
　　　　内閣府特命担当大臣（原子力防災）
　　　　原子力規制委員会委員長　等
議員：　全ての国務大臣、内閣府副大臣・政務官、内閣危機管理監等

【事務局体制】
事務局長：環境大臣
事務局次長：内閣府政策統括官（原子力防災担当）
　　　　　　水・大気環境局長

原子力災害対策本部 ※原子力緊急事態宣言をしたときに臨時に設置　（原子力災害対策特別措置法 第十六条）

○原子力緊急事態に係る緊急事態応急対策・原子力災害事後対策の総合調整

【会議の構成】
本部長：　　内閣総理大臣
副本部長：　内閣官房長官、環境大臣、
　　　　　　内閣府特命担当大臣（原子力防災）、
　　　　　　原子力規制委員会委員長　等
本部員：　　全ての国務大臣、内閣危機管理監
　　　　　　その他内閣総理大臣が任命する者：内閣府副大臣・政務官等

【事務局体制】
事務局長：　　内閣府政策統括官（原子力防災担当）
事務局長代理：原子力規制庁長官、内閣府大臣官房審議官（原子力防災担当）
事務局次長：　内閣官房危機管理審議官、内閣府大臣官房審議官（防災担当）

(注1) 原子力防災を担当する内閣府副大臣若しくは大臣政務官（環境副大臣・政務官が併任）が現地対策本部長となる。
(注2) 必要に応じ原子力防災担当以外の環境副大臣・政務官も任命

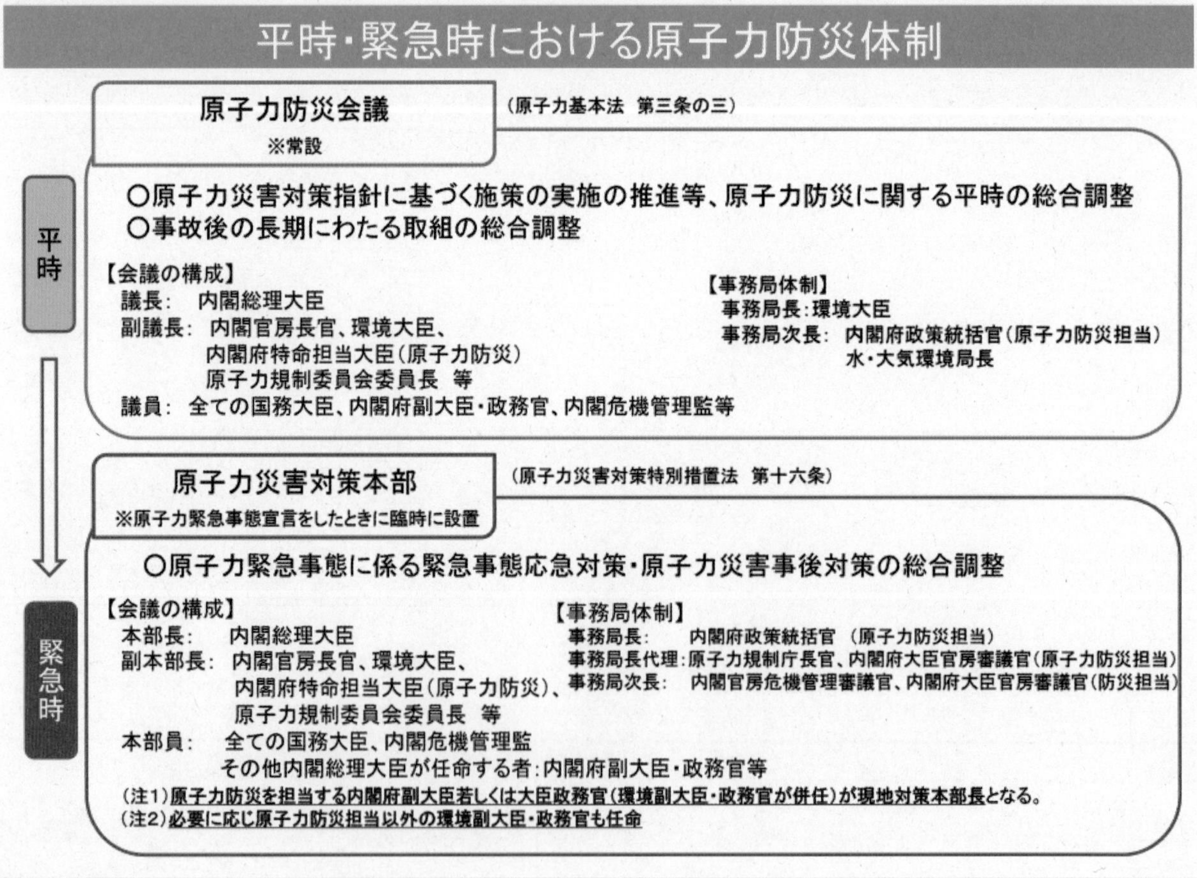

出典：内閣府資料

1-2　緊急時の原子力防災体制

　万が一大量の放射性物質等の放出により原子力緊急事態が発生した場合は、「原子力災害対策本部」が設置される。同本部の主な役割は、実際の現場や被害の状況を把握し、その状況に即した緊急事態応急対策等を的確かつ迅速に実施するため、国の関係機関や地方公共団体等との総合調整等を行うことである。また、同本部の本部長には内閣総理大臣、副本部長には内閣官房長官、環境大臣、内閣府特命担当大臣（原子力防災）及び原子力規制委員会委員長等を、本部員には全ての国務大臣及び内閣危機管理監等を充てている（図表1-1-1）。

　同本部における役割分担については、技術的・専門的事項の判断は原子力規制委員会が一義的に担い、原子力施設への対応に必要な機材調達や施設外（オフサイト）対応全般は本部長（内閣総理大臣）指示に基づき、関係省庁が対応することとなっている。同本部の事務局は、平成26年10月14日に発足した内閣府政策統括官（原子力防災担当）が担うこととなる。

　また、複合災害時に関しては、平成27年7月に防災基本計画を修正し、自然災害に対応する「緊急災害対策本部」又は「非常災害対策本部」（令和3年5月の災害対策基本法改正以降は「特定災害対策本部」を含む。）と原子力災害に対応する「原子力災害対策本部」の両本部が一元的に情報収集、意思決定、指示・調整を行うことができる連携体制を整えることとし、複合災害発生時の体制を強化している（図表1-2-1、図表1-2-2）。

図表1-2-1　原子力緊急事態時の危機管理体制

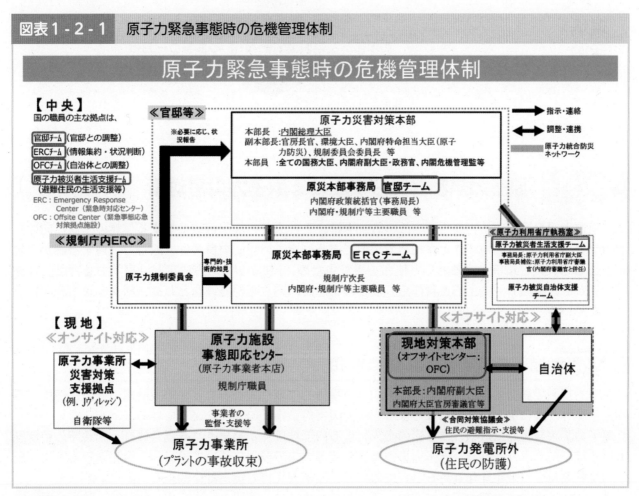

出典：内閣府資料

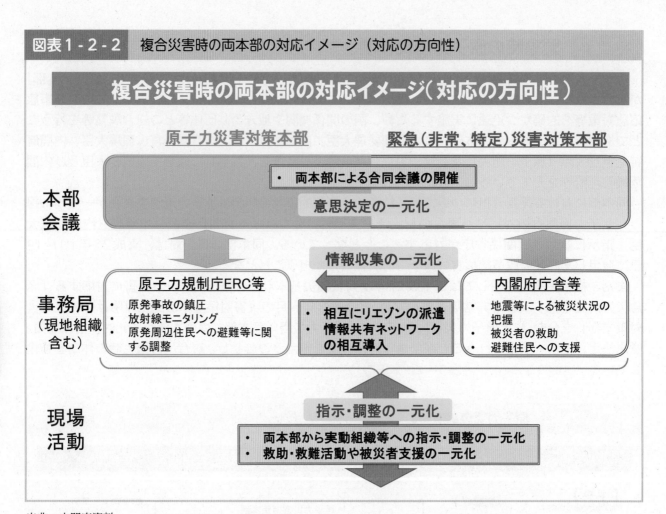

図表1-2-2 複合災害時の両本部の対応イメージ（対応の方向性）

複合災害時の両本部の対応イメージ（対応の方向性）

原子力災害対策本部　　　　　緊急（非常、特定）災害対策本部

本部会議
- 両本部による合同会議の開催

意思決定の一元化

事務局（現地組織含む）

情報収集の一元化

原子力規制庁ERC等
- 原発事故の鎮圧
- 放射線モニタリング
- 原発周辺住民への避難等に関する調整

- 相互にリエゾンの派遣
- 情報共有ネットワークの相互導入

内閣府庁舎等
- 地震等による被災状況の把握
- 被災者の救助
- 避難住民への支援

現場活動

指示・調整の一元化
- 両本部から実動組織等への指示・調整の一元化
- 救助・救難活動や被災者支援の一元化

出典：内閣府資料

第2節　原子力規制委員会における原子力災害対策

　東京電力福島第一原子力発電所事故の教訓を踏まえ、原子力規制行政に対する信頼の確保に向けた取組を継続的に行っていくことが極めて重要である。原子力規制委員会は、原子力に対する確かな規制を通じて、人と環境を守るという使命を果たすため、「独立した意思決定」、「実効ある行動」、「透明で開かれた組織」、「向上心と責任感」及び「緊急時即応」を組織理念として、様々な政策課題に取り組んでいる。

2-1　原子力災害対策に係る取組

　原子力規制委員会では、最新の国際的知見を積極的に取り入れるなど、防災計画の立案に使用する判断基準等が常に最適なものになるよう原子力災害対策指針の充実を図っている。

　原子力災害発生時に放射性ヨウ素の吸入による内部被ばくが懸念される場合に行う緊急時の甲状腺被ばく線量モニタリング及び原子力災害拠点病院等の施設要件について検討し、令和4年度第1回原子力規制委員会（令和4年4月6日）において、原子力災害対策指針を改正した。

　また、原子力災害対策の円滑な実施を確保するためには、住民のみならず、住民等の防護措置の実施を支援する防災業務関係者に対しても適切な放射線防護対策を講じ、安全を確保することが不可欠であることから、防災業務関係者に対する放射線防護対策の充実等を図るため、令和4年度第21回原子力規制委員会（令和4年7月6日）で原子力災害対策指針を改正した。

　（参照：https://www.nra.go.jp/data/000396853.pdf）

さらに、原子力災害時における医療体制の更なる強化に向けて、令和4年度第81回原子力規制委員会（令和5年3月8日）で、福井大学を令和5年4月1日付けで高度被ばく医療支援センターに指定することを決定した。

2-2 緊急時対応への取組

原子力規制委員会は、原子力災害等が発生した場合に備えた各種訓練の実施や参加を通して原子力防災業務に携わる職員の能力向上や原子力防災体制等の課題の抽出・改善等を継続的に行っている。

令和4年度は、緊急時対応能力向上のため、原子力規制委員会委員長、委員及び原子力規制庁幹部といった緊急時に意思決定を担う者を中心に緊急時対応の机上訓練（3回）等を実施するとともに、一部の原子力事業者防災訓練には、原子力規制委員会委員長等が参加した。

また、原子力事業者防災訓練に連接した訓練を実施し、原子力規制庁緊急時対応センター（ERC）プラント班と原子力事業者の原子力施設事態即応センターの間のより円滑な情報共有の在り方を追求した。さらに、オフサイト側の機能班等も原子力事業者防災訓練と連接した訓練を2回実施した。

加えて、令和4年度原子力事業者防災訓練報告会において、実用発電用原子炉施設及び核燃料施設等について、事業所ごとに実施された原子力事業者防災訓練に対する評価結果を報告した。また、同報告会の下で開催した訓練シナリオ開発ワーキンググループ（https://www.nra.go.jp/disclosure/committee/yuushikisya/bousai_kunren/index.html）で検討した訓練シナリオに基づき、発電所の緊急時対策所や中央制御室の指揮者の判断能力向上のための訓練及び現場の対応力向上のための訓練を実施している。令和4年度には、令和2年度及び令和3年度に作成した訓練シナリオに基づき、8原子力事業者及び10原子力事業者で指揮者の判断能力向上のための訓練を実施した。また、令和3年度に作成した訓練シナリオに基づき、14原子力事業者で現場の対応能力向上のための訓練を実施した。さらに、これらの訓練成果を踏まえて、令和4年度の訓練シナリオの作成に着手した。

2-3 緊急時モニタリングに係る取組

原子力規制委員会は、原子力災害対策指針に基づく実効性のある緊急時モニタリングを行うため、「緊急時モニタリングセンター」を全ての原子力施設立地地域に整備している。また、各地域の緊急時モニタリングセンターについては、原子力災害時に確実に機能するよう、必要な資機材等の維持管理を行っている。さらに、原子力規制事務所への放射線モニタリング担当職員の配置等により、緊急時モニタリング体制の充実・強化を図っている。原子力災害発生時における緊急時モニタリング結果の集約、関係者間での共有及び迅速な公表を目的とした「放射線モニタリング情報共有・公表システム」については、緊急時における国民への情報伝達の円滑化に資するため、平常時からモニタリング情報の公表を行っている。

2-4 事故・故障等

「核原料物質、核燃料物質及び原子炉の規制に関する法律」（昭和32年法律第166号）では原子力事業者等に対し、「放射性同位元素等の規制に関する法律」（昭和32年法律第167号）では許可届出使用者等に対して、発生した事故・故障等を原子力規制委員会に報告することを義務付けており、令和4年度に受けた報告は、「核原料物質、核燃料物質及び原子炉の規制に関する法律」に基づく原子力事業者等から3件、「放射性同位元素等の規制に関する法律」に基づく許可届出使用者等から5件となっている。

地域の原子力防災体制の充実・強化

3-1 **地域防災計画・避難計画の策定と支援**

　地方公共団体は、「災害対策基本法」に基づき地域防災計画（原子力災害対策編）（以下本章において「地域防災計画」という。）を作成し、都道府県及び市町村が原子力災害対応においてとるべき基本的な対応を定めることとなっている。

　現在、防災基本計画及び原子力災害対策指針に基づき、原子力発電所から概ね30km圏内の関係地方公共団体において地域防災計画が策定されている（**図表3-1-1**）。地域防災計画は、内容の具体化や充実化が重要であり、避難計画や要配慮者対策の具体化等を進めるに当たって、地方公共団体のみでは解決が困難な対策について国が積極的に支援することとしている。

| 図表3-1-1 | 地域防災計画・避難計画の策定状況（令和5年3月31日現在） |

	対象市町村	地域防災計画策定数	避難計画策定数
泊地域	13	13	13
東通地域	5	5	5
女川地域	7	7	7
福島地域	13	13	12
柏崎刈羽地域	9	9	9
東海第二地域	14	14	5
浜岡地域	11	11	11
志賀地域	9	9	9
福井エリア	23	23	23
島根地域	6	6	6
伊方地域	8	8	8
玄海地域	8	8	8
川内地域	9	9	9
13地域計	135	135	125

出典：内閣府資料

　原子力防災体制の構築・充実については、道路整備等による避難経路の確保等を含め、政府全体が一体的に取り組み、これを推進することとしている。

　内閣府は、「地域防災計画の充実に向けた今後の対応」（平成25年9月原子力防災会議決定）に基づき、道府県や市町村が作成する地域防災計画及び避難計画の具体化・充実化を支援するため、平成27年3月に原子力発電所の所在する地域ごとに課題を解決するためのワーキングチームとして「地域原子力防災協議会」（以下「協議会」という。）を設置し、その下に作業部会を置いた。各地域の作業部会では、避難計画の策定支援や広域調整、国の実動組織の支援等について検討し、国と関係地方公共団体が一体となって地域防災計画及び避難計画の具体化・充実化に取り組んでいる（**図表3-1-2**）。

第1部 我が国の災害対策の取組の状況等

| 図表3-1-2 | 地域防災計画・避難計画の策定と支援体制 |

地域防災計画・避難計画の策定と支援体制

出典：内閣府資料

　原子力防災体制の具体化・充実化については、地域ごとに内閣府が設置する協議会において、関係地方公共団体の地域防災計画及び避難計画を含む地域毎の「緊急時対応」を取りまとめ、それが原子力災害対策指針等に照らして、具体的かつ合理的なものであることを、協議会に参加している関係省庁、関係地方公共団体、関係機関の各主体が確認している。また、協議会において確認された緊急時対応については、内閣総理大臣を議長とし、全閣僚及び原子力規制委員長等から構成される原子力防災会議に報告され、了承を得ている。緊急時対応の確認とこれら計画等に基づく各地域の原子力防災体制の具体化・充実化の支援（Plan）に加え、これら計画に基づく訓練の実施（Do）、訓練結果からの反省点の抽出（Check）、これら反省点を踏まえた地域ごとの計画等の改善（Action）を図るというPDCAサイクルを導入し、内閣府及び関係地方公共団体等は、継続的に地域の原子力防災体制の充実・強化及び実効性の向上に努めている。

　各地域の「緊急時対応」について、令和4年度末時点では、対象となる全16地域のうち、9つの地域において取りまとめられ、その内容が確認されている（図表3-1-3）。

図表3-1-3　「緊急時対応」の取りまとめ状況

「緊急時対応」の取りまとめ状況

➢ これまで、各地域ごとに設置された地域原子力防災協議会において、川内地域、伊方地域、高浜地域、泊地域、玄海地域、大飯地域、女川地域、美浜地域、島根地域の「緊急時対応」を取りまとめた（9地域）。今後も、各地域の訓練結果から教訓事項を抽出し、「緊急時対応」のさらなる充実・強化に取り組む。
➢ 他の地域についても今後さらに自治体との連携を強化し、「緊急時対応」の取りまとめに向け、検討を進めていく。

　　　　…「緊急時対応」が取りまとめられた地域

赤字…地域原子力防災協議会の開催年月
青字…原子力防災会議の開催年月

泊地域
平成28年9月
（平成28年10月）
平成29年12月改定
令和2年12月改定

東通地域

柏崎刈羽地域

女川地域
令和2年3月
令和2年6月改定（令和2年6月）

福井エリア

高浜地域	大飯地域	美浜地域	敦賀地域
平成27年12月	平成29年10月	令和3年1月	
（平成27年12月）	（平成29年10月）	（令和3年1月）	
平成29年10月改定	令和2年7月改定		
令和2年7月改定			

志賀地域

福島地域

島根地域
令和3年7月
（令和3年9月）

玄海地域
平成28年11月（平成28年12月）
平成31年1月改定
令和3年7月改定

東海第二地域

川内地域
平成26年9月（平成26年9月）
平成30年3月改定
令和3年7月改定

伊方地域
平成27年8月（平成27年10月）
平成28年7月改定
平成31年2月改定
令和2年12月改定

浜岡地域

出典：内閣府資料

　なお、福井エリアについては、敦賀、美浜、大飯、高浜の各地域に分科会を設置し、各地域に特化して具体的に解決すべき課題について検討することとしている。

3-2　その他の関係道府県への支援・取組

（1）安定ヨウ素剤の備蓄・配布

　放射性ヨウ素による甲状腺の内部被ばくの予防又は低減をするために服用する安定ヨウ素剤は、ＰＡＺ（Precautionary Action Zone：予防的防護措置を準備する区域）・ＵＰＺ（Urgent Protective Action Planning Zone：緊急防護措置を準備する区域）内において、国の財政支援の下、地方公共団体が備蓄や事前配布を行っている。ＵＰＺ外の住民に対する安定ヨウ素剤については、内閣府が備蓄を行っている。

　緊急配布による安定ヨウ素剤の受取の負担を考慮すると、事前配布によって避難等が一層円滑になると想定されるＵＰＺ内住民に対し、適切に事前配布の運用が図られるよう地方公共団体を支援している。また、原子力災害対策指針及び「安定ヨウ素剤の配布・服用に当たって」に沿った医師による説明会の遠隔開催を、令和2年度より新型コロナウイルス感染症流行への対応として時限的・特例的に推進している。

（2）オフサイトセンターの指定

　「原子力災害対策特別措置法」（平成11年法律第156号）第12条第1項に基づき、内閣総理大臣は、原子力事業所ごとに緊急事態応急対策等拠点施設（オフサイトセンター）を指定することとなってい

る（図表3-2-1）。

　オフサイトセンターの満たすべき要件は、「原子力災害対策特別措置法」に基づく緊急事態応急対策等拠点施設等に関する内閣府令で定められているが、東京電力福島第一原子力発電所事故の教訓等を踏まえ、平成24年9月に実用発電用原子炉に係るオフサイトセンターは、その立地場所について、基本的に5～30km圏内（UPZ内）とする等の改正を行っている。その後、平成29年3月に原子力規制委員会が原子力災害対策指針を改正し、核燃料施設等に係る原子力災害対策重点区域の範囲等について設定を行ったことを踏まえ、令和元年8月に核燃料施設等に係るオフサイトセンターが満たすべき要件について発電用原子炉施設と基本的に同等の要件に改正した。現在、全国で23施設のオフサイトセンターが設置されている。

図表3-2-1	全国のオフサイトセンター

出典：内閣府資料

（3）新型コロナウイルス感染拡大を踏まえた感染症の流行下での原子力災害時における防護措置

　新型コロナウイルス感染拡大を踏まえた感染症の流行下での原子力災害における防護措置については、住民等の被ばくによるリスクとウイルスの感染拡大によるリスクの双方から、国民の生命・健康を守ることを最優先とすることが求められる。そのため、内閣府が令和2年6月2日に公表した「新型コロナウイルス感染拡大を踏まえた感染症の流行下での原子力災害時における防護措置の基本的な考え方について」に基づき、原子力災害時においては各地域の緊急時対応等に基づく防護措置と、「新型インフルエンザ等対策特別措置法」（平成24年法律第31号）に基づく行動計画等による感染防止対策を可能な限り両立させ、感染症流行下での原子力災害対策に万全を期すこととしている。加えて、令和2年11月2日に発出した「新型コロナウイルス感染拡大を踏まえた感染症の流行下での原子力災害時における防護措置の実施ガイドラインについて」により、新型コロナウイルス感染症の高齢者の重症化リスクを始めとする様々なリスクを勘案し、合理的に生命・健康を守るための防護措置

における考え方を示している。具体的には、

- ・避難所・避難車両等において、距離を保つ、マスク着用、手指消毒を徹底する等の感染対策を実施すること
- ・濃厚接触者、発熱・咳等のある者、それ以外の者を可能な限り分ける・隔離するなど、感染防止に努めること
- ・屋内退避等では、放射性物質による被ばくを避ける観点から、換気を行わないことを基本とすること。ただし、感染症対策の観点から、放射性物質の放出に注意しつつ、30分に1回程度、数分間の換気を行うよう努めること

等に基づき、現場の状況に応じた適切な対応を図り、各地域の実情に合わせた原子力災害対策が実施されている。

（参照：https://www8.cao.go.jp/genshiryoku_bousai/pdf/08_sonota_bougosochi.pdf
　　　　https://www8.cao.go.jp/genshiryoku_bousai/pdf/08_sonota_guidelines.pdf）

（4）避難の円滑化に向けた支援

　道路整備等による避難経路の確保など、原子力災害時における避難の円滑化は、地域住民の安全・安心の観点から重要であり、関係省庁が連携し政府全体が一体的に取り組むこととしている。

　内閣府（原子力防災担当）においては、避難経路における様々な阻害要因に関して、効果的・効率的な避難方法の改善についてモデルとなる経路を選定し、道府県の避難円滑化計画の作成、改善モデルの実証及びその成果の普及について支援を行ってきた。令和3年度からは、このモデル実証の結果を踏まえ、原子力発電施設等緊急時安全対策交付金に新たに緊急時避難円滑化事業を創設し、住民の円滑な避難又は一時移転を確保するための交通誘導対策等や地域防災計画に位置づけられた避難経路上の改善について支援を行っている。

3-3 地域の原子力防災体制に係る訓練や研修

（1）地方公共団体における原子力防災訓練への支援

　地方公共団体は、「災害対策基本法」等に基づき定期的に原子力防災訓練を実施することとなっている。道府県が主催する訓練では、例年、道府県知事を始めとする地方公共団体及び警察、消防、海上保安庁、自衛隊といった国や地域の関係実動組織が参加し、住民避難や避難退域時検査については、一部実動訓練を取り入れた形で実施されている（図表3-3-1）。

　各協議会においては、地域防災計画及び避難計画の具体化・充実化が図られた地域について、地域防災計画及び避難計画の具体性や実効性の検証を目的として、訓練の企画・実施や評価方法の普及、訓練を通じたPDCAサイクルの実践等、必要な支援を行っている。

　また、内閣府は平成30年3月に、道府県が主体となる訓練の企画、実施及び評価までの訓練全般における基本的な指針となる「原子力防災訓練の企画、実施及び評価のためのガイダンス」を策定しており、平成31年3月には同ガイダンスの改訂等を行った。さらに、同ガイダンスに沿って担当者が具体的に行うべき事項を記載した「原子力防災担当者のための訓練実務マニュアル」と併せて同ガイダンスを関係道府県に配布し、これらの普及を図っている。

（参照：https://www8.cao.go.jp/genshiryoku_bousai/kunren/kunren.html）

図表3-3-1　令和4年度における各地域での地方公共団体による原子力防災訓練の実施状況

地域	訓練名	日時
泊	北海道原子力防災総合訓練	令和4年10月31日、令和5年2月9日
東通	青森県原子力防災訓練	令和4年11月17日
女川	宮城県原子力防災訓練	令和4年10月29日、令和5年1月30日
福島	福島県原子力防災訓練	令和4年10月1日、令和5年1月27日
柏崎刈羽	新潟県原子力防災訓練	令和4年10月24日、10月25日、10月26日、10月29日、11月8日、令和5年2月8日
志賀	石川県原子力防災訓練	令和4年11月23日
	富山県原子力防災訓練	
福井	福井県原子力総合防災訓練	令和4年11月4日、11月5日、11月6日（※国等による令和4年度原子力総合防災訓練と連携）
	滋賀県原子力防災訓練	
	岐阜県原子力防災訓練	
	京都府原子力総合防災訓練	令和4年11月27日
浜岡	静岡県原子力防災訓練	令和5年1月31日、2月4日
島根	島根県原子力防災訓練	令和4年11月7日、11月12日
	鳥取県原子力防災訓練	
伊方	愛媛県原子力防災訓練	令和4年10月12日、令和5年2月2日
	山口県原子力防災訓練	令和4年10月12日
玄海	佐賀県原子力防災訓練	令和4年10月29日
	長崎県原子力防災訓練	令和4年10月29日、11月12日
	福岡県原子力防災訓練	令和4年10月29日
川内	鹿児島県原子力防災訓練	令和5年2月11日

出典：内閣府資料

（2）国や地方公共団体、実動組織等の職員への研修の実施
（国による研修事業）

　内閣府では、国や地方公共団体等の防災業務関係者に対し、原子力災害対策指針の防護措置の考え方について理解し、原子力災害時の対応力を向上させることを目的として、原子力災害対策要員研修及び原子力災害現地対策本部図上演習を実施した。

　また、防災業務関係者の中から中心的な役割を担う者等を対象に原子力災害時の事態進展に応じた国の本部運営等の理解を促すことを目的とした中核人材研修を実施するとともに、地方公共団体の防災業務関係者を対象に、原子力災害時の住民避難等を円滑に行うために必要な防護措置に関わる情報共有等の対応等の能力向上を目的とした実務人材研修を実施した。

　さらに、国の防災業務関係者を対象とし、放射線防護のために必要な基礎知識を習得することを目的として、原子力防災基礎研修を実施した。

①原子力災害対策要員研修

原子力災害に対応する国や地方公共団体等の防災業務関係者を対象とし、原子力防災に関する法令、原子力災害対策指針、東京電力福島第一原子力発電所事故から得られた教訓を踏まえた原子力防災に関する基礎知識を修得することを目的として、原子力災害対策要員研修を実施している。令和4年度においては、38回開催した。主な研修内容は、以下のとおりである。

- ・原子力防災関連法令の概要（座学）
- ・原子力災害対策指針に基づいた放射線防護の基本的な考え方（座学）
- ・東京電力福島原子力発電所事故の教訓（座学）　等

②原子力災害現地対策本部図上演習

原子力災害に対応する国や地方公共団体等の防災業務関係者を対象とし、緊急時の災害対応能力を習得すること、また、地方公共団体が策定する地域防災計画及び避難計画の検証及び改善を図ることを目的として、原子力災害現地対策本部図上演習を実施している。令和4年度においては13回開催した。主な研修内容は、以下のとおりである。

- ・緊急事態応急対策拠点施設における活動（座学）
- ・機能班別課題演習
- ・シナリオに基づいた図上演習　等

③中核人材育成研修

原子力災害に対応する国や地方公共団体等の防災業務関係者の中から中心的な役割を担う要員を対象に、原子力災害時に対応できるよう中核的役割を担う人材を育成するため、必要な知識の習得及び能力の向上を目的として中核人材育成研修を実施している。令和4年度においては、国、道府県及び市町村の要員に対してそれぞれ2回開催した。主な研修内容は、以下のとおりである。

- ・発電用原子炉における緊急事態（座学）
- ・原子力緊急事態と健康影響（座学）
- ・原子力緊急事態における防護措置（座学）
- ・原子力災害における事態進展に応じた対応の流れ（座学）
- ・図上演習

④実務人材研修

a．避難退域時検査等の対応

避難退域時検査、簡易除染の実施計画等を担当する地方公共団体等職員を対象とし、避難退域時検査の具体的計画、マニュアル等の作成担当者や検査場における責任者となる人材を育成することを目的として、実務人材研修を実施している。令和4年度においては4回開催した。主な研修内容は、以下のとおりである。

- ・避難退域時検査の基本的考え方等（座学）
- ・避難退域時検査の計画策定及び運営に関する演習　等

b．バスによる避難等の対応

バスによる避難計画等を担当する地方公共団体等の職員を対象とし、バスによる避難等の対応の具体的計画及びマニュアル等を作成できる人材を育成することを目的として、実務人材研修を実施している。令和4年度においては4回実施した。主な研修内容は、以下のとおりである。

- ・住民の避難バスの確保・手配業務に関わる業務手順と事前の準備等（座学）
- ・各道府県及び各市町村のバス等による住民避難に関する準備状況の共有、課題の抽出と改善の検討

c. 防護措置の状況等の共有等の対応

「防護措置の状況等」に係る情報の取りまとめ・共有等を担当する地方公共団体等職員を対象とし、各事態における防護措置を具体的に進めるために必要な被災状況等の把握方法、関係者間での情報共有等の実施方法について理解することを目的として、実務人材研修を実施している。令和4年度においては2回実施した。主な研修内容は、以下のとおりである。

・「防護措置の状況等の共有等」に必要な情報の取りまとめ・共有等の運用について（座学）
・各事態における確認すべき事項の整理、確認方法等に係る検討

（地方公共団体による研修事業）

防災業務関係者研修及び原子力防災基礎研修は、各道府県が主体的に企画・実施し、必要に応じて内閣府が支援した。

①防災業務関係者研修

防災業務関係者研修は、原子力災害時に住民防護活動を行う民間事業者等を対象として、放射線防護のために必要な基礎知識、住民防護の基本的考え方及び住民防護活動の流れ等を習得することを目的として実施した。

②原子力防災基礎研修

原子力防災基礎研修は、原子力災害に対応する地方公共団体等の防災業務関係者を対象として、放射線防護のために必要な基礎知識を習得することを目的として実施した。

講義の様子 -(原子力災害対策要員研修)

模擬訓練の様子（原子力災害現地対策本部図上演習）

課題演習の様子（中核人材育成研修）

実習の様子（実務人材研修）

3-4 国際的な連携強化

オフサイトの原子力防災に関しては、国際原子力機関（ＩＡＥＡ）等の国際機関や諸外国においても様々な取組が行われており、我が国の原子力防災の水準の向上のためにも、その先進的な知見を取

り入れて行くことが必要である。

　このため、各国の原子力防災を担当する部局と連携体制を強化して定期的な意見交換を行うとともに、訓練に相互招待する等により、原子力防災に関する国際的な知見・経験の共有等を推進することや、オフサイトの原子力防災に関するＩＡＥＡの基準等や主要な原子力発電利用国の制度・運用の調査等を行った。

（1）原子力防災体制に係る二国間協力
①アメリカ合衆国（米国）との協力

　平成24年に設置された「民生用原子力協力に関する日米二国間委員会」の下に設置された、「緊急事態管理ワーキンググループ（EMWG：Emergency Management Working Group)」の枠組みに基づき、米国エネルギー省（ＤＯＥ：Department of Energy）や米国連邦緊急事態管理庁（ＦＥＭＡ：Federal Emergency Management Agency)、米国原子力規制委員会（ＮＲＣ：Nuclear Regulatory Commission）等の米国の関係機関との定期的な意見交換や訓練の相互招待を通じて原子力防災体制に係る連携を深めている。令和4年度は感染症流行下における防護措置や訓練、専門人材育成についてのオンラインによる局長級会合を1回、技術意見交換会合を1回開催した。

②フランス共和国（仏国）との協力

　平成27年に、内閣府大臣政務官と仏国内務省国民安全・危機管理総局長との間で締結した「原子力事故に係る緊急事態管理分野での協力に関する覚書」に基づき、訓練の相互招待や、令和元年に開始された「原子力事故発生時の緊急事態・管理分野における協力委員会」の定期的な開催を通じ、原子力防災体制の連携を深めている。令和4年度は我が国の原子力総合防災訓練にフランス側を招待し、現地での防災活動の紹介や在日フランス人への事故時の情報提供について意見交換を行った。

③訓練視察への招待

　原子力総合防災訓練においては、前述の米仏を始め、諸外国や国際機関を対象として訓練の視察を受け入れている。令和4年11月4日から6日に実施した、関西電力株式会社美浜発電所（以下「美浜発電所」という。）を対象とした原子力総合防災訓練では、7ヶ国及び地域の原子力防災関係機関等から28名の視察者を受け入れた。本視察では、事前説明会や意見交換会を含め3日間にわたり現地に滞在した。また、訓練終了後には、原子力総合防災訓練や緊急時における体制等について海外の原子力防災訓練視察者との意見交換を行った。

（2）国際機関との連携、海外の動向調査

　国際原子力機関（ＩＡＥＡ）や経済協力開発機構原子力機関（ＯＥＣＤ／ＮＥＡ）との協力・情報交換も積極的に行っている。ＩＡＥＡについては、オフサイトの原子力防災に関する基準作成への協力や情報収集のため、定例の「原子力防災に係る基準委員会（ＥＰＲｅＳＣ：Emergency Preparedness and Response Standards Committee)」に出席するとともに、各種の情報交換や人材育成活動に協力している。ＯＥＣＤ／ＮＥＡが開催する「原子力緊急事態作業部会（ＷＰＮＥＭ：Working Party on Nuclear Emergency Matters)」等の原子力防災に関係する会議においては、主要な原子力発電利用国の原子力防災に関する制度・運用等について情報交換している。

第4節　令和4年度原子力総合防災訓練

4-1　実施概要

（1）位置付け及び目的

　原子力総合防災訓練は、原子力災害発生時の対応体制を検証すること等を目的として、「原子力災害対策特別措置法」に基づき、原子力緊急事態を想定し、国、地方公共団体、原子力事業者等が合同で実施する訓練であり、令和4年度原子力総合防災訓練は以下を目的として実施した。

　（参照：https://www8.cao.go.jp/genshiryoku_bousai/kunren/kunren.html）

・国、地方公共団体及び原子力事業者における防災体制や関係機関における協力体制の実効性の確認

・原子力緊急事態における中央と現地の体制やマニュアルに定められた手順の確認

・「美浜地域の緊急時対応」に定められた避難計画の検証（**図表4-1-1**）

・訓練結果を踏まえた教訓事項の抽出、緊急時対応等の検討

・原子力災害対策に係る要員の技能の習熟及び原子力防災に関する住民理解の促進

図表4-1-1　美浜地域の原子力災害対策重点地域

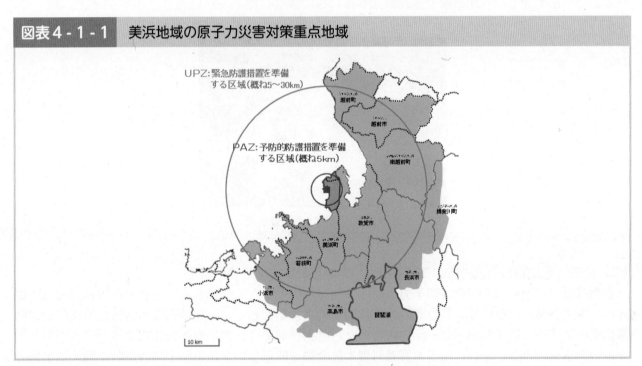

出典：国土地理院ホームページ（http://maps.gsi.go.jp/#9/35.795538/136.051941）
　　　「白地図」国土地理院（http://maps.gsi.go.jp/#10/35.703032/135.964050）を基に内閣府（原子力防災）作成

（2）実施時期及び対象となる発電所

　美浜発電所を対象として、令和4年11月4日から6日に実施した。

（3）参加機関等

・政府機関：内閣官房、内閣府、原子力規制委員会ほか関係省庁

・地方公共団体：福井県、美浜町、敦賀市、若狭町、小浜市、南越前町、越前市、越前町、滋賀県、長浜市、高島市、岐阜県、揖斐川町　ほか

・事業者：関西電力株式会社

・関係機関：量子科学技術研究開発機構、日本原子力研究開発機構　等

（4）事故想定

　福井県嶺南を震源とした地震が発生する。これにより運転中の美浜発電所3号機は緊急停止する。さらには、原子炉冷却材の漏えいが発生するとともに、設備の故障が重なり、蒸気発生器冷却機能、原子炉注水機能を喪失する事象が発生し、施設敷地緊急事態、全面緊急事態に至る。

（5）訓練内容

　訓練目的を踏まえ、事態の進展に応じて、初動対応に係る訓練から全面緊急事態を受けた実動訓練まで、事項に示す3項目を重点項目として実施した。

4-2　訓練実績の概要

（1）迅速な初動体制の確立

　国、地方公共団体及び原子力事業者において、それぞれの初動体制の確立に向け、要員の参集及び現状把握を行い、テレビ会議システム等を活用し、関係機関相互の情報共有を図った。また、内閣府副大臣、国の職員及び専門家を、緊急事態応急対策等拠点施設（美浜オフサイトセンター）、原子力施設事態即応センター（関西電力株式会社本社）等に派遣した。

現地参集要員による活動状況

（2）中央と現地組織の連携による防護措置の実施方針等に係る意思決定

　首相官邸、内閣府本府庁舎、原子力規制庁緊急時対応センター、緊急事態応急対策等拠点施設、福井県庁等の各拠点において、緊急時の対応体制を確立するとともに、現地組織も含めた情報共有、防護措置の実施等に関する調整を一元的に行った。首相官邸では、内閣総理大臣による原子力緊急事態宣言の発出を行うとともに、原子力災害対策本部会議を開催し、緊急事態応急対策等に関する実施方針の決定を行った。

岸田内閣総理大臣と関係閣僚の参加による原子力災害対策本部会議（首相官邸）での訓練

（3）県内外への住民避難、屋内退避等

施設敷地緊急事態及び全面緊急事態を受けて、防衛省・自衛隊等実働省庁、民間輸送機関等の支援を受けつつ、予防的防護措置を準備する区域（ＰＡＺ）内の住民避難を行った。また、緊急防護措置を準備する区域（ＵＰＺ）内の住民について屋内退避を実施するとともに、屋内退避の意義等の理解促進を図った。

また、放射性物質の放出を想定し、運用上の介入レベル（ＯＩＬ）の基準に基づき、ＯＩＬ2の基準を超過したことに伴い、ＵＰＺ内の一部地域の住民について一時移転、避難退域時検査等を行う訓練を実施した。

住民避難訓練

4-3 訓練後の取組

今回の訓練で得られた教訓を踏まえ、今後実施する訓練内容の充実、各種計画・マニュアル等の改善など、原子力防災体制等の継続的な改善に努めていく。また、地域原子力防災協議会などにおける、「美浜地域の緊急時対応」の改善に向けた検討にも活かしていく。

第2部

令和3年度において防災に関してとった措置の概況

概　要

❶　法令の整備等

　「災害対策基本法等の一部を改正する法律」（令和3年法律第30号）、「特定都市河川浸水被害対策法等の一部を改正する法律」（令和3年法律第31号）、「海上交通安全法等の一部を改正する法律」（令和3年法律第53号）等の法令が制定された。

❷　科学技術の研究

　地震、津波、風水害、火山、雪害、火災、危険物災害、原子力災害等に関する調査研究等を推進した。

❸　災害予防

　公的機関職員及び一般国民向けに各種の教育訓練の実施、官民における防災施設の整備、公的機関における防災体制や災害対応に係る整備、学校施設等の建築物の耐震化を推進した。また、災害に強い地域づくりなどを実施した。

❹　国土保全

　防災上緊急を要する地域に重点を置き、治水事業、治山事業、地すべり対策事業、急傾斜地崩壊対策事業、海岸事業、農地防災事業、地盤沈下対策事業、下水道における浸水対策事業等を実施した。

❺　災害復旧等

（1）災害応急対策
　令和3年度に発生した災害に対して、被害情報の収集、職員の派遣、「災害救助法」（昭和22年法律第118号）の適用、激甚災害の指定等、各種援助措置を講じた。

（2）災害復旧事業
　公共土木施設災害復旧事業及び農林水産業施設災害復旧事業等について実施した。

（3）財政金融措置
　株式会社日本政策金融公庫等からの融資、地方公共団体への財政融資資金からの貸付、災害保険金の支払い、地方交付税及び地方債による措置等、財政金融上の措置を講じた。

（4）災害復興対策
　東日本大震災を始めとする災害に対して、農林水産業分野や国土交通分野等において復興対策等を実施した。

❻　国際防災協力

　我が国で平成27年3月に開催された第3回国連防災世界会議において策定された「仙台防災枠組2015-2030」の普及・定着を図るとともに、技術協力、無償資金協力及び有償資金協力により開発途上国に対する防災協力や災害救援を行った。

第2部

令和3年度において防災に関してとった措置の概況

第1章　法令の整備等

災害対策基本法等の一部を改正する法律（令和3年法律第30号）

　頻発する自然災害に対応して、特定災害対策本部の設置、非常災害対策本部等の本部長及び設置時期の見直し、市町村による個別避難計画の作成、避難のための立退きの勧告及び指示の一本化、広域にわたる避難住民等の受入れに関する協議手続の整備、災害が発生するおそれ段階での「災害救助法」の適用等の措置を講ずることで、災害対策の実施体制の強化及び災害時における円滑かつ迅速な避難の確保を図ることを目的として、令和3年5月に施行された。

特定都市河川浸水被害対策法等の一部を改正する法律（令和3年法律第31号）

　最近における気象条件の変化に対応して、都市部における洪水等に対する防災・減災対策を総合的に推進するため、特定都市河川の指定対象の拡大、特定都市河川流域における一定の開発行為等に対する規制の導入、雨水貯留浸透施設の設置計画に係る認定制度の創設等の措置を講ずるとともに、浸水想定区域制度の拡充、都道府県知事等が管理する河川に係る国土交通大臣による権限代行制度の拡充、一団地の都市安全確保拠点施設の都市施設への追加、防災のための集団移転促進事業の対象の拡大等の措置を講ずるもので、令和3年11月に全面施行された。

海上交通安全法等の一部を改正する法律（令和3年法律第53号）

　近年の台風などの異常気象が頻発化・激甚化する状況を踏まえ、さらなる事故防止対策の強化のため、特に勢力の強い台風などが東京湾、伊勢湾、大阪湾を含む瀬戸内海を直撃すると予想される場合、大型船等の一定の船舶に対し、湾外などの安全な海域への避難を勧告することなどができるように措置するもので、令和3年7月に施行された。

災害時等における船舶を活用した医療提供体制の整備の推進に関する法律（令和3年法律第79号）

　災害時等における船舶を活用した医療提供体制の整備の推進に関する基本理念及び基本となる事項を定めるとともに、船舶活用医療推進本部を設置することにより、災害時等における船舶を活用した医療提供体制の整備を総合的かつ集中的に推進することを目的として、令和3年6月に制定された。

津波対策の推進に関する法律の一部を改正する法律（令和4年法律第3号）

　地域の特性に応じた津波避難施設等の整備の推進に関する規定と、津波対策における情報通信技術の活用に関する規定を追加するとともに、国の財政上の援助に関する規定の有効期限を令和9年3月31日まで延長することについて定めるもので、令和4年3月に施行された。

豪雪地帯対策特別措置法の一部を改正する法律（令和4年法律第8号）

　豪雪地帯において、人口減少・高齢化の進展により地域の克雪力が低下し除排雪作業中の事故が多発していることや、豪雪地帯特有の防災上の課題があることを踏まえ、命綱固定アンカーの設置の促進、克雪技術の開発・普及等の除排雪時の安全の確保をするために国・地方公共団体が講ずべき措置に関する規定や、積雪期における交通の確保の困難性その他豪雪地帯の特性を踏まえた地震、津波等に係る防災に関する施策の促進への配慮等について定めるもので、令和4年3月に施行された。

令和二年五月十五日から七月三十一日までの間の豪雨による災害についての災害対策基本法第百二条第一項の政令で定める年度等を定める政令の一部を改正する政令（令和4年政令第74号）

　令和2年5月15日から7月31日までの間の豪雨による災害について、災害対策基本法第102条第1項の規定による地方債をもって地方公共団体の財源とすることができる期限を令和4年度まで延長するもので、令和4年4月に施行された。

激甚災害に関する政令

　激甚災害に対処するための特別の財政援助等に関する法律（昭和37年法律第150号）に基づく政令として、以下の9政令を制定した。
・令和元年十月十一日から同月二十六日までの

間の暴風雨及び豪雨による災害についての激甚災害並びにこれに対し適用すべき措置の指定に関する政令の一部を改正する政令（令和3年政令第149号）

・令和二年五月十五日から七月三十一日までの間の豪雨による災害についての激甚災害及びこれに対し適用すべき措置の指定に関する政令の一部を改正する政令（令和3年政令第150号）

・令和三年五月十一日から七月十四日までの間の豪雨による災害についての激甚災害及びこれに対し適用すべき措置の指定に関する政令（令和3年政令第245号）

・令和三年八月七日から同月二十三日までの間の暴風雨及び豪雨による災害についての激甚災害並びにこれに対し適用すべき措置の指定に関する政令（令和3年政令第279号）

・令和二年五月十五日から七月三十一日までの間の豪雨による災害についての激甚災害及びこれに対し適用すべき措置の指定に関する政令の一部を改正する政令（令和4年政令第47号）

・令和三年等における特定地域に係る激甚災害及びこれに対し適用すべき措置の指定に関する政令（令和4年政令第61号）

・令和三年五月十一日から七月十四日までの間の豪雨による災害についての激甚災害及びこれに対し適用すべき措置の指定に関する政令の一部を改正する政令（令和4年政令第62号）

・令和三年八月七日から同月二十三日までの間の暴風雨及び豪雨による災害についての激甚災害並びにこれに対し適用すべき措置の指定に関する政令の一部を改正する政令（令和4年政令第63号）

・東日本大震災についての激甚災害及びこれに対し適用すべき措置の指定に関する政令の一部を改正する政令（令和4年政令第73号）

第2章　科学技術の研究

① 災害一般共通事項

（1）情報収集衛星による自然災害観測・監視技術

　内閣官房内閣情報調査室においては、情報収集衛星を運用し、災害発生時に関係機関に対して情報収集衛星で撮像した被災地域の画像の提供を行うなど、被災等の状況の早期把握等に貢献した。

（令和3年度決算額　75,301百万円の内数）

（2）総合科学技術・イノベーション会議による防災科学技術研究の推進

　総合科学技術・イノベーション会議においては、「第6期科学技術・イノベーション基本計画」（令和3年3月26日閣議決定）及び統合イノベーション戦略等に基づき、防災・減災機能強化のための科学技術研究、危機管理技術等の研究開発の推進を図った。

①戦略的イノベーション創造プログラム（SIP）

　平成30年度に開始した「戦略的イノベーション創造プログラム（SIP）」第2期の「国家レジリエンス（防災・減災）の強化」において、大規模災害時に国や市町村の意思決定の支援を行う情報システムを構築するための研究開発を推進しつつ、研究成果を試験的に令和3年8月の大雨といった実災害で活用し、事後検証を行うことで研究開発の有効性を検証した。

（令和3年度決算額　科学技術イノベーション創造推進費55,500百万円の内数）

②官民研究開発投資拡大プログラム（PRISM）

　「官民研究開発投資拡大プログラム（PRISM）」の「革新的建設・インフラ維持管理技術／革新的防災・減災技術領域」において、国、自治体に加え、民間の災害対応主体による事前の防災・減災対策や、発災後の応急対応等の充実に寄与する各省による技術開発や社会実装の取組を、AIなどを活用して推進した。

（令和3年度決算額　科学技術イノベーション創造推進費55,500百万円の内数）

（3）防災リモートセンシング技術の研究開発

　国立研究開発法人情報通信研究機構においては、光や電波を用いて広範囲の大気状況や地表面の様子を瞬時に把握するリモートセンシング技術の高性能化及び高精細化を行った。

（4）耐災害ICTに関する研究成果の展開等

　国立研究開発法人情報通信研究機構においては、戦略的イノベーション創造プログラム（SIP）第2期「国家レジリエンス（防災・減災）の強化」に参画し、地方公共団体の防災訓練において他の研究機関及び企業等と連携して開発した防災チャットボットSOCDAの利便性を向上させる新たなユーザーインターフェースによる実証実験に取り組んだ。また、接近時高速無線接続による通信途絶領域解消技術を搭載したシステムの導入において、地方公共団体のシステム設計支援に取り組んだ。その他、災害情報の収集と分析を行うDISAANA/D-SUMMの試験公開を継続した。

（5）グローバル環境計測技術の研究開発

　国立研究開発法人情報通信研究機構においては、雲、降水等の大気海洋圏の高精度計測のために、電波センサー技術、解析・検証技術等の研究開発を行った。

（6）消防防災科学技術研究推進制度（競争的研究費資金制度）の促進

　消防庁においては、消防防災科学技術研究推進制度（競争的研究費制度）により、火災等災害時において消防防災活動を行う消防機関等のニーズ等が反映された研究開発課題や、「科学技術・イノベーション基本計画」（令和3年3月26日閣議決定）等の政府方針に示された目標達成に資する研究開発課題に重点を置き、消防機関等が参画した産学官連携による研究開発を推進した。

（令和3年度決算額　128百万円）

（7）災害時の消防力・消防活動能力向上に係る研究開発

　消防庁消防研究センターにおいては、大規模自然災害時においてより多くの国民の生命を守るため、要救助者を迅速かつ安全に救助するための現場対応型情報収集システムと情報分析・

科学技術の研究　第2章

評価手法の開発及び自力避難困難者の円滑かつ安全な避難に関する研究開発を行った。

(令和3年度決算額　59百万円)

(8) 衛星等による自然災害観測・監視技術

国立研究開発法人宇宙航空研究開発機構においては、陸域観測技術衛星2号「だいち2号」（ＡＬＯＳ－２）等を運用し、国内外の防災機関に大規模災害における被災地の観測画像の提供を行う等、災害状況の把握に貢献した。

(9) 災害をリアルタイムで観測・予測するための研究開発

国立研究開発法人防災科学技術研究所においては、今後発生が懸念される首都直下地震を始めとする内陸部を震源とする地震、南海トラフや日本海溝等における海溝型巨大地震及びその余震、津波や火山災害による被害の軽減に向け、陸海の基盤的地震観測網等を活用した予測技術等の研究開発を行った。

(10) 災害リスクの低減に向けた基盤的研究開発の推進

国立研究開発法人防災科学技術研究所においては、各種自然災害のハザード・リスク、現在のレジリエンスの状態を評価するとともに、各種災害情報を各セクター間で共有・利活用することで連携・協働し、予防力・対応力・回復力を総合的に強化する災害対策・技術について、社会実装を目指した研究開発を実施した。

(11) 農作物、農業用施設等の災害防止等に関する研究

国立研究開発法人農業・食品産業技術総合研究機構においては、耐冷性・耐寒性・耐湿性・高温耐性品種の育成や、作物の気象災害の防止技術に関する研究、農村地域の強靱化に資する防災・減災技術の開発に関する研究を行った。

(12) 漁港・海岸及び漁村における防災技術の研究

国立研究開発法人水産研究・教育機構においては、漁村地域の防災・減災機能を強化するために、漁港施設・海岸保全施設の耐震・耐津波に関する研究を行った。

(13) 港湾・海岸及び空港における防災技術の研究

国立研究開発法人海上・港湾・航空技術研究所においては、既往の災害で顕在化した技術的な課題への取組を継続しつつ、沿岸域における災害の軽減と復旧に関する研究開発課題に取り組んだ。

(14) 船舶における防災技術の研究

国立研究開発法人海上・港湾・航空技術研究所においては、船舶の安全性向上や海難事故防止技術の開発のために、海難事故等の原因究明手法の深度化、防止技術及び適切な再発防止策の立案に関する研究等を行った。

(15) 災害等緊急撮影に関する研究

国土地理院においては、関係機関の迅速な災害対応に資することを目的に、デジタル航空カメラや航空機ＳＡＲ等を用いた、地震、水害、火山噴火等の被災状況の把握、迅速な情報提供を行うための手法の検討を行った。

(令和3年度決算額　138百万円)

(16) 寒冷地における沿岸防災に関する研究

国立研究開発法人土木研究所においては、寒冷地における沿岸域の安全確保のため、流氷来襲地域における冬期の津波防災に関する研究及び沿岸施設の安全性向上に関する研究を行った。

(17) 災害後における居住継続のための自立型エネルギーシステムの設計目標に関する研究

国土交通省国土技術政策総合研究所においては、災害後に停電が続く中で自宅での居住継続を可能とするため、太陽光発電と蓄電池を組み合わせた自立型エネルギーシステムに対する住宅設計上の設計目標の研究を行った。

(令和3年度決算額　10百万円)

(18) 気象・水象に関する研究

気象庁においては、気象研究所を中心に気象業務に関する技術の基礎及びその応用に関する研究を推進した。特に気象観測・予報については、台風や線状降水帯等による集中豪雨等の監視・予測技術に関する研究等を行った。また、地球温暖化対策に資するため、数値モデルの改

良を行った。

（令和３年度決算額　895百万円）

（19）生態系を活用した防災・減災（Ｅｃｏ-ＤＲＲ）に関する研究

　環境省においては、環境研究総合推進費により、生態系を活用した防災・減災の評価・実施方法に関する研究を推進した。

（20）気候変動による災害激甚化に係る適応の強化

　環境省においては、気候変動影響により気象災害の更なる激甚化が予測されていることから、気候変動を踏まえた将来の気象災害の影響評価を行うとともに、気候変動を考慮した感染症・気象災害に対する強靱性強化に関するマニュアル整備に向けた検討等を実施した。

（令和３年度決算額　75百万円）

② 地震災害対策

2-1　地震に関する調査研究

（1）地震調査研究推進本部

　地震調査研究推進本部（本部長：文部科学大臣）は、「地震調査研究の推進について　－地震に関する観測、測量、調査及び研究の推進についての総合的かつ基本的な施策（第３期）－」（令和元年５月31日）等の方針に基づき、地震調査研究を政府として一元的に推進した。文部科学省においては、上記方針等に基づき、活断層調査の総合的推進等を行った。

（令和３年度決算額　896百万円）

（2）南海トラフ海底地震津波観測網の構築

　文部科学省においては、南海トラフ地震の想定震源域のうち、まだ観測網を設置していない西側の海域（高知県沖から日向灘）に新たに南海トラフ海底地震津波観測網を構築する計画を推進した（後掲　第２章3-1（1））。

（令和３年度決算額　4,457百万円）

（3）海底地震・津波観測網の運用

　文部科学省においては、海域で発生する地震・津波を即時に検知して緊急地震速報や津波警報等に活用するとともに、海域の地震発生メカニズムを精度良く解明するため、南海トラフ地震震源域に整備した地震・津波観測監視システム（ＤＯＮＥＴ）及び東北地方太平洋沖を中心とする日本海溝沿いに整備した日本海溝海底地震津波観測網（S-net）を運用した（後掲第２章3-1（2））。

（令和３年度決算額　1,017百万円）

（4）地震の発生及びその災害誘因の予測に関する基礎的研究の推進

　文部科学省においては、「災害の軽減に貢献するための地震火山観測研究計画（第２次）の推進について（建議）」（平成31年１月30日）に基づいた５か年計画（平成31から令和５年度）により、国立大学法人等における地震現象の解明や地震活動の予測及び津波や地震動などの災害誘因の予測などに関する基礎的研究を推進するとともに、災害誘因情報の効果的な発信方法及び防災リテラシー向上のための研究を推進した。

（5）地震防災研究戦略プロジェクト

　文部科学省においては、南海トラフ周辺において「通常と異なる現象」が観測された場合の地震活動の推移を科学的に評価する手法開発や、被害が見込まれる地域を対象とした防災対策の在り方などの調査研究により、地震被害の軽減を図るため、「防災対策に資する南海トラフ地震調査研究プロジェクト」を実施した。

　また、これまで蓄積されてきた多様かつ大規模な地震データ等を活用し、ＩｏＴ・ビッグデータ・ＡＩといった情報科学分野の科学技術を採り入れた調査研究等を行い、従来の地震調査研究に革新的な知見をもたらすことを目指し、「情報科学を活用した地震調査研究プロジェクト」を実施した。

（令和３年度決算額　531百万円）

（6）首都圏を中心としたレジリエンス総合力向上プロジェクト

　文部科学省においては、首都直下地震等への防災力を向上するため、官民連携超高密度地震観測システムの構築、非構造部材を含む構造物の崩壊余裕度に関するセンサー情報の収集により、官民一体の総合的な災害対応や事業継続、個人の防災行動等に資するビッグデータの整備

等を推進した。

(令和３年度決算額　391百万円)

（7）海域で発生する地震及び火山活動に関する研究開発

国立研究開発法人海洋研究開発機構においては、海底地殻変動の連続かつリアルタイムな観測システム開発・整備、海底震源断層の広域かつ高精度な調査を実施した。さらに、観測データをもとに、より現実的なモデル構築及び推移予測手法の開発・評価を行った。また、海域火山の活動を把握するために海域火山活動観測システムを開発した。

(令和３年度決算額　運営費交付金
32,795百万円の内数)

（8）活断層評価の研究

国立研究開発法人産業技術総合研究所においては、地形、地質学及び地球物理学的知見を取り入れて社会的に重要な陸域及び沿岸海域の活断層情報を収集し、過去の地震活動を解明した。また地震発生ポテンシャル評価のための地殻応力・地下構造情報の整備を行った。

(令和３年度決算額　運営費交付金
63,346百万円の内数)

（9）海溝型地震評価の研究

国立研究開発法人産業技術総合研究所においては、南海トラフ地震の短期的な予測を目標とした地下水・地殻変動の観測施設の整備及び観測データの解析並びに地形・地質学的手法に基づいた過去の海溝型巨大地震・津波の発生履歴解明及び津波波源の推定を行った（後掲　第２章3-1（3））。

(令和３年度決算額　運営費交付金
63,346百万円の内数)

（10）地震災害予測の研究

国立研究開発法人産業技術総合研究所においては、地震動予測などを高度化するため、地下地質情報の３次元モデル整備を進めるとともに、地質や地盤による地震動特性の違いに関する研究を行った。また、震源断層モデルや断層による地盤の変形メカニズムの研究を行った。

(令和３年度決算額　運営費交付金
63,346百万円の内数)

（11）防災・減災に資する地殻変動情報の抽出関連研究の推進

国土地理院においては、地殻活動モニタリングを強化し、また地殻活動を解明するため、測地観測データを用いた研究を行った。また、地震予知連絡会を開催し、地震予知に関する調査・観測・研究の情報交換及び学術的検討を行った。

(令和３年度決算額　61百万円の内数)

（12）測地技術を用いた地殻変動の監視

国土地理院においては、電子基準点等によるＧＮＳＳ連続観測や、人工衛星の観測データを用いたＳＡＲ干渉解析等により地殻変動の監視を行い、得られた地殻変動情報を災害対策の判断に資する資料として防災関係機関等へ提供した。また、先進レーダ衛星（ＡＬＯＳ－４）への対応を行った（後掲　第3章5-3（5））。

(令和３年度決算額　1,158百万円の内数)

（13）地震に関する調査研究

気象庁においては、気象研究所を中心に地震の監視・予測技術の開発・改良に関する研究を推進した。また、南海トラフで発生する地震の規模、破壊領域やゆっくりすべりの即時把握に関する研究等を行った。

(令和３年度決算額　59百万円の内数)

（14）地震観測等

気象庁においては、全国における地震観測、地殻岩石ひずみ観測、地磁気観測等を行った。また、気象庁及び関係機関の地震に関する基盤的調査観測網のデータを収集し、その成果を防災情報等に活用するとともに、地震調査研究推進本部地震調査委員会に提供した。

(令和３年度決算額　2,744百万円の内数)

（15）海底地殻変動観測等

海上保安庁においては、巨大地震の発生が懸念されるプレート境界域における海底基準局を用いた海底地殻変動観測、ＧＮＳＳ及び験潮所による地殻変動監視観測、人工衛星レーザー測距観測を実施し、プレート運動の把握等を行った。

(令和３年度決算額　65百万円)

第2部

令和３年度において防災に関してとった措置の概況

（1）社会基盤の強靱性の向上を目指した研究開発

国立研究開発法人防災科学技術研究所においては、今後発生が懸念されている南海トラフ巨大地震や首都直下地震等、巨大地震災害に対する我が国におけるレジリエンス向上に貢献するため、実大三次元震動破壊実験施設（Ｅ－ディフェンス）等研究基盤を活用した研究開発等を実施した。

（2）漁港・海岸及び漁村の地震災害防止と減災技術に関する研究

国立研究開発法人水産研究・教育機構においては、漁港施設・海岸保全施設の防災・減災手法の開発に関する研究を行った。

（3）農業用基幹施設の防災及び減災技術に関する研究

国立研究開発法人農業・食品産業技術総合研究機構においては、農業用ダム等の基幹水利施設の挙動予測・健全性評価手法の開発、ため池やパイプライン等の安全性向上のための評価手法や強化技術の開発、農業水利施設が点在する農村のハード・ソフト対策連携による防災・減災手法の開発に関する研究を行った。

（4）巨大地震等に対する建築物の安全性向上及び地震後の継続使用性評価に関する研究開発

国立研究開発法人建築研究所においては、建築物の耐震レジリエンス性能の評価対象となる部位の損傷・修復等に関する研究開発を行った。

（5）インフラ施設の地震レジリエンス強化のための耐震技術の開発

国立研究開発法人土木研究所においては、道路・河川構造物の地震レジリエンス強化のため、巨大地震に対する構造物の被害最小化技術・早期復旧技術の開発、地盤・地中・地上構造物に統一的に適用可能な耐震設計技術の開発、構造物への影響を考慮した地盤の液状化評価法の開発を行った。

（6）港湾・海岸及び空港土木施設の地震災害防止に関する研究

国立研究開発法人海上・港湾・航空技術研究所においては、地震災害の軽減や復旧のために、液状化による沈下・流動の新たな予測手法の開発、地震学的・地盤工学的知見に基づく地震動の事後推定技術に関する研究を行った。

（7）鉄道施設における防災・減災、戦略的維持管理に資する技術開発

国土交通省においては、地震災害に備えるために、鉄道施設の耐震補強工法の開発等の防災・減災対策に資する技術開発を行った。また、戦略的維持管理の観点から、鉄道施設の維持管理の効率化・省力化に資する技術開発を行った。

（令和３年度決算額　89百万円の内数）

（8）強震観測

国土交通省国土技術政策総合研究所においては、土木構造物の被害メカニズムの解明や合理的な耐震設計法を確立するため、強震観測網の維持管理並びに地震動の観測及び解析を継続した。

（令和３年度決算額　８百万円）

（9）地震を受けた拠点建築物の健全性迅速判定技術の開発

国土交通省国土技術政策総合研究所においては、地震の発生後に自治体が速やかに災害対応をできるように、建物管理者が地震発生直後に実施する庁舎等の拠点建築物の健全性判定を支援するための技術開発の検討を行った。

（令和３年度決算額　９百万円）

③ 津波災害対策

3-1 津波に関する調査研究

（1）南海トラフ海底地震津波観測網の構築
（再掲　第２章２-１（２））

（2）海底地震・津波観測網の運用
（再掲　第２章２-１（３））

（3）海溝型地震評価の研究
（再掲　第2章2-1（9））

（4）津波に関する調査研究
　気象庁においては、気象研究所を中心に、津波予測精度の向上のため、多点観測データ等を用いた津波の即時的予測手法の高度化に関する研究、遠地津波の後続波と減衰特性のモデル化に関する研究等を行った。

（令和3年度決算額　59百万円の内数）

3-2　津波対策一般の研究

（1）農業農村の減災・防災システムの開発・実証研究
　国立研究開発法人農業・食品産業技術総合研究機構においては、農業農村地域の津波災害に対する安全性を向上させるための研究として、農地海岸やその後背地の低平優良農地の災害を減らすために、既存施設を活用した減災技術の開発に関する研究を行った。

（2）漁港・海岸及び漁村の津波災害防止に関する研究
　国立研究開発法人水産研究・教育機構においては、漁港施設・海岸保全施設の津波対策に関する研究を行った。

（3）海岸防災林の津波に対する耐性の強化に関する研究
　国立研究開発法人森林研究・整備機構においては、再生する海岸防災林の津波に対する耐性を強化するための研究を実施した。

（4）港湾・海岸及び空港土木施設の津波災害防止に関する研究
　国立研究開発法人海上・港湾・航空技術研究所においては、津波災害の軽減や復旧のために、外郭施設群を対象とする大規模数値波動水槽の開発に関する研究を行った。

④ 風水害対策

（1）リモートセンシングによる気象稠密観測
　国立研究開発法人情報通信研究機構においては、雨、風向・風速、水蒸気等を精密・迅速に計測するためのレーダーやライダー等の電磁波を用いた計測技術に関する研究開発を行った。また、精密な降雨状況を観測可能なフェーズドアレイ気象レーダーについて、他機関との密接な連携により大規模イベント及び自治体との実証実験を行った。

（2）マルチセンシングに基づく水災害予測技術に関する研究
　国立研究開発法人防災科学技術研究所においては、地球温暖化による気候変動の影響等に伴う竜巻、短時間強雨、強い台風等の増加による風水害、土砂災害等の気象災害を軽減するため、先端的なマルチセンシング技術と数値シミュレーション技術を活用した短期間のゲリラ豪雨等の予測技術に関する研究開発を実施した。

（3）豪雨・地震・強風時の山地災害対策に関する研究
　国立研究開発法人森林研究・整備機構においては、豪雨・地震・強風による山地災害の発生源対策のために必要となる崩壊・地すべり・土石流・森林の強風害の発生機構や流木対策、森林の崩壊防止機能に関する研究を行った。

（4）漁港・海岸及び漁村の高波・高潮災害防止に関する研究
　国立研究開発法人水産研究・教育機構においては、漁港施設・海岸保全施設の高波・高潮災害対策に関する研究を行った。

（5）突発的な自然現象による土砂災害の防災・減災技術の開発
　国立研究開発法人土木研究所においては、火山噴火や局所的豪雨などの突発的な自然現象による土砂災害の防災・減災に資するための初期対応を、より迅速・効果的に実行するため、土石流・地すべり等の土砂移動の監視、土石流・流木・地すべり等の土砂移動によるリスク評価及び防災施設の設計・施工に資する技術の研究を行った。

（6）風水害対策に関する研究
　国立研究開発法人土木研究所においては、河川砂防災害防除技術として、河道侵食防止に関する研究、破堤被害の軽減技術に関する研究及

び斜面災害防止に関する研究を実施した。

（7）水災害・リスクマネジメント国際センター（ICHARM）の運営

国立研究開発法人土木研究所水災害・リスクマネジメント国際センター（ICHARM）においては、国内外の関連機関等と連携を図りつつ、世界の水関連災害の防止・軽減に貢献するために、革新的な研究・効果的な能力育成・効率的な情報ネットワーク活動及び各種国際プロジェクトを一体的に推進した。

（8）気候変化等により激甚化する水災害を防止、軽減するための技術開発

国立研究開発法人土木研究所においては、不確実性を考慮した地球温暖化が洪水・渇水に与える影響の予測技術の開発、堤防、構造物周辺堤防及び基礎地盤を総合的に考慮した浸透安全性及び耐震性の照査技術の開発、低コストな浸透対策や効果的な地震対策等の堤防強化技術の開発に関する研究を実施した。

（9）港湾・海岸及び空港土木施設の高潮・高波災害防止に関する研究

国立研究開発法人海上・港湾・航空技術研究所においては、高潮・高波災害の軽減や復旧のために、海象観測データの集中処理・解析に基づく海象特性の解明、日本沿岸域を対象とした波浪推算手法の課題整理と高度化、岸壁の越波・排水を考慮したふ頭の浸水シミュレーション手法の開発に関する研究を行った。

（10）氾濫シナリオ別ハザード情報図に基づく減災対策検討手法の研究

国土交通省国土技術政策総合研究所においては、全国の洪水減災対策を推進するため、具体的な減災対策の検討に必要なハザード情報図の作成手法や、各対策の内容・優先順位・効果等を検討する手法の研究を行った。

（令和3年度決算額　0百万円）

（11）土砂・洪水氾濫発生時の土砂到達範囲・堆積深を高精度に予測するための計算モデルの開発

国土交通省国土技術政策総合研究所においては、土砂・洪水氾濫による被害範囲を高精度に予測するため、幅広い粒径の土砂が長距離移動し保全対象エリアで堆積する現象を再現できるモデルを開発するための研究を行った。

（令和3年度決算額　1百万円）

（12）既存建築物における屋根ふき材の耐風診断・補強技術評価に関する研究

国土交通省国土技術政策総合研究所においては、屋根の改修促進による既存建築物ストック全体の耐風性能の向上に資するため、既存の屋根ふき材の耐風診断法の開発と改修時の耐風補強技術の評価法の研究を行った。

（令和3年度決算額　11百万円）

5　火山災害対策

（1）火山噴火予測に関する基礎的研究

文部科学省においては、「災害の軽減に貢献するための地震火山観測研究計画（第2次）の推進について（建議）」（平成31年1月30日）に基づいた5か年計画（平成31～令和5年度）により、国立大学法人等における火山現象の解明や火山噴火発生及び噴火推移の予測、火山灰や溶岩の噴出などの災害誘因の予測などに関する基礎的研究を推進するとともに、災害誘因情報の効果的な発信方法及び防災リテラシー向上のための研究を推進した。

国立研究開発法人産業技術総合研究所においては、火山噴火予知研究の推進のため、活動的火山の噴火履歴、災害実績・活動状況等の地質学的調査及び噴火機構やマグマ上昇過程モデル化のための観測研究・実験的研究を行った。

（令和3年度決算額　運営費交付金
63,346百万円の内数）

（2）次世代火山研究・人材育成総合プロジェクト

文部科学省においては、火山災害の軽減に貢献するため、従前の観測研究に加え、他分野との連携・融合を図り「観測・予測・対策」の一体的な研究の推進及び広範な知識と高度な技術を有する火山研究者の育成を行った。

（令和3年度決算額　639百万円）

（3）火山機動観測実証研究事業

文部科学省においては、噴火切迫期や噴火発

生時などの緊急時等に、人員や観測機器を当該
火山に集中させた迅速かつ効率的な機動観測を
実現するために必要な体制構築に係る実証研究
を実施した。

（令和３年度決算額　62百万円）

（４）火山噴火に起因した土砂災害の減災手法に関する研究

　国立研究開発法人土木研究所においては、火
山噴火に起因した土砂災害に対する緊急減災技
術や事前対策技術の開発に関する研究を行っ
た。

（５）火山現象に関する研究

　気象庁においては、気象研究所を中心に火山
現象の即時的把握及び予測技術の高度化に関す
る研究等を推進した。また、火山噴火予知連絡
会を通じて関係機関と緊密な連携を図り、火山
噴火予知に関する研究を推進した。

（令和３年度決算額　57百万円）

（６）海域火山の活動状況把握

　海上保安庁においては、航空機による南方諸
島及び南西諸島方面の海域火山活動海域の温度
分布、火山性変色水の分布等の調査を行い、海
域火山基礎情報の整備及び提供を引き続き行っ
た。

（令和３年度決算額　1百万円）

⑥　雪害対策

（１）雪氷災害に関する研究

　国立研究開発法人防災科学技術研究所におい
ては、ステークホルダーとの協働によりニーズ
に合った雪氷災害情報の創造・社会実装を目指
し、集中豪雪、雪崩、吹雪、着雪、道路雪氷等
の雪氷災害についてのモニタリング技術及び面
的予測モデル並びにそれらの融合に関する研究
開発を行った。

（２）雪崩及び冠雪害に関する研究

　国立研究開発法人森林研究・整備機構におい
ては、森林の雪崩災害軽減機能の解明のため、
雪崩発生に関わる気象条件や積雪状態、雪崩の
流下や森林の倒壊状況の調査研究を行った。ま
た、樹木着雪による倒木被害の発生予測技術に

関する研究を行った。

（３）雪崩対策に関する研究

　国立研究開発法人土木研究所においては、雪
崩災害を防止・軽減するため、高精度空間情報
を用いた雪崩の三次元計測に関する開発を行っ
た。

（４）雪害対策に関する研究

　国立研究開発法人土木研究所においては、積
雪寒冷地における安全で信頼性の高い冬期道路
交通サービスの確保の支援を目的として、積雪
寒冷環境下における効率的道路管理技術の開発
や効果的・効率的な冬期交通事故対策技術の開
発に関する研究を行うとともに、雪氷災害を軽
減するため、吹雪の視程障害予測や吹雪対策施
設等の性能向上に関する研究を行った。

⑦　火災対策

（１）火災に関する研究

　消防庁においては、次の研究を行った。
・市街地火災による被害を抑制するための研究
　開発
　首都直下地震のような地震直後の市街地同時
多発火災や、糸魚川市大規模火災のような平常
時の市街地火災による被害拡大を抑えるため
に、火災件数と死傷者数や焼損棟数などの予
測・可視化ツール、火災延焼シミュレーション
に基づく消防力・消防水利の評価手法、飛び火
の防御方法、火災旋風の発生予測方法の研究開
発を行った。

（令和３年度決算額　58百万円）
・消火活動困難な火災に対応するための消火手
　法の研究開発
　大規模倉庫等の火災など消火活動が極めて困
難な火災を消火するために、大規模倉庫等の建
物構造や可燃物の集積状況の調査、最適な消火
手法及び延焼阻止手法（消火剤、投入方法、投
入量等）の検証・開発、建物外壁から離れ、消
火剤が届きにくい区画に効果的に消火剤を投入
する手法の研究開発を行った。

（令和３年度決算額　38百万円）
・火災・危険物流出等事故原因調査に関する研
　究
　特異な火災事案が発生した際、今後の防火安

全対策に有効な知見を得るために火災原因調査を行い、火災原因調査技術の高度化を図るために必要な現地調査用資機材、サンプル採取・分析方法、火災現象の再現方法、火災原因の推定・特定手順等について体系的な調査研究を行った（後掲　第2章8（1））。

(令和3年度決算額　72百万円)

・火災原因調査と火災避難の高度化に関する研究開発

科学的な火災原因調査に基づいた出火防止対策の実施や増加する高層建物からの避難安全対策のため、火災現場残渣物の同定及び液体衝突帯電とミスト爆発の解明による火災原因調査の高度化と、高層建築物の順次避難における避難順序算定方法に関する研究・開発を行った。

(令和3年度決算額　40百万円)

（2）林野火災に関する一般研究

国立研究開発法人森林研究・整備機構においては、林野火災対策として、林野火災の発生・拡大危険度に関する研究を行った。

（3）建築物や都市の火災安全性向上技術の研究開発

国立研究開発法人建築研究所においては、非常用エレベーターを用いた救助避難における群集事故を回避するための運用方針等に関する研究開発を行った。

（4）非住宅建築物の防火性能の高度化に資する新しい性能指標及び評価プログラムの開発

国土交通省国土技術政策総合研究所においては、非住宅建築物の防火性能の向上のため、火災後の継続使用性能を総合的に評価する新しい性能指標（等級）およびその評価プログラムの開発を行った。

(令和3年度決算額　10百万円)

⑧　危険物災害対策

（1）危険物災害の防止に関する研究

消防庁においては、次の研究を行った。
・危険物施設における火災等事故・地震災害を抑止するための研究
危険物施設における火災等の事故及び地震等

による災害を抑止するために、石油タンクの地震被害予測高精度化のための研究と化学物質等の製造・貯蔵工程における火災危険性の評価方法に関する研究を行った。

(令和3年度決算額　41百万円)

・地下タンクの健全性診断に係る研究開発

防食ライニングが施工された危険物の地下タンクの経年劣化について、タンクが将来継続して使用可能か否かを適切に判断するため、ライニング鋼板の腐食劣化の定量的評価を行い、地下タンクの健全性診断手法を研究開発した。

(令和3年度決算額　40百万円)

・火災・危険物流出等事故原因調査に関する研究
（再掲　第2章7（1））

（2）爆発防止等に関する研究

国立研究開発法人産業技術総合研究所においては、火薬類に代表される爆発性化学物質や水素あるいは自然冷媒等の可燃性ガスの爆発安全及び利用技術の研究を行い、爆発防止及び爆発影響低減化技術の開発を行った。また、産業保安分野では、事故事例データベース等の整備を進め共通基盤技術の研究を行った。

(令和3年度決算額　運営費交付金
63,346百万円の内数)

⑨　原子力災害対策

（1）農用地、農作物等の原発事故対応の研究

国立研究開発法人農業・食品産業技術総合研究機構においては、原発事故に対応し、農地土壌における放射性物質の流出入実態の解明、農作物等における放射性物質の移行動態の解明と移行制御技術の開発に関する研究を行った。

（2）原子力発電所等の地震・津波等の外部事象に対する安全性の評価等

原子力規制委員会においては、新規制基準を踏まえた原子力発電所等の耐震・耐津波安全性を厳正に評価・確認するために、東北地方太平洋沖地震、熊本地震を踏まえた知見等を収集・反映し、新規制基準適合性に係る審査の技術的判断根拠の整備等を行い、研究報告等に取りまとめ、公表した。

(令和3年度決算額　989百万円)

（3）原子力発電所等におけるシビアアクシデント対策

　原子力規制委員会においては、原子力発電所等におけるシビアアクシデントの発生防止及び発生時の的確な対応のために、アクシデントマネジメント策について国が独自に妥当性を確認するための技術的知見及び解析コード等の整備を行い、研究報告等に取りまとめ、公表した。

（令和3年度決算額　589百万円）

第3章　災害予防

① 災害一般共通事項

1-1 教育訓練

（1）政府における訓練・研修

　内閣府においては、9月1日の「防災の日」に総合防災訓練等を実施するとともに、11月5日の「津波防災の日」の前後の期間を中心に、住民参加の地震・津波防災訓練を実施した。また、国、地方公共団体等の職員に対して、防災スペシャリスト養成研修等を実施した。

（令和3年度決算額　198百万円）

（2）民間の認定こども園、幼稚園、保育所等における防災対策の推進

　内閣府においては、民間の認定こども園、幼稚園、保育所等における火災、地震等の災害時に備え、防災教育等の防災対策を図るために要する費用を負担した。

（令和3年度決算額
1,371,167百万円の内数）

（3）警察庁における教育訓練

　警察庁においては、都道府県警察の幹部に対して災害応急対策等についての教育訓練を行ったほか、都道府県警察に対して、災害警備本部の設置・運営訓練や関係機関と連携した訓練の実施を指示した。また、警察災害派遣隊による実戦的な合同訓練を行った。特に、警察災害派遣隊の中核である広域緊急援助隊では、所要の合同訓練等を行ったほか、機動警察通信隊では、より迅速な情報収集活動や通信手段確保のための実戦的な訓練を行った。

（4）非常通信協議会における非常通信訓練の実施等

　非常通信協議会（非常通信に携わる関係省庁、地方公共団体、指定公共機関等約2,000者から構成）においては、災害時における円滑な通信の確保を目的として、非常通信計画の策定、全国非常通信訓練等を実施した。

（5）応急対策職員派遣制度に係る訓練の実施

　総務省においては、大規模災害発生時における被災市区町村の行政機能の確保等を目的とした、全国の地方公共団体の人的資源を最大限に活用して被災市区町村を支援するための全国一元的な応援職員の派遣の仕組み（応急対策職員派遣制度）を円滑に運用するため、関係地方公共団体等と連携して情報伝達・連携訓練を実施した。

（令和3年度決算額　6百万円）

（6）災害時外国人支援情報コーディネーターの養成推進

　総務省においては、災害時に行政等から提供される災害や生活支援等に関する情報を整理し、避難所等にいる外国人被災者のニーズとのマッチングを行う災害時外国人支援情報コーディネーターを養成する研修を実施した。

（令和3年度決算額　7百万円の内数）

（7）消防庁消防大学校における教育訓練

　消防庁消防大学校においては、国及び都道府県の消防の事務に従事する職員並びに市町村の消防職員及び消防団員に対し、火災、風水害、地震、津波、危険物災害等の各種災害に対する消防防災体制の強化のための知識・技術の修得や実践的な指揮訓練・図上訓練など、幹部として必要な教育訓練を実施した。

（令和3年度決算額　440百万円）

（8）法務省における教育訓練

　法務省においては、災害等非常事態における法務省関係機関相互の情報連絡手段を確保し、災害情報等を迅速かつ確実に収集・伝達するため、衛星携帯電話で構成される法務省緊急連絡体制に基づく通信訓練を行った。

（令和3年度決算額　30百万円）

（9）防災教育の充実

　文部科学省においては、地域や学校の抱える防災を中心とした学校安全上の課題に対して、地域の実情に応じた教育手法の開発や、安全管理体制及び地域住民・関係機関等との連携体制構築に取り組む地域や学校を支援するとともに、教職員に対する研修を実施した。

（令和3年度決算額　123百万円の内数）

(10) 独立行政法人国立病院機構における教育訓練

独立行政法人国立病院機構においては、医師・看護師等の医療従事者を対象に災害医療についての研修を実施した。

(11) NBC災害・テロ対策研修の実施

厚生労働省においては、NBC（核、生物剤及び化学剤）災害及びテロに対し適切な対応ができる医師等を養成するため、救命救急センターや災害拠点病院の医療従事者を対象にNBC災害・テロに関する専門知識、技術及び危機管理能力を習得するための研修を実施した。

（令和3年度決算額　7百万円）

(12) 日本赤十字社の救護員養成事業に対する補助

厚生労働省においては、日本赤十字社の非常災害に係る救護班要員等に対する研修に要する経費について補助を行った。

（令和3年度決算額　7百万円）

(13) 災害支援リーダー養成研修事業

厚生労働省においては、災害発生時、障害者に対するきめ細やかな支援活動に資するよう、救助・支援活動をサポートする災害時ボランティアリーダーや、視覚・聴覚障害者の障害特性に応じた対応方法を熟知した災害時リーダーを養成する事業を実施した。

（令和3年度決算額　2百万円）

(14) こころの健康づくり対策事業

厚生労働省においては、犯罪・災害等の被害者となることで生じるPTSD（心的外傷後ストレス障害）に対する、精神保健福祉センター、保健所、病院等の機関における相談活動の充実・強化や治療・診断技術の向上等を図ることを目的とし、PTSD対策専門研修に対する補助を行った。

（令和3年度決算額　8百万円）

(15) 災害医療コーディネーター研修の実施

厚生労働省においては、災害発生時に各都道府県の災害対策本部の下に設置される派遣調整本部において医療チームの派遣調整業務を行う人員（災害医療コーディネーター）を対象とし

た研修を実施した。

（令和3年度決算額　7百万円）

(16) 災害時小児周産期リエゾン養成研修の実施

厚生労働省においては、災害時に小児・周産期領域の情報収集を行い、災害医療コーディネーターや災害派遣医療チーム（DMAT）に対して適切な情報提供を行える災害時小児周産期リエゾンを養成する研修を実施した。

（令和3年度決算額　3百万円）

(17) 国土交通省国土交通大学校における教育訓練

国土交通省国土交通大学校においては、国土交通省の職員等を対象に、「TEC-FORCE〔隊長〕研修」、「TEC-FORCE〔班長・リエゾン〕研修」等において、高度で総合的な知識の修得及び危機管理能力等の向上を目的に演習を取り入れた研修を実施するとともに、必要に応じ、防災・災害に関する一般的な知識・技術についての講義等を実施した。

(18) 気象庁における教育訓練

気象庁においては、気象等に関する知識の普及等を図るとともに、防災関係機関等の担当者を対象に予報、警報等に関する説明会を適宜開催した。一方、気象大学校大学部及び研修部では、気象業務遂行に必要な知識及び技術の教育を行い、職員の資質向上を図った。

（令和3年度決算額　89百万円）

(19) 海上保安庁における教育訓練等

海上保安庁においては、災害対応に従事する職員を対象とした各種災害発生時の対応に係る教育を実施するとともに、巡視船艇・航空機等による各種災害対応訓練のほか、関係機関と連携した災害対応訓練を実施した。また、海難及び海上災害の防止に資するため、海難防止講習会等の開催、タンカー等危険物積載船舶への訪船指導、大型タンカーバースの点検、船舶運航関係者に対する事故等発生時の措置に関する指導等を実施した。

(20) 防衛省における教育訓練

防衛省においては、多種多様な災害に対処す

るため、陸上、海上及び航空各自衛隊の任務の特性並びにそれぞれの規模に応じて、訓練等を実施し対処能力を高めた。

また、陸上、海上及び航空各自衛隊が一体となって災害対処に当たる統合運用体制下における迅速な初動態勢、連携要領及び情報の共有といった対処能力の維持向上のため自衛隊統合防災演習等を実施するとともに、各地方公共団体等が実施する防災訓練等に積極的に参加した。

(令和3年度決算額　94百万円)

1-2 防災施設設備の整備

(1) 中央防災無線網の整備

内閣府においては、中央防災無線網の安定的な運用のための適切な措置を講じたほか、首都直下地震等大規模災害等に備え、老朽化した電源設備及びネットワーク設備の更新や多重無線通信装置の修繕を行った。

(令和3年度決算額　958百万円)

(2) 準天頂衛星システムを活用した避難所等における防災機能の強化

内閣府においては、準天頂衛星による、災害関連情報の伝送を行う災害・危機管理通報サービス及び避難所等で収集された個人の安否情報を災害対策本部などの防災機関で利用できる安否確認サービスの提供を行った。

(令和3年度決算額　32,665百万円の内数)

(3) 災害警備活動用資機材等の整備

警察庁においては、都道府県警察の災害警備活動に必要な救出救助資機材や警察用航空機(ヘリコプター)等の整備を行うとともに、警察施設の耐震化等による防災機能の強化等を図った。また、警察災害派遣隊等の災害対処能力向上のため、災害警備訓練施設の整備を推進して、各部隊・職員の専門性、経験、能力等に応じた実戦的な訓練を行った。

(令和3年度決算額　30,650百万円)

(4) 災害に備えた交通安全施設等の整備

警察庁においては、車両感知器、信号機電源付加装置、交通管制センター等の災害に備えた交通安全施設等の整備を推進した。

(令和3年度決算額　17,841百万円の内数)

(5) 防災基盤整備事業の推進

総務省及び消防庁においては、災害等に強い安全安心なまちづくりを進めるため、防災基盤整備事業として地方財政措置を講じることにより、地方公共団体が行う防災施設整備、消防防災の情報化等の重点的な防災基盤の整備を推進した。

(6) 電気通信網の確保等

総務省においては、停電対策、水防対策、伝送路の信頼性向上等による災害に強い電気通信設備の構築や、被災地との円滑な安否確認等に利用できる災害用伝言サービスの利用促進等、電気通信事業者による災害対策を推進した。

(7) 災害対策用移動通信機器の配備

総務省においては、非常災害時における被災地の通信手段の確保のため、地方公共団体等への災害対策用移動通信機器の貸出を行った。

(8) 消防防災無線通信設備の整備

消防庁においては、災害時における国・都道府県・市町村相互間における情報の収集伝達の確実化及び迅速化を推進するため、全国的な消防防災通信ネットワークの整備等、機能の高度化に努めた。

(令和3年度決算額　407百万円)

(9) 緊急消防援助隊関係施設及び資機材の整備

消防庁においては、南海トラフ地震等の大規模災害への対応力を国として強化するため、緊急消防援助隊を計画的に増強整備し、より効果的な活動体制を構築するために、消防用車両等の整備について、市町村等に対し補助を行った。

(令和3年度決算額　5,387百万円)

(10) 消防防災施設の整備

消防庁においては、地震や火山噴火等に伴う大規模災害や特殊災害、増加する救急需要等に適切に対応し、住民生活の安心・安全を確保するため、消防防災施設の整備について、市町村等に対し補助を行った。

(令和3年度決算額　1,537百万円)

（11）文化財の防災対策の推進

　文化庁においては、文化財を火災や盗難から守り確実に次世代へ継承していくため、防火・防犯設備の設置・改修、保存活用施設の整備、建造物の耐震診断・耐震化工事等の事業に対して補助を行った。

（令和３年度決算額　34,895百万円の内数）

（12）災害拠点病院の整備

　厚生労働省においては、災害拠点病院の整備について補助を行った。

（令和３年度決算額　118百万円）

（13）広域災害・救急医療情報システムの整備

　厚生労働省においては、都道府県が既存の救急医療情報センター事業を再編強化し、災害時において医療機関の稼動状況、医師・看護師等スタッフの状況、災害派遣医療チーム（DMAT）等災害医療に係る総合的な情報収集を行うため、厚生労働省、保健所、消防本部、病院等とのネットワーク化を図るための整備について補助等を行った。

（令和３年度決算額　628百万円）

（14）社会福祉施設の整備

　厚生労働省においては、障害者支援施設等における防災対策上必要な施設整備に対する補助を行った。

（令和３年度決算額　16,591百万円の内数）

　厚生労働省においては、地域密着型の特別養護老人ホーム等における防災対策上必要な施設整備に対する補助を行った。

（令和３年度決算額　7,776百万円の内数）

　厚生労働省においては、児童福祉施設等における防災対策上必要な施設整備に対する補助を行った。

（令和３年度決算額　89,838百万円の内数）

（15）航空搬送拠点臨時医療施設（ＳＣＵ）の医療資機材施設設備の整備

　厚生労働省においては、被災地では対応が困難な重傷者を被災地外の医療施設へ航空機により搬送するために、空港等に設置される臨時の医療施設（ＳＣＵ）に必要な医療資機材設備の整備について補助した。

（令和３年度決算額　28百万円）

（16）漁港漁村の防災対策施設の整備

　農林水産省においては、南海トラフ等の切迫する大規模な地震・津波等の大規模自然災害に備え、国土強靱化及び人命・財産の防護の観点から全国の漁業地域の安全の確保等に向けた対策を行った（後掲　第３章２-２（14）、３-２（４））。

（令和３年度決算額　107,635百万円の内数　※この他に農山漁村地域整備交付金の内数）

（17）農山村の防災機能強化の促進

　農林水産省においては、豪雨等に対する防災機能の向上に資する林道等の整備に対し助成を行った。

（令和３年度決算額　5,588百万円の内数　※この他に農山漁村地域整備交付金、地方創生推進交付金（内閣府計上）の内数）

（18）緊急時の農業水利施設の活用

　農林水産省においては、農業水利施設から緊急時の消防用水及び生活用水の取水を可能とするための防火水槽、吸水枡、給水栓等の施設整備を推進した。

（令和３年度決算額　83,433百万円の内数）

（19）河川・道路管理用無線通信設備等の整備

　国土交通省においては、電話、河川情報、道路情報、レーダ雨量データ、監視カメラ映像やテレビ会議等の河川管理、道路管理、災害対応に必要な情報を流通させるための通信基盤となる光ファイバネットワークと多重無線通信網をシームレスに接続するＩＰ統合通信網の整備を引き続き実施した。また、河川・道路管理用の移動体通信システムとしてデジタル陸上移動通信システム（Ｋ-λ）、衛星を経由してヘリコプターからの災害映像を伝送するヘリサット及び衛星を経由して車両からの災害映像を伝送するＣａｒ-ＳＡＴ（カーサット）を順次導入した。

（20）基幹的広域防災拠点の管理等

　国土交通省においては、首都直下地震や南海トラフ地震等の大規模災害発生時に広域的な災害応急対策を円滑に実施できるよう、基幹的広域防災拠点を適切に維持管理するとともに、緊急物資輸送等の訓練を実施した。

（令和３年度決算額　77百万円）

(21)「道の駅」の防災機能の強化

　国土交通省においては、災害時に地域の避難所等となる「道の駅」や広域的な復旧・復興活動拠点となる「道の駅」の防災機能強化を図った。

(22) 災害予防融資

　独立行政法人住宅金融支援機構等においては、災害予防融資により、「地すべり等防止法」（昭和33年法律第30号）による関連事業計画等に基づく住宅の移転等や、「宅地造成等規制法」（昭和36年法律第191号）、「急傾斜地の崩壊による災害の防止に関する法律」（昭和44年法律第57号）又は「建築基準法」による勧告又は命令を受けて擁壁又は排水施設の設置等を行う宅地防災工事を支援した。

(23) 気象観測施設の整備等

　気象庁においては、台風、豪雨、豪雪等の自然現象による災害の防止・軽減を図るため、新型気象レーダー（二重偏波気象レーダー）や地域気象観測システム（アメダス）の整備等を行った。

（令和3年度決算額　16,017百万円）

(24) 航路標識の防災対策の推進

　海上保安庁においては、航路標識の耐災害性強化対策及び老朽化等対策などを行った。

（令和3年度決算額　1,405百万円）

(25) 巡視船艇の整備等

　海上保安庁においては、巡視船艇・航空機等及び電子海図システムの整備等を行った。

（令和3年度決算額　135,226百万円）

(26) 海上防災体制の整備

　海上保安庁においては、油、有害液体物質等排出事故に対応するための防災資機材を充実させ、巡視船艇・航空機等による迅速的確に対処しうる体制を確保した。

（令和3年度決算額　92百万円）

(27) 海上保安施設等の耐災害性強化対策

　海上保安庁においては、被災又は停電等により救助・支援活動等に支障を来すおそれがある海上保安施設等について、非常用電源設備の設置や燃料供給体制の確保等を実施し、耐災害性の強化を図ることで、同施設等の機能喪失を防止した。

（令和3年度決算額　915百万円）

(28) 防災拠点等への再生可能エネルギー等の導入

　環境省においては、地域防災計画等に位置付けられた避難施設等に、平時の温室効果ガス排出抑制に加え、災害時にもエネルギー供給等の機能発揮が可能となり、災害時の事業継続性の向上に寄与する再生可能エネルギー設備等を導入する補助事業を実施した。

（令和3年度決算額　2,112百万円）

1-3　災害危険地住宅移転等

(1) 防災集団移転促進事業

　国土交通省においては、「防災のための集団移転促進事業に係る国の財政上の特別措置等に関する法律」（昭和47年法律第132号）に基づき、自然災害の発生した地域又は災害のおそれのある区域のうち、住民の居住に適当でない区域内にある住居の集団的移転を支援した。

（令和3年度決算額　33百万円）

(2) がけ地近接等危険住宅移転事業

　国土交通省においては、がけ崩れ、土石流、雪崩、地すべり、津波、高潮、出水等の危険から住民の生命の安全を確保するため、ハザードエリア内にある既存不適格住宅等の移転を支援した。

（令和3年度決算額　防災・安全交付金及び
社会資本整備総合交付金の内数）

1-4　その他

(1) 国土強靱化の推進

　内閣官房国土強靱化推進室においては、切迫する大規模災害が懸念される中、いかなる事態が発生しても人命を守り、行政・経済社会の重要機能に係る致命的損傷を回避すること等の事前防災・減災の考え方に立ち、政府横断的な国土強靱化（ナショナル・レジリエンス）への取組を推進するため、「国土強靱化基本計画」（平成30年12月14日閣議決定）や「国土強靱化

年次計画2021」（令和3年6月17日国土強靱化推進本部決定）、「防災・減災、国土強靱化のための5か年加速化対策」（令和2年12月11日閣議決定）に基づく取組を関係府省庁と連携して進めるとともに、地方公共団体や民間の取組促進を図った。

（2）実践的な防災行動推進事業経費

内閣府においては、「災害被害を軽減する国民運動の推進に関する基本方針」（平成18年4月21日中央防災会議決定）及び「災害被害を軽減する国民運動の具体化に向けた取組について」（平成18年12月13日専門調査会報告）に基づき、個人や家庭、地域、企業、団体等が日常的に減災のための行動と投資を息長く行う国民運動を展開した。

（令和3年度決算額　76百万円）

（3）災害ボランティア（多様な主体の）連携促進事業

内閣府においては、近い将来発生が危惧されている巨大災害等に備え、発災時にボランティア活動がより円滑かつ効果的に行われるよう、行政とボランティアの相互理解など、広く防災ボランティア活動に関する環境整備を図った。あわせて、ボランティアの連携を図るための相互交流・意見交換の場づくりや、行政及びボランティア関係者間の連携訓練などを実施した。

（令和3年度決算額　23百万円）

（4）社会全体としての事業継続体制の構築推進

内閣府においては、中央省庁における業務継続体制の確保のため、有識者による省庁業務継続計画の評価や中央省庁業務継続ガイドラインの改定に係る調査等を行った。また、民間企業・団体の事業継続体制の構築及び官民連携による防災活動の取組推進のため、自然災害に対する事前対策の効果を把握する調査を行った。

（令和3年度決算額　54百万円）

（5）「物資調達・輸送調整等支援システム」の整備

内閣府においては、国と地方公共団体の間で物資の調達・輸送等に必要な情報を共有し、迅速かつ円滑な被災者への物資支援に資する「物資調達・輸送調整等支援システム」について、保守・運用体制を確保したほか、より確実な災害時対応が可能となるよう、機能強化を図った。

（令和3年度決算額　54百万円）

（6）地域防災力の向上推進

内閣府においては、「自助」「共助」の精神に基づく地域コミュニティによる地域防災力の向上を推進するため、地区防災計画制度の普及啓発に向けた、地域における計画の作成支援を行った。

（7）被災者支援・復興対策の調査検討

内閣府においては、災害に係る住家被害認定業務実施体制の手引きや復旧・復興ハンドブック等を改訂し、地方公共団体に周知した。

（令和3年度決算額　35百万円）

（8）特定地震防災対策施設（阪神・淡路大震災記念 人と防災未来センター）の運営に関する助成

内閣府においては、特定地震防災対策施設（阪神・淡路大震災記念　人と防災未来センター）において行われる、阪神・淡路大震災を始めとする国内外の地震災害関連資料の収集・保存・展示や情報発信などに要する経費の一部を補助し、当該事業の推進を図った。

（令和3年度決算額　251百万円）

（9）防災広報

内閣府においては、「災害対策基本法」に基づく防災白書の作成のほか、国民各層に対する防災に関する正確な知識を提供するため、災害発生時にも迅速に情報提供を行うホームページを運営管理し、さらに、防災施策をわかりやすく伝達するための広報誌「ぼうさい」を発行する等の防災広報を幅広く展開した。

（令和3年度決算額　13百万円）

（10）防災計画の充実のための取組推進

内閣府においては、防災に関する計画の実効性向上を図るため、関係機関・地方公共団体の計画や災害時応援協定に基づく取組の促進等を行った。

（令和3年度決算額　8百万円）

第2部

令和3年度において防災に関してとった措置の概況

（11）災害対応業務標準化の推進

内閣府においては、災害対応に当たる地方公共団体等のニーズと民間企業等が持つ先進技術のマッチングや、効果的な活用事例の横展開等を行う場として「防災×テクノロジー官民連携プラットフォーム」（防テクPF）の設置等を行った。

災害対応現場で情報を集約・地図化するISUT（Information Support Team）の実際の活動や訓練を通じて作成した地図について、各機関が災害対応で活用しやすくなるよう事例集の制作等を行った。

（令和３年度決算額　38百万円）

（12）災害対応力緊急強化事業

内閣府においては、避難所における新型コロナウイルス感染症対策等を促進するため、感染症対策や発災時の防災部局と保健所・医療機関等との連携体制の現状の調査を実施した。

（令和３年度決算額　16百万円）

（13）被災者支援に関する総合的対策の推進

内閣府においては、要配慮者の避難の実効性を確保し、全国的な策定推進を図るため、個別避難計画の策定のモデル事業等を実施した。

（令和３年度決算額　37百万円）

（14）地域女性活躍推進交付金事業

内閣府においては、地域における女性の職業生活における活躍推進に資する取組と併せて実施する、地域防災において女性のリーダーシップを推進するための取組等を支援した。

（令和３年度決算額　805百万円の内数）

（15）地域における男女共同参画促進を支援するためのアドバイザー派遣事業

内閣府においては、女性視点での災害対応の強化を図るため、「災害対応力を強化する女性の視点～男女共同参画の視点からの防災・復興ガイドライン～」等の地域における活用を図った。

（令和３年度決算額　１百万円の内数）

（16）新型コロナウイルス感染症を踏まえた災害対応における男女共同参画センター相互支援促進事業

内閣府においては、自然災害による被害が激甚化・頻発化する事態への喫緊な対応が求められている中で、避難所運営などの防災・復興の取組に女性の視点を反映するため、男女共同参画センター相互の連携強化、災害時の情報発信等の支援を行った。

（令和３年度決算額　６百万円）

（17）新たな日常を構築するための地域における男女共同参画促進に関する実践的調査・研究

内閣府においては、地域で女性が防災活動をする際の課題、自主防災組織等の先進的な取組を調査・分析し、女性の防災リーダーが地域で活躍するためのノウハウ・活動事例集を作成した。

（令和３年度決算額　７百万円）

（18）大規模災害対策の推進

警察庁においては、大規模災害発生時における広域部隊派遣計画の策定・検討や災害に強い警察情報通信基盤等の整備を進めるとともに、災害発生時には警察用航空機（ヘリコプター）や通信衛星を利用した映像伝送等により現場情報を収集・伝達するなど、災害警備対策の強化を図った。

（令和３年度決算額　3,496百万円）

（19）道路交通情報の充実

警察庁及び国土交通省においては、高度化光ビーコンやETC2.0、交通情報板、道路情報板等を活用し、的確な道路交通情報の収集・提供を推進した。

また、警察庁においては、災害時における効果的な交通規制、避難路の確保等を行うため、都道府県公安委員会が収集する交通情報と民間事業者が保有するプローブ情報を融合して活用・提供するための広域交通管制システムを引き続き運用するなど、災害時の交通情報提供の充実を図った。

さらに、警察庁、総務省及び国土交通省においては、VICS（道路交通情報通信システム）を活用して提供される道路交通情報の充実

に資する取組を推進した。

　このほか、国土交通省においては、道路利用者の利便性を向上させるため、豪雨等による事前通行規制区間において実施する規制開始・解除の見通し情報の提供に努めた。

（令和３年度決算額　228百万円）

（20）無線局における災害対策

　総務省においては、防災関係機関の無線局の免許、定期検査等に際し、免許人に対して、災害に対する保安対策、予備の無線設備と予備電源の装備や自家発電装置の設置等の停電対策及び非常災害時に備えた訓練の実施を行うよう引き続き指導した。

　なお、総務省では、電気通信事業者に対し、災害対応の重要拠点となる市町村役場等をカバーする移動体通信の基地局や固定通信の収容局における予備電源の長時間化について、少なくとも24時間停電対策等を求めることとし、情報通信ネットワーク安全・信頼性基準の改正を行った。

（21）非常時情報伝達ネットワークの維持・運用

　総務省においては、災害時等における電気通信設備の大規模な被災や輻輳が発生した場合において、被災状況の即時把握等、国・電気通信事業者間の効率的な情報共有を可能とするための非常時情報伝達ネットワークを運用した。

（令和３年度決算額　2百万円）

（22）地域防災等のためのＧ空間情報の利活用推進（Ｌアラートの普及促進等）

　総務省においては、地方公共団体職員等利用者を対象としたＬアラートに関する研修を実施した。また、地域における防災等の課題へのＧ空間情報の利活用推進に向けた普及啓発・人材育成等を実施した。

（令和３年度決算額　46百万円）

（23）テレワーク普及展開推進事業

　総務省においては、災害時等の事業継続にも有効なテレワークについて、関係者と連携し、テレワーク・デイズ等の普及啓発、専門家による無料相談事業の実施等の導入支援等を行った。

（令和３年度決算額　247百万円）

（24）防災拠点等における公衆無線ＬＡＮ環境の整備促進

　総務省においては、発災時に住民等が自治体等からの災害関連情報を確実かつ迅速に入手可能となるよう、防災拠点等に公衆無線ＬＡＮ環境の整備を実施する地方公共団体等への支援を行った。

（令和３年度決算額　310百万円）

（25）「新たな日常」の定着に向けたケーブルテレビ光化による耐災害性強化事業

　総務省においては、災害時に、放送により確実かつ安定的な情報伝達が確保されるよう、条件不利地域等に該当する地域におけるケーブルテレビネットワークの光化に要する費用の一部を支援した。

（令和３年度決算額　1,624百万円）

（26）全国瞬時警報システム（Ｊアラート）の安定運用

　消防庁においては、弾道ミサイル情報や緊急地震速報、津波警報等の緊急情報を住民に瞬時に伝達するシステムであるＪアラートについて、情報受信団体における常時良好な受信環境及び安定的な運用を確保するため、同システムの保守・管理を行った。

（令和３年度決算額　349百万円）

（27）全国瞬時警報システム（Ｊアラート）更改に伴う設計・開発

　消防庁においては、平成27年のＪアラートの更改から６年が経過し、ソフトウェア及びハードウェアの保守に関するサポート期限を迎えることから、これを機に機能強化、自治体ニーズへの対応や開発・運用コストの低減を目的とした次期Ｊアラートの設計・開発を行った。

（令和３年度決算額　509百万円）

（28）地域防災計画の見直しの推進

　消防庁においては、地域防災計画の見直しを推進するため、地域の実情に即した具体的かつ実践的な計画になるよう、地方公共団体に対し要請・助言等を行った。また、地域防災計画データベースの運用により、地方公共団体間の

計画内容の比較・検証を通じたより適切な計画への見直しを支援し、防災体制の充実を推進した。

全国消防救助シンポジウムを開催し、救助隊員の救助技術・知識の向上を図った。

（令和3年度決算額　12百万円）

（29）緊急消防援助隊派遣体制及び情報通信機能の整備

消防庁においては、緊急消防援助隊の迅速・安全な出動及びより効果的な部隊運用を図るため、地域ブロック合同訓練の実施、またヘリコプター動態管理システム及び動態情報システムの保守管理を行った。

（令和3年度決算額　204百万円）

（30）緊急消防援助隊の機能強化

消防庁においては、近年、激甚化・頻発化する土砂・風水害、南海トラフ地震を始めとする切迫する大地震など、大規模な自然災害やNBC災害に備えるとともに、緊急消防援助隊の充実と即応体制の強化を図るため、「消防組織法」（昭和22年法律第226号）第50条に基づく国有財産等の無償使用制度を活用して、必要な車両及び資機材を整備した。

（令和3年度決算額　1,103百万円）

（31）消防団を中核とした地域防災力の充実強化

消防庁においては、地方公共団体による女性や若者等の入団を促進するために地域の企業や大学等と連携して消防団員を確保する取組の支援、地域防災力充実強化大会の開催、装備・教育訓練の充実強化等により、消防団等の充実強化を図った。

（令和3年度決算額　1,568百万円）

（32）救急業務の充実強化

消防庁においては、高齢化の進展等を背景とする救急需要の増大に対応し救命率を向上させるため、救急車の適正利用の推進や、救急業務の円滑な実施と質の向上など、救急業務を取り巻く諸課題への対応策について検討を行った。

（令和3年度決算額　80百万円）

（33）救助技術の高度化の推進

消防庁においては、複雑・多様化する消防の救助活動における課題を克服し、救助技術の高度化を図るため、救助技術の高度化等検討会、

（34）市町村の消防の広域化及び消防の連携・協力の推進

消防庁においては、消防の広域化及び消防の連携・協力の取組を促進するため所要の地方財政措置を講じるとともに、「消防の広域化及び消防の連携・協力モデル構築事業」の実施や「消防広域化推進アドバイザー」の派遣等を行った。

（令和3年度決算額　14百万円）

（35）消防職団員の惨事ストレス対策

消防庁においては、消防職団員の惨事ストレス対策の充実強化を図るため、緊急時メンタルサポートチーム登録者のスキルアップや増員等に係る取組を行うほか、消防本部等における惨事ストレス対策の取組について、支援を行った。

（令和3年度決算額　1百万円）

（36）災害応急対応に係る業務継続体制の確立

消防庁においては、首都直下地震時等において本庁舎が被災した場合であっても、全国の被害情報の収集や緊急消防援助隊の出動指示等の災害応急対応業務を迅速かつ的確に実施するため、代替拠点における必要な設備・資機材等の整備を行った。

（令和3年度決算額　2百万円）

（37）地方公共団体等における災害対応能力の強化

消防庁においては、地方公共団体等における災害対応能力を強化するため、市町村の受援計画及び業務継続計画（BCP）の策定支援や大規模災害時に首長を支援する「災害マネジメント総括支援員」等を対象とする研修、市町村長の災害危機管理対応力の向上を図ることを目的とした研修、インターネットを活用して防災教育を行う防災・危機管理e-カレッジのコンテンツの作成等を行った。

（令和3年度決算額　30百万円）

（38）災害対応無人航空機運用推進事業

消防庁においては、災害時にドローンを活用

した効果的な情報収集及び部隊運用体制を強化するため、消防職員を対象としたドローン運用アドバイザー研修と、アドバイザーによるドローン未導入消防本部等への普及啓発を推進した。

(令和３年度決算額　５百万円)

(39) 法務省における災害時の対処能力の維持

法務省においては、災害が発生し、庁舎・収容施設等が被災した場合に、法務省の業務を継続し、治安上の問題が生じないようにするため、庁舎・収容施設における防災・保安警備等の対処能力の維持を図った。

(令和３年度決算額　４百万円)

(40) 法務省における大規模災害発生直後から必要不可欠な行政機能の確保

法務省においては、矯正施設からの被収容者の逃亡による治安の悪化を防止するため、矯正施設の監視カメラ等の総合警備システム、デジタル無線機、非常用食料の更新整備を実施した。

(令和３年度決算額　1,397百万円)

(41) 文教施設の防災対策の強化・推進

文部科学省においては、児童生徒等の安全を確保するため、非構造部材の耐震対策を進めるとともに、学校施設の防災機能の強化に関する検討等、総合的・計画的な防災対策を強化・推進した。

(令和３年度決算額　４百万円)

文部科学省においては、災害ともいえる猛暑に起因する健康被害の発生状況等を踏まえ、早期にこどもたちの安全と健康を守るため、公立学校における空調設備の整備への支援を行った（後掲　第３章２-２ (7)）。

〔令和３年度決算額　210,661百万円の内数
(内閣府で計上している沖縄分を含む)〕

(42) 災害拠点病院等の活動支援

厚生労働省においては、以下の補助を行った。
・国が又は国が地方公共団体と連携して行う防災訓練等に参加・協力する災害拠点病院等の訓練参加費用
・災害時に被災地へ派遣された災害派遣医療チーム（DMAT）の活動費

(令和３年度決算額　８百万円)

(43) 災害福祉広域支援ネットワークの構築支援事業

厚生労働省においては、災害時において災害時要配慮者（高齢者・障害者等支援が必要な方々）に対し緊急的に対応を行えるよう、民間事業者、団体等の福祉支援ネットワークを構築する事業に対する補助を行った。

(令和３年度決算額　804,076百万円の内数)

(44) 災害派遣医療チーム（DMAT）体制整備

厚生労働省においては、医師、看護師等に対し、DMAT隊員養成研修を実施した。また、DMATを統轄し、DMAT隊員の技能継続研修等を行うDMAT事務局の運営の補助を行った。

厚生労働省においては、災害時に被災地の医療に係る被害状況を把握し、迅速かつ的確な医療の確保を図るため、災害医療の専門家が速やかに被災地に入るためのヘリコプターのチャーター費用の補助を行った。

(令和３年度決算額　401百万円)

(45) 独立行政法人国立病院機構における災害医療体制整備

独立行政法人国立病院機構においては、災害時の医療を確実に実施するため、初動医療班の派遣体制の整備等を行った。

(46) 山村地域の防災・減災対策

農林水産省においては、山地災害による被害を軽減するため、治山施設の設置等のハード対策と併せて、地域における避難体制の整備等の取組と連携して、山地災害危険地区の位置情報を住民に提供する等のソフト対策を推進した。

(令和３年度決算額　8,889百万円の内数)

(47) 防災情報ネットワークの整備

農林水産省においては、国営造成土地改良施設や農業用ため池の被災や地域の被災を未然に防止するため、防災上重要な水位等の観測データや災害時の緊急点検状況、被害状況をリアルタイムで行政機関、施設管理者等が共有できるシステム等の整備、保守運用を行った。

(令和３年度決算額　12,055百万円の内数)

(48) 中小企業に対する事業継続力強化計画等の策定に関する支援

経済産業省においては、中小企業に対して、事業継続力強化計画等の自然災害等のリスクに備えるための計画の策定を支援した。

株式会社日本政策金融公庫においては、中小企業自らが策定した事業継続計画や、経済産業大臣が認定した事業継続力強化計画等に基づき防災に資する設備等の整備を行う者に対し、融資を行った。

(49) 石油備蓄事業補給金

経済産業省においては、石油精製業者等が所有するタンクを借上げ、経費相当額を補給金として支払い、ガソリン・軽油等の製品形態での国家石油備蓄の維持・管理を行った。

（令和３年度決算額　25,912百万円の内数）

(50) 災害時に備えた社会的重要インフラへの自衛的な燃料備蓄の推進事業費補助金

経済産業省においては、需要家側への燃料備蓄を促進し、災害時のエネルギー供給の安定化を図るため、避難所、多数の避難者が生じる施設等にＬＰガスタンクや石油製品タンク等を設置するために必要な経費の一部を支援した。

（令和３年度決算額　5,375百万円）

(51) 災害時に備えた地域におけるエネルギー供給拠点の整備事業費

経済産業省においては、災害時の石油製品の安定供給を確保するため、自家発電設備を備えた「住民拠点ＳＳ」の整備やＳＳの地下タンクの大型化に伴う入換、ＳＳの災害対応能力強化のための研修・訓練等に係る費用について支援した。

（令和３年度決算額　1,136百万円）

(52) 石油ガス地域防災対応体制整備事業

経済産業省においては、災害時におけるＬＰガスの安定供給確保のため、中核充塡所の新設・機能拡充や、災害時石油ガス供給連携計画を確実に実施していくための訓練に係る取組を支援した。

（令和３年度決算額　740百万円の内数）

(53) 石油コンビナートの生産性向上及び強じん化推進事業

経済産業省においては、大規模災害時にも石油供給能力を維持するため、製油所等における設備の耐震・液状化対策や、被災地域外からの供給に必要な出入荷設備の増強対策、非常用発電設備の設置・増強等の支援と、特別警報級の大雨・高潮等を想定した製油所の排水設備の増強など、製油所等のレジリエンス強化を図るための企業の取組の支援を行った。

（令和３年度決算額　9,234百万円の内数）

(54) 地籍整備の推進

国土交通省においては、事前防災や災害後の迅速な復旧・復興等に貢献する地籍調査を推進するとともに、「防災・減災、国土強靱化のための５か年加速化対策」に基づき、土砂災害特別警戒区域等における地籍調査の実施を重点的に支援した。

（令和３年度決算額　6,151百万円
※この他に防災・安全交付金及び
社会資本整備総合交付金の内数）

(55) 緊急災害対策派遣隊（ＴＥＣ－ＦＯＲＣＥ）による大規模災害時の対応体制の強化

国土交通省においては、大規模自然災害に際して、全国の地方整備局等の職員により組織する緊急災害対策派遣隊（ＴＥＣ－ＦＯＲＣＥ）により被災状況の把握や被害拡大防止に関する被災地方公共団体等の支援を行うとともに、被災地の早期復旧のための技術的支援を迅速に実施する体制の強化を推進した。

(56) 土地分類基本調査の実施

国土交通省においては、土地の改変が進み不明確となっている土地本来の自然条件や改変状況等の情報を整備した上で、それを災害履歴等と組み合わせてわかりやすく提供する土地履歴調査を、国が実施する土地分類基本調査として実施した。

（令和３年度決算額　32百万円）

(57) 平常時・災害時を問わない安全かつ円滑な物流等の確保

国土交通省においては、平常時・災害時を問

わない安定的な輸送を確保するため、国土交通大臣が物流上重要な道路輸送網を「重要物流道路」として指定し、機能強化や重点支援を実施するとともに、災害時においては、迅速な救急救命活動や緊急支援物資の輸送などを支えるため、地方管理道路の災害復旧等を国が代行できる制度を活用し、道路啓開や災害復旧の迅速化を図った。

(58) 災害に強い物流システムの構築

国土交通省においては、災害時のサプライチェーン維持のため、我が国の主要空港が被災した場合に備え、空港会社や航空貨物利用運送事業者等の物流関係者間の連絡調整体制のあり方、代替輸送のあり方について検討会を設置して検討を行い、ガイドラインを策定した。

（令和３年度決算額　９百万円）

(59) 被災宅地危険度判定制度の整備

国土交通省においては、大地震等による宅地被害の発生状況を迅速かつ的確に把握し、二次災害の防止・軽減や早期復旧に資する被災宅地危険度判定について、引き続き、都道府県等と連携し、実施体制の整備を支援した。

(60) 災害発生時の情報収集・共有等のための体制整備

国土交通省においては、災害発生時に被害の早期把握及び被災地方公共団体等への支援を的確かつ円滑に行うため、本省・地方運輸局等に緊急連絡機器（衛星携帯電話）や、情報収集・共有等のための体制を整備し運用を行った。

（令和３年度決算額　39百万円）

(61) 災害時における自転車の活用の推進

国土交通省においては、「自転車活用推進計画」（令和３年５月28日閣議決定）に基づき、被災状況の把握や住民の避難等、災害時における自転車の活用の推進に関する課題や有用性について検討した。

(62) 抜本的かつ総合的な防災・減災対策の推進

国土交通省においては、近年の気候変動の影響により激甚化・頻発化する水災害や切迫する大規模地震など、あらゆる自然災害から国民の

いのちとくらしを守るため、６月に「住民避難」と「輸送確保」を重点推進施策として、「総力戦で挑む防災・減災プロジェクト」を取りまとめ、同プロジェクトに基づき総力を挙げて防災・減災対策を推進した。

(63) 海上輸送を活用した災害廃棄物の広域処理における港湾での円滑な対応

国土交通省においては、海上輸送を活用した災害廃棄物の広域処理において、過去の災害の事例を踏まえ、港湾での取扱いに当たって生じる課題を整理するとともに、港湾の果たす役割や活用可能性について検討を行った。それら課題の対応策等について検討を進めた。

(64) 災害時における被災地域の道路交通機能の確保

国土交通省においては、昨今の災害時交通マネジメントの事例も踏まえ、地域防災計画へ位置付けることで、災害発生時に速やかに実施体制に移行できるよう、全国各地で行政、学識経験者、交通事業者、経済団体等からなる体制の事前構築を推進した。

(65) 港湾における災害情報収集等に関する対策の推進

国土交通省においては、衛星やドローン、カメラ等を活用して、港湾における災害関連情報の収集・集積を高度化し、災害発生時における迅速な港湾機能の復旧等に資する体制の構築を推進した。

(66) 空港ＢＣＰの実効性の強化

国土交通省においては、自然災害発生後、救急・救命活動や緊急物資輸送の拠点となる空港の機能をできるだけ速やかに確保するため、空港全体としての機能保持及び早期復旧に向けた目標時間や関係機関の役割分担等を明確化した空港ＢＣＰ（Ａ２（Advanced/Airport）-ＢＣＰ）に基づき、災害時の対応を行った。また、空港ＢＣＰの実効性の強化を図るため訓練等を実施した。

(67) 電子国土基本図と防災地理情報による防災対策の推進

国土地理院においては、我が国の国土を表す

地図の基本となる電子国土基本図や、火山周辺の地形等を詳細に表した火山基本図、土地の成り立ちや自然災害リスクの把握に役立つ地形分類情報等、防災対策の基礎となる情報の整備・更新を行った。

（令和3年度決算額　1,258百万円の内数）

(68) 防災地理情報による防災教育支援の推進

国土地理院においては、洪水等の自然災害リスクの把握に役立つ地形分類情報等の防災地理情報を活用した地域防災力向上のための防災教育支援を行った。

（令和3年度決算額　45百万円の内数）

(69) 災害発生時における浸水推定図等の作成

国土地理院においては、災害発生時における孤立者救助や洪水時の排水作業等の応急活動の迅速・効率化に資するため、被災状況に応じて、浸水推定図等の災害状況を表した図の作成を行った。

(70) 訪日外国人旅行者への災害発生時における情報提供

観光庁においては、訪日外国人旅行者向け災害時情報提供アプリ「Safety tips」において取り扱う熱中症情報の対象範囲が関東甲信地方の1都8県から全国に拡大されたところ、普及促進の取組を行った。

(71) 予報、警報その他の情報の発表及び伝達

気象庁においては、避難指示等の判断等、地方公共団体等が行う災害応急対策や、国民の自主的防災行動に資するため、適時適切な予報、警報及び大雨警報・洪水警報の危険度分布等の防災気象情報を発表するとともに、防災関係機関等に伝達し、災害の防止・軽減に努めた。また、各種天気図や波浪、海流及び海氷の実況・予想図等について気象無線模写通報（無線ファクシミリ放送）等による提供を行った。

(72) 気象庁による地域防災支援

気象庁においては、全国各地の気象台が、平時から地方公共団体に対し防災気象情報の利活用の促進を行うとともに、災害時には、首長等へのホットラインの実施、TEC-FORCEの一員として活動するJETT（気象庁防災対応支援チーム）の派遣等により、地方公共団体の防災対応の支援を行った。

(73) 走錨事故防止対策の推進

海上保安庁においては、臨海部に立地する施設の周辺海域において錨泊制限等の対策を実施するとともに、海域監視体制の強化を図った。

（令和3年度決算額　1,188百万円）

(74) 強靱な災害廃棄物処理システムの構築

環境省においては、災害廃棄物対策推進検討会において災害廃棄物を適正かつ円滑・迅速に処理するための必要事項を整理し、個別のワーキンググループにおいて検討事項の具体化を進めた。また、地方公共団体レベルの取組の加速化のための災害廃棄物処理計画策定支援等モデル事業、地域ブロックレベルでの広域連携を促進するための地域ブロック協議会、全国レベルで災害廃棄物対応力を向上させるためのD.Waste-Netや人材バンクの体制強化や各種の検討会等を実施した。

（令和3年度決算額　530百万円）

(75) 災害を想定したペットの適正飼養及び支援体制等強化推進

環境省においては、災害への対応について市町村等の基礎自治体と一般の家庭動物の飼い主に普及しつつ、市町村におけるペットとの同行避難の受入準備体制を構築するため、これまでに作成した「人とペットの災害対策ガイドライン」等を活用し、都道府県と市町村を中心に関係する民間組織や団体が一堂に会する災害対応訓練の実施内容及び時期について、関係自治体と調整した。

（令和3年度決算額　5百万円）

(76) 浄化槽長寿命化計画策定推進

環境省においては、浄化槽の長寿命化による国土強靱化を実現するため、浄化槽の計画的・効率的な更新、修繕、管理の最適化を推進する長寿命化計画策定のためのガイドラインの検討等を実施し、浄化槽長寿命化計画策定ガイドラインを公表した。また、同ガイドラインに基づく長寿命化のための改修等に対する国庫助成制度を創設した。

（令和3年度決算額　15百万円）

（77）生態系を活用した防災・減災（Ｅｃｏ－ＤＲＲ）の推進

環境省においては、生態系を活用した防災・減災（Ｅｃｏ－ＤＲＲ）の推進のため、かつての氾濫原や湿地等の再生による流域全体での遊水機能等の強化に向けた「生態系機能ポテンシャルマップ」の作成方法の検討等を進めた。

（令和３年度決算額　121百万円）

（78）災害対処能力の向上経費

防衛省においては、災害対処拠点となる駐屯地・基地等の機能維持・強化のための耐震改修等を促進するなど各種災害への対処能力の向上を図った。

（令和３年度決算額　209,430百万円）

② 地震災害対策

2-1 教育訓練

（1）緊急地震速報の訓練

内閣府、消防庁及び気象庁においては、国民が緊急地震速報を見聞きしたときに、慌てずに身を守る行動ができるよう、関係機関と連携して、全国的な訓練を実施し、国民に積極的な参加を呼びかけた。

（2）警察庁における教育訓練

警察庁においては、都道府県警察の幹部に対して地震災害発生時の災害応急対策等についての教育訓練を行った。また、都道府県警察に対して地震災害対策上必要な教育訓練の実施を指示した。

さらに、災害時に運転者が採るべき措置について、交通の方法に関する教則等を用いた普及啓発を図るよう都道府県警察を指導した。

（3）消防庁における震災対策訓練

消防庁においては、政府の総合防災訓練、図上訓練等に参加するとともに、大規模地震災害発生時における消防庁災害対策本部の機能強化を図るための地震・津波対応図上訓練や参集訓練を実施した。

（4）地震・津波対策訓練

国土交通省においては、9月1日の「防災の日」に際して国土交通省地震防災訓練を実施するとともに、11月5日の「津波防災の日」に際して、9月17日に改定した「国土交通省南海トラフ巨大地震対策計画」も踏まえ、地震による大規模津波の被害軽減を目指すとともに津波に対する知識の普及・啓発を図ることを目的として、大規模津波防災総合訓練を実施した。

（5）津波警報等の伝達訓練等

気象庁においては、津波警報等の発表の迅速化を図るための訓練を全国中枢（本庁・大阪）にて行うとともに、地方公共団体等が行う訓練にも積極的に参加協力した。さらに、南海トラフ地震臨時情報等に係る業務の訓練を実施した。

（6）海上保安庁における震災対応訓練等

海上保安庁においては、地震・津波災害対応に従事する職員を対象とした災害発生時の対応に係る教育を実施するとともに、9月1日の「防災の日」を中心に国が実施する総合防災訓練への参加等、関係機関と連携した地震災害対応訓練等を実施した（後掲　第3章3-1（2））。

（令和３年度決算額　4百万円）

2-2 防災施設設備の整備

（1）広域防災拠点の維持管理

内閣府においては、首都直下地震等により広域的な災害が発生した場合の災害応急対策活動の拠点となる、立川災害対策本部予備施設及び東京湾臨海部基幹的広域防災拠点（有明の丘地区及び東扇島地区）の維持管理を行った（後掲第3章3-2（1））。

（令和３年度決算額　128百万円）

（2）政府現地対策本部設置のための施設整備の推進

内閣府においては、日本海溝・千島海溝周辺海溝型地震が発生し、現地対策本部を設置する場合の設置場所候補である官庁施設について、現地対策本部の迅速な立ち上げと円滑な災害対応に資するための改修を行った（後掲　第3章3-2（2））。

（令和３年度決算額　95百万円）

（3）公共施設等耐震化事業の推進

　総務省及び消防庁においては、地震等の大規模災害発生時の被害を軽減し、住民の安全を確保できるよう、公共施設等耐震化事業として地方財政措置を講じることにより、地方公共団体が行う災害対策拠点となる公共施設等や地域防災計画上の避難所とされている公共施設等の耐震化を推進した。

（4）地震防災機能を発揮するために必要な合同庁舎の整備

　財務省及び国土交通省においては、地域の地震防災活動の拠点としての役割を担っている国の庁舎の耐震化の状況が十分とは言えないことを踏まえ、地震防災機能を発揮するために必要な合同庁舎の整備を実施した。

（令和３年度決算額　4,327百万円）

（5）庁舎及び合同宿舎等の耐震化の推進

　財務省においては、震災発生時における来庁者等の安全確保の観点から耐震性能の不足している庁舎等について計画的に耐震改修等を実施した。

（令和３年度決算額　64百万円）

（6）国立大学等施設の整備

　文部科学省においては、地震による建物への被害等を防止し、学生等の安全を確保するため、国立大学等施設の耐震化及び非構造部材の耐震対策等への支援を行い、防災機能の強化を推進した。

（令和３年度決算額　113,665百万円の内数）

（7）公立学校施設の整備

（再掲　第３章１-４（41））

　文部科学省においては、児童生徒等の学習・生活の場であるとともに、災害時には地域住民の避難所としての役割も果たす公立学校施設について非構造部材を含めた耐震対策等への支援を行い、防災機能の強化を推進した。

（令和３年度決算額　210,661百万円の内数）
（内閣府で計上している沖縄分を含む）

（8）私立学校施設の整備

　文部科学省においては、大規模災害時における幼児児童生徒及び学生の安全確保を図る観点

から、学校施設の耐震化や防災機能強化を促進するため、校舎等の耐震改築（建替え）事業、耐震補強事業及び防災機能強化のための整備等を支援した。早期の耐震化完了を目指した。

（令和３年度決算額　16,122百万円の内数）

（9）社会体育施設の整備

　文部科学省においては、地域のスポーツ活動の場であるとともに、災害時には避難所としての役割を果たす社会体育施設について、耐震性が確保されていないと判断された施設の耐震化等について国庫補助を行った。

（令和３年度決算額　168,355百万円の内数）
（内閣府で計上している沖縄分を含む）

（10）医療施設の耐震化

　厚生労働省においては、政策医療を担う病院やＩs値が0.3未満の建物を有する病院が行う病棟等の建築物の耐震整備に対する補助を行った。

（令和３年度決算額　1,409百万円）

　また、政策医療を担う病院が行う耐震診断に対する補助を行った。

（11）水道施設の耐震化等

　厚生労働省においては、災害時においても安全で良質な水道水を安定的に供給するための水道施設や、疾病の予防・治療等の拠点となる保健衛生施設等について、地方公共団体等が実施する耐震化等を推進した。

（令和３年度決算額　45,833百万円）

（12）独立行政法人国立病院機構の施設整備

　独立行政法人国立病院機構においては、老朽建物の建替え等に取り組み、耐震性の向上を図った。

（13）治山事業の推進

　農林水産省においては、地震による山地災害を防止し、これによる被害を最小限にとどめるため、地震等による山地災害の発生の危険性が高い地区における治山施設の整備等を重点的に実施した（後掲　第３章３-２（3）、４-２（1）、５-２（2）、６-２（3）、第４章2）。

（令和３年度決算額　103,333百万円の内数
※この他に農山漁村地域整備交付金の内数）

（14）漁港漁村の防災対策施設の整備

（再掲　第3章1-2（16））

（後掲　第3章3-2（4））

（15）海岸保全施設の整備

　農林水産省及び国土交通省においては、地震対策として、大規模地震の発生が危惧される地域等における海岸保全施設の整備を推進した（後掲　第3章3-2（5）、4-2（2）、第4章5）。

　　　（令和3年度決算額　47,353百万円の内数
　　　※この他に農山漁村地域整備交付金、防災・安全交金及び社会資本整備総合交付金の内数）

（16）農業水利施設の耐震化等

　農林水産省においては、地震対策として、大規模地震の発生が危惧される地域等における農業水利施設の耐震化等を推進した。

　　　（令和3年度決算額　270,874百万円の内数
　　　※この他に農山漁村地域整備交付金の内数）

（17）官庁施設の耐震化等の推進

　国土交通省においては、所要の耐震性能を満たしていない官庁施設について、人命の安全の確保及び防災機能の強化と災害に強い地域づくりを支援するため、耐震化を推進した。

　あわせて、大規模空間を有する官庁施設の天井耐震対策、災害応急対策活動に必要となる官庁施設の電力の確保等を推進した。

　　　（令和3年度決算額　18,297百万円の内数）

（18）建設機械の整備

　国土交通省においては、土砂災害等の応急復旧作業等に必要な機械を整備した。

（19）盛土による災害の防止

　国土交通省、農林水産省及び林野庁においては、盛土による災害防止に向けた総点検を踏まえ、都道府県等が行う盛土の安全性把握のための詳細調査及び盛土の撤去や擁壁設置等の対策を支援し、環境省においては、都道府県等が行う産業廃棄物の不法投棄等の可能性がある盛土に対する詳細調査及び支障除去等事業を支援した（後掲　第3章4-2（5））。

　　　（令和3年度決算額　防災・安全交付金、農山漁村地域整備交付金及び産業廃棄物不法投棄等原状回復措置推進費補助金の内数）

（20）地震災害に強いまちづくりの推進

　国土交通省においては、地震災害に対する都市の防災性向上のための根幹的な公共施設等の整備として、次の事業を実施した。

・避難地、避難路、帰宅支援場所及び防災活動拠点となる都市公園の整備

　　　（令和3年度決算額　37,733百万円の内数
　　　※この他に防災・安全交付金及び社会資本整備総合交付金の内数）

・密集市街地等において避難路として活用される道路等における街路事業の実施

　　　（令和3年度決算額　2,558,061百万円の内数
　　　※この他に防災・安全交付金及び社会資本整備総合交付金の内数）

・避難地・避難路の整備を都市の防災構造化と併せて行う土地区画整理事業の実施

　　　（令和3年度決算額　防災・安全交付金及び社会資本整備総合交付金の内数）

・避難地として活用される都市公園予定地等の取得を行う地方公共団体に対する都市開発資金の貸付

　　　（令和3年度決算額　1,658百万円の内数）

　また、地震災害に強い都市構造の推進として、次の事業を実施した。

・密集市街地を始めとする防災上危険な市街地における都市防災総合推進事業の実施

　　　（令和3年度決算額　防災・安全交付金の内数）

・三大都市圏の密集市街地の改善整備及び避難路として活用される道路の整備等による防災性の向上に資する都市再生区画整理事業の実施

　　　（令和3年度決算額　防災・安全交付金及び社会資本整備総合交付金の内数）

・防災上危険な密集市街地等における市街地再開発事業等の実施

　　　（令和3年度決算額　12,291百万円の内数
　　　※この他に防災・安全交付金及び社会資本整備総合交付金の内数）

・都市構造再編集中支援事業等を活用した災害弱者施設（病院、老人デイサービスセンター等）の移転や耐震性貯水槽、備蓄倉庫、避難空間等の整備の実施

　　　（令和3年度決算額　71,707百万円の内数
　　　※この他に社会資本整備総合交付金の内数）

第
2
部

令和3年度において防災に関してとった措置の概況

・都市機能が集積する地域における災害時の滞在者等の安全を確保する都市安全確保促進事業の実施

　　　　（令和3年度決算額　82百万円の内数）
・地下街の防災対策のための計画の策定や、同計画に基づく避難通路や地下街設備の改修等を支援する地下街防災推進事業の実施

　　　　（令和3年度決算額　415百万円の内数）
・密集市街地等における延焼防止の促進のため、密集市街地等における空き地等の延焼防止効果を向上するための緑化を支援

　　　　（令和3年度決算額　214百万円の内数）
※この他に防災・安全交付金及び社会資本整備総合交付金の内数）
・都市機能が集積した拠点地区において、災害時にエネルギーの安定供給が確保される業務継続地区の構築を支援

　　　（令和3年度決算額　15,882百万円の内数）
・災害時に都市の機能を維持するための拠点市街地の整備の実施
（令和3年度決算額　防災・安全交付金の内数）

(21) 下水道における震災対策

　国土交通省においては、地震時においても下水道が果たすべき役割を確保するため、重要な下水道施設の耐震化・耐津波化を図る「防災」と被災を想定して被害の最小化を図る「減災」を組み合わせた総合的な地震対策を推進した。

　　　（令和3年度決算額　防災・安全交付金及び
　　　　社会資本整備総合交付金の内数）

(22) 河川の耐震・液状化対策

　国土交通省においては、地震による液状化等により、多くの堤防が被災したことを踏まえ、堤防・水門等の耐震・液状化対策を推進し、被害の防止・軽減を図った。

(23) 土砂災害による災害の防止

　国土交通省においては、地震により土砂災害が発生した場合、防災拠点、重要交通網、避難路等への影響や、孤立集落の発生等が想定される土砂災害警戒区域等について、土砂災害防止施設の整備を推進した。

(24) 道路における震災対策

　国土交通省においては、大規模災害への備え

として、高規格道路のミッシングリンクの解消及び暫定2車線区間の4車線化、高規格道路と代替機能を発揮する直轄国道とのダブルネットワークの強化等を推進するとともに、ロッキング橋脚橋梁、緊急輸送道路上の橋梁、同道路をまたぐ跨道橋の耐震補強の推進や無電柱化等各種道路事業を実施した。また、バイクや自転車、カメラの活用に加え、ＵＡＶ（無人航空機）による迅速な状況把握や官民ビッグデータなども活用した「通れるマップ」の情報提供・共有の仕組みの構築を推進するとともに、道路の高架区間等を活用した津波や洪水からの浸水避難対策を推進した。

　　（令和3年度決算額　2,558,061百万円の内数
※この他に防災・安全交付金及び社会資本整備総合交付金の内数）

(25) 不良住宅の除却の推進

　国土交通省においては、不良住宅が密集すること等によって保安、衛生等に関し危険又は有害な状況にある地区において、地方公共団体が不良住宅を除却し、従前居住者向けの住宅を建設するとともに、生活道路等を整備する住宅地区改良事業等について補助を行った。

　　　（令和3年度決算額　防災・安全交付金及び
　　　　社会資本整備総合交付金の内数）

(26) 住宅市街地の防災性の向上

　国土交通省においては、既成市街地において、都市機能の更新、密集市街地の整備改善等の政策課題に、より機動的に対応するため、住宅や生活支援施設等の整備、公共施設整備等を総合的に行う事業について補助を行った。

　　　（令和3年度決算額　99,597百万円の内数
※この他に防災・安全交付金及び社会資本整備総合交付金の内数）

(27) 帰宅困難者等の受入拠点施設整備の推進

　国土交通省においては、南海トラフ地震、首都直下地震等の大規模災害時において、大量に発生する帰宅困難者等への対応能力を事前に確保するため、災害時の帰宅困難者等の受入拠点となる施設の整備を促進した。

　　　（令和3年度決算額　14,000百万円の内数）

(28) 老朽公営住宅の建替え等の推進

国土交通省においては、地方公共団体が行う耐震性の低い既存の公営住宅団地の建替事業及び耐震改修事業に要する費用の一部に対して防災・安全交付金等を交付した。

(令和3年度決算額　防災・安全交付金及び
社会資本整備総合交付金の内数)

(29) 港湾における地震対策の推進

国土交通省においては、最新の地震被害想定等を踏まえ、大規模災害の緊急物資輸送、幹線物流機能の確保のため、ネットワークを意識した耐震強化岸壁の整備や臨港道路の耐震化等を推進した。

(令和3年度決算額　339,207百万円の内数
※この他に防災・安全交金及び
社会資本整備総合交付金の内数)

(30) 総合的な宅地防災対策の推進

国土交通省においては、大地震等による盛土造成地の滑動崩落や液状化の宅地被害を防止・軽減するため、大規模盛土造成地マップや液状化マップを活用し、宅地耐震化推進事業による防止対策に向けた詳細調査や対策工事の実施を推進した。

(令和3年度決算額　防災・安全交付金の内数)

(31) 情報通信基盤の整備

国土交通省においては、災害時に迅速かつ的確に災害情報等を収集し、関係機関に伝達するとともに、災害対応や情報提供に資する電気通信設備・情報通信基盤の整備を推進した。

(32) 民有港湾施設の耐震改修の促進

国土交通省においては、大規模地震発生後も耐震強化岸壁や石油製品入出荷施設に至る航路機能を維持し、緊急物資や燃油物資を輸送・供給するため、航路沿いの民有護岸等の耐震改修に対する無利子貸付制度並びに固定資産税及び法人税の特例措置により、民間事業者による耐震改修を支援した。

(令和3年度決算額　339,207百万円の内数)

(33) 鉄道施設の地震防災対策

国土交通省においては、鉄道事業者に対して鉄道施設の地震防災対策を推進するよう指導を

行った。また、南海トラフ地震、首都直下地震等に備えて、主要駅や高架橋等の鉄道施設の耐震対策を一層推進した。

(令和3年度決算額　鉄道施設総合安全対策事
業費補助　8,068百万円の内数
都市鉄道整備事業費補助（地下高速鉄道）
5,746百万円の内数)

(34) 住宅・建築物等の耐震診断・耐震改修の促進

国土交通省においては、地震の際の住宅・建築物やブロック塀等の倒壊等による被害の軽減を図るため、「建築物の耐震改修の促進に関する法律」（平成7年法律第123号）の的確な運用に努めるとともに、住宅・建築物等の耐震性の向上に資する事業について補助を行った。

(令和3年度決算額　99,597百万円の内数
※この他に防災・安全交付金及び
社会資本整備総合交付金の内数)

(35) 耐震改修工事融資

独立行政法人住宅金融支援機構等においては、耐震改修工事又は耐震補強工事に対する融資により、戸建住宅やマンションの耐震性の向上を支援した。

(36) 空港の耐震対策

国土交通省においては、地震発生後における救急・救命活動等の拠点機能の確保や航空ネットワークの維持を可能とするため、滑走路等の耐震対策を実施した。

(令和3年度決算額　337,265百万円の内数)

(37) 一般廃棄物処理施設の防災対策

環境省においては、今後想定される首都直下型地震、南海トラフ巨大地震における災害廃棄物の量が、東日本大震災を遙かに上回ると予想されることから、災害時において迅速な復旧・復興を可能とするため、市町村が行う一般廃棄物処理施設の防災機能の向上のための整備事業に対して循環型社会形成推進交付金等を交付した。

(令和3年度決算額　78,018百万円)

（1）地震対策の推進

内閣府においては、日本海溝・千島海溝沿いで想定される最大クラスの地震・津波による人的・物的・経済的被害、防災対策の検討等を行った（後掲 第3章3-3（1））。

（令和3年度決算額 227百万円）

（2）南海トラフ地震及び首都直下地震応急対策活動に係る具体計画の検証及び病院船の活用に関する検討等

内閣府においては、大規模地震（南海トラフ地震、首都直下地震）の応急対策活動の具体計画の実効性を高めるため、緊急輸送ルート確保、被災地内の医療確保、支援物資の調達と輸送調整に係る計画内容の検証及び病院船の活用に関する検討等を行った。

（令和3年度決算額 47百万円）

（3）都市再生安全確保計画の作成及び改善・更新の促進

内閣府及び国土交通省においては、都市再生緊急整備地域における滞在者等の安全の確保を図るため、国、地方公共団体、民間事業者等の関係者の適切な役割分担・連携方法等を定め、それぞれが定められた事業又は事務を着実に実施できるようにする都市再生安全確保計画の作成及び改善・更新を促進し、都市の安全の確保を図った。

（4）総合防災情報システムの整備

内閣府においては、地震発災直後の被害推計、地理空間情報を活用した防災関係機関の情報共有により政府の初動対応を支援する総合防災情報システムの安定的な運用を行うとともに、他機関が保有する情報システムとの連携強化を図った（後掲 第3章3-3（2）、5-3（2））。

（令和3年度決算額 973百万円）

（5）交通対策の推進

警察庁においては、都道府県警察から詳細な交通情報をリアルタイムで収集し、広域的な交通管理に活用する広域交通管制システムを的確に運用した。

また、災害に備えた交通安全施設等の整備を推進するとともに、交通規制計画等に基づき、隣接都府県警察等と連携した総合的かつ実戦的な訓練を実施するよう都道府県警察に対して指導した。

（6）建築物の耐震化の推進

法務省においては、矯正施設及び法務官署施設について、庁舎の規模や耐震診断結果等に応じて、耐震改修又は庁舎新営による耐震化を計画的に実施した。

（令和3年度決算額 39,088百万円）

（7）被災建築物の応急危険度判定体制の整備及び活動支援

国土交通省においては、地震により被災した建築物の危険性を速やかに判定し情報提供を行う被災建築物応急危険度判定について、人材の育成、実施体制及び支援体制の整備を行った。

（8）港湾における災害対応力強化

国土交通省においては、地震・津波や台風による非常災害が発生した場合でも港湾機能を維持するため、関係機関と連携し、防災訓練の実施や港湾BCPの改訂を図る等、災害対応力強化を推進した（後掲 第3章3-3（4）、4-3（17））。

（9）全国活断層帯情報整備

国土地理院においては、全国の活断層を対象に、断層の詳細な位置、関連する地形の分布等の情報の整備・提供を実施した。

（令和3年度決算額 45百万円の内数）

（10）南海トラフ地震臨時情報等の発表、通報

気象庁においては、南海トラフ沿いで異常な現象が観測され、その現象が南海トラフ地震と関連するか調査を開始した場合又は南海トラフ地震発生の可能性が平常時と比べて相対的に高まっていると評価した場合等には、南海トラフ地震臨時情報等を発表するとともに防災関係機関等に通報し、各機関で適切な防災体制が執られるよう努めた。

（11）緊急地震速報、地震情報等の発表、伝達

気象庁においては、地震観測の結果をもとに

緊急地震速報、地震情報等を発表し、これを防災関係機関等に伝達して、災害の防止・軽減に努めた。

（令和3年度決算額　2,744百万円の内数）

（12）巨大地震に備えた最低水面に係る情報の整備

海上保安庁においては、巨大地震発生時の迅速な海上輸送ルート確保のため、高低測量を実施し、海図水深の基準となる最低水面に係る情報を整備した。

（令和3年度決算額　1百万円）

③ 津波災害対策

3-1 教育訓練

（1）警察庁における教育訓練

警察庁においては、都道府県警察の幹部に対して津波災害発生時の災害応急対策、災害警備活動に従事する警察官の安全の確保等についての教育訓練を行った。また、都道府県警察に対して津波災害対策上必要な教育訓練の実施を指示した。

（2）海上保安庁における震災対応訓練等
（再掲　第3章2-1（6））

海上保安庁においては、地震・津波災害対応に従事する職員を対象とした災害発生時の対応に係る教育を実施するとともに、9月1日の「防災の日」及び11月5日の「津波防災の日」を中心に国が実施する総合防災訓練への参加等、関係機関と連携した津波災害対応訓練等を実施した。

（令和3年度決算額　4百万円）

3-2 防災施設設備の整備

（1）広域防災拠点の維持管理
（再掲　第3章2-2（1））

（2）政府現地対策本部設置のための施設整備の推進
（再掲　第3章2-2（2））

（3）海岸防災林の整備
（再掲　第3章2-2（13））

農林水産省においては、海岸防災林について、その適切な保全を図ることにより、飛砂害や風害、潮害の防備等の災害防止機能の発揮を確保することに加え、地域の実情等を踏まえ、津波に対する被害軽減効果も考慮した生育基盤の造成や植栽等の整備を進めた（後掲　第3章4-2（1）、5-2（2）、6-2（3）、第4章2）。

（令和3年度決算額　106,182百万円の内数
（東日本大震災復興特別会計含む）
※この他に農山漁村地域整備交付金の内数）

（4）漁港漁村の防災対策施設の整備
（再掲　第3章1-2（16）、2-2（14））

（5）海岸保全施設の整備
（再掲　第3章2-2（15））

農林水産省及び国土交通省においては、津波対策として、大規模地震の発生が危惧される地域等における海岸保全施設の整備を推進した（後掲　第3章4-2（2）、第4章5）。

（6）河川の津波対策

国土交通省においては、東日本大震災で津波により甚大な被害が発生したことを踏まえ、堤防の嵩上げ、水門等の自動化・遠隔操作化等を推進し、被害の防止・軽減を図った。

（7）港湾における津波対策の推進

国土交通省においては、設計津波を超える大規模津波発生時に、防波堤が倒壊して、津波の到達時間が早まり被害が拡大する事態や、静穏度が確保できず荷役が再開できない事態を防止するため、「粘り強い構造」を導入した防波堤の整備を推進した。

（令和3年度決算額　339,207百万円の内数
※この他に防災・安全交金及び
社会資本整備総合交付金の内数）

（8）津波災害に強いまちづくりの推進

国土交通省においては、津波災害に対する都市の防災性向上のための根幹的な公共施設の整備として、次の事業を実施した。
・避難地、避難路、帰宅支援場所及び防災活動

拠点となる都市公園の整備
　　（令和３年度決算額　37,733百万円の内数
　　　※この他に防災・安全交付金及び
　　　　社会資本整備総合交付金の内数）
・避難路として活用される道路等における街路
　事業の実施
（令和３年度決算額　2,558,061百万円の内数
　　　※この他に防災・安全交付金及び
　　　　社会資本整備総合交付金の内数）
・避難地・避難路の整備を都市の防災構造化と
　併せて行う土地区画整理事業の実施
　　（令和３年度決算額　防災・安全交付金及び
　　　　社会資本整備総合交付金の内数）
・避難地として活用される都市公園予定地等の
　取得を行う地方公共団体に対する都市開発資
　金の貸付
　　（令和３年度決算額　1,658百万円の内数）
津波災害に強い都市構造の推進として、次の
事業を実施した。
・南海トラフ地震を始めとする地震による津波
　被害が想定される防災上危険な市街地におけ
　る都市防災総合推進事業の実施
（令和３年度決算額　防災・安全交付金の内数）
・避難路として活用される道路の整備や土地の
　嵩上げ等による防災性の向上に資する都市再
　生区画整理事業の実施
　　（令和３年度決算額　防災・安全交付金及び
　　　　社会資本整備総合交付金の内数）
・都市構造再編集中支援事業等を活用した災害
　弱者施設（病院、老人デイサービスセンター
　等）の移転や耐震性貯水槽、備蓄倉庫、避難
　空間等の整備の実施
　　（令和３年度決算額　71,707百万円の内数
　　　※この他に社会資本整備総合交付金の内数）
・災害時に都市の機能を維持するための拠点市
　街地の整備の実施
（令和３年度決算額　防災・安全交付金の内数）

（9）官庁施設の津波対策の推進

　国土交通省においては、津波襲来時の一時的
な避難場所を確保するとともに、防災拠点とし
ての機能維持と行政機能の早期回復を図るた
め、官庁施設における津波対策を総合的かつ効
果的に推進した。
　　（令和３年度決算額　18,297百万円の内数）

（10）港湾における災害時避難機能の確保

　国土交通省においては、地方公共団体による
港湾の特殊性を考慮した避難計画の作成や津波
避難施設の整備等を促進するとともに、避難機
能を備えた物流施設等を整備する民間事業者に
対して支援を行った。
　　（令和３年度決算額　339,207百万円の内数
　　　※この他に防災・安全交金及び
　　　　社会資本整備総合交付金の内数）

3-3　その他

（1）地震対策の推進

　（再掲　第3章2-3（1））

（2）総合防災情報システムの整備

　（再掲　第3章2-3（4））
　（後掲　第3章5-3（2））

（3）交通対策の推進

　警察庁においては、都道府県警察から詳細な
交通情報をリアルタイムで収集し、広域的な交
通管理に活用する広域交通管制システムを的確
に運用した。また、災害に備えた交通安全施設
等の整備を推進するよう都道府県警察に対して
指導した。

（4）港湾における災害対応力強化

　（再掲　第3章2-3（8））
　（後掲　第3章4-3（17））

（5）海・船の視点から見た港湾強靱化

　国土交通省においては、南海トラフ巨大地震
や千島海溝等での巨大地震等の発生に備え、迅
速な沖合退避や係留強化に資する海・船の視点
から見た港湾強靱化を推進した。

（6）船舶の津波防災対策の推進

　国土交通省においては、船舶の津波避難対策
の推進を図るため、前年度に引き続き、津波避
難に必要な主要ポイントを選定したマニュアル
様式「津波対応シート」及び「津波対応シー
ト」の外国語版を国土交通省ＨＰに掲載し、活
用を促した。

（7）津波警報等の発表、伝達

気象庁においては、地震観測の結果をもとに津波警報等を発表するとともに、沖合及び沿岸で津波が観測された際には速やかに観測情報を発表し、防災関係機関等に伝達し、災害の防止・軽減に努めた。

（令和3年度決算額　2,744百万円の内数）

（8）津波防災対策の推進

海上保安庁においては、南海トラフ巨大地震及び首都直下地震による津波襲来に備え、津波防災情報図を整備して港湾及び付近船舶の津波防災対策に活用した。

（令和3年度決算額　0百万円）

④ 風水害対策

4-1　教育訓練

警察庁における教育訓練

警察庁においては、都道府県警察の幹部に対して風水害発生時の災害応急対策等についての教育訓練を行った。また、都道府県警察に対して風水害対策上必要な教育訓練の実施及び災害の発生が予想される場合における警備体制の早期確立について指示した。

4-2　防災施設設備の整備

（1）治山事業の推進

（再掲　第3章2-2（13）、3-2（3））

農林水産省においては、森林の水源涵養機能や山地災害防止機能等の維持増進を通じて、安全で安心して暮らせる国土づくりを図るため、治山施設の整備等を推進した（後掲　第3章5-2（2）、6-2（3）、第4章2）。

（令和3年度決算額　103,333百万円の内数
※この他に農山漁村地域整備交付金の内数）

（2）海岸保全施設の整備

（再掲　第3章2-2（15）、3-2（5））

農林水産省及び国土交通省においては、国土保全上特に重要な海岸において、高潮、波浪、侵食対策等を重点的に推進した（後掲　第4章5）。

（3）総合的な農地防災対策

農林水産省においては、地域全体の防災安全度を効率的かつ効果的に向上させるため、ため池の豪雨対策等を含めた総合的な整備を推進した（後掲　第4章3-1（2）、8（1））。

（令和3年度決算額　93,526百万円の内数
※この他に農山漁村地域整備交付金の内数）

（4）建設機械の整備

国土交通省においては、風水害の災害対策に必要な機械を整備した。

（5）盛土による災害の防止

（再掲　第3章2-2（19））

（6）河川・ダム・道路管理用情報通信設備の整備

国土交通省においては、雨量、水位、路温等の水文・道路気象テレメータや、ダム等の放流警報設備、監視カメラ設備、雨量レーダ等の整備を行った。また、高機能化を図った河川情報システムの整備を引き続き推進するとともに、各部局及び地方公共団体が保有するデータの共有を推進した。さらに、東日本大震災、紀伊半島大水害、関東・東北豪雨等を踏まえた、情報通信設備の耐震対策、津波・洪水による浸水対策、停電対策等を実施した。

（7）土砂災害による災害の防止

国土交通省においては、人家や公共建物を保全する砂防設備、地すべり防止施設の整備を推進するとともに、都道府県が実施する急傾斜地崩壊防止施設等の整備を支援した。

（8）道路における防災対策

国土交通省においては、大規模災害への備えとして、高規格道路のミッシングリンクの解消及び暫定2車線区間の4車線化、高規格道路と代替機能を発揮する直轄国道とのダブルネットワークの強化等を推進するとともに、災害時の交通機能を最大限活用するためのインフラ整備や道路構造令等の見直し等を推進した。また、渡河部の橋梁や河川に隣接する道路構造物の流失防止対策や法面・盛土の土砂災害防止対策を推進した。さらに、危険箇所等の調査方法の高度化に向けた取組を実施した。

（令和３年度決算額　2,558,061百万円の内数
※この他に防災・安全交付金及び社会資本整備
総合交付金の内数）

（9）港湾における高潮・高波対策の推進

国土交通省においては、頻発化・激甚化する台風に伴う高潮・高波による港湾内の被害軽減を図るため、最新の設計沖波等で照査した結果を踏まえ、港湾施設の嵩上げ・補強等を推進した。

（令和３年度決算額　339,207百万円の内数
※この他に防災・安全交金及び
社会資本整備総合交付金の内数）

（10）下水道における浸水対策

国土交通省においては、都市化の進展や下水道の計画規模を大きく上回る集中豪雨の多発に伴う雨水流出量の増大に対応して、都市における安全性の確保を図るため、主として市街地に降った雨水を河川等に排除し、浸水被害を防止することを目的とした雨水幹線や貯留浸透施設等の下水道の整備を推進した。あわせて、内水ハザードマップの作成・公表や下水道の水位情報の提供等のソフト対策を組み合わせた総合的な浸水対策を推進し、施設の計画規模を上回る降雨に対して被害の最小化を図った（後掲　第4章9）。

（令和３年度決算額　32,177百万円
※この他に防災・安全交付金及び
社会資本整備総合交付金の内数）

（11）風水害に強いまちづくりの推進

国土交通省においては、風水害に対する都市の防災性向上のための根幹的な公共施設の整備として、次の事業を実施した。
・避難地、避難路、帰宅支援場所及び防災活動拠点となる都市公園の整備

（令和３年度決算額　37,733百万円の内数
※この他に防災・安全交付金及び
社会資本整備総合交付金の内数）
・避難路として活用される道路等における街路事業の実施

（令和３年度決算額　2,558,061百万円の内数
※この他に防災・安全交付金及び
社会資本整備総合交付金の内数）
・避難地・避難路の整備を都市の防災構造化と

併せて行う土地区画整理事業の実施

（令和３年度決算額　防災・安全交付金及び
社会資本整備総合交付金の内数）
・避難地として活用される都市公園予定地等の取得を行う地方公共団体に対する都市開発資金の貸付

（令和３年度決算額　1,658百万円の内数）
風水害に強い都市構造の推進として、次の事業を実施した。
・台風や洪水による風水害が想定される防災上危険な市街地における都市防災総合推進事業の実施

（令和３年度決算額　防災・安全交付金の内数）
・避難路として活用される道路の整備や土地の嵩上げ等による防災性の向上に資する都市再生区画整理事業の実施

（令和３年度決算額　防災・安全交付金及び
社会資本整備総合交付金の内数）
・都市構造再編集中支援事業等を活用した災害弱者施設（病院、老人デイサービスセンター等）の移転や耐震性貯水槽、備蓄倉庫、避難空間等の整備の実施

（令和３年度決算額　71,707百万円の内数
※この他に社会資本整備総合交付金の内数）
・災害時に都市の機能を維持するための拠点市街地の整備の実施

（令和３年度決算額　防災・安全交付金の内数）

（12）住宅・建築物の風水害対策等の促進

国土交通省においては、風水害に対する住宅や建築物の防災性向上のため、次の事業を実施した。
・住宅・建築物の風水害対策のための改修支援

（令和３年度決算額　防災・安全交付金及び
社会資本整備総合交付金の内数）

（13）空港における浸水対策

国土交通省においては、空港における高潮・高波・豪雨等による大規模災害に備えるため、護岸の嵩上げや排水機能の強化等の浸水対策を実施した。

（令和３年度決算額　337,265百万円の内数）

（14）港湾における走錨対策の推進

国土交通省においては、令和元年房総半島台風等で発生した走錨事故を踏まえ、港内避泊が

困難な港湾や混雑海域周辺の港湾等において、避泊水域確保のための防波堤等の整備を推進した。

（令和3年度決算額　339,207百万円の内数
※この他に防災・安全交金及び
社会資本整備総合交付金の内数）

（15）港湾等の埋塞対策の推進

国土交通省においては、令和3年8月海底火山「福徳岡ノ場」の噴火による軽石により、航路等が埋塞したことも踏まえ、安全に港湾に到達できるよう、漂流物の回収体制の強化の検討を実施した。

（令和3年度決算額　339,207百万円の内数
※この他に防災・安全交付金及び
社会資本整備総合交付金の内数）

4-3　その他

（1）土砂災害・水害等の災害時における避難対策等の推進

内閣府においては、東京都とともに首都圏における大規模水害からの広域避難の検討を進めた。また、令和元年台風第19号等を踏まえ、新たな避難情報に関する周知のための取組等を行った。

（令和3年度決算額　99百万円）

（2）風水害に対する警戒体制の強化

警察庁においては、管区警察局及び都道府県警察に対して災害危険箇所の事前把握、災害の発生が予想される場合における警備体制の早期確立、部隊派遣の検討・実施、自治体・関係機関との連携による迅速な避難誘導の徹底を指示するなど、警戒警備体制の強化を図った。

（3）風水害対策の推進

消防庁においては、災害応急対策の実施体制の確立、迅速かつ的確な避難指示等の発令・伝達、指定緊急避難場所等の周知、避難行動要支援者等の避難対策の推進、防災訓練の実施等について地方公共団体に対し要請・助言等を行った。

（4）災害時要援護者関連施設に係る防災対策の推進

農林水産省においては、「災害弱者関連施設に係る総合的な土砂災害対策の実施について」（平成11年1月、文部省、厚生省、林野庁、建設省及び消防庁共同通達）等を受け、災害時要援護者関連施設を保全するため、本施設に係る山地災害危険地区及び農地地すべり危険箇所等の周知を図るとともに、治山事業及び農地防災事業等による防災対策を推進した。

（令和3年度決算額　196,859百万円の内数
※この他に農山漁村地域整備交付金の内数）

（5）山地災害防止のための普及啓発活動

農林水産省においては、山地災害の未然防止について、住民への山地災害危険地区等の周知徹底及び防災意識の高揚に資することを目的に、山地災害防止キャンペーン（5月20日から6月30日）を実施した。

（6）要配慮者利用施設に係る防災対策の推進

国土交通省においては、「水防法」（昭和24年法律第193号）及び「土砂災害警戒区域等における土砂災害防止対策の推進に関する法律」（平成12年法律第57号）（以下「土砂災害防止法」という。）に基づき、市町村地域防災計画において浸水想定区域内又は土砂災害警戒区域内の要配慮者利用施設の名称及び所在地、情報伝達体制等を定めるとともに、これら要配慮者利用施設の管理者等による避難確保計画の作成及び計画に基づく訓練の実施を促進するなど、引き続き警戒避難体制の充実・強化を図った。

（7）河川情報基盤整備の推進

国土交通省においては、適切な施設管理や避難行動等の防災活動等に役立てるため、高分解能・高頻度に集中豪雨や局地的な大雨を的確に把握できるXRAIN（国土交通省高性能レーダ雨量計ネットワーク）の配信エリアの拡大を図るとともに、洪水時の水位観測に特化した低コストな水位計や簡易型河川監視カメラなど、防災情報を迅速かつ的確な把握・提供のための情報基盤の整備を推進した。

（8）河川情報の提供の推進

国土交通省においては、観測施設等の情報基

第2部 令和3年度において防災に関してとった措置の概況

盤を適切に維持管理するとともに、災害時における迅速な危機対応のため、国土交通省「川の防災情報」ウェブサイトよりリアルタイムのレーダ雨量、洪水予報、水防警報等の河川情報を提供するとともに土砂災害情報等へアクセスできるようにするなどコンテンツを充実させた。また、洪水氾濫の危険性を、スマートフォン等を活用して住民に提供する洪水情報のプッシュ型配信を行うとともに、メディア等と連携した「住民の自らの行動に結びつく水害・土砂災害ハザードマップ・リスク情報共有プロジェクト」を通じて、住民の適切な避難行動等を支援した。

（9）国土交通省と気象庁との河川及び気象等に関する情報のリアルタイム交換の整備

国土交通省と気象庁においては、「水防法」及び「気象業務法」（昭和27年法律第165号）に基づき共同で実施する洪水予報業務その他の業務の高度化に資するため、それぞれの保有する河川及び気象等に関する情報のリアルタイム交換を行った。

（10）ハード・ソフト一体の水災害対策「流域治水」の推進

国土交通省においては、令和2年7月豪雨による甚大な被害の発生など、気候変動により頻発・激甚化する水害・土砂災害等に対する安全度の向上を図るため、これまでの河川管理者等による対策だけでなく、流域のあらゆる関係者の協働による、ハード・ソフト一体の水災害対策「流域治水」を推進した（後掲　第4章1（1））。

（11）水害リスク情報等の充実

国土交通省においては、「水防法」に基づく想定最大規模の降雨（洪水・内水）・高潮に対応した浸水想定区域図の作成や「土砂災害防止法」に基づく土砂災害警戒区域等の設定を促進し、市町村による洪水・内水・高潮及び土砂災害に係るハザードマップの作成・公表を支援した。その他、ハザードマップの作成・公表状況を関係自治体間で共有する等、関係自治体と連携し、住民の防災意識の高揚と災害への備えの充実を図った。

また、浸水範囲と浸水頻度の関係をわかりやすく図示した「水害リスクマップ（浸水頻度図）」を新たに整備し、水害リスク情報の充実を図り、土地利用・住まい方の工夫等の促進を図った。

（12）総合的な土砂災害対策の推進

国土交通省においては、土砂災害による人命、財産の被害の防止・軽減に資することを目的として、ハード対策としての砂防堰堤等の施設整備と、ソフト対策としての都道府県が行う土砂災害警戒区域等の指定や情報基盤整備等、ハード・ソフト対策を組み合わせた総合的な土砂災害対策について支援を行った。また、深層崩壊に伴う河道閉塞等の大規模な土砂災害が急迫している地域において、「土砂災害防止法」に基づく緊急調査を行い、被害の想定される区域等に関する情報の周知を図った。

（13）土砂災害防止のための普及啓発活動

国土交通省においては、土砂災害による人命、財産の被害の防止・軽減に資することを目的として、6月を「土砂災害防止月間」、6月の第一週を「がけ崩れ防災週間」と定め、土砂災害防止に関する広報活動や防災教育を推進するとともに、土砂災害防止功労者の表彰、危険箇所の周知、点検、関係行政機関が連携した実践的な訓練、住民等が主体となって地域の実情に応じた避難訓練等を実施した。

（14）水防に関する普及啓発活動

国土交通省においては、水防に対する国民の理解を深めるとともに広く協力を求めるため、水防月間において、都道府県、水防管理団体等とともに各種の行事、活動を実施した。また、市町村等職員に対する水防研修、水防団員に対する水防技術講習会を実施した。

（15）地下駅等の浸水対策

国土交通省においては、各地方公共団体の定めるハザードマップ等により浸水被害が想定される地下駅等（出入口及びトンネル等）について、止水板や防水ゲート等の浸水対策を推進した。

（令和3年度決算額　鉄道施設総合安全対策事業費補助　8,068百万円の内数　都市鉄道整備事業費補助（地下高速鉄道）

5,746百万円の内数）

(16) 鉄道施設の豪雨対策

　国土交通省においては、近年、激甚化・頻発化する豪雨災害に適切に対応するため、河川に架かる鉄道橋りょうの流失・傾斜対策や鉄道に隣接する斜面からの土砂流入防止対策を推進した。

（令和3年度決算額　鉄道施設総合安全対策事業費補助　8,068百万円の内数）

(17) 港湾における災害対応力強化

　（再掲　第3章2-3（8）、3-3（4））

(18) 予報、警報その他の情報の発表及び伝達

　気象庁においては、避難指示等の判断等、地方公共団体等が行う災害応急対策や、国民の自主的防災行動に資するため、気象、高潮及び洪水に関する予報及び警報並びに大雨警報・洪水警報の危険度分布等の防災気象情報を発表するとともに、防災関係機関等に伝達し、災害の防止・軽減に努めた。

⑤ 火山災害対策

5-1　教育訓練

警察庁における教育訓練

　警察庁においては、都道府県警察の幹部に対して火山災害発生時の災害応急対策等についての教育訓練を行った。また、都道府県警察に対して火山災害対策上必要な教育訓練の実施及び災害の発生が予想される場合における警備体制の早期確立について指示した。

5-2　防災施設設備の整備

(1) 民間の認定こども園、幼稚園、保育所等における降灰対策の推進

　内閣府においては、「活動火山対策特別措置法」（昭和48年法律第61号）の規定に基づき、降灰防除地域の指定を受けた地域に所在する民間の認定こども園、幼稚園、保育所等の降灰除去に要する費用を負担した。

（令和3年度決算額　1,371,167百万円の内数）

(2) 火山地域における治山事業の推進

　（再掲　第3章2-2（13）、3-2（3）、4-2（1））

　農林水産省においては、火山地域における山地災害の防止・軽減を図るため、治山施設の整備等を推進した（後掲　第3章6-2（3）、第4章2）。

（令和3年度決算額　103,333百万円の内数
※この他に農山漁村地域整備交付金の内数）

(3) 火山砂防事業の推進

　国土交通省においては、火山地域における土砂災害による人命、財産の被害の防止・軽減に資することを目的として、砂防堰堤等の施設整備を推進するとともに、噴火時の土砂災害による被害を軽減するため、ハード・ソフト対策からなる火山噴火緊急減災対策砂防計画の策定を関連機関と連携して推進した。

5-3　その他

(1) 火山災害対策の推進

　内閣府においては、平成27年に改正された「活動火山対策特別措置法」等を踏まえ、各火山地域における火山防災対策の推進、監視観測・調査研究体制の整備に関する検討、大規模噴火時の広域降灰対策の検討等を行った。また、全国の火山地域の集客施設等における避難確保計画作成の支援等を行った。

（令和3年度決算額　156百万円）

(2) 総合防災情報システムの整備

　（再掲　第3章2-3（4）、3-3（2））

(3) 活動火山対策の推進

　消防庁においては、火山防災協議会等連絡・連携会議等の場を通じて、関係府省庁と連携して、火山防災対策の推進を図るとともに、火山噴火に係る住民等避難への対応の支援や、避難施設や避難情報伝達手段の整備、救助体制の強化、防災訓練の実施等について、関係地方公共団体に対し要請・助言等を行った。

(4) 火山災害防止のための普及啓発活動

　国土交通省においては、火山と地域の安全について火山地域の自治体が情報交換を行い、火

山砂防事業を含む火山噴火対策への自治体・住民の理解を深めることを目的とした火山砂防フォーラムの開催を支援する等、火山災害防止のための啓発活動を行った。

（5）測地技術を用いた地殻変動の監視
（再掲　第2章2-1（12））

（6）火山防災協議会における警戒避難体制の整備
　国土交通省においては、火山噴火に伴う土砂災害の観点から火山ハザードマップの検討を行うとともに一連の警戒避難体制の検討に参画した。

（7）噴火警報等の発表、伝達等
　気象庁においては、火山監視観測を行い、噴火警報等を適時適切に発表し、防災関係機関等への警戒等を呼びかけることで、災害の防止・軽減に努めた。また、火山防災協議会での共同検討を通じて避難計画や噴火警戒レベルの設定・改善を推進した。
（令和3年度決算額　1,083百万円）

⑥ 雪害対策

6-1　教育訓練

警察庁における教育訓練
　警察庁においては、都道府県警察の幹部に対して雪害発生等の災害応急対策等についての教育訓練を行った。また、都道府県警察に対して雪害対策上必要な教育訓練の実施及び災害の発生が予想される場合における警備体制の早期確立について指示した。

6-2　防災施設設備の整備

（1）民間の認定こども園、幼稚園、保育所等における雪害防止
　内閣府においては、特別豪雪地帯における民間の認定こども園、幼稚園、保育所等に対し、除雪に要する費用を負担した。
（令和3年度決算額　1,371,167百万円の内数）

（2）民間社会福祉施設の雪害防止
　厚生労働省においては、特別豪雪地帯に所在する保護施設等の行政委託等が行われる民間社会福祉施設の除雪に要する費用を措置費に算入した。
（令和3年度決算額　6百万円）

（3）積雪地帯における治山事業の推進
（再掲　第3章2-2（13）、3-2（3）、4-2（1）、5-2（2））
　農林水産省においては、積雪地帯における雪崩による被害から集落等を守るため、雪崩の防止を目的とする森林の造成や防止施設の設置を推進するとともに、融雪に伴う山腹崩壊箇所等の復旧整備等を実施した（後掲　第4章2）。
（令和3年度決算額　103,333百万円の内数
※この他に農山漁村地域整備交付金の内数）

（4）冬期における道路交通の確保
　国土交通省においては、積雪寒冷特別地域における安定した冬期道路交通を確保するため、除雪、防雪、凍雪害防止の事業を推進した。特に異常な降雪時等への対応として、道路ネットワーク全体としての機能への影響の最小化を図るため、関係機関と連携したタイムラインを策定しつつ、前広な出控えや広域迂回等の呼びかけ、通行止め予測の公表を行うとともに、広範囲での予防的・計画的な通行止めや集中除雪等を行った。また、除雪機械の自動化や、ＡＩによる交通障害の自動検知により、立ち往生車両等を早期に発見し、移動措置等、現地対応の迅速化を図った。
（令和3年度決算額　2,558,061百万円の内数
※この他に防災・安全交付金及び社会資本整備
総合交付金の内数）

（5）雪に強いまちづくりの推進
　国土交通省においては、豪雪時の都市機能の確保を図るため、積雪・堆雪に配慮した体系的な都市内の道路整備を行い、下水処理水や下水道施設等を活用した積雪対策を推進した。
（令和3年度決算額　防災・安全交付金及び
社会資本整備総合交付金の内数）

（6）融雪時の出水や雪崩に伴う土砂流出対策等

　国土交通省においては、融雪時の出水や雪崩に伴う土砂流出を防止するため、砂防設備等の施設整備を推進した。

（7）空港の雪害防止

　国土交通省においては、積雪寒冷地域における航空交通を確保するため、空港の除雪、除雪機械等の整備を行った。

（令和3年度決算額　260百万円）

6-3　その他

（1）雪害予防のための広報啓発活動

　警察庁においては、雪害の発生実態を踏まえ、雪害予防のための情報提供に努めるとともに、都道府県警察に対して雪崩危険箇所等の把握や広報啓発活動の実施について指示した。

（2）雪害対策の推進

　消防庁においては、災害初動体制の確立、気象等に関する情報の収集・伝達の徹底、除雪中の事故防止対策、要配慮者等の避難誘導体制の整備等について、関係地方公共団体に対し要請・助言等を行った。

（3）集落における雪崩災害防止のための普及啓発活動

　国土交通省においては、雪崩災害による人命、財産の被害防止・軽減に資することを目的として、12月の第一週を「雪崩防災週間」と定め、雪崩災害防止に関する広報活動の推進、雪崩災害防止功労者の表彰、危険箇所の周知、点検、避難訓練等を実施した。

（4）予報、警報その他の情報の発表及び伝達

　気象庁においては、避難指示等の判断等、地方公共団体等が行う災害応急対策や、国民の自主的防災行動に資するため、降積雪や雪崩等に関する適時適切な予報、警報及び解析積雪深・解析降雪量等の防災気象情報を発表するとともに、防災関係機関等に伝達し、災害の防止・軽減に努めた。

7　火災対策

7-1　教育訓練

（1）消防庁消防大学校における教育訓練

　消防庁消防大学校においては、国及び都道府県の消防の事務に従事する職員並びに市町村の消防職員及び消防団員に対し、幹部として必要な火災予防、火災防御、火災時の救助・救急等に関する教育訓練を実施した。

（2）海上保安庁における消防訓練等

　海上保安庁においては、船舶火災対応等に従事する職員を対象とした事故発生時の対応に係る教育を実施するとともに、関係機関と連携した消防訓練を実施した。

（令和3年度決算額　2百万円）

7-2　防災施設設備の整備

（1）林野火災の予防対策

　農林水産省においては、林野火災を予防するため、全国山火事予防運動等林野火災の未然防止についての普及や予防体制の強化等を地域単位で推進する事業並びに防火及び消火活動の円滑な実施にも資する林道や防火線の整備等を行った。

（令和3年度決算額　58,842百万円の内数
※この他に農山漁村地域整備交付金、地方創生推進交付金の内数）

（2）災害の防止に寄与する耐火建築物等に対する建設・購入資金融資

　独立行政法人住宅金融支援機構等においては、災害の防止に寄与する耐火建築物等のうち、合理的土地利用建築物の建設・購入に対し、融資を行った。

（3）空港における消防体制の整備

　国土交通省においては、計画的に国管理空港の化学消防車の性能向上を図って更新を行った。

（令和3年度決算額　776百万円）

7-3 その他

（1）火災予防体制の整備等

消防庁においては、火災による被害を軽減するため、次のとおり火災予防体制の整備を図った。

・火災予防対策、消防用機械器具業界の指導育成

（令和3年度決算額　2百万円）

・製品火災対策の推進及び火災原因調査の連絡調整

（令和3年度決算額　9百万円）

・住宅防火対策の推進

（令和3年度決算額　5百万円）

・消防法令に係る違反是正推進

（令和3年度決算額　12百万円）

・消防の技術に関する総合的な企画立案

（令和3年度決算額　3百万円）

・火災予防の実効性向上及び規制体系の再構築

（令和3年度決算額　14百万円）

・消防用設備等及びその点検における新技術導入の推進

（令和3年度決算額　5百万円）

（2）林野火災予防体制の整備等

消防庁及び農林水産省においては、共同して全国山火事予防運動を実施し、林野火災の防火意識の普及啓発に努めた。

（3）建築物の安全対策の推進

国土交通省においては、火災等の災害から建築物の安全を確保するため、多数の者が利用する特定の特殊建築物等に対して、維持保全計画の作成、定期調査・検査報告、防災査察等を推進し、これに基づき適切な維持保全及び必要な改修を促進した。

8 危険物災害対策

8-1 教育訓練

（1）消防庁消防大学校における教育訓練

消防庁消防大学校においては、国及び都道府県の消防の事務に従事する職員並びに市町村の消防職員に対し、危険物災害及び石油コンビナート災害における消防活動等に関する教育訓練を実施した。

（2）海上保安庁における危険物災害対応訓練等

海上保安庁においては、危険物災害対応に従事する職員を対象とした災害発生時の対応に係る教育を実施するとともに、関係機関と連携した危険物災害対応訓練等を実施した。

（令和3年度決算額　13百万円）

8-2 その他

（1）火薬類の安全管理対策

警察庁においては、火薬類取扱事業者による火薬類の保管管理と取扱いの適正化を図るため、火薬類取扱場所等への立入検査の徹底及び関係機関との連携を図るよう都道府県警察に対して指示した。

（2）各種危険物等の災害防止対策

警察庁においては、関係機関との緊密な連携による各種危険物運搬車両等に対する取締りの推進及び安全基準の遵守等についての指導を行うよう都道府県警察に対して指示した。

（3）危険物規制についての要請・助言等

消防庁においては、「消防法」（昭和23年法律第186号）に基づき、次の予防対策を推進した。

・危険物の安全を確保するための技術基準等の整備の検討

「危険物施設の老朽化を踏まえた長寿命化対策」

（令和3年度決算額　70百万円）

「危険物輸送の動向等を踏まえた安全対策の検討」

（令和3年度決算額　8百万円）

・危険物施設の事故防止対策等

（令和3年度決算額　10百万円）

・危険物データベースの精度の向上、新規危険性物質の早期把握及び危険性評価等

（令和3年度決算額　9百万円）

（4）石油コンビナート等防災対策の推進

消防庁においては、石油コンビナート災害対応においてＡＩ・ＩｏＴ等の先進技術を活用す

るための検討を行うとともに、「石油コンビナート等における自衛防災組織の技能コンテスト」を開催した。

（令和3年度決算額　15百万円）

消防庁及び経済産業省においては、石油及び高圧ガスを併せて取り扱う事業所の新設等に際し、事業所内の施設地区の設置等について審査するとともに、必要な助言等を行った。

（令和3年度決算額　1百万円）

（5）産業保安等に係る技術基準の調査研究等

経済産業省においては、高圧ガスや火薬類等に係る事故・災害の未然防止を図り、もって公共の安全を確保するため、技術基準の見直し等に向けた調査研究等や、事故情報の原因解析及び再発防止策の検討を行い産業保安基盤の整備・高度化に資する事業を実施した。

（令和3年度決算額　446百万円）

（6）高圧ガス及び火薬類による災害防止の指導等

経済産業省においては、製造事業者等に対する立入検査及び保安教育指導並びに都道府県取締担当者に対する研修等を行った。

（7）石油・ガス供給等に係る保安対策調査

経済産業省においては、石油精製プラント・ガス設備等における事故の減少を実現し、ひいては石油・ガス等の安定的な供給の確保へと繋げることを目指すため、石油・ガスに係る事故を未然に防止するとともに、産業保安法令の技術基準等の制定・改正や制度設計を行うための事業を実施した。

（令和3年度決算額　401百万円）

（8）危険物の海上輸送の安全対策の確立

国土交通省においては、国際基準の策定・取り入れについて十分な評価検討を行い、危険物の特性に応じた安全対策を講じた。また、危険物の海上輸送における事故を防止するため、危険物を運送する船舶に対し運送前の各種検査及び立入検査を実施した。

（令和3年度決算額　152百万円の内数）

（9）危険物積載船舶運航及び危険物荷役に関する安全防災対策

海上保安庁においては、ふくそう海域における危険物積載船舶の航行の安全を確保するとともに、大型タンカーバースにおける安全な荷役等について指導し、安全防災対策を推進した。また、船舶所有者、施設の設置者等に対し、排出油等防除資機材を備えるように指導した。

（10）沿岸海域環境保全情報の整備

海上保安庁においては、油流出事故が発生した際の迅速かつ的確な油防除活動等に資する目的で、沿岸海域の自然的・社会的情報等をデータベース化し、海図データ及び油の拡散・漂流予測結果等と併せて表示する沿岸海域環境保全情報の整備を実施した。

（令和3年度決算額　1百万円）

（11）漂流予測体制の強化

海上保安庁においては、油流出事故による防除作業を的確に行うため、常時監視可能なブイを用いて漂流予測の評価・補正を行い、高精度の漂流予測が実施可能な体制を整備した。

（令和3年度決算額　8百万円）

（12）油防除対策に係る分野別専門家等の登録

海上保安庁においては、「油等汚染事件への準備及び対応のための国家的な緊急時計画」（平成18年12月8日閣議決定）に基づき、関係行政機関等の協力を得て国内の各種分野の専門家等に関する情報を一元化するとともに、関係機関の要請に応じて提供しうる体制を確保した。

（13）沿岸海域環境保全情報の整備

環境省においては、環境保全の観点から油等汚染事故に的確に対応するため、環境上著しい影響を受けやすい海岸等に関する情報を盛り込んだ図面（脆弱沿岸海域図）の公開、地方公共団体職員等による活用の推進及び更新のための情報収集を実施した。

（令和3年度決算額　0百万円）

⑨ 原子力災害

（1）原子力防災に関する人材育成の充実・強化整備

内閣府においては、原子力災害時において中核となる防災業務関係者について、体系的かつ効果的な訓練や研修等により人材育成を推進した。また、原子力防災の国内外の知見の分析・蓄積を行うための調査研究等を実施した。

（令和3年度決算額　308百万円）

（2）警察庁における教育訓練

警察庁においては、都道府県警察の幹部に対して原子力に関する基礎的な知識、原子力災害発生時の災害応急対策、放射線量のモニタリング等についての教育訓練を行った。また、都道府県警察に対して原子力災害対策に必要な訓練の実施を指示した。

（3）消防庁消防大学校における教育訓練

消防庁消防大学校においては、国及び都道府県の消防の事務に従事する職員並びに市町村の消防職員に対し、原子力災害における消防活動等に関する教育訓練を実施した。

（4）放射性物質安全輸送講習会

国土交通省においては、輸送作業従事者等に対し、輸送に関する基準及び放射性物質輸送に関する専門的知識等に係る講習会を実施した。

（令和3年度決算額　0百万円）

（5）環境放射線モニタリングのための研修等

原子力規制委員会においては、地方公共団体職員等を対象に、放射能分析に係る技術向上及び緊急時モニタリングの実効性向上のための研修等を実施した。

（令和3年度決算額　226百万円）

（6）海上保安庁における原子力災害対応訓練等

海上保安庁においては、原子力災害対応に従事する職員を対象とした災害発生時の対応に係る教育を実施するとともに、国が実施する原子力総合防災訓練への参加等、関係機関と連携し

た原子力災害対応訓練等を実施した。

（令和3年度決算額　2百万円）

原子力施設等の防災対策

原子力規制委員会においては、原子力災害に係る緊急時対策支援システム整備、その他の原子力防災体制整備等を行った。

（令和3年度決算額　3,697百万円）

（1）地域防災計画・避難計画の具体化・充実化支援

内閣府においては、地域防災計画・避難計画の具体化・充実化を進めるため、地方公共団体が行う防災活動に必要な資機材等の整備支援、地方公共団体での防災訓練の実施等による緊急時対応の高度化・普及等の支援などを行った。

（令和3年度決算額　8,871百万円）

（2）放射線防護対策等の推進

内閣府においては、無理な避難をすることでかえって健康リスクが高まる要配慮者等が、避難の準備が整うまでの間、一時的に屋内退避を安全に行うために、病院、社会福祉施設等に対する放射線防護対策の支援等を実施した。

（令和3年度決算額　2,671百万円）

（3）原子力防災体制等の構築

内閣府においては、万一の発災時に関係道府県が実効性のある避難退域時検査及び簡易除染を実施するために、必要な資機材の設置や要員が実施する検査・簡易除染の方法等に関する詳細なマニュアルの案の作成を実施した。

（令和3年度決算額　16百万円）

（4）食品中の放射性物質に関するリスクコミュニケーション

消費者庁においては、食品中の放射性物質に関し、関係府省、地方公共団体等と連携した意見交換会の開催や、「食品と放射能Q＆A」による情報提供等を行った。

（令和3年度決算額　42百万円の内数）

（5）地方消費者行政の充実・強化、放射性物質検査体制の整備

消費者庁においては、風評被害の払拭のため、地方消費者行政強化交付金により、地方公共団体の取組を支援した。

被災県（福島県）に対しては、別途地方消費者行政推進交付金（東日本大震災復興特別会計）により、消費サイドの放射性物質検査体制の整備等を支援した。

（令和3年度決算額　2,929百万円の内数）

また、原発事故を踏まえ、食品と放射能に関する食の安全・安心を確保するため、消費者庁及び国民生活センターにおいては、放射性物質検査機器の地方公共団体への貸与を引き続き行うとともに、検査機器等に関する研修会を開催した。

（令和3年度決算額　3,282百万円の内数）

（6）原子力災害対策の推進

消防庁においては、地方公共団体における地域防災計画の見直しの助言・支援、原子力防災訓練への助言・協力等を実施するとともに、消防機関と原子力事業者の自衛消防組織等が緊密に連携して効果的な消防活動を行えるよう、実践的な訓練の助言を行った。

（令和3年度決算額　4百万円）

（7）海上輸送に係る原子力災害対策

国土交通省においては、放射性物質等の海上輸送時の事故や災害発生時に想定される原子力災害への対応に備え、防災資材の整備・維持や衛星電話通信の維持、放射性物質災害防災訓練の指導等を行った。

（令和3年度決算額　152百万円の内数）

❿ その他の災害対策

10-1 教育訓練

（1）消防庁消防大学校における教育訓練

消防庁消防大学校においては、国及び都道府県の消防の事務に従事する職員並びに市町村の消防職員に対し、生物剤及び化学剤に起因する災害における消防活動等に関する教育訓練を実施した。

（2）船員の災害防止のための教育

国土交通省においては、一般公共メディアを通じて船員等に対し安全衛生教育を行った。

（令和3年度決算額　68百万円の内数）

（3）船員労働災害防止対策

国土交通省においては、船員災害防止基本計画に基づき、船員労働災害防止を効果的かつ具体的に推進するため、船員災害防止実施計画を作成し、各船舶所有者による自主的な船員災害防止を促すとともに、運航労務監理官による船舶及び事業場の監査指導を行った。

（令和3年度決算額　211百万円の内数）

10-2 その他

（1）特殊災害対策の充実強化

消防庁においては、特殊災害に係る防災対策について、関係機関との連携を強化し、災害防止対策及び消防防災対策の充実強化を図るため、防災体制や消防活動の検討を行った。

（令和3年度決算額　3百万円の内数）

（2）労働災害防止対策

厚生労働省においては、労働災害防止計画に基づき、計画的な労働災害防止対策の展開を図った。化学プラント等における爆発火災災害の防止、自然災害に伴う道路復旧工事等における土砂崩壊災害などの労働災害の防止を図った。

（令和3年度決算額　221百万円）

（3）鉱山に対する保安上の監督

経済産業省においては、鉱山における危害及び鉱害を防止するため、「鉱山保安法」（昭和24年法律第70号）及び「金属鉱業等鉱害対策特別措置法」（昭和48年法律第26号）に基づき、立入検査を行った。

（4）ライフライン関連施設の保安の確保

経済産業省においては、電気、ガスの供給に関する施設の適切な維持運用のため、関係法令に基づき、立入検査を行った。

（5）高圧ガス設備の耐震補強支援事業

経済産業省においては、最新の耐震基準の適

用を受けない既存の球形タンクや、保安上重要
度の高い高圧ガス設備について、最新の耐震基
準に適合させるべく事業者が実施する耐震補強
対策を支援した。
（令和3年度決算額　165百万円）

（6）外国船舶の監督の実施

　国土交通省においては、「海上人命安全条約」
等の国際基準に適合しない船舶（サブスタン
ダード船）を排除し、海難事故を未然に防止す
るため、外国船舶監督官の組織を引き続き整備
するとともに、我が国に寄港する外国船舶に対
する監督（PSC）を的確に実施した。
（令和3年度決算額　52百万円）

第4章　国土保全

① 治水事業

国土交通省においては、令和元年台風第19号や平成30年7月豪雨、令和2年7月豪雨など、気候変動に伴い頻発・激甚化する水害・土砂災害や、切迫する大規模地震に対し、人命を守るとともに壊滅的な社会経済的被害を回避し、将来にわたり安全で活力のある地域をつくるため、以下により、新たな技術を最大限活用しながら、整備効果の高いハード対策と住民目線のソフト対策を総動員し、「水防災意識社会」の再構築を推進するとともに、「防災・減災、国土強靱化のための5か年加速化対策」を重点的に推進した。

（令和3年度決算額　1,310,348百万円）

（1）気候変動による豪雨の頻発化・激甚化を見据えた「事前防災対策」の加速化

（再掲　第3章4-3（10））

令和2年7月豪雨等で甚大な被害が発生するなど、気候変動により頻発・激甚化する水害・土砂災害等に対する安全度の向上を図るため、土地利用規制等も含めたソフト対策と連携しながら、事前防災対策を重点的に実施した。

（2）住民主体の避難行動のための情報提供の充実

令和2年7月豪雨等の教訓を踏まえ、河川の水位や画像情報などの情報の充実を図るとともに、関係者等と連携しながら、住民自らの避難行動につながる情報の提供を推進した。

（3）令和2年7月豪雨等の自然災害に対する改良復旧による再度災害防止

激甚な水害・土砂災害の発生や床上浸水が頻発し、人命被害や国民の生活に大きな支障が生じた地域等において、改良復旧により集中的に再度災害防止対策を実施した。

（4）地域の基幹的防災インフラの老朽化に対する計画的な修繕・更新

維持更新コストの最小化に向け、長寿命化計画に基づく予防保全型の維持管理へ転換するとともに、無動力化や遠隔操作化による省人化、

新技術を活用した管理の高度化を推進した。

② 治山事業

（再掲　第3章2-2（13）、3-2（3）、4-2（1）、5-2（2）、6-2（3））

農林水産省においては、集中豪雨や地震等による山地災害、流木災害等の被害を防止・軽減する事前防災・減災の考え方に立ち、集落等に近接する山地災害危険地区や重要な水源地域等において、治山施設の設置や長寿命化対策、荒廃森林の整備、海岸防災林の整備等を推進するなど、総合的な治山対策により地域の安全・安心の確保を図る「緑の国土強靱化」を推進した。

（令和3年度決算額　103,333百万円の内数　※この他に農山漁村地域整備交付金の内数）

2-1　国有林治山事業

農林水産省においては、国有林野内における治山事業を実施した。

（令和3年度決算額　31,223百万円の内数）

2-2　民有林治山事業

農林水産省においては、次のとおり事業を実施した。

（1）直轄事業

・直轄治山事業

継続15地区及び新規1地区について、民有林直轄治山事業を実施した。

・直轄地すべり防止事業

林野の保全に係る地すべりについて、継続8地区（直轄治山と重複している地区を含む。）において事業を実施した（後掲　第4章3-1（1））。

（令和3年度決算額　15,669百万円の内数）

・治山計画等に関する調査

治山事業の効果的な推進を図るため、山地保全調査、治山事業積算基準等分析調査、治山施設長寿命化調査及び流域山地災害等対策調査を実施した。

（令和3年度決算額　170百万円）

（2）補助事業
・治山事業

　荒廃山地の復旧整備や水土保全機能が低下した森林の整備、海岸防災林の整備・保全等を実施した（後掲　第4章3-1（2））。

　　　（令和3年度決算額　51,002百万円の内数
　　　※この他に農山漁村地域整備交付金の内数）

③ 地すべり対策事業

　農林水産省においては、次のとおり事業を実施した。
（1）直轄事業
・直轄地すべり対策事業

　農用地・農業用施設に被害を及ぼすおそれが大きく、かつ、地すべりの活動が認められる等緊急に対策を必要とする区域のうち、規模が著しく大きい等の地すべり防止工事について、事業を実施した。

　　　　　　　（令和3年度決算額　245百万円）
・直轄地すべり防止事業
　（再掲　第4章2-2（1））
・地すべり調査

　地すべり災害から農地及び農業用施設を保全するため、地すべり防止に係る調査を実施した。

　　　　　（令和3年度決算額　基礎技術調査費
　　　　　　　　　　　　　　　　219百万円の内数）

（2）補助事業
・地すべり対策事業
　（再掲　第3章4-2（3））

　農用地・農業用施設に被害を及ぼすおそれが大きく、かつ、地すべりの活動が認められる等緊急に対策を必要とする区域に重点を置き、事業を実施した（後掲　第4章8（1））。

　　　（令和3年度決算額　93,526百万円の内数）
・地すべり防止事業

　林野の保全に係る地すべりについて、集落、公共施設等に被害を及ぼすおそれが大きく、かつ、緊急に対策を必要とする地区において事業を実施した。

　　　（令和3年度決算額　51,002百万円の内数
　　　※この他に農山漁村地域整備交付金の内数）

　国土交通省においては、地すべりによる人命、財産の被害の防止・軽減に資することを目的として、地すべり防止施設の整備を行うとともに、都道府県において、地すべりの危険がある箇所を把握し、土砂災害警戒区域等の指定等による警戒避難体制の整備を支援した。

　また、大雨、地震等により新たな地すべりが発生又は地すべり現象が活発化し、経済上、民生安定上放置し難い場合に緊急的に地すべり防止施設を整備し、再度災害防止を図った。

④ 急傾斜地崩壊対策事業

　国土交通省においては、都道府県が指定する急傾斜地崩壊危険区域における急傾斜地崩壊防止施設の整備や土砂災害警戒区域等の指定等による警戒避難体制の整備等を支援した。

⑤ 海岸事業

　（再掲　第3章2-2（15）、3-2（5）、4-2（2））

　農林水産省及び国土交通省においては、国土保全上特に重要な海岸において、地震、津波、高潮、波浪、侵食対策等を重点的に推進した。

⑥ 農地防災事業

　農林水産省においては、次の農地防災事業を実施した。
（1）直轄事業
・国営総合農地防災事業

　農村地域の自然的社会的条件の変化により、広域的に農用地・農業用施設の機能低下又は災害のおそれが生じている地域において、これに対処するため農業用排水施設等の整備を行う事業を実施した。

　　　　　　（令和3年度決算額　27,807百万円）

（2）補助事業
・農地防災事業

　農用地・農業用施設の湛水被害等を未然に防止又は被害を最小化するため、農村地域防災減災事業、特殊自然災害対策施設緊急整備事業等

を実施した。

　　　（令和３年度決算額　93,798百万円の内数
　　　※この他に農山漁村地域整備交付金の内数）

⑦ 災害関連事業

（1）農林水産省所管事業

　農林水産省においては、被災した農林水産業施設・公共土木施設等の再度災害防止のため、災害復旧事業と併せて隣接施設等の改良等の災害関連事業を実施した。

　　　　　（令和３年度決算額　15,840百万円）

（2）国土交通省所管事業（河川等）

　国土交通省においては、災害復旧事業の施行のみでは再度災害の防止に十分な効果が期待できないと認められた場合に、災害復旧事業と合併して新設又は改良事業を実施した。また、河川、砂防等について、災害を受けた施設の原形復旧に加え、これに関連する一定の改良復旧を緊急に行ったほか、施設災害がない場合においても豪雨等により生じた土砂の崩壊等に対処する事業等を緊急に実施した。

　　　　　（令和３年度決算額　84,503百万円）

（3）環境省所管事業

　環境省においては、国立公園内における緊急退避所となる利用拠点施設の整備や利用者の安全確保を目的とした皇居外苑の石垣の修復等を実施した。

　　　（令和３年度決算額　13,164百万円の内数）

⑧ 地盤沈下対策事業

（1）地盤沈下対策事業

・地下水調査（保全調査）

　農林水産省においては、農業用地下水利用地帯において、地盤沈下等の地下水障害状況の実態把握等に関する調査を実施した。

　　　（令和３年度決算額　219百万円の内数）

・地盤沈下対策事業

（再掲　第３章４-２（３）、第４章３-１（２））

　農林水産省においては、地盤の沈下により低下した農用地・農業用施設の効用の回復を図るため、緊急に対策を必要とする地域に重点を置

き、農業用排水施設を整備する等の事業を実施した。

　　　（令和３年度決算額　93,526百万円の内数
　　　※この他に農山漁村地域整備交付金の内数）

（2）地盤沈下防止対策事業等

　経済産業省においては、地盤沈下防止のため、次の事業を実施した。

・地盤沈下防止対策工業用水道事業

　地下水に代わる水源としての工業用水道の整備を推進するため、改築11事業を実施した。

　　　　　（令和３年度決算額　461百万円）

・地下水位観測調査

　「工業用水法」（昭和31年法律第146号）に基づく指定地域における規制効果の測定を行うため、地下水位についての観測を継続的に実施した。

　　　　　　（令和３年度決算額　１百万円）

（3）低地対策関連河川事業

　国土交通省においては、次の事業を実施した。

・地下水保全管理調査

　地下水を適切に保全及び管理し、地盤沈下等の地下水障害の防止施策の立案等に資するため、全国の一級水系の河川近傍における地下水の調査結果の評価を引き続き行った。

　　　　　　（令和３年度決算額　６百万円）

・地盤沈下関連水準測量等

　国土地理院においては、全国の主要地盤沈下地域を対象に、人工衛星の観測データを用いたＳＡＲ干渉解析や水準測量を実施し、地方公共団体の行う測量結果と併せて地盤変動の監視を行った。

　　　（令和３年度決算額　237百万円の内数）

（4）地下水対策調査

　国土交通省においては、濃尾平野、筑後・佐賀平野及び関東平野北部の地盤沈下防止等対策の実施状況を把握するとともに、地下水データの整理と分析を行い、地盤沈下を防止し、地下水の保全を図るための検討を行った。また、地下水採取量、地下水位及び地盤沈下の関係について詳細分析を行い、適正な地下水採取量の検討を行った。

　　　　　　（令和３年度決算額　27百万円）

（5）地下水・地盤環境対策

環境省においては、全国から地盤沈下に関する測量情報を取りまとめた「全国の地盤沈下地域の概況」及び代表的な地下水位の状況や地下水採取規制に関する条例等の各種情報を整理した「全国地盤環境情報ディレクトリ」を公表した。また、地盤沈下を防止しつつ、地中熱等で需要が高まっている地下水利用に対応するため、持続可能な地下水の保全と利用の両立を推進するための方策について調査・検討を行った。

（令和3年度決算額　10百万円）

⑨　下水道における浸水対策

（再掲　第3章4 - 2（10））

⑩　その他の事業

（1）防災対策事業債等

総務省においては、地域防災計画に掲げられている災害危険区域において、地方公共団体が災害の発生を予防し、又は災害の拡大を防止するために単独で実施する事業について、427億円の防災対策事業債（自然災害防止事業）を措置した。また、地方公共団体が単独で実施する河川管理施設又は砂防設備に関する工事その他の治山治水事業等について、827億円の一般事業債（河川等事業）を措置した。また、「防災・減災、国土強靱化のための5か年加速化対策」と連携しつつ、緊急に実施する自然災害を防止するための社会基盤整備や流域治水対策に関する地方単独事業について、2,836億円の緊急自然災害防止対策事業債を措置した。さらに、地方公共団体が単独事業として緊急的に実施する河川や防災重点農業用ため池等の浚渫について、866億円の緊急浚渫推進事業債を措置した。

（2）保安林等整備管理費

農林水産省においては、全国森林計画等に基づき保安林の配備を進めるとともに、保安林の適正な管理を推進するため、保安林の指定・解除等の事務、保安林の管理状況の実態把握等の事業を実施した。

（令和3年度決算額　397百万円）

（3）休廃止鉱山鉱害防止等事業等

経済産業省においては、鉱害防止義務者が不存在又は無資力の休廃止鉱山の鉱害防止のために地方公共団体の実施する事業に対して補助を行うとともに、同義務者が実施する休廃止鉱山の坑廃水処理事業のうち、義務者に起因しない汚染に係る部分に対し補助を行った。

（令和3年度決算額　2,430百万円）

（4）鉄道防災事業

国土交通省においては、旅客鉄道株式会社が施行する落石・雪崩等対策及び海岸等保全のための防災事業並びに独立行政法人鉄道建設・運輸施設整備支援機構が施行する青函トンネルの防災事業を推進した。

（令和3年度決算額　1,249百万円）

（5）鉄道施設の老朽化対策

国土交通省においては、鉄道事業者に対して、予防保全の観点から構造物の定期検査の実施、それに基づく健全度の評価を行い適切な維持管理を行うよう指示するとともに、人口減少が進み経営状況が厳しさを増す地方の鉄道事業者に対して、長寿命化に資する鉄道施設の補強・改良を推進した。

（令和3年度決算額　8,068百万円の内数）

（6）防災・減災対策等強化事業推進費

国土交通省においては、自然災害により被災した地域や事前防災・減災対策を図る必要の生じた地域等143地区において、緊急的かつ機動的に予算を配分し、住民等の安全・安心の確保を図った。

（令和3年度決算額　30,104百万円）

（7）港湾施設の老朽化対策

国土交通省においては、港湾施設の老朽化が進む中、将来にわたりその機能を発揮できるよう予防保全型の維持管理を取り入れ、ハード・ソフト両面から計画的、総合的な港湾施設の老朽化対策を推進した。

（令和3年度決算額　339,207百万円の内数
※この他に防災・安全交金及び
社会資本整備総合交付金の内数）

（8）一般廃棄物処理施設の老朽化対策

　環境省においては、ダイオキシン対策により整備した一般廃棄物処理施設が老朽化し、地域でのごみ処理能力の不足、事故リスク増大のおそれがあることから、市町村が行う一般廃棄物処理施設の整備事業に対して循環型社会形成推進交付金を交付することで、施設の適切な更新や改修を図るとともに、地域住民の安全・安心を確保した。

（令和３年度決算額　73,496百万円）

（9）浄化槽の整備推進

　環境省においては、個別分散型汚水処理施設であり、災害に強い浄化槽の整備を推進するため、浄化槽整備に関する市町村の事業に対して国庫助成を行った。

（令和３年度決算額　7,977百万円）

第2部

令和３年度において防災に関してとった措置の概況

第5章　災害復旧等

① 災害応急対策

1-1 令和3年（2021年）7月1日からの大雨に対してとった措置

（1）警察庁における対応

　警察庁においては、非常災害警備本部を設置するなどし、情報収集、総合調整等に当たったほか、関係警察においては、情報収集、避難誘導、救出救助、行方不明者の捜索、交通対策、被災地における各種犯罪への対策等の活動に当たった。機動警察通信隊においては、警察活動に必要な通信の確保に当たり、現場映像を警察庁等にリアルタイムで伝送した。

（2）消防庁における対応

　消防庁においては、消防庁災害対策本部を設置した。大規模な土石流災害が発生した静岡県熱海市に対して、消防庁長官の求め又は指示に基づき、7月3日から26日までの24日間にわたり、815隊、3,099人（延べ活動数2,097隊、7,961人）の緊急消防援助隊を派遣した。また、被災自治体の支援や情報収集のため、7月3日以降、静岡県、熱海市役所及び熱海市消防本部に対し、27日間にわたり計42人の消防庁職員を派遣した。

（3）文部科学省における対応

　文部科学省においては、災害応急対策本部を設置し、関係都道府県教育委員会に対し、児童生徒等の安全確保と二次災害防止等を要請した。また、各都道府県等に対し、被災地の学校において教育活動を実施する際の留意点についての事務連絡の発出等を通じ、被害状況等の把握や必要な支援に努めた。さらに、国立研究開発法人防災科学技術研究所においては、「基盤的防災情報流通ネットワーク（SIP4D）」からの情報を一元的に集約し、「防災クロスビュー（bosaiXview）」を介して災害対応機関等へ情報発信を行った。

（4）厚生労働省における対応

　厚生労働省においては、厚生労働省災害対策本部を設置して被害状況の把握に努めるととも

に、災害派遣医療チーム（DMAT）、災害派遣精神医療チーム（DPAT）、災害派遣福祉チーム（DWAT）、災害支援ナースを派遣し、災害支援活動を行った。また、医療保険、介護保険、障害福祉及び児童福祉サービス等については、必要書類を提示しなくてもサービスを利用できるよう対応し、利用者負担の減免や人員基準の緩和等の特別な対応をするよう、各都道府県及び被災地市町村に対して事務連絡を発出した。

　さらに、厚生労働省被災者生活・生業再建支援チームを設置し、仮設住宅に入居する被災者等の孤立を防止するための見守りや相談支援、被災した生活衛生関係営業者等に対する日本政策金融公庫による資金繰り支援、また被害のあった水道施設及び社会福祉施設について、災害復旧事業等による早期復旧に向けた支援策をとりまとめた。

（5）農林水産省における対応

　農林水産省においては、農林水産省緊急自然災害対策本部を設置して被害状況の把握に努めるとともに、被災された農林漁業者の方々が営農意欲を失わず一日も早く経営再建できるように、被害を受けた農林水産業施設等の復旧事業や林野、水産関係に係る総合的な支援対策を行った。また、被災した地方公共団体等へ延べ136人日のMAFF－SATを派遣し、迅速な被害の把握や被災地の早期復旧を支援した。

（6）経済産業省における対応

　経済産業省においては、静岡県や島根県等に「災害救助法」が適用されたことを踏まえ、政府系金融機関等に特別相談窓口を設置するとともに、災害復旧貸付の適用及びセーフティネット保証4号の適用等、被災中小企業・小規模事業者対策を行った。

（7）国土交通省における対応

　国土交通省においては、特定災害対策本部を設置し、被災施設の応急復旧等にあたるとともに、緊急災害対策派遣隊（TEC-FORCE）を被災地域に派遣し、被害の拡大や二次災害の防止、災害対策用ヘリコプターやドローン等も活用した被災状況調査、救助活動に必要となる土砂撤去への技術的支援、排水ポンプ車による

緊急排水、災害応急対策への助言など、被災した自治体の支援に努めた。

（8）環境省における対応

　環境省においては、本省及び地方環境事務所（関東、近畿、中国・四国、九州）の職員、D.Waste-Netの専門家、人材バンク登録支援員を派遣し、災害廃棄物の仮置場の管理・運営や収集運搬等について支援を行った。

1-2　令和3年（2021年）8月の大雨に対してとった措置

（1）警察庁における対応

　警察庁においては、特定災害警備本部を設置するなどし、情報収集、総合調整等に当たったほか、関係警察においては、情報収集、避難誘導、救出救助、行方不明者の捜索、交通対策、被災地における各種犯罪への対策等の活動に当たった。機動警察通信隊においては、警察活動に必要な通信の確保に当たり、現場映像を警察庁等にリアルタイムで伝送した。

（2）消防庁における対応

　消防庁においては、消防庁災害対策本部を設置した。8月13日には九州、中国地方を対象とした緊急消防援助隊（13府県）の出動体制を確認した。また、災害対応時の情報収集におけるドローンの有用性に係る事務連絡を地方公共団体に対し発出し、ドローンを活用した効果的な情報収集についての助言を行った。

（3）文部科学省における対応

　文部科学省においては、災害情報連絡室を設置し、関係都道府県教育委員会に対し、児童生徒等の安全確保と二次災害防止等を要請するとともに、被害状況等の把握や必要な支援に努めた。さらに、国立研究開発法人防災科学技術研究所においては、「基盤的防災情報流通ネットワーク（SIP4D）」からの情報を一元的に集約し、「防災クロスビュー（bosaiXview）」を介して災害対応機関等へ情報発信を行った。

（4）厚生労働省における対応

　厚生労働省においては、厚生労働省災害対策本部を設置して被害状況の把握に努めるととも

に、災害派遣医療チーム（DMAT）、災害派遣精神医療チーム（DPAT）を派遣し、災害支援活動を行った。また、医療保険、介護保険、障害福祉及び児童福祉サービス等については、必要書類を提示しなくてもサービスを利用できるよう対応し、利用者負担の減免や人員基準の緩和等の特別な対応をするよう、各都道府県及び被災地市町村に対して事務連絡を発出した。

　さらに、医療施設の災害復旧事業の早期復旧に向けた支援を行った。

（5）農林水産省における対応

　農林水産省においては、農林水産省緊急自然災害対策本部を設置して被害状況の把握に努めるとともに、被災した地方公共団体等へ延べ204人日のMAFF-SATを派遣し、迅速な被害の把握や被災地の早期復旧を支援した。

（6）経済産業省における対応

　経済産業省においては、佐賀県や長崎県等に「災害救助法」が適用されたことを踏まえ、政府系金融機関等に特別相談窓口を設置するとともに、災害復旧貸付の適用及びセーフティネット保証4号の適用等、被災中小企業・小規模事業者対策を行った。

（7）国土交通省における対応

　国土交通省においては、非常災害対策本部を設置し、被災施設の応急復旧等にあたるとともに、緊急災害対策派遣隊（TEC-FORCE）を被災地域に派遣し、災害対策用ヘリコプターやドローン等も活用した被災状況調査、排水ポンプ車による緊急排水、災害応急対策への助言など、被災した自治体の支援に努めた。

（8）環境省における対応

　環境省においては、地方環境事務所（中部、中国・四国、九州）の職員、D.Waste-Netの専門家、人材バンク登録支援員を派遣し、災害廃棄物の仮置場の管理・運営や災害廃棄物処理に関する事務手続等について支援を行った。

1-3 令和4年（2022年）福島県沖を震源とする地震に対してとった措置

（1）警察庁における対応

警察庁においては、災害警備本部を設置するなどし、情報収集、総合調整等に当たったほか、関係警察においては、情報収集、交通対策等の活動に当たった。機動警察通信隊においては、警察活動に必要な通信の確保に当たり、現場映像を警察庁等にリアルタイムで伝送した。

（2）消防庁における対応

消防庁においては、消防庁災害対策本部を設置し、震度5弱以上を観測した宮城県、福島県、岩手県、山形県、青森県、秋田県、茨城県、栃木県及び新潟県に対し、適切な対応と迅速な被害報告について要請するとともに、当該各県の消防本部及び市町村に直接問い合わせ、被害状況の把握に努めた。また、発災と同時に関係する都道県（16都道県）に対し、緊急消防援助隊の出動準備を依頼した。

（3）文部科学省における対応

文部科学省においては、災害情報連絡室を設置し、関係都道府県教育委員会に対し、児童生徒等の安全確保と二次災害防止等を要請した。また、文部科学省職員等の現地への派遣、被災地の学校において教育活動を実施する際の留意点についての事務連絡の発出等を通じ、被害状況等の把握や必要な支援に努めた。さらに、国立研究開発法人防災科学技術研究所においては、「基盤的防災情報流通ネットワーク（SIP4D）」からの情報を一元的に集約し、「防災クロスビュー（bosaiXview）」を介して災害対応機関等へ情報発信を行った。

（4）経済産業省における対応

経済産業省においては、宮城県や福島県に「災害救助法」が適用されたことを踏まえ、政府系金融機関等に特別相談窓口を設置するとともに、災害復旧貸付の適用及びセーフティネット保証4号の適用等、被災中小企業・小規模事業者対策を行った。

（5）農林水産省における対応

農林水産省においては、農林水産省緊急自然災害対策本部を設置して被害状況の把握に努めるとともに、被災された農林漁業者の方々が営農意欲を失わず一日も早く経営再建できるように、総合的な支援対策を行った。また、被災した地方公共団体等へ延べ95人日のMAFF－SATを派遣し、迅速な被害の把握や被災地の早期復旧を支援した。

（6）国土交通省における対応

国土交通省においては、地震発生直後に特定災害対策本部を設置し、被災施設の応急復旧等にあたるとともに、災害対策ヘリコプター3機により上空から被災状況調査を行ったほか、緊急災害対策派遣隊（TEC-FORCE）を被災地域に派遣し、自治体所管施設の被災状況調査や技術的な助言等を実施した。

（7）環境省における対応

環境省においては、本省及び地方環境事務所（東北、関東）の職員を派遣し、災害廃棄物の仮置場の管理・運営や収集運搬等について支援を行った。

1-4 その他の災害に対してとった措置

（1）非常災害発生に伴う現地災害対策等

内閣府においては、令和3年度に発生した災害について、職員を派遣し、被災情報の把握を行うとともに、地方公共団体の長等に対し必要な指導・助言等を行う等、的確かつ迅速な災害応急対策を行った。

（令和3年度決算額　79百万円）

（2）災害救助費の国庫負担

内閣府においては、「災害救助法」に基づく救助に要する費用を同法に基づき負担した。

（令和3年度決算額　4,112百万円）

（3）災害弔慰金等の支給及び災害援護資金の貸付

内閣府においては、「災害弔慰金の支給等に関する法律」（昭和48年法律第82号）に基づき、災害弔慰金等の一部負担及び災害援護資金の原資の貸付を行った。

・災害弔慰金等の国庫負担

（令和3年度決算額　222百万円）

・災害援護資金の原資の貸付
（令和3年度決算額　107百万円）

（4）緊急消防援助隊の災害派遣

　消防庁においては、大規模災害や特殊災害の発生に際し、「消防組織法」第44条第5項の規定に基づく消防庁長官の指示により出動した緊急消防援助隊の活動に要する費用について、「消防組織法」第49条の規定に基づき負担した。
（令和3年度決算額　330百万円）

（5）経済産業省における対応

　経済産業省においては、島根県松江市における大規模火災や令和3年長野県茅野市において発生した土石流において「災害救助法」が適用されたことを踏まえ、政府系金融機関等に特別相談窓口を設置するとともに、災害復旧貸付の適用及びセーフティネット保証4号の適用等、被災中小企業・小規模事業者対策を行った。

（6）災害廃棄物の処理

　環境省においては、地方公共団体が災害のために実施した廃棄物の収集、運搬及び処分に係る事業に対して補助を行った。
（令和3年度決算額　13,184百万円）

（7）自衛隊の災害派遣

　防衛省においては、災害派遣に直接必要な経費として、災害派遣等手当、災害派遣された隊員に支給される食事等に係る経費を計上した。
（令和3年度決算額　474百万円）

令和3年度災害派遣の実績（防衛省）

区分	件数	延べ現地活動人員（人）	延べ車両（両）	延べ航空機（機）	延べ艦艇（隻）
風水害・地震等	9				
急患輸送	315				
捜索救助	5	約18,000	約3,200	約450	0
消火活動	24				
その他	29				
合　計	382	約18,000	約3,200	約450	0
令和3年7月1日からの大雨	1	現地活動人員　約11,000 活動人員　約27,000	約3,500	約30	0

※令和3年7月1日からの大雨については、3年度の派遣実績から除く。
※活動人員とは、現地活動人員に加えて整備・通信要員、司令部要員、待機・交代要員などの後方活動人員を含めた人員数

（気象庁）
津波警報・注意報の発表回数
（令和3年4月～令和4年3月）

大津波警報（発表総数）	津波警報（発表総数）	津波注意報（発表総数）
0	1	1

（気象庁）
緊急地震速報（警報・予報）の発表回数
（令和3年4月～令和4年3月）

緊急地震速報（警報）		緊急地震速報（予報）
地震動特別警報（発表総数）	地震動警報（発表総数）	地震動予報（発表総数）
4	13	927

※平成25年8月30日以降、緊急地震速報（震度6弱以上）が特別警報と位置づけられている。

噴火警報・予報の発表回数（令和3年4月～令和4年3月）

噴火警報（居住地域）（発表総数）	噴火警報（火口周辺）噴火警報（周辺海域）（発表総数）	噴火予報（発表総数）
0	17	3

令和3年度において防災に関してとった措置の概況

気象等警報の発表回数
（令和3年4月〜令和4年3月）（気象庁）

種　類	特別警報　※1 （官署発表総数）	警報 （官署発表総数）
暴風	0	182
暴風雪	0	88
大雨	8	877
大雪	0	123
高潮	0	16
波浪	0	239
洪水	−	521
合計　※2	8	1,826

※1　平成25年8月30日以降、特別警報が運用されている。
※2　同一官署において、同一時刻に2種類以上の警報を発表した場合、合計の発表回数を1回と集計していることから、合計の発表回数は各警報の発表回数の和より少なくなることがある。特別警報についても同様。

② 災害復旧事業

2-1 公共土木施設等災害復旧事業

（1）治山施設等
　農林水産省においては、次のとおり災害復旧事業を実施した。
・直轄事業
　治山施設について、令和元年災害、令和2年災害及び令和3年災害に係る復旧事業を実施した。

（令和3年度決算額　966百万円）
・補助事業
　治山施設について、令和元年災害、令和2年災害及び令和3年災害に係る復旧事業を実施した。また、農村振興局所管の海岸保全施設及び地すべり防止施設について、令和元年災害、令和2年災害及び令和3年災害に係る復旧事業を実施した。さらに、漁港施設及び水産庁所管の海岸保全施設について、令和元年災害の復旧を完了し、令和2年災害及び令和3年災害に係る復旧事業を実施した（後掲　第5章2-2）。

（令和3年度決算額　34,636百万円の内数）

（2）河川等
　国土交通省においては、次のとおり災害復旧事業を実施した。
・直轄事業

　河川、ダム、海岸保全施設、砂防設備、地すべり防止施設、道路及び港湾施設について、平成23年災害、平成29年災害、平成30年災害、令和元年災害、令和2年災害及び令和3年災害に係る復旧事業を実施した。

（令和3年度決算額　99,984百万円）
・補助事業
　河川、海岸保全施設、砂防設備、地すべり防止施設、急傾斜地崩壊防止施設、道路、下水道、公園、都市施設及び港湾施設について、平成23年災害、平成28年災害、平成29年災害、平成30年災害、令和元年災害、令和2年災害及び令和3年災害の復旧事業並びに堆積土砂排除事業を実施した。また、火山噴火に伴い多量の降灰のあった市町村が行う市町村道及び宅地等に係る降灰除去事業に対して補助を行った。

（令和3年度決算額　281,544百万円）

2-2 農林水産業施設災害復旧事業

　農林水産省においては、次のとおり災害復旧事業を実施した。
・直轄事業
　「土地改良法」（昭和24年法律第195号）に基づき直轄土地改良事業により施行中及び完了した施設及び国有林野事業（治山事業を除く。）に係る林道施設等について、平成23年災害、平成30年災害、令和元年災害、令和2年災害

及び令和3年災害に係る復旧事業を実施した。

（令和3年度決算額　18,195百万円）

・補助事業

（再掲　第5章2-1（1））

地方公共団体、土地改良区等が施行する災害復旧事業については、「農林水産業施設災害復旧事業費国庫補助の暫定措置に関する法律」（昭和25年法律第169号）の規定により補助し、農地、農業用施設、林業用施設、漁業用施設、農林水産業共同利用施設について事業を実施した。

（令和3年度決算額　79,248百万円の内数）

2-3　文教施設等災害復旧事業

（1）国立大学等施設災害復旧事業

文部科学省においては、災害により被害を受けた国立大学等施設の復旧事業に対し、国庫補助を行った。

（令和3年度決算額　2,225百万円）

（2）公立学校施設災害復旧事業

文部科学省においては、災害により被害を受けた公立学校施設の復旧事業に対し、国庫負担（補助）を行った。

（令和3年度決算額　2,160百万円）

（3）私立学校施設災害復旧事業

文部科学省においては、災害により被害を受けた私立学校施設の復旧事業に対し、国庫補助を行った。

（令和3年度決算額　246百万円）

（4）公立社会教育施設災害復旧事業

文部科学省においては、災害により被害を受けた公立社会教育施設の復旧事業に対し、国庫補助を行った。

（令和3年度決算額　777百万円）

（5）文化財災害復旧事業

文化庁においては、災害により被害を受けた国指定等文化財の復旧事業に対し、国庫補助を行った。

（令和3年度決算額　34,895百万円の内数）

2-4　厚生施設災害復旧事業

厚生労働省においては、令和3年災害等に係る災害復旧事業を実施した。各施設の内訳は以下のとおり。

厚生施設災害復旧事業（令和3年度決算額）

厚生施設等災害復旧事業（令和3年度決算額）
厚生労働省においては、令和3年災害等に係る災害復旧事業を実施した。
各施設の内訳は以下のとおり。

（単位：千円）

項　目　　　　　　　　　区　分	3年度決算額（一般会計分）	3年度決算額（復興特会分）	合　　　計
社会福祉施設	1,569,935	246,697	1,816,632
医　療　施　設	657,356	0	657,356
うち　　　公的医療機関施設	248,303	0	248,303
政策医療実施機関施設	395,034	0	395,034
医療関係者養成施設	12,217	0	12,217
看護師宿舎	1,802	0	1,802
その他	0	0	0
保健衛生施設	14,920	75,690	90,610
水　道　施　設	697,896	4,556,619	5,254,515
うち　　　上水道施設	613,353	3,992,892	4,606,245
簡易水道施設	84,543	563,727	648,270
合　　　計	2,940,107	4,879,006	7,819,113

（1）民放ラジオ難聴解消支援事業

　総務省においては、ラジオの難聴を解消することにより、平時における国民に密着した情報に加え、災害時における国民に対する生命・財産の確保に必要な情報の提供を確保するため、ラジオの難聴解消のための中継局整備支援を実施した。

（令和３年度決算額　322百万円）

（2）放送ネットワーク整備支援事業

　総務省においては、被災情報や避難情報など、国民の生命・財産の確保に不可欠な情報を確実に提供するため、災害発生時に地域において重要な情報伝達手段となる放送ネットワークの強靱化を実現するための予備送信設備等の整備の支援を実施した。

（令和３年度決算額　481百万円）

（3）地上基幹放送等に関する耐災害性強化支援事業

　総務省においては、大規模な自然災害が発生した場合においても、適切な周波数割当により置局された現用の放送局からの放送を継続させるため、地上基幹放送等の放送局等の耐災害性強化を図る地上基幹放送事業者等に対して整備費用の支援を実施した。

（令和３年度決算額　67百万円）

（4）地域ＩＣＴ強靱化事業（本省・地方）

　総務省においては、総合通信局等に臨時災害放送局用の送信機等を配備し、平時においては地方公共団体等が行う送信点調査や運用訓練に活用し、災害時においては地方公共団体等に対して貸し出すことにより、迅速な開設を図り、また、大規模災害時にテレビ放送が途絶しないよう、総合通信局等において可搬型予備送信設備等の運用研修・訓練を行うとともに、地方公共団体や放送事業者が可搬型予備送信設備等を活用できるよう、運用マニュアルの更新等を実施した。

（令和３年度決算額　11百万円）

（5）工業用水道施設災害復旧事業

　経済産業省においては、工業用水道施設に係る災害について所要の復旧事業に対して補助を行った。

（令和３年度決算額　110百万円）

（6）公営住宅等

　国土交通省においては、地方公共団体が実施する既設公営住宅等の復旧事業について補助を行い、令和元年から令和３年の災害に係る復旧事業の円滑な実施を図った。

（令和３年度決算額　257百万円）

（7）鉄道災害復旧事業

　国土交通省においては、鉄軌道事業者が行う地震・豪雨等による鉄道施設の災害復旧事業に対して補助を行った。

（令和３年度決算額　3,233百万円）

（8）廃棄物処理施設の災害復旧事業

　環境省においては、地方公共団体が実施する災害により被害を受けた廃棄物処理施設を原形に復旧する事業に対して補助を行った。

（令和３年度決算額　169百万円）

③　財政金融措置

（1）財政融資資金の貸付

　財務省においては、地方公共団体に対する財政融資資金の貸付予定額を次のとおり決定した。

（令和３年度決算額　192,625百万円）

地方長期資金等の貸付
財政融資資金　　　　　　　　　　　　　（単位：千円）

区　　　　　分	金　　額
災害復旧事業債発行（予定）額	
通常収支分	192,615,100
東日本大震災復旧・復興事業分	9,400
合　　　計	192,624,500

（2）日本私立学校振興・共済事業団の融資

　災害により被害を受けた私立学校が日本私立学校振興・共済事業団から融資を受ける際、貸付条件を緩和する復旧措置を講じた。

（3）独立行政法人福祉医療機構の融資

独立行政法人福祉医療機構においては、融資の際、病院等の災害復旧に要する経費について貸付資金の確保に十分配慮するとともに、貸付条件を緩和した復旧資金の融資措置を講じた。

（4）（株）日本政策金融公庫（国民一般向け業務）

株式会社日本政策金融公庫（国民一般向け業務）においては、被災中小企業者等の資金需要に十分配慮するとともに、個々の実情に応じて弾力的な対応を行った。

また、激甚災害の指定を受けた災害については、災害貸付の利率の引下げを実施し、被災中小企業者等の事業再開に向けた資金繰りを支援した。

（5）（株）日本政策金融公庫（中小企業向け業務）による融資

株式会社日本政策金融公庫（中小企業向け業務）においては、被災中小企業者の資金需要に十分配慮するとともに、個々の実情に応じて弾力的な対応を行った。

また、激甚災害の指定を受けた災害も含めて、災害復旧貸付の利率の引下げを実施し、被災中小企業者の事業再開に向けた資金繰りを支援した。

（6）被災農林漁業者に向けた災害関連資金の融通

ＪＡ等金融機関においては、被災した農林漁業者等に対して災害関連資金を融通した。さらに、甚大な自然災害については、災害関連資金

（株）日本政策金融公庫（国民一般向け業務）の融資
（令和3年度）

（単位：件、千円）

災害名	災害貸付	
	件数	金額
東日本大震災	39	284,170
平成28年熊本地震	0	0
平成30年5月20日から7月10日までの豪雨による災害	0	0
平成30年北海道胆振東部地震に係る災害	0	0
令和元年8月の前線に伴う大雨による災害	0	0
令和元年台風第15号による災害	0	0
令和元年台風第19号に伴う災害	15	164,250
令和2年7月3日からの大雨による災害	28	219,700
令和2年台風第14号に伴う災害	0	0
令和2年12月16日からの大雪による災害	0	0
令和3年1月7日からの大雪による災害	1	11,500
令和3年福島県沖を震源とする地震による災害	10	48,340
令和3年栃木県足利市における大規模火災による災害	0	0
令和3年新潟県糸魚川市における地滑りによる災害	0	0
島根県松江市における大規模火災	0	0
令和3年7月1日からの大雨による災害	4	9,200
台風第9号から変わった温帯低気圧に伴う大雨による災害	1	4,000
令和3年8月11日からの大雨による災害	3	21,000
令和3年長野県茅野市において発生した土石流にかかる災害	0	0
令和4年福島県沖を震源とする地震による災害	0	0
合計	101	762,160

（株）日本政策金融公庫（中小企業向け業務）の融資
（令和3年度）

（単位：件、百万円）

災害名	災害貸付	
	件数	金額
東日本大震災	2	165
平成28年熊本地震	0	0
平成30年5月20日から7月10日までの豪雨による災害	0	0
平成30年北海道胆振東部地震に係る災害	0	0
令和元年8月の前線に伴う大雨による災害	0	0
令和元年台風第15号による災害	0	0
令和元年台風第19号等に伴う災害	4	250
令和2年7月3日からの大雨による災害	6	138
令和2年台風第14号に伴う災害	0	0
令和2年12月16日からの大雪による災害	0	0
令和3年1月7日からの大雪による災害	0	0
令和3年福島県沖を震源とする地震による災害	0	0
令和3年栃木県足利市における大規模火災による災害	0	0
令和3年新潟県糸魚川市における地滑りによる災害	0	0
島根県松江市における大規模火災	0	0
令和3年7月1日からの大雨による災害	0	0
台風第9号から変わった温帯低気圧に伴う大雨による災害	0	0
令和3年8月11日からの大雨による災害	3	140
令和3年長野県茅野市において発生した土石流にかかる災害	0	0
令和4年福島県沖を震源とする地震による災害	0	0
合計	15	693

の金利負担を貸付当初5年間軽減する措置を講じた。

また、農業信用基金協会等においては、被災農林漁業者等の資金の借入れに対して保証を行った。さらに、甚大な自然災害については、保証料を保証当初5年間免除する措置を講じた。

（7）（株）商工組合中央金庫の融資

株式会社商工組合中央金庫においては、被災中小企業者の資金需要に十分配慮するとともに、個々の実情に応じて弾力的な対応を行った。

また、激甚災害の指定を受けた災害については、災害復旧貸付を実施し、被災中小企業者の事業再開に向けた資金繰りを支援した。

（8）信用保証協会による信用保証

信用保証協会においては、被災中小企業者の資金需要に十分配慮するとともに、個々の実情に応じて弾力的な対応を行った。

通常の保証限度額とは別枠で融資額の100%

信用保証協会による信用保証の特例措置（令和3年度）
（単位：件、百万円）

災害名	セーフティネット保証4号・災害関係保証等	
	件数	金額
東日本大震災	1,408	37,995
令和元年十月十一日から同月二十六日までの間の暴風雨及び豪雨による災害	4	50
令和二年七月豪雨による災害／令和二年五月十五日から七月三十一日までの間の豪雨による災害	27	345
令和三年一月七日からの大雪による災害	0	0
令和三年福島県沖を震源とする地震	0	0
令和三年栃木県足利市における大規模火災	0	0
令和三年新潟県糸魚川市における地滑り	0	0
令和三年島根県松江市における大規模火災	0	0
令和三年七月一日からの大雨による災害	6	84
台風第九号から変わった温帯低気圧に伴う大雨による災害	0	0
令和三年八月十一日からの大雨による災害／令和三年八月七日から同月二十三日までの間の暴風雨及び豪雨による災害	11	67
令和三年長野県茅野市において発生した土石流	0	0
令和四年福島県沖を震源とする地震	0	0
合計	1,456	38,541

を保証するセーフティネット保証4号については、「災害救助法」が適用された時点で発動を決定するなど、自然災害に迅速かつ柔軟に対応することで、被災中小企業者の一層の安全・安心を確保した。

また、激甚災害の指定を受けた災害についても、通常の保証限度額とは別枠で融資額の100%を保証する災害関係保証を措置し、被災中小企業者の事業再開に向けた資金繰りを支援した。

（9）災害復旧高度化事業

都道府県と独立行政法人中小企業基盤整備機構においては、大規模な災害により被害を受けた事業用施設を中小企業者が共同で復旧する事業に対して、個々の実情に応じて弾力的な対応を行った。

（10）小規模企業共済災害時貸付

独立行政法人中小企業基盤整備機構においては、「災害救助法」適用地域で罹災した小規模企業共済契約者に対し、原則として即日かつ低利で、共済掛金のうち、一定の範囲内で融資を行った。

（11）独立行政法人住宅金融支援機構の融資

独立行政法人住宅金融支援機構においては、被災家屋の迅速な復興を図るため、その建設・補修等について災害復興住宅融資を行った。

3-2 災害保険

（1）地震再保険

財務省においては、「地震保険に関する法律」（昭和41年法律第73号）に基づき地震再保険事業を運営しているところであるが、令和3年度においては、1回の地震等により政府が支払うべき再保険金の限度額を11兆7,751億円と定めて実施した。

（令和3年度決算額　128,948百万円）

（2）農業保険

農林水産省においては、「農業保険法」（昭和22年法律第185号）に基づき、農業経営の安定を図るため、農業者が災害その他の不慮の事故によって受ける損失を補塡する農業共済事業

及びこれらの事故等によって受ける農業収入の減少に伴う農業経営への影響を緩和する農業経営収入保険事業を実施した。

（令和３年度決算額　64,635百万円）

（3）漁業保険

　農林水産省においては、漁業者が不慮の事故によって受ける損失を補填し、経営の維持安定を図るため、次の災害補償等を実施した。

・「漁業災害補償法」（昭和39年法律第158号）に基づき、漁業災害に関する漁業共済事業を実施した。

（令和３年度決算額　10,603百万円）

・「漁船損害等補償法」（昭和27年法律第28号）に基づき、漁船の損害及び船主の損害賠償責任等に関する保険事業を実施した。

（令和３年度決算額　5,219百万円）

（4）森林保険

　国立研究開発法人森林研究・整備機構においては、森林所有者が火災、気象災及び噴火災によって受ける森林の損害を補填し、林業経営の維持安定を図るため、「森林保険法」（昭和12年法律第25号）に基づき、森林災害に関する森林保険業務を実施した。

3-3　地方交付税及び地方債

　総務省においては、以下のとおり災害復旧等に対する財政措置を行った。

（1）地方交付税による措置
a　特別交付税の交付　（単位：百万円）

区分	都道府県分	市町村分	合計
災害関連経費	14,492	39,107	53,599

b　普通交付税における災害復旧事業債元利償還金の基準財政需要額算入状況　（単位：百万円）

区分	都道府県分	市町村分	合計
災害復旧費	66,911	27,102	94,013

c　普通交付税の繰上交付の状況（単位：百万円）

交付年月日	対象団体	交付額	団体数	災害名
令和				
3.7.12	市町村分	49	1	令和3年7月1日からの大雨
3.7.14	市町村分	4,346	3	令和3年7月1日からの大雨
3.7.19	市町村分	2,209	3	令和3年7月1日からの大雨
3.8.16	市町村分	1,075	3	台風第9号から変わった温帯低気圧に伴う大雨
3.8.20	市町村分	7,368	8	令和3年8月11日からの大雨
3.8.24	市町村分	3,703	7	令和3年8月11日からの大雨
3.9.13	市町村分	499	1	令和3年長野県茅野市において発生した土石流
3年度計	県分	0	0	
	市町村分	19,249	26	
	合計	19,249	26	

（2）災害関係地方債の発行（予定）額状況（通常収支分）　（単位：百万円）

区分	都道府県分	指定都市分	市町村分	市町村分計	合計
現年補助・直轄災害復旧事業	43,450.5	2,428.6	16,087.6	18,516.2	61,966.7
過年補助・直轄災害復旧事業	35,413.4	3,915.4	7,389.2	11,304.6	46,718.0
現年一般単独災害復旧事業	19,296.7	3,613.8	25,424.7	29,038.5	48,335.2
過年一般単独災害復旧事業	6,485.6	4,318.6	25,016.5	29,335.1	35,820.7
歳入欠かん等債	2,338.0	0.0	1,616.4	1,616.4	3,954.4
公共土木施設等小災害復旧事業	20.0	0.0	210.2	210.2	230.2
農地等小災害復旧事業	11.0	0.0	1,034.7	1,034.7	1,045.7
地方公営企業等災害復旧事業	1,662.6	41.4	1,855.7	1,897.1	3,559.7
火災復旧事業	0.0	142.0	135.8	277.8	277.8
合計	108,677.8	14,459.8	78,770.8	93,230.6	201,908.4

④ 災害復興対策等

4-1 被災者生活再建支援金の支給

（1）被災者生活再建支援金の支給

内閣府においては、「被災者生活再建支援法」（平成10年法律第66号）に基づき、被災者に支給される被災者生活再建支援金について、その半額（東日本大震災は5分の4）の補助を行った。

（令和3年度決算額　6,124百万円）

（2）被災者生活再建支援基金への拠出財源に対する地方財政措置

総務省においては、「被災者生活再建支援法」に基づき、各都道府県が被災者生活再建支援基金における運用資金のために拠出した経費に係る地方債の元利償還金について、引き続き普通交付税措置を講じた。

4-2 阪神・淡路大震災に関する復興対策

（1）震災復興事業に係る特別の地方財政措置

総務省においては、「被災市街地復興特別措置法」（平成7年法律第14号）に基づく「被災市街地復興推進地域」において被災地方公共団体が実施する土地区画整理事業及び市街地再開発事業について、引き続き国庫補助事業に係る地方負担額に充当される地方債の充当率を90％にするとともに、その元利償還金について普通交付税措置を講じた。

（2）被災地域の再生等のための面的整備事業の推進

国土交通省においては、被災市街地復興推進地域等の再生、被災者のための住宅供給及び新都市核の整備のため、市街地再開発事業について、引き続き推進・支援した。

（令和3年度決算額
社会資本整備総合交付金の内数）

4-3 東日本大震災に関する復興対策

（1）個人債務者の私的整理に係る支援

金融庁においては、東日本大震災の影響によって既往債務を弁済できなくなった被災者が、「自然災害による被災者の債務整理に関するガイドライン」（平成27年12月25日策定）に基づき債務整理を行う場合における弁護士等の登録支援専門家による手続支援に要する経費の補助を行った。

（令和3年度決算額　208百万円）

（2）復興庁における対応

・復興庁においては、復興に関する行政各部の事業を統括・監理する一環として、被災者支援、住宅再建・復興まちづくり、産業・生業（なりわい）の再生、原子力災害からの復興・再生、創造的復興等に関し、東日本大震災からの復興対策に係る経費を一括して計上した。

・復興庁においては、東日本大震災からの復興対策に係る経費のうち、福島の復興・再生の加速化のための帰還支援や区域の荒廃抑制・保全など様々なニーズにきめ細かく対応するための市町村への支援の継続に係る経費等を執行し、東日本大震災からの復興を円滑かつ迅速に推進した。

（令和3年度決算額　17,851百万円）

（3）震災復興特別交付税

総務省においては、東日本大震災の復旧・復興事業に係る被災地方公共団体の財政負担について、被災団体以外の地方公共団体の負担に影響を及ぼすことがないよう、別枠で「震災復興特別交付税」を確保し、事業実施状況にあわせて決定・配分した。

（令和3年度　地方財政計画額
132,627百万円）

（4）日本司法支援センター（法テラス）における復興対策

日本司法支援センター（法テラス）においては、以下の施策を実施した。

・被災地に設置された出張所において、弁護士・司法書士による無料法律相談や各種専門家による「よろず相談」を実施するとともに、車内で相談対応可能な自動車を利用した仮設住宅での巡回相談等を実施した。

・「被災者専用フリーダイヤル（0120-078309（おなやみレスキュー））」において、二重ローン問題や原発の損害賠償請求等の震災に

起因するトラブルについて、その問題の解決や生活再建に役立つ法制度、相談窓口等についての情報提供を実施した。
・「東日本大震災の被災者に対する援助のための日本司法支援センターの業務の特例に関する法律」（令和3年3月31日失効）に基づき、東日本大震災法律援助事業（東日本大震災に際し「災害救助法」が適用された市町村の区域（東京都を除く。）に平成23年3月11日において住所等を有していた者に対し、その者の資力の状況にかかわらず、法律相談等に係る援助を行う業務）を実施した。

（令和3年度決算額　31百万円）

（5）登記事務処理の復興対策

法務省においては、東日本大震災における被災地復興の前提として、以下の施策を行った。
・被災者のための登記相談業務の委託
・復興に伴う登記事務処理体制の強化

（令和3年度決算額　64百万円）

（6）人権擁護活動の強化

法務省においては、人権擁護機関（法務省人権擁護局、全国の法務局及び人権擁護委員）が、震災に伴って生起する様々な人権問題に対し、人権相談を通じて対処するとともに、新たな人権侵害の発生を防止するための人権啓発活動を実施した。

（令和3年度決算額　7百万円）

（7）農林水産省の対策

農林水産省においては、引き続き、東日本大震災からの農林水産業の復興支援のための取組として、東日本大震災復興特別会計において以下の事業を実施した。
①災害復旧等事業

（令和3年度決算額　31,522百万円）
②農山漁村整備

（令和3年度決算額　14,454百万円）
③森林整備事業

（令和3年度決算額　5,450百万円）
④災害関連融資

（令和3年度決算額　1,446百万円）
⑤福島県高付加価値産地展開支援事業

（令和3年度決算額　0百万円）
⑥農畜産物放射性物質影響緩和対策事業

（令和3年度決算額　55百万円）
⑦福島県農林水産業再生総合事業

（令和3年度決算額　4,062百万円）
⑧放射性物質対処型森林・林業再生総合対策事業

（令和3年度決算額　2,712百万円）
⑨水産業復興販売加速化支援事業

（令和3年度決算額　1,058百万円）
⑩農林水産分野の先端技術展開事業

（令和3年度決算額　639百万円）
⑪安全な木材製品等流通影響調査・検証事業

（令和3年度決算額　91百万円）

（8）中小企業組合等共同施設等災害復旧事業

経済産業省においては、東日本大震災により甚大な被害を受け、特に復興が遅れている地域（岩手県、宮城県、福島県の津波浸水地域及び福島県の避難指示区域等）を対象に、中小企業等グループが作成した復興事業計画に基づく施設の整備等を行う費用の補助を行った。

（令和3年度決算額　53,045百万円）

4-4	平成23年（2011年）台風第12号による災害に関する復興対策

（1）農林水産省の対策

農林水産省においては、治山事業による渓間工及び山腹工を実施する等、地域の安全・安心を確保するための山地災害対策を推進・支援した。

（令和3年度決算額　103,333百万円の内数
※この他に農山漁村地域整備交付金の内数）

（2）国土交通省の対策

国土交通省においては、大規模崩壊が多数発生し、現在も顕著な土砂流出が継続している紀伊山系等において土砂災害対策を行った。

4-5	平成26年（2014年）広島土砂災害に関する復興対策

（1）農林水産省の対策

農林水産省においては、広島県において治山事業による渓間工及び山腹工を実施する等、地域の安全・安心を確保するための山地災害対策を推進・支援した。

（令和3年度決算額　103,333百万円の内数
※この他に農山漁村地域整備交付金の内数）

（2）国土交通省の対策

　国土交通省においては、広島県広島市で土砂災害等が多数発生したため、被災地において土砂災害対策を集中的に行った。

4-6　平成26年（2014年）御嶽山噴火災害に関する復興対策

（1）農林水産省の対策

　農林水産省においては、御嶽山において治山事業による渓間工を実施する等、地域の安全・安心を確保するための山地災害対策を推進・支援した。

（令和3年度決算額　103,333百万円の内数
※この他に農山漁村地域整備交付金の内数）

（2）国土交通省の対策

　国土交通省においては、関係機関への観測情報の提供など警戒避難体制の整備を支援した。

4-7　平成28年（2016年）熊本地震に関する復興対策

（1）農林水産省の対策

　農林水産省においては、平成28年熊本地震による災害の復旧対策として、以下の事業を実施した。

・農業施設災害復旧事業
　被災した農林水産業施設・公共土木施設の復旧整備を実施した。

（令和3年度決算額　78,089百万円の内数）
・果樹農業生産力増強総合対策
　（令和3年度決算額　5,075百万円の内数）
・林業施設整備等利子助成事業
　（令和3年度決算額　389百万円の内数）
・被災農業者向け農の雇用事業及び農の雇用事業（次世代経営者育成派遣研修タイプ）
　（令和3年度決算額　4,143百万円の内数）
・治山事業
　（令和3年度決算額　103,333百万円の内数
※この他に農山漁村地域整備交付金の内数）

（2）経済産業省の対策

・中小企業組合等共同施設等災害復旧事業
　経済産業省においては、熊本地震により広範囲かつ甚大な被害を受けた地域（熊本県、大分県）を対象に、中小企業等グループが作成した復興事業計画に基づく施設の整備等を行う費用の補助を行った。

（令和3年度決算額　434百万円）

（3）国土交通省の対策

　国土交通省においては、次の措置を講じた。
・土砂災害対策の推進
　地震により地盤の緩んだ阿蘇地域において、土砂災害対策を行った。
・宅地耐震化の推進
　被災宅地の再度災害を防止するための宅地の耐震化を支援した。
・被災市街地の早期復興のための復興まちづくりの推進
　熊本地震により甚大な被害を受けた熊本県益城町中心部における早期復興に向け、主要な幹線道路の整備や土地区画整理事業等によるまちの復興を支援した。

（令和3年度決算額　防災・安全交付金及び
社会資本整備総合交付金の内数）
・鉄道事業
　鉄軌道事業者が行う鉄道施設の災害復旧事業に対して「鉄道軌道整備法」（昭和28年法律第169号）に基づく補助を実施した。

（令和3年度決算額　3,233百万円の内数）

4-8　平成29年（2017年）7月九州北部豪雨に関する復興対策

（1）農林水産省の対策

　農林水産省においては、平成29年7月九州北部豪雨を含む平成29年台風第3号及び梅雨前線による6月7日からの大雨による災害の復旧対策として以下の事業を実施した。
・災害復旧事業
　被災した農林水産業施設・公共土木施設の復旧整備を実施した。

（令和3年度決算額　95,774百万円の内数）
・果樹農業生産力増強総合対策
　（令和3年度決算額　5,075百万円の内数）
・茶・薬用作物等地域特産作物体制強化促進事

業
　（令和３年度決算額　974百万円の内数）
・農の雇用事業（次世代経営者育成派遣研修タイプ）
　（令和３年度決算額　4,143百万円の内数）
・林業施設整備等利子助成事業
　（令和３年度決算額　389百万円の内数）
・治山事業
　（令和３年度決算額　103,333百万円の内数）
　※この他に農山漁村地域整備交付金の内数）
・森林整備事業
　（令和３年度決算額　157,506百万円の内数）

（２）国土交通省の対策

　国土交通省においては、次の措置を講じた。
・治水対策の推進
　国土交通省においては、甚大な被害を受けた流域において、再度災害の防止を目的に河川整備や砂防堰堤等の整備を行った。
・宅地耐震化の推進
　福岡県朝倉市において、大規模な土砂災害により宅地の被害が発生したため、現地再建及び再度災害防止のため、堆積土砂を活用した宅地の嵩上げを支援した。
（令和３年度決算額　防災・安全交付金の内数）

4-9　平成30年（2018年）7月豪雨に関する復興対策

（１）農林水産省の対策

　農林水産省においては、平成30年7月豪雨を含む平成30年の梅雨期における豪雨及び暴風雨による災害の復旧対策として以下の事業を実施した。
・災害復旧事業
　被災した農林水産業施設・公共土木施設の復旧整備を実施した。
　（令和３年度決算額　95,774百万円の内数）
・果樹農業生産力増強総合対策
　（令和３年度決算額　5,075百万円の内数）
・茶・薬用作物等地域特産作物体制強化促進事業
　（令和３年度決算額　974百万円の内数）
・被災農業者向け農の雇用事業及び農の雇用事業（次世代経営者育成派遣研修タイプ）
　（令和３年度決算額　4,143百万円の内数）

・林業施設整備等利子助成事業
　（令和３年度決算額　389百万円の内数）
・治山事業
　（令和３年度決算額　103,333百万円の内数）
　※この他に農山漁村地域整備交付金の内数）
・森林整備事業
　（令和３年度決算額　157,506百万円の内数）
・漁業経営基盤強化金融支援事業
　（令和３年度決算額　118百万円の内数）

（２）国土交通省の対策

　国土交通省においては、再度災害の防止を目的に、甚大な被害を受けた岡山県等において治水対策を行うとともに、広島県等において土砂災害対策を集中的に行った。

4-10　平成30年（2018年）台風第21号に関する復興対策

農林水産省の対策

　農林水産省においては、平成30年台風第21号による災害の復旧対策として、以下の事業を実施した。
・災害復旧事業
　被災した農林水産業施設・公共土木施設の復旧整備を実施した。
　（令和３年度決算額　78,089百万円の内数）
・果樹農業生産力増強総合対策
　（令和３年度決算額　5,075百万円の内数）
・茶・薬用作物等地域特産作物体制強化促進事業
　（令和３年度決算額　974百万円の内数）
・農の雇用事業（次世代経営者育成派遣研修タイプ）
　（令和３年度決算額　4,143百万円の内数）
・林業施設整備等利子助成事業
　（令和３年度決算額　389百万円の内数）
・治山事業
　（令和３年度決算額　103,333百万円の内数）
　※この他に農山漁村地域整備交付金の内数）
・森林整備事業
　（令和３年度決算額　157,506百万円の内数）
・漁業経営基盤強化金融支援事業
　（令和３年度決算額　118百万円の内数）

4-11 平成30年（2018年）北海道胆振東部地震に関する復興対策

（1）農林水産省の対策

農林水産省においては、引き続き、平成30年北海道胆振東部地震による災害の復旧対策として、以下の事業を実施した。

・災害復旧事業

被災した農林水産業施設・公共土木施設の復旧整備を実施した。

（令和3年度決算額　95,774百万円の内数）

・果樹農業生産力増強総合対策

（令和3年度決算額　5,075百万円の内数）

・林業施設整備等利子助成事業

（令和3年度決算額　389百万円の内数）

・農の雇用事業（次世代経営者育成派遣研修タイプ）

（令和3年度決算額　4,143百万円の内数）

・治山事業

（令和3年度決算額　103,333百万円の内数
※この他に農山漁村地域整備交付金の内数）

・森林整備事業

（令和3年度決算額　157,506百万円の内数）

・漁業経営基盤強化金融支援事業

（令和3年度決算額　118百万円の内数）

（2）国土交通省の対策

国土交通省においては、次の措置を講じた。

・土砂災害対策の推進

国土交通省においては、甚大な被害を受けた北海道勇払郡厚真町等において、土砂災害対策を集中的に行った。

・宅地耐震化の推進

国土交通省においては、被災宅地の再度災害を防止するための宅地の耐震化を支援した。

（令和3年度決算額　防災・安全交付金の内数）

4-12 平成30年（2018年）台風第24号に関する復興対策

農林水産省の対策

農林水産省においては、平成30年台風第24号による災害の復旧対策として、以下の事業を実施した。

・災害復旧事業

被災した農林水産業施設・公共土木施設の復

旧整備を実施した。

（令和3年度決算額　95,774百万円の内数）

・果樹農業生産力増強総合対策

（令和3年度決算額　5,075百万円の内数）

・茶・薬用作物等地域特産作物体制強化促進事業

（令和3年度決算額　974百万円の内数）

・農の雇用事業（次世代経営者育成派遣研修タイプ）

（令和3年度決算額　4,143百万円の内数）

・林業施設整備等利子助成事業

（令和3年度決算額　389百万円の内数）

・治山事業

（令和3年度決算額　103,333百万円の内数
※この他に農山漁村地域整備交付金の内数）

・森林整備事業

（令和3年度決算額　157,506百万円の内数）

・漁業経営基盤強化金融支援事業

（令和3年度決算額　118百万円の内数）

4-13 令和元年（2019年）8月の前線に伴う大雨に関する復興対策

農林水産省の対策

農林水産省においては、令和元年8月の前線に伴う大雨を含む令和元年8月から9月の前線に伴う大雨（台風第10号、第13号、第15号及び第17号の暴風雨を含む。）、台風第19号等による災害の復旧対策として以下の事業を実施した。

・災害復旧事業

被災した農林水産業施設・公共土木施設の復旧整備を実施した。

（令和3年度決算額　96,944百万円の内数）

・果樹農業生産力増強総合対策

（令和3年度決算額　5,075百万円の内数）

・茶・薬用作物等地域特産作物体制強化促進事業

（令和3年度決算額　974百万円の内数）

・農の雇用事業（次世代経営者育成派遣研修タイプ）

（令和3年度決算額　4,143百万円の内数）

・林業施設整備等利子助成事業

（令和3年度決算額　389百万円の内数）

・治山事業

（令和3年度決算額　103,333百万円の内数

※この他に農山漁村地域整備交付金の内数）
・森林整備事業
（令和3年度決算額　157,506百万円の内数）
・漁業経営基盤強化金融支援事業
（令和3年度決算額　118百万円の内数）

4-14 令和元年（2019年）房総半島台風に関する復興対策

農林水産省の対策

農林水産省においては、令和元年台風第15号を含む令和元年8月から9月の前線に伴う大雨（台風第10号、第13号及び第17号の暴風雨を含む。）、台風第19号等による災害の復旧対策として以下の事業を実施した。
・災害復旧事業
被災した農林水産業施設・公共土木施設の復旧整備を実施した。
（令和3年度決算額　96,944百万円の内数）
・果樹農業生産力増強総合対策
（令和3年度決算額　5,075百万円の内数）
・茶・薬用作物等地域特産作物体制強化促進事業
（令和3年度決算額　974百万円の内数）
・農の雇用事業（次世代経営者育成派遣研修タイプ）
（令和3年度決算額　4,143百万円の内数）
・林業施設整備等利子助成事業
（令和3年度決算額　389百万円の内数）
・治山事業
（令和3年度決算額　103,333百万円の内数
※この他に農山漁村地域整備交付金の内数）
・森林整備事業
（令和3年度決算額　157,506百万円の内数）
・漁業経営基盤強化金融支援事業
（令和3年度決算額　118百万円の内数）

4-15 令和元年（2019年）東日本台風に関する復興対策

（1）農林水産省の対策

農林水産省においては、令和元年台風第19号を含む令和元年8月から9月の前線に伴う大雨（台風第10号、第13号、第15号及び第17号の暴風雨を含む。）等による災害の復旧対策として以下の事業を実施した。

・災害復旧事業
被災した農林水産業施設・公共土木施設の復旧整備を実施した。
（令和3年度決算額　100,744百万円の内数）
・果樹農業生産力増強総合対策
（令和3年度決算額　5,075百万円の内数）
・茶・薬用作物等地域特産作物体制強化促進事業
（令和3年度決算額　974百万円の内数）
・農の雇用事業（次世代経営者育成派遣研修タイプ）
（令和3年度決算額　4,143百万円の内数）
・林業施設整備等利子助成事業
（令和3年度決算額　389百万円の内数）
・治山事業
（令和3年度決算額　103,333百万円の内数
※この他に農山漁村地域整備交付金の内数）
・森林整備事業
（令和3年度決算額　157,506百万円の内数）
・漁業経営基盤強化金融支援事業
（令和3年度決算額　118百万円の内数）

（2）国土交通省の対策

国土交通省においては、次の措置を講じた。
・治水対策及び土砂災害対策の推進
国土交通省においては、再度災害の防止を目的に、甚大な被害を受けた長野県等において治水対策を行うとともに、宮城県等において土砂災害対策を集中的に行った。
・道路事業
国土交通省においては、広範囲で浸水による道路損傷が発生した国道349号において、「大規模災害からの復興に関する法律」（平成25年法律第55号）に基づく直轄権限代行による復旧工事を引き続き実施した。
（令和3年度決算額　99,984百万円の内数）

（3）経済産業省の対策

経済産業省は、令和元年東日本台風等で被害を受けた事業者に対し、以下を実施した。
・中小企業組合等共同施設等復旧事業
広範囲かつ甚大な被害を受けた地域を対象に、中小企業等グループが作成した復興事業計画に基づく施設の整備等を行う費用の補助を行った。
（令和3年度決算額　3,261百万円）

・地域企業再建支援事業
　中小企業等が行う施設復旧等の費用の補助を実施した。
　　　　（令和３年度決算額　6,354百万円）

| 4-16 | 令和２年（2020年）７月豪雨に関する復興対策 |

（1）日本司法支援センター（法テラス）における復興対策

　日本司法支援センター（法テラス）においては、改正した「総合法律支援法」（平成16年法律第74号）に基づき、大規模災害の被災者に対し災害発生から１年を超えない範囲内で無料法律相談援助を実施する制度を令和２年７月豪雨に適用し、令和２年７月14日から、同制度による被災者支援を実施した（同豪雨発生から１年を超えない範囲内で最長の日である令和３年７月２日まで）。そのほか、以下の施策を実施した。

・避難所や公共施設等における巡回相談を実施した。
・「法テラス災害ダイヤル（0120-078309（おなやみレスキュー））」において、被災者が直面する法的トラブルの解決や生活再建に役立つ法制度等についての情報提供を実施した。
　　　（令和３年度決算額　日本司法支援センター
　　　　運営費交付金15,160百万円の内数）

（2）農林水産省の対策

　農林水産省においては、令和２年７月豪雨による災害の復旧対策として、以下の事業を実施した。

・災害復旧事業
　被災した農林水産業施設・公共土木施設の復旧整備を実施した。
　　　（令和３年度決算額　102,379百万円の内数）
・果樹農業生産力増強総合対策
　　　（令和３年度決算額　5,075百万円の内数）
・茶・薬用作物等地域特産作物体制強化促進事業
　　　（令和３年度決算額　974百万円の内数）
・農の雇用事業（次世代経営者育成派遣研修タイプ）
　　　（令和３年度決算額　4,143百万円の内数）
・林業施設整備等利子助成事業

（令和３年度決算額　389百万円の内数）
・治山事業
　　（令和３年度決算額　103,333百万円の内数
　　※この他に農山漁村地域整備交付金の内数）
・森林整備事業
　　（令和３年度決算額　157,506百万円の内数）
・漁業経営基盤強化金融支援事業
　　　（令和３年度決算額　118百万円の内数）

（3）国土交通省の対策

　国土交通省においては、次の措置を講じた。

・治水対策及び土砂災害対策の推進
　国土交通省においては、再度災害の防止を目的に、甚大な被害を受けた熊本県等において治水対策を行うとともに、土砂災害対策を支援した。

・道路事業
　国土交通省においては、豪雨により流出した熊本県の球磨川沿いの橋梁10橋を含む国道219号や県道等の約100kmにおいて、「道路法」（昭和27年法律第180号）に基づく直轄権限代行による復旧工事を引き続き実施した。
　　　（令和３年度決算額　99,984百万円の内数）
・宅地耐震化の推進
　被災宅地の現地再建及び再度災害防止を目的に、大規模な豪雨災害による浸水被害を受けた熊本県八代市等において、公共施設と宅地との一体的な嵩上げを支援した。
（令和３年度決算額　防災・安全交付金の内数）
・鉄道事業
　鉄軌道事業者が行う鉄道施設の災害復旧事業に対して補助を実施した。
　　　（令和３年度決算額　3,233百万円の内数）

（4）経済産業省の対策

　経済産業省は、令和２年７月豪雨で被害を受けた事業者に対し、以下を実施した。

・なりわい再建支援事業（中小企業等「新グループ補助金」）
　中小企業等が行う施設復旧等の費用の補助を実施した。
　　　（令和３年度決算額　4,634百万円）
・被災小規模事業者再建事業（持続化給付金）
　被災小規模事業者が作成する経営計画に基づく事業再建に向けた機械設備の購入等の補助を行った。

（令和３年度決算額　627百万円）

| 4-17 | 令和２年（2020年）台風第10号に関する復興対策 |

農林水産省の対策

農林水産省においては、令和２年台風第10号による災害の復旧対策として、以下の事業を実施した。
・災害復旧事業
　被災した農林水産業施設・公共土木施設の復旧整備を実施した。
（令和３年度決算額　101,427百万円の内数）
・果樹農業生産力増強総合対策
（令和３年度決算額　5,075百万円の内数）
・農の雇用事業（次世代経営者育成派遣研修タイプ）
（令和３年度決算額　4,143百万円の内数）
・林業施設整備等利子助成事業
（令和３年度決算額　389百万円の内数）
・治山事業
（令和３年度決算額　103,333百万円の内数
　※この他に農山漁村地域整備交付金の内数）
・森林整備事業
（令和３年度決算額　157,506百万円の内数）
・漁業経営基盤強化金融支援事業
（令和３年度決算額　118百万円の内数）

| 4-18 | 令和２年（2020年）12月から令和３年（2021年）1月の大雪等に関する復興対策 |

農林水産省の対策

農林水産省においては、令和２年12月から令和３年１月の大雪等による災害の復旧対策として、以下の事業を実施した。
・果樹農業生産力増強総合対策
（令和３年度決算額　5,075百万円の内数）
・農の雇用事業（次世代経営者育成派遣研修タイプ）
（令和３年度決算額　4,143百万円の内数）
・林業施設整備等利子助成事業
（令和３年度決算額　389百万円の内数）
・治山事業
（令和３年度決算額　103,333百万円の内数
　※この他に農山漁村地域整備交付金の内数）
・森林整備事業

（令和３年度決算額　157,506百万円の内数）
・漁業経営基盤強化金融支援事業
（令和３年度決算額　118百万円の内数）

| 4-19 | 令和３年（2021年）福島県沖を震源とする地震に関する復興対策 |

（1）農林水産省の対策

農林水産省においては、令和３年福島県沖を震源とする地震による災害の復旧対策として、以下の事業を実施した。
・災害復旧事業
　被災した農林水産業施設・公共土木施設の復旧整備を実施した。
（令和３年度決算額　78,569百万円の内数）
・果樹農業生産力増強総合対策
（令和３年度決算額　5,075百万円の内数）
・農の雇用事業（次世代経営者育成派遣研修タイプ）
（令和３年度決算額　4,143百万円の内数）
・林業施設整備等利子助成事業
（令和３年度決算額　389百万円の内数）
・治山事業
（令和３年度決算額　103,333百万円の内数
　※この他に農山漁村地域整備交付金の内数）
・森林整備事業
（令和３年度決算額　157,506百万円の内数）
・漁業経営基盤強化金融支援事業
（令和３年度決算額　118百万円の内数）

（2）国土交通省の対策

・鉄道事業
　鉄軌道事業者が行う鉄道施設の災害復旧事業に対して補助を実施した。
（令和３年度決算額　3,233百万円の内数）

（3）経済産業省の対策

経済産業省は、令和３年福島県沖地震で被害を受けた事業者に対し、以下を実施した。
・中小企業施設等災害復旧費補助金（グループ補助金）
　広範囲かつ甚大な被害を受けた地域を対象に、中小企業等グループが作成した復興事業計画に基づく施設の整備等を行う費用の補助を行った。

（令和３年度決算額　2,580百万円）

4-20 令和3年（2021年）7月1日からの大雨に関する復興対策

（1）農林水産省の対策

　農林水産省においては、令和3年（2021年）7月1日からの大雨による災害の復旧対策として、以下の事業を実施した。

・災害復旧事業

　被災した農林水産業施設・公共土木施設の復旧整備を実施した。

　　（令和3年度決算額　99,688百万円の内数）

・果樹農業生産力増強総合対策

　　（令和3年度決算額　5,075百万円の内数）

・茶・薬用作物等地域特産作物体制強化促進事業

　　（令和3年度決算額　974百万円の内数）

・農の雇用事業及び雇用就農資金（次世代経営者育成派遣研修タイプ）

　　（令和3年度決算額　4,143百万円の内数）

・林業施設整備等利子助成事業

　　（令和3年度決算額　389百万円の内数）

・治山事業

　　（令和3年度決算額　103,333百万円の内数
　　※この他に農山漁村地域整備交付金の内数）

・森林整備事業

　（令和3年度決算額　157,506百万円の内数）

・漁業経営基盤強化金融支援事業

　　（令和3年度決算額　118百万円の内数）

（2）経済産業省の対策

　経済産業省は、令和3年7月1日からの大雨により、大きな被害を受けた地域（静岡県熱海市）を対象に、小規模事業者が行う施設復旧等の費用の補助を行った。

　　　　　　　（令和3年度決算額　1百万円）

（3）国土交通省の対策

・土砂災害対策の推進

　国土交通省においては、甚大な被害を受けた静岡県等において、土砂災害対策を集中的に行った。

4-21 令和3年（2021年）8月の大雨に関する復興対策

（1）農林水産省の対策

　農林水産省においては、令和3年8月の大雨による災害の復旧対策として、以下の事業を実施した。

・災害復旧事業

　被災した農林水産業施設・公共土木施設の復旧整備を実施した。

　　（令和3年度決算額　99,465百万円の内数）

・果樹農業生産力増強総合対策

　　（令和3年度決算額　5,075百万円の内数）

・茶・薬用作物等地域特産作物体制強化促進事業

　　（令和3年度決算額　974百万円の内数）

・農の雇用事業及び雇用就農資金（次世代経営者育成派遣研修タイプ）

　　（令和3年度決算額　4,143百万円の内数）

・林業施設整備等利子助成事業

　　（令和3年度決算額　389百万円の内数）

・治山事業

　　（令和3年度決算額　103,333百万円の内数
　　※この他に農山漁村地域整備交付金の内数）

・森林整備事業

　（令和3年度決算額　157,506百万円の内数）

・漁業経営基盤強化金融支援事業

　　（令和3年度決算額　118百万円の内数）

（2）国土交通省の対策

　国土交通省においては、次の措置を講じた。

・土砂災害対策の推進

　国土交通省においては、甚大な被害を受けた広島県等において、土砂災害対策を集中的に行った。

・鉄道事業

　鉄軌道事業者が行う鉄道施設の災害復旧事業に対して補助を実施した。

　　（令和3年度決算額　3,233百万円の内数）

（3）経済産業省の対策

　経済産業省においては、令和3年8月の大雨により、大きな被害を受けた地域（佐賀県武雄市、杵島郡大町町）を対象に、中小企業等が行う施設復旧等の費用の補助を行った。

　　　　　　　（令和3年度決算額　0百万円）

4-22 令和4年（2022年）福島県沖を震源とする地震に関する復興対策

農林水産省の対策

　農林水産省においては、令和4年福島県沖を震源とする地震による災害の復旧対策として、以下の事業を実施した。

・果樹農業生産力増強総合対策
　　（令和3年度決算額　5,075百万円の内数）
・農の雇用事業（次世代経営者育成派遣研修タイプ）
　　（令和3年度決算額　4,143百万円の内数）
・林業施設整備等利子助成事業
　　（令和3年度決算額　389百万円の内数）
・治山事業
　　（令和3年度決算額　103,333百万円の内数
　　※この他に農山漁村地域整備交付金の内数）
・森林整備事業
　（令和3年度決算額　157,506百万円の内数）
・漁業経営基盤強化金融支援事業
　　（令和3年度決算額　118百万円の内数）

4-23 その他の災害に関する復興対策

（1）自然災害による被災者の債務整理に係る支援

　金融庁においては、自然災害の影響によって既往債務を弁済できなくなった被災者が、「自然災害による被災者の債務整理に関するガイドライン」（平成27年12月25日策定）に基づき債務整理を行う場合における弁護士等の登録支援専門家による手続支援に要する経費の補助を行った。

　　　　（令和3年度決算額　208百万円）

（2）雲仙岳噴火災害に関する復興対策

　農林水産省においては、治山事業による渓間工を実施する等、地域の安全・安心を確保するための山地災害対策を推進・支援した。

　　（令和3年度決算額　103,333百万円の内数
　　※この他に農山漁村地域整備交付金の内数）

　国土交通省においては、水無川流域で砂防設備を整備するとともに、監視カメラ映像等の情報提供等、火砕流・土石流に対する警戒避難体制の整備を推進した。

（3）三宅島噴火災害に関する対策

　農林水産省においては、治山事業を実施する等、地域の安全・安心を確保するための山地災害対策を推進した。

　　（令和3年度決算額　103,333百万円の内数
　　※この他に農山漁村地域整備交付金の内数）

　国土交通省においては、泥流災害及び流木災害防止のため、砂防設備の整備を支援した。

（4）霧島山（新燃岳）災害による復興対策

　国土交通省においては、土石流の発生に備え、砂防設備の整備を推進した。

（5）新潟県糸魚川市大規模火災に関する対策

　国土交通省においては、糸魚川市の復興まちづくり計画の実現に向け、復興事業について支援した。

　　（令和3年度決算額　71,707百万円の内数）

（6）令和3年（2021年）海底火山「福徳岡ノ場」の噴火に係る漂流・漂着軽石に関する対策

　農林水産省においては、漂流・漂着軽石による災害の復旧対策として、以下の事業を実施した。

・漁港施設災害復旧事業
　漁港施設へ漂着した軽石除去等を支援した。
　　（令和3年度決算額　4,675百万円の内数）
・漁業経営基盤強化金融支援事業
　　（令和3年度決算額　118百万円の内数）

　国土交通省においては、漂流・漂着軽石による災害の復旧対策として、以下の事業を実施した。

・港湾施設災害復旧事業
　港湾施設へ漂着した軽石除去等を支援した。
　　（令和3年度決算額　8,981百万円の内数）

第6章　国際防災協力

① 多国間協力

（1）国際関係経費

内閣府においては、第3回国連防災世界会議で策定された「仙台防災枠組2015-2030」の普及・定着を図るとともに、我が国の災害から得られた経験・知見・技術を活かし、戦略的な国際防災協力の展開、アジア地域等における多国間防災協力に加え、その他二国間防災協力を推進した。

（令和3年度決算額　202百万円）

（2）新たな国際的な防災政策の指針・枠組みの推進経費

内閣府においては、第3回国連防災世界会議で策定された「仙台防災枠組2015-2030」が国内外において定着し、着実に実施されるよう、我が国の取組を共有するとともに、「仙台防災枠組2015-2030」の定着に資する国際防災協力を実施した。

（令和3年度決算額　4百万円）

（3）原子力防災に関する国際的な連携体制の構築

内閣府においては、原子力防災に係る取組の継続的な充実・改善のため、国際原子力機関（IAEA）の国際基準等や諸外国の制度・運用の調査・研究等を実施した。

（令和3年度決算額　24百万円）

（4）防災ICTシステムの国際展開の推進

総務省においては、地上デジタルテレビ放送日本方式の特徴の一つである緊急警報放送システム（EWBS）の普及に係る調査・実証、導入・運用の協力を行った。

（令和3年度決算額　39百万円）

（5）消防用機器等の国際動向への対応

消防庁においては、消防用機器等をめぐる国際動向を踏まえ、各種の規格・基準の整備等を含む必要な対応について調査・検討を行った。

（令和3年度決算額　3百万円）

（6）日本規格に適合した消防用機器等の競争力強化

消防庁においては、東南アジア諸国等における消防制度の整備状況や消防用機器等の導入実態の把握や、国内の製造事業者、認証機関等との海外展開に向けた制度的課題の検討等を通じて、日本規格適合品の海外展開を促進するとともに、東南アジア諸国等において消防技術に係る国際協力や日本の規格・認証制度の普及を図った。

（令和3年度決算額　12百万円）

（7）国際消防救助隊の海外派遣体制の推進

消防庁においては、国際消防救助隊の一層の能力強化を図るため、国際消防救助隊の連携訓練やセミナーの開催など、教育訓練の一層の充実を図った。

（令和3年度決算額　15百万円）

（8）国連・国際機関等への拠出

外務省においては、国連等と協力し「仙台防災枠組2015-2030」の着実な実施や「世界津波の日」の啓発活動等を推進するため、国連防災機関（UNDRR）への拠出等を行った。また、リアルタイムに世界の災害情報を提供するリリーフウェブ等を管理・運営する国連人道問題調整事務所（OCHA）の活動等を支援した。

（令和3年度決算額　1,014百万円
（UNDRR：485百万円、
OCHA：387百万円、
その他142百万円））

（9）衛星を利用した防災に関する国際協力の推進

国立研究開発法人宇宙航空研究開発機構においては、アジア太平洋地域における衛星の災害関連情報の共有を目的として我が国が主導する「センチネルアジア」等の国際的な枠組みを通じて、陸域観測技術衛星2号「だいち2号」（ALOS-2）の観測データ等を活用し、海外の災害状況把握に貢献した。

（10）防災分野の海外展開支援

国土交通省においては、世界における水防災対策の推進及び我が国の水防災技術の海外展開を進めるため、国連における防災と水に関する

国際会議等の活動を支援した。

（令和３年度決算額　65百万円）

（11）気象業務の国際協力

気象庁においては、アジア太平洋域各国に対し、台風や豪雨等の監視に資する静止気象衛星画像、台風の解析・予報に関する資料、季節予報資料及び気候監視情報等を提供するとともに、利用技術や人材育成を支援する活動を行った。

（12）北西太平洋津波情報の提供

気象庁においては、北西太平洋域における津波災害の軽減に資するため、米国海洋大気庁太平洋津波警報センターと連携し、津波の到達予想時刻や予想される高さ等を北西太平洋関係各国に対して提供した。

（13）油流出事故等に対する国際協力推進

海上保安庁においては、日本海及び黄海における海洋環境の保全を近隣諸国とともに進める「北西太平洋地域海行動計画（NOWPAP）」への参画や、各国関係機関とのオンライン会議システムを利用した会議及び油防除に関する研修を通じて、事故発生時に関係国が協力して対応できる体制の構築に努め、国際的な連携強化を推進した。

（令和３年度決算額　１百万円）

（14）災害廃棄物対策に係る国際支援

環境省においては、日本の過去の災害による経験・知見を活かした国際支援の一環として、アジア・太平洋地域において災害廃棄物が適正かつ迅速に処理が行われるよう、「アジア・太平洋地域における災害廃棄物管理ガイドライン」の普及を進めた。

（令和３年度決算額　530百万円の内数）

② 二国間協力

（１）消防の国際協力及び国際貢献の推進

消防庁においては、我が国がこれまで培ってきた消防防災の技術、制度等を広く紹介する国際消防防災フォーラムを、オンライン形式により開催し、これまでの主たるターゲットであったアジア圏内のみならず、欧州、北米、南米、アフリカ、オセアニア等まで広く参加を呼びかけて、幅広く、我が国の消防防災の知見や経験等の共有を図った。

（令和３年度決算額　３百万円）

（２）消防防災インフラシステムの海外展開の推進

消防庁においては、国際消防防災フォーラムの場を活用し、日本企業による消防用機器等の紹介の場を設け、我が国企業と国外の消防防災関係者との関係構築を図った。

（令和３年度決算額　３百万円）

（３）防災分野における「地球規模課題対応国際科学技術協力プログラム（SATREPS）」の活用

外務省・独立行政法人国際協力機構（JICA）及び文部科学省・国立研究開発法人科学技術振興機構（JST）においては、我が国の優れた科学技術と政府開発援助（ODA）との連携により、地球規模課題の解決に向けて、我が国と開発途上国の研究機関が協力して国際共同研究を実施するSATREPSにより、研究分野の一つとして防災分野における協力を行った。

（令和３年度決算額　JICA運営費交付金の内数、JST運営費交付金の内数）

（４）防災に関する国際協力の推進

国土交通省においては、我が国の防災に関する優れた技術や知見を活かし、新興国等の防災機能の向上に寄与するとともに、そのインフラ需要を取り込むため、両国の産学官が一体となり、防災上の課題に対応した技術や解決策を追求する「防災協働対話」の取組を引き続きインドネシアやベトナムで実施した。さらに、新興国等を対象に、両国の近年の水害の状況、河川管理の体制、洪水対策等について情報交換や、今後の防災分野の協力に向けた意見交換を行うための会議を開催した。加えて平成26年6月に設立した産学官の協力体制を構築する組織である「日本防災プラットフォーム」を活用した。

（令和３年度決算額　40百万円）

第**3**部

令和5年度の防災に関する計画

概　要

1 科学技術の研究

　防災・減災に係る研究開発、日本海溝海底地震及び東海・東南海・南海地震などの地震や津波に係る調査研究を進めるとともに、風水害、火山、雪害及び火災等に関する各種災害に係る調査研究等を推進する。

2 災害予防

　公的機関職員及び一般国民向けに各種の教育訓練の実施、官民における防災施設の整備、公的機関における防災体制や災害対応に係る整備、学校施設等の建築物の耐震化を推進する。また、災害に強い地域づくりなどを実施する。

3 国土保全

　治水事業、治山事業、地すべり対策事業、急傾斜地崩壊対策事業、海岸事業、農地防災事業、災害関連事業、地盤沈下対策事業、下水道における浸水対策等の各施策を推進する。

4 災害復旧等

　災害応急対策については、災害時に迅速かつ適切な救助活動が実施できるよう防災体制の整備を推進する。災害復旧・復興については、被災者生活再建支援金の支給、公共土木施設等における災害復旧事業等により、被災地の早期の復旧・復興を目指す。

5 国際防災協力

　我が国で平成27年3月に開催された第3回国連防災世界会議において策定された「仙台防災枠組2015-2030」の普及・定着を図るとともに、技術協力、無償資金協力及び有償資金協力により開発途上国に対する防災協力や災害救援を行う。

注）第3部に記載の予算額は全て当初予算である。

第1章　科学技術の研究

1 災害一般共通事項

（1）情報収集衛星による自然災害観測・監視技術

内閣官房内閣情報調査室においては、情報収集衛星を運用し、災害発生時に関係機関に対して情報収集衛星で撮像した被災地域の画像の提供を行うほか、大規模災害等事態が発生した場合において必要と認められるときは、情報収集衛星により得られた画像情報に基づく加工処理画像を公開して、被災等の状況の早期把握等に貢献する。

令和5年度予算額　　62,508百万円の内数
令和4年度予算額　　62,517百万円の内数

（2）総合科学技術・イノベーション会議による防災科学技術研究の推進

総合科学技術・イノベーション会議においては、第6期科学技術・イノベーション基本計画及び統合イノベーション戦略等に基づき、我が国及び国民の安全・安心の確保に向けた取組の一環として防災・減災機能強化のための科学技術研究、危機管理技術等の研究開発の推進を図る。

①戦略的イノベーション創造プログラム（SIP）

令和5年度に開始する「戦略的イノベーション創造プログラム（SIP）」第3期の「スマート防災ネットワークの構築」において、衛星、AI、ビッグデータ、デジタルツイン等の最新の科学技術を最大限活用し、国民一人ひとりの確実な避難や広域経済活動の早期復旧等を実現するため、国や地方自治体の災害対応に関する意思決定を支援するための情報システム等の研究開発及び社会実装の取組を推進する。

令和5年度予算額
科学技術イノベーション創造推進費
55,500百万円の内数
令和4年度予算額
科学技術イノベーション創造推進費
55,500百万円の内数

②研究開発とSociety5.0との橋渡しプログラム（BRIDGE）

内閣府では、令和4年度に「官民研究開発投資拡大プログラム（PRISM）」から、各省庁の研究開発のみならず施策のイノベーション化に向けた取組を支援する「研究開発とSociety5.0との橋渡しプログラム（BRIDGE）」に見直しを行った。内閣府としても、各省庁におけるイノベーション化に向けた、防災・減災機能強化のための科学技術研究、危機管理技術等の研究開発等の施策に対して支援できるよう、引き続き各省庁と検討していく。

令和5年度予算額
科学技術イノベーション創造推進費
55,500百万円の内数
令和4年度予算額（PRISMとして）
科学技術イノベーション創造推進費
55,500百万円の内数

（3）防災リモートセンシング技術の研究開発

国立研究開発法人情報通信研究機構においては、光や電波を用いて広範囲の大気状況や地表面の様子を瞬時に把握するリモートセンシング技術の高性能化及び高精細化を進める。また、総務省では膨大な上記リモートセンシングデータをリアルタイムに伝送するための研究開発を進めるとともに、NICTと一体となってリモートセンシング技術の社会実装に取り組む。

（4）レジリエントICTに関する研究開発等

国立研究開発法人情報通信研究機構においては、大規模災害や障害等の様々な事象によって引き起こされる非連続な変化に対応が可能な、ネットワークの障害検知・予測及び適応制御技術、IoT等による柔軟な情報収集と総合的な可視化・解析の基盤技術、持続性に優れたレジリエントICT基盤技術等の研究開発を推進するとともに、耐災害ICT等に係る研究開発成果の普及や社会実装について、継続的に取り組む。

（5）グローバル環境計測技術の研究開発

国立研究開発法人情報通信研究機構においては、雲、降水等の大気海洋圏の高精度計測のために、電波センサー技術、解析・検証技術等の研究開発を行う。

（6）宇宙天気予報の高度化の推進

国立研究開発法人情報通信研究機構においては、太陽活動や電離圏・磁気圏の変動によって航空無線、電力網、通信・放送・測位システムなどの社会インフラに異常を発生させるおそれがあることから、総務省における「宇宙天気予報の高度化の在り方に関する検討会」（令和4年1月～6月）の報告書を踏まえ、宇宙天気予報の高度化に取り組む。

（7）消防防災科学技術研究推進制度（競争的研究費制度）の促進

消防庁においては、消防防災科学技術研究推進制度（競争的研究費制度）により、火災等災害時において消防防災活動を行う消防機関等のニーズ等が反映された研究開発課題や、「科学技術・イノベーション基本計画」（令和3年3月26日閣議決定）等の政府方針に示された目標達成に資する研究開発課題に重点を置き、消防機関等が参画した産学官連携による研究開発を推進する。

令和5年度予算額	135百万円
令和4年度予算額	135

（8）災害時の消防力・消防活動能力向上に係る研究開発

消防庁消防研究センターにおいては、大規模自然災害時においてより多くの国民の生命を守るため、要救助者を迅速かつ安全に救助するための現場対応型情報収集システムと情報分析・評価手法の開発及び自力避難困難者の円滑かつ安全な避難に関する研究開発を行う。

令和5年度予算額	58百万円
令和4年度予算額	60

（9）衛星等による自然災害観測・監視技術

国立研究開発法人宇宙航空研究開発機構においては、陸域観測技術衛星2号「だいち2号」（ALOS-2）等を運用し、国内外の防災機関に大規模災害における被災地の観測画像の提供を行う等、災害状況の把握に貢献する。

（10）災害をリアルタイムで観測・予測するための研究開発

国立研究開発法人防災科学技術研究所においては、内陸部を震源とする地震、海溝型巨大地震及び津波、火山噴火による被害の軽減に向けた陸海の基盤的地震観測網等を活用した研究開発、地震・火山・津波防災に関する各観測システムの安定的運用継続を実施している。具体的には、陸海の基盤的地震観測網のデータ等を活用した地震動・津波即時予測研究等、火山観測網やリモートセンシング技術等を活用した火山活動や噴火現象の把握及び火山災害のリスクコミュニケーションの在り方等の研究を実施する。

（11）災害リスクの低減に向けた基盤的研究開発の推進

国立研究開発法人防災科学技術研究所においては、各種自然災害のハザード・リスク、現在のレジリエンスの状態を評価するとともに、各種災害情報を各セクター間で共有・利活用することで連携・協働し、予防力・対応力・回復力を総合的に強化する災害対策・技術について研究開発を行い、社会全体への浸透を目指す。特に、ゲリラ豪雨等の予測技術開発やハザード評価技術等の研究開発を行い、ステークホルダーと協働し成果の社会実装を図る。

（12）農作物、農業用施設等の災害防止等に関する研究

国立研究開発法人農業・食品産業技術総合研究機構においては、耐冷性・耐寒性・耐湿性・高温耐性品種の育成や、作物の気象災害の防止技術に関する研究、農村地域の強靱化に資する防災・減災技術の開発に関する研究を行う。

（13）漁港・海岸及び漁村における防災技術の研究

国立研究開発法人水産研究・教育機構においては、漁村地域の防災・減災機能を強化するために、漁港施設・海岸保全施設の耐震・耐津波に関する研究を行う。

（14）港湾・海岸及び空港における防災技術の研究

国立研究開発法人海上・港湾・航空技術研究所においては、既往の災害で顕在化した技術的な課題への取組を継続しつつ、沿岸域における災害の軽減と復旧に関する研究開発課題に取り組む。

（15）船舶における防災技術の研究

国立研究開発法人海上・港湾・航空技術研究所においては、船舶の安全性向上や海難事故防止技術の開発のために、海難事故等の原因究明手法の深度化、防止技術及び適切な再発防止策の立案に関する研究等を行う。

（16）災害等緊急撮影に関する研究

国土地理院においては、関係機関の迅速な災害対応に資することを目的に、デジタル航空カメラや航空機ＳＡＲ等を用いた、地震、火山噴火、水害等の被災状況の把握、迅速な情報提供を行うための手法の検討を行う。

令和5年度予算額	135百万円
令和4年度予算額	135

（17）自然災害からいのちと暮らしを守る国土づくりに関する研究

国立研究開発法人土木研究所においては、自然災害の外力が増大し激甚化しているとともに、自然災害の発生が頻発化していることへの対応として、災害予測技術の開発、大規模な外力に粘り強く耐える施設の開発など、新たな技術的課題へ即応するための研究開発を行う。

（18）気象・水象に関する研究

気象庁においては、気象研究所を中心に気象業務に関する技術の基礎及びその応用に関する研究を推進する。特に気象観測・予報については、台風や線状降水帯等による集中豪雨等の監視・予測技術に関する研究等を行う。また、地球温暖化対策に資するため、数値モデルの改良を行う。

令和5年度予算額	1,046百万円
令和4年度予算額	995

2 地震災害対策

2-1 地震に関する調査研究

（1）地震調査研究推進本部

地震調査研究推進本部（本部長：文部科学大臣）は、「地震調査研究の推進について　－地震に関する観測、測量、調査及び研究の推進についての総合的かつ基本的な施策（第3期）－」（令和元年5月31日）等の方針に基づき、

地震調査研究を政府として一元的に推進する。文部科学省においては、上記方針等に基づき、活断層調査の総合的推進等を行う。

令和5年度予算額	738百万円
令和4年度予算額	752

（2）南海トラフ海底地震津波観測網の構築

文部科学省においては、南海トラフ地震の想定震源域のうち、まだ観測網を設置していない西側の海域（高知県沖から日向灘）に新たに南海トラフ海底地震津波観測網を構築する（後掲第1章3-1（1））。

令和5年度予算額	55百万円
令和4年度予算額	70

（3）海底地震・津波観測網の運用

文部科学省においては、海域で発生する地震・津波を即時に検知して緊急地震速報や津波警報等に活用するとともに、海域の地震発生メカニズムを精度良く解明するため、南海トラフ地震震源域に整備した地震・津波観測監視システム（ＤＯＮＥＴ）及び東北地方太平洋沖を中心とする日本海溝沿いに整備した日本海溝海底地震津波観測網（S-net）を運用する。また、首都圏の揺れを詳細に観測し直下の地震活動等を高精度に把握することを目的とした首都圏地震観測網（MeSO-net）を運用する（後掲　第1章3-1（2））。

令和5年度予算額	1,157百万円
令和4年度予算額	1,157

（4）地震の発生及びその災害誘因の予測に関する基礎的研究の推進

文部科学省においては、「災害の軽減に貢献するための地震火山観測研究計画（第2次）の推進について（建議)」（平成31年1月30日）に基づいた5か年計画（平成31から令和5年度）により、国立大学法人等における地震現象の解明や地震活動の予測及び津波や地震動などの災害誘因の予測などに関する基礎的研究を推進するとともに、災害誘因情報の効果的な発信方法及び防災リテラシー向上のための研究を推進する。

（5）地震防災研究戦略プロジェクト

文部科学省においては、「通常と異なる現象」

が観測された場合の地震活動の推移を科学的に評価する手法開発や、被害が見込まれる地域を対象とした防災対策の在り方などの調査研究により、地震被害の軽減を図るため、「防災対策に資する南海トラフ地震調査研究プロジェクト」を実施する。

また、これまで蓄積されてきた多様かつ大規模な地震データ等を活用し、ＩｏＴ・ビッグデータ・ＡＩといった情報科学分野の科学技術を採り入れた調査研究等を行い、従来の地震調査研究に革新的な知見をもたらすことを目指し、「情報科学を活用した地震調査研究プロジェクト」を実施する。

令和5年度予算額	566百万円
令和4年度予算額	566

（6）海域で発生する地震及び火山活動に関する研究開発

国立研究開発法人海洋研究開発機構においては、海底地殻変動の連続かつリアルタイムな観測システム開発・整備、海底震源断層の広域かつ高精度な調査を実施する。さらに、観測データをもとに、より現実的なモデル構築及び推移予測手法の開発・評価を行う。また、海域火山の活動を把握するために海域火山活動観測システムを開発する（後掲　第1章5（4））。

（7）活断層評価の研究

国立研究開発法人産業技術総合研究所においては、地形、地質学及び地球物理学的知見を取り入れて社会的に重要な陸域及び沿岸海域の活断層情報を収集し、過去の地震活動を解明する。また地震発生ポテンシャル評価のための地殻応力・地下構造情報の整備を行う。

（8）海溝型地震評価の研究

国立研究開発法人産業技術総合研究所においては、南海トラフ地震の短期的な予測を目標とした地下水・地殻変動の観測施設の整備及び観測データの解析並びに地形・地質学的手法に基づいた過去の海溝型巨大地震・津波の発生履歴解明及び津波波源の推定を行う（後掲　第1章3-1（3））。

（9）地震災害予測の研究

国立研究開発法人産業技術総合研究所におい

ては、地震動予測や断層活動による地表変形を評価するため、都市に広がる平野部において地下地質情報の3次元モデル構築、及び沿岸域の地質や地盤による地震動特性の違いに関する研究を進める。また、過去の地震を再現できる高度化した震源断層モデルの開発や断層破壊メカニズムの解明を進める。

（10）防災・減災に資する地殻変動情報の抽出関連研究の推進

国土地理院においては、地殻活動モニタリングを強化し、また地殻活動を解明するため、測地観測データを用いた研究を行う。また、地震予知連絡会を開催し、地震予知に関する調査・観測・研究の情報交換及び学術的検討を行う。

令和5年度予算額	64百万円の内数
令和4年度予算額	64百万円の内数

（11）測地技術を用いた地殻変動の監視

国土地理院においては、電子基準点等によるＧＮＳＳ連続観測や、人工衛星の観測データを用いたＳＡＲ干渉解析等により地殻変動の監視を行い、得られた情報を災害対策の判断に資する資料として防災関係機関等へ提供する（後掲第2章5-3（4））。

令和5年度予算額	1,090百万円の内数
令和4年度予算額	1,187百万円の内数

（12）地震に関する調査研究

気象庁においては、気象研究所を中心に地震の監視・予測技術の開発・改良に関する研究を推進する。また、南海トラフで発生する地震の規模、破壊領域やゆっくりすべりの即時把握に関する研究等を行う（後掲　第1章3-1（4））。

令和5年度予算額	31百万円の内数
令和4年度予算額	31百万円の内数

（13）地震観測等

気象庁においては、全国における地震観測、地殻岩石ひずみ観測、地磁気観測等を行う。また、気象庁及び関係機関の地震に関する基盤的調査観測網のデータを収集し、その成果を防災情報等に活用するとともに、地震調査研究推進本部地震調査委員会に提供する（後掲　第2章2-3（10）、3-3（6））。

| 令和5年度予算額 | 1,388百万円 |
| 令和4年度予算額 | 2,539 |

（14）海底地殻変動観測等

海上保安庁においては、巨大地震の発生が懸念されるプレート境界域における海底基準局を用いた海底地殻変動観測、験潮所による地殻変動監視観測、人工衛星レーザー測距観測を実施し、プレート運動の把握等を行う。

| 令和5年度予算額 | 51百万円 |
| 令和4年度予算額 | 49 |

2-2 震災対策一般の研究

（1）都市のレジリエンス高度化に関する研究開発

国立研究開発法人防災科学技術研究所においては、今後発生が懸念されている南海トラフ地震や首都直下地震等により引き起こされる大規模災害に対して都市における社会経済活動が確実に継続できるレジリエントな社会を目指して、実大三次元震動破壊実験施設（E－ディフェンス）による震動実験及び震動実験を再現するシミュレーションを活用し、都市空間内の構造物等の特性が動的に変化する状態を定量的に評価する技術及びその評価結果を尺度にした都市のレジリエンスを向上させる技術の研究開発を行う。また、実験施設の保守・管理の推進と利活用の促進、及び実験支援を継続的に実施する。

（2）漁港・海岸及び漁村の地震災害防止と減災技術に関する研究

国立研究開発法人水産研究・教育機構においては、漁港施設・海岸保全施設の防災・減災手法の開発に関する研究を行う。

（3）農業用基幹施設の防災及び減災技術に関する研究

国立研究開発法人農業・食品産業技術総合研究機構においては、農業用ダム、ため池やパイプライン等の農業用基幹施設を対象とした防災・減災技術に関する研究を行う。

（4）巨大地震等に対する建築物の安全性向上及び地震後の継続使用性評価に関する研究開発

国立研究開発法人建築研究所においては、引き続き、巨大地震や風水害等の自然災害に対する住宅・建築の損傷や倒壊防止等のための構造安全性等の確保に関する研究開発及び建築物や都市の継続使用性の確保に関する研究開発を行う。

（5）大規模地震に対するインフラ施設の機能確保技術の開発

国立研究開発法人土木研究所においては、大規模地震に対する被害軽減及び早期機能回復等に貢献するため、橋梁や土工構造物を対象として、耐震性能評価に基づく被害予測の向上、耐震補強技術による被害の最小化、致命的な被害に至りにくく速やかな応急復旧が可能となる構造の実現に向けた技術の開発を行う。

（6）港湾・海岸及び空港土木施設の地震災害防止に関する研究

国立研究開発法人海上・港湾・航空技術研究所においては、地震災害の軽減や復旧のために、液状化による沈下・流動の新たな予測手法の開発、地震学的・地盤工学的知見に基づく地震動の事後推定技術に関する研究を行う。

（7）鉄道施設の戦略的維持管理に資する技術開発

国土交通省においては、戦略的維持管理の観点から、鉄道施設の維持管理の効率化・省力化に資する技術開発を行う。

| 令和4年度予算額 | 102百万円の内数 |

（8）強震観測

国土交通省国土技術政策総合研究所においては、土木構造物の被害メカニズムの解明や合理的な耐震設計法を確立するため、強震観測網の維持管理並びに地震動の観測及び解析を継続する。

| 令和5年度予算額 | 11百万円 |
| 令和4年度予算額 | 11 |

③ 津波災害対策

3-1 津波に関する調査研究

（1）南海トラフ海底地震津波観測網の構築
（再掲 第1章2-1（2））

（2）海底地震・津波観測網の運用
（再掲 第1章2-1（3））

（3）海溝型地震評価の研究
（再掲 第1章2-1（8））

（4）津波に関する調査研究
（再掲 第1章2-1（12））

気象庁においては、気象研究所を中心に、津波予測精度の向上のため、多点観測データ等を用いた津波の即時的予測手法の高度化に関する研究、遠地津波の後続波と減衰特性のモデル化に関する研究等を行う。

令和5年度予算額	31百万円の内数
令和4年度予算額	31百万円の内数

3-2 津波対策一般の研究

（1）農村地域の減災及び防災技術に関する研究
国立研究開発法人農業・食品産業技術総合研究機構においては、農地海岸やその後背地の農地の津波災害に対する防災・減災技術に関する研究を行う。

（2）漁港・海岸及び漁村の津波災害防止に関する研究
国立研究開発法人水産研究・教育機構においては、漁港施設・海岸保全施設の津波対策に関する研究を行う。

（3）海岸防災林の津波に対する耐性の強化に関する研究
国立研究開発法人森林研究・整備機構においては、再生する海岸防災林の津波に対する耐性を強化するための研究を行う。

（4）積雪寒冷地における津波防災・減災に関する研究
国立研究開発法人土木研究所においては、海氷を伴う津波に対する防災・減災に貢献するため、港湾等の構造物に作用する海氷の外力推定技術やアイスジャムの形成予測技術の開発を行う。

（5）港湾・海岸及び空港土木施設の津波災害防止に関する研究
国立研究開発法人海上・港湾・航空技術研究所においては、津波災害の軽減や復旧のために、外郭施設群を対象とする大規模数値波動水槽の開発に関する研究を行う。

④ 風水害対策

（1）リモートセンシングによる気象稠密観測
国立研究開発法人情報通信研究機構においては、風、水蒸気、降水等を高時間空間分解能で観測可能なレーダーやライダー等をシステム化するとともに、ゲリラ豪雨や竜巻など災害を起こす突発的な大気現象の早期捕捉に関する研究開発を行う。

（2）風水害に関する研究
国立研究開発法人防災科学技術研究所においては、気候変動の影響等に伴い激甚化・広域化する風水害、土砂災害等の気象災害の被害を軽減するため、レーダー技術等を活用したマルチセンシング技術と数値シミュレーション技術を活用し、ゲリラ豪雨や突風・降雹・雷等を伴う危険な積乱雲等の早期検知や発生メカニズムの解明及び観測技術に関する研究を進めるなど、気象災害の予測技術開発やハザード評価技術等の研究開発を実施する。

（3）豪雨時の農村地域の防災・減災に関する研究
国立研究開発法人農業・食品産業技術総合研究機構においては、農村地域の豪雨災害に対する防災・減災技術に関する研究を行う。

（4）豪雨・地震・強風時の山地災害対策に関する研究
国立研究開発法人森林研究・整備機構におい

ては、豪雨・地震・強風による山地災害の発生源対策のために必要となる崩壊・地すべり・土石流・森林の強風害の発生機構や流木対策、森林の崩壊防止機能に関する研究を行う。

（5）漁港・海岸及び漁村の高波・高潮災害防止に関する研究

国立研究開発法人水産研究・教育機構においては、漁港施設・海岸保全施設の高波・高潮災害対策に関する研究を行う。

（6）水災害の激甚化に対する流域治水の推進支援技術の開発

国立研究開発法人土木研究所においては、流域治水を推進し水災害の防止・軽減等に貢献するため、将来の水災害外力の想定、流域治水による取組の実現や効果の評価、適切な洪水リスク情報の提供及び社会の強靱化に向けた技術の開発を行う。

（7）気候変動下における継続的な流域及び河道の監視・管理技術の開発

国立研究開発法人土木研究所においては、気候変動に対応し治水と環境が調和した河川の管理に貢献するため、流域・河道等の監視・評価、外力増大と多様な流況に対応できる河道・河川構造物の設計・予防保全に向けた技術の開発を行う。

（8）顕在化した土砂災害へのリスク低減技術の開発

国立研究開発法人土木研究所においては、土砂災害の防止・軽減等に貢献するため、顕在化した土砂災害危険箇所の抽出やハザードエリア設定、適切な事前対策工の実施に向けた技術の開発を行う。

（9）水災害・リスクマネジメント国際センター（ICHARM）による研究開発等

国立研究開発法人土木研究所水災害・リスクマネジメント国際センター（ICHARM）においては、国内外の関連機関等と連携を図りつつ、世界の水関連災害の防止・軽減に貢献するために、革新的な研究・効果的な能力育成・効率的な情報ネットワーク活動及び各種国際プロジェクトを一体的に推進する。

（10）港湾・海岸及び空港土木施設の高潮・高波災害防止に関する研究

国立研究開発法人海上・港湾・航空技術研究所においては、高潮・高波災害の軽減や復旧のために、海象観測データの集中処理・解析に基づく海象特性の解明、機動的な高潮評価技術の開発、港内施設の設計波浪外力の算定法に関する研究、改良型護岸による越波量の低減効果に関する研究を行う。

（11）氾濫シナリオ別ハザード情報図に基づく減災対策検討手法の研究

国土交通省国土技術政策総合研究所においては、全国の洪水減災対策を推進するため、具体的な減災対策の検討に必要なハザード情報図の作成手法や、各対策の内容・優先順位・効果等を検討する手法の研究を行う。

令和5年度予算額	15百万円
令和4年度予算額	15

（12）土砂・洪水氾濫発生時の土砂到達範囲・堆積深を高精度に予測するための計算モデルの開発

国土交通省国土技術政策総合研究所においては、土砂・洪水氾濫による被害範囲を高精度に予測するため、幅広い粒径の土砂の流下・堆積特性を明らかにし、それを反映した数値計算モデルの開発を行う。

令和5年度予算額	10百万円
令和4年度予算額	15

（13）既存建築物における屋根ふき材の耐風診断・補強技術評価に関する研究

国土交通省国土技術政策総合研究所においては、屋根の改修促進による既存建築物ストック全体の耐風性能の向上に資するため、既存の屋根ふき材の耐風診断法の開発と改修時の耐風補強技術の評価法の研究を行う。

令和5年度予算額	11百万円
令和4年度予算額	12

（14）事前防災対策による安全な市街地形成のための避難困難性評価手法に関する研究

国土交通省国土技術政策総合研究所においては、災害時における円滑かつ迅速な避難確保を図り、人的被害を最小化するため、市街地の避

難困難性評価手法及びリスクコミュニケーション支援技術に関する研究を行う。

> 令和5年度予算額　　　　　　　11百万円
> 令和4年度予算額　　　　　　　　　　0

⑤ 火山災害対策

（1）火山噴火予測に関する基礎的研究

　文部科学省においては、「災害の軽減に貢献するための地震火山観測研究計画（第2次）の推進について（建議）」（平成31年1月30日）に基づいた5か年計画（平成31から令和5年度）により、国立大学法人等における火山現象の解明や火山噴火発生及び噴火推移の予測、火山灰や溶岩の噴出などの災害誘因の予測などに関する基礎的研究を推進するとともに、災害誘因情報の効果的な発信方法及び防災リテラシー向上のための研究を推進する。

　国立研究開発法人産業技術総合研究所においては、火山噴火予知研究の推進のため、活動的火山の噴火履歴、災害実績・活動状況等の地質学的調査及び噴火機構やマグマ上昇過程モデル化のための観測研究・実験的研究を行う。

（2）次世代火山研究・人材育成総合プロジェクト

　文部科学省においては、火山災害の軽減に貢献するため、従前の観測研究に加え、他分野との連携・融合を図り「観測・予測・対策」の一体的な研究の推進及び広範な知識と高度な技術を有する火山研究者の育成を目指す。

> 令和5年度予算額　　　　　　636百万円
> 令和4年度予算額　　　　　　　　636

（3）火山機動観測実証研究事業

　文部科学省においては、噴火切迫期や噴火発生時などの緊急時等に、人員や観測機器を当該火山に集中させた迅速かつ効率的な機動観測を実現するために必要な体制構築に係る実証研究を実施する。

> 令和5年度予算額　　　　　　100百万円
> 令和4年度予算額　　　　　　　　100

（4）海域で発生する地震及び火山活動に関する研究開発

（再掲　第1章2-1（6））

（5）火山噴火に起因した土砂災害の減災手法に関する研究

　国立研究開発法人土木研究所においては、火山噴火に起因した土砂災害に対する緊急減災技術や事前対策技術の開発に関する研究を行う。

（6）火山現象に関する研究

　気象庁においては、気象研究所を中心に火山現象の即時的把握及び予測技術の高度化に関する研究等を推進する。また、火山噴火予知連絡会を通じて関係機関と緊密な連携を図り、火山噴火予知に関する研究を推進する。

> 令和5年度予算額　　　　　　　42百万円
> 令和4年度予算額　　　　　　　　　40

（7）海域火山の活動状況把握

　海上保安庁においては、航空機による南方諸島及び南西諸島方面における海域火山の活動海域の温度分布や火山性変色水の分布等の調査を行い、海域火山基礎情報の整備及び提供を引き続き行う。

> 令和5年度予算額　　　　　　　1百万円
> 令和4年度予算額　　　　　　　　　1

⑥ 雪害対策

（1）雪氷災害に関する研究

　国立研究開発法人防災科学技術研究所においては、集中豪雪、雪崩、吹雪、着雪、屋根雪、道路雪氷等による雪氷災害を軽減するために、ステークホルダーとの協働により、ニーズに合った雪氷災害情報の創造・社会実装を目指し、雪氷災害に関するモニタリング技術及び面的予測モデル等の研究開発を実施する。

（2）雪崩及び冠雪害に関する研究

　国立研究開発法人森林研究・整備機構においては、森林の雪崩災害軽減機能の解明のため、雪崩発生に関わる気象条件や積雪状態、雪崩の流下や森林の倒壊状況の調査研究を行う。また、樹木着雪による倒木被害の発生予測技術に関する研究を行う。

（3）雪崩対策に関する研究

　国立研究開発法人土木研究所においては、雪崩災害を防止・軽減するため、雪崩の三次元計

測結果等を用いて雪崩災害ハザードエリア評価技術の開発を行う。

（4）積雪寒冷地における雪氷災害の被害軽減等に関する研究

国立研究開発法人土木研究所においては、積雪寒冷地における雪氷災害の被害軽減や冬期道路交通サービスの確保に貢献するため、極端気象時の冬期道路管理の判断を支援する技術や、吹雪対策施設の性能評価と防雪機能確保・向上技術の開発に加え、除雪の作業・安全支援や省力化・自動化技術及び冬期道路交通の安全性向上を図る技術の開発を行う。

❼ 火災対策

（1）火災に関する研究

消防庁においては、次の研究を行う。
・市街地火災による被害を抑制するための研究開発

首都直下地震のような地震直後の市街地同時多発火災や、糸魚川市大規模火災のような平常時の市街地火災による被害拡大を抑えるために、火災件数と死傷者数や焼損棟数などの予測・可視化ツール、火災延焼シミュレーションに基づく消防力・消防水利の評価手法、飛び火の防御方法、火災旋風の発生予測方法の研究開発を行う。

令和5年度予算額	59百万円
令和4年度予算額	60

・消火活動困難な火災に対応するための消火手法の研究開発

大規模倉庫等の火災など消火活動が極めて困難な火災を消火するために、大規模倉庫等の建物構造や可燃物の集積状況の調査、最適な消火手法及び延焼阻止手法（消火剤、投入方法、投入量等）の検証・開発、建物外壁から離れ、消火剤が届きにくい区画に効果的に消火剤を投入する手法の研究開発を行う。

令和5年度予算額	38百万円
令和4年度予算額	38

・火災・危険物流出等事故原因調査に関する研究

特異な火災事案が発生した際、今後の防火安全対策に有効な知見を得るために火災原因調査を行い、火災原因調査技術の高度化を図るた

めに必要な現地調査用資機材、サンプル採取・分析方法、火災現象の再現方法、火災原因の推定・特定手順等について体系的な調査研究を行う（後掲　第1章8（1））。

令和5年度予算額	22百万円
令和4年度予算額	21

・火災原因調査と火災避難の高度化に関する研究開発

科学的な火災原因調査に基づいた出火防止対策の実施や増加する高層建物からの避難安全対策のため、火災現場残渣物の同定及び液体衝突帯電とミスト爆発の解明による火災原因調査の高度化と、高層建築物の順次避難における避難順序算定方法に関する研究・開発を行う。

令和5年度予算額	40百万円
令和4年度予算額	40

（2）林野火災に関する一般研究

国立研究開発法人森林研究・整備機構においては、林野火災対策として、林野火災の発生・拡大危険度に関する研究を行う。

（3）建築物や都市の火災安全性向上技術の研究開発

国立研究開発法人建築研究所においては、引き続き、火災による被害の軽減等による住宅・建築・都市の高度な火災安全性の確保に向けた技術に関する研究開発を行う。

❽ 危険物災害対策

（1）危険物災害の防止に関する研究

消防庁においては、次の研究を行う。
・危険物施設における火災等事故・地震災害を抑止するための研究

危険物施設における火災等の事故及び地震等による災害を抑止するために、石油タンクの地震被害予測高精度化のための研究と化学物質等の製造・貯蔵工程における火災危険性の評価方法に関する研究を行う。

令和5年度予算額	54百万円
令和4年度予算額	51

・地下タンクの健全性診断に係る研究開発

防食ライニングが施工された危険物の地下タンクの経年劣化について、タンクが将来継続して使用可能か否かを適切に判断するため、ライ

ニング鋼板の腐食劣化の定量的評価を行い、地下タンクの健全性診断手法を研究開発する。

　　令和5年度予算額　　　　　　35百万円
　　令和4年度予算額　　　　　　39
・火災・危険物流出等事故原因調査に関する研究
　（再掲　第1章7（1））

（2）爆発防止等に関する研究

　国立研究開発法人産業技術総合研究所においては、火薬類に代表される爆発性化学物質や水素等の可燃性ガスの爆発安全及び利用技術の研究を行い、爆発防止及び爆発影響低減化技術の開発を行う。また、産業保安分野では、事故事例データベース等を整備し共通基盤技術の研究を行う。

　　令和5年度予算額　　　　　　993百万円
　　令和4年度予算額　　　　　1,025

⑨ 原子力災害対策

（1）農用地、農作物等の原発事故対応の研究

　国立研究開発法人農業・食品産業技術総合研究機構においては、原発事故に対応し、農地土壌における放射性物質の流出入実態の解明、農作物等における放射性物質の移行動態の解明と移行制御技術の開発に関する研究を行う。

（2）原子力発電所等の地震・津波等の外部事象に対する安全性の評価等

　原子力規制委員会においては、新規制基準を踏まえた原子力発電所等の地震・津波等の外部事象に対する安全性を厳正に評価・確認するために、東北地方太平洋沖地震、熊本地震を踏まえた知見等を収集・反映し、新規制基準適合性に係る審査の技術的判断根拠の整備等を行い、研究報告等に取りまとめ、公表する。

　　令和5年度予算額　　　　1,413百万円
　　令和4年度予算額　　　　1,399

（3）原子力発電所等におけるシビアアクシデント対策

　原子力規制委員会においては、原子力発電所等におけるシビアアクシデントの発生防止及び発生時の的確な対応のために、東京電力株式会社福島第一原子力発電所事故の教訓を規制に反映するための新たな技術的な課題解決に取り組み、研究報告等に取りまとめ、公表する。

第2章　災害予防

1 災害一般共通事項

1-1 教育訓練

（1）政府における訓練・研修

　内閣府においては、9月1日の「防災の日」総合防災訓練等を実施するとともに、11月5日の「津波防災の日」の前後の期間を中心に、住民参加の地震・津波防災訓練を実施する。また、国、地方公共団体等の職員に対して、防災スペシャリスト養成研修等を実施する。

令和5年度予算額	191百万円
令和4年度予算額	195

（2）実践的な防災教育や避難訓練の実施促進

　内閣府においては、防災・減災、国土強靱化新時代に向けて、全てのこどもが災害から生命を守る能力を身に付けられるように、実践的な防災教育や避難訓練の実施促進に取り組む。

（3）民間の認定こども園、幼稚園、保育所等における防災対策の推進

　こども家庭庁においては、民間の認定こども園、幼稚園、保育所等における火災、地震等の災害時に備え、防災教育等の防災対策を図るために要する費用を負担する。

令和5年度予算額	1,594,795百万円の内数
令和4年度予算額（内閣府）	
	1,491,839百万円の内数

（4）警察庁における教育訓練

　警察庁においては、都道府県警察の幹部に対して災害応急対策等についての教育訓練を行うほか、都道府県警察に対して、災害警備本部の設置・運営訓練や関係機関と連携した訓練の実施を指示する。また、警察災害派遣隊による実戦的な合同訓練を行うこととし、特に、警察災害派遣隊の中核である広域緊急援助隊では、所要の合同訓練等を行うとともに、機動警察通信隊では、より迅速な情報収集活動や通信手段確保のための実戦的な訓練を行う。

（5）非常通信協議会における非常通信訓練の実施等

　非常通信協議会（非常通信に携わる関係省庁、地方公共団体、指定公共機関等約2,000者から構成）においては、災害時における円滑な通信の確保を目的として、非常通信計画の策定、全国非常通信訓練等を実施する。

（6）災害時外国人支援情報コーディネーター養成研修の実施

　総務省においては、災害時に行政等から提供される災害や生活支援等に関する情報を整理し、避難所等にいる外国人被災者のニーズとのマッチングを行う災害時外国人支援情報コーディネーターを養成する研修を実施する。

令和5年度予算額	7百万円の内数
令和4年度予算額	6百万円の内数

（7）消防庁消防大学校における教育訓練

　消防庁消防大学校においては、国及び都道府県の消防の事務に従事する職員並びに市町村の消防職員及び消防団員に対し、火災、風水害、地震、津波、危険物災害等の各種災害に対する消防防災体制の強化のための知識・技術の修得や実践的な指揮訓練・図上訓練など、幹部として必要な教育訓練を行う。

令和5年度予算額	463百万円
令和4年度予算額	474

（8）法務省における教育訓練

　法務省においては、災害等非常事態における法務省関係機関相互の情報連絡手段を確保し、災害情報等を迅速かつ確実に収集・伝達するため、衛星携帯電話等で構成される法務省緊急連絡体制に基づく通信訓練を行う。

令和5年度予算額	30百万円
令和4年度予算額	30

（9）防災教育の充実

　文部科学省においては、セーフティプロモーション等の考え方を取り入れた防災教育を含む学校安全の組織的取組、外部専門家の活用、学校間の連携の促進を通じた地域全体での学校安全体制の構築、教職員に対する研修の実施に対して支援する。

令和5年度予算額	343百万円の内数

令和4年度予算額　　　　294百万円の内数

(10) 独立行政法人国立病院機構における教育訓練

独立行政法人国立病院機構においては、医師・看護師等の医療従事者を対象に災害医療についての研修を実施する。

(11) ＮＢＣ災害・テロ対策研修の実施

厚生労働省においては、ＮＢＣ（核、生物剤及び化学剤）災害及びテロに対し適切な対応ができる医師等を養成するため、救命救急センターや災害拠点病院の医療従事者を対象にＮＢＣ災害・テロに関する専門知識、技術及び危機管理能力を習得するための研修を実施する。

令和5年度予算額　　　　　　7百万円
令和4年度予算額　　　　　　7

(12) 日本赤十字社の救護員養成事業に対する補助

厚生労働省においては、日本赤十字社の非常災害に係る救護班要員等に対する研修に要する経費について補助を行う。

令和5年度予算額　　　　　　7百万円
令和4年度予算額　　　　　　7

(13) 災害支援リーダー養成研修事業

厚生労働省が設置した国際障害者交流センターにおいては、災害発生時、障害者に対するきめ細やかな支援活動に資するよう、救助・支援活動をサポートする災害時ボランティアリーダーや、視覚・聴覚障害者の障害特性に応じた対応方法を熟知した災害時リーダーを養成する事業を実施する。

令和5年度予算額　　　　　　2百万円
令和4年度予算額　　　　　　2

(14) こころの健康づくり対策事業

厚生労働省においては、犯罪・災害等の被害者となることで生じるＰＴＳＤ（心的外傷後ストレス障害）に対する、精神保健福祉センター、保健所、病院等の機関における相談活動の充実・強化や治療・診断技術の向上等を図ることを目的としたＰＴＳＤ対策専門研修に対する補助を行う。

令和5年度予算額　　　　　　17百万円の内数
令和4年度予算額　　　　　　20百万円の内数

(15) 災害医療コーディネーター研修の実施

厚生労働省においては、災害発生時に各都道府県の災害対策本部の下に設置される派遣調整本部等において、医療チームの派遣調整業務を行う人員（災害医療コーディネーター）を対象とした研修を実施する。

令和5年度予算額　　　　　　36百万円
令和4年度予算額　　　　　　36

(16) 災害時小児周産期リエゾン養成研修の実施

厚生労働省においては、災害時に小児・周産期領域の情報収集を行い、災害医療コーディネーターやＤＭＡＴに対して適切な情報提供を行える災害時小児周産期リエゾンの養成及び技能維持のための研修を実施する。

令和5年度予算額　　　　　　10百万円
令和4年度予算額　　　　　　6

(17) 災害時健康危機管理支援チーム（ＤＨＥＡＴ）養成研修の実施

厚生労働省においては、被災地方公共団体における円滑な保健医療活動を支援する災害時健康危機管理支援チーム（ＤＨＥＡＴ）の整備が促進されるよう、支援活動に関する研究及び都道府県等の公衆衛生医師、保健師、管理栄養士等に対する教育研修を実施する。

令和5年度予算額　　　　　　19百万円の内数
令和4年度予算額　　　　　　19百万円の内数

(18) 事業継続計画（ＢＣＰ）策定研修の実施

厚生労働省においては、災害時における医療提供体制の充実強化のため、事業継続計画（ＢＣＰ）策定に必要なスキルやノウハウ等を医療機関担当者等が習得するための研修を実施する。

令和5年度予算額　　　　　　9百万円
令和4年度予算額　　　　　　9

(19) 国土交通省国土交通大学校における教育訓練

国土交通省国土交通大学校においては、国土交通省の職員等を対象に、「ＴＥＣ−

FORCE〔隊長〕研修」、「TEC−
FORCE〔班長・リエゾン〕研修」等におい
て、高度で総合的な知識の修得及び危機管理能
力等の向上を目的に演習を取り入れた研修を実
施するとともに、必要に応じ、防災・災害に関
する一般的な知識・技術についての講義等を実
施する。

(20) 気象庁における教育訓練

気象庁においては、気象等に関する知識の普
及等を図るとともに、防災関係機関等の担当者
を対象に予報、警報等に関する説明会を適宜開
催する。一方、気象大学校大学部及び研修部で
は、気象業務遂行に必要な知識及び技術の教育
を行い、職員の資質向上を図る。

令和5年度予算額	127百万円
令和4年度予算額	127

(21) 海上保安庁における教育訓練等

海上保安庁においては、災害対応に従事する
職員を対象とした各種災害発生時の対応に係る
教育、関係機関と連携した災害対応訓練等を実
施する。また、海難及び海上災害の防止に資す
るため、海難防止講習会等の開催、タンカー等
危険物積載船舶への訪船指導、大型タンカー
バースの点検、船舶運航関係者に対する事故等
発生時の措置に関する指導等を実施する。

(22) 防衛省における教育訓練

防衛省においては、多種多様な災害に対処す
るため、陸上、海上及び航空各自衛隊の任務の
特性並びにそれぞれの規模に応じて、訓練等を
実施し対処能力を高めている。

また、陸上、海上及び航空各自衛隊が一体と
なって災害対処に当たる統合運用体制下におけ
る迅速な初動態勢、連携要領及び情報の共有と
いった対処能力の維持向上のため自衛隊統合防
災演習等を実施するとともに、各地方公共団体
等が実施する防災訓練等に積極的に参加する。

令和5年度予算額	114百万円
令和4年度予算額	77

1-2 防災施設設備の整備

(1) 中央防災無線網の整備

内閣府においては、官邸等国の主要拠点、指
定行政機関、指定公共機関及び地方公共団体間
の通信を確保するため、中央防災無線網を整備
している。令和5年度も引き続き、中央防災無
線網の安定的で効率的な運用のための適切な措
置を講ずる。

令和5年度予算額	935百万円
令和4年度予算額	988

(2) 準天頂衛星システムを活用した避難所等における防災機能の強化

内閣府においては、準天頂衛星による災害関
連情報の伝送機能を有する災害・危機管理通報
サービス及び避難所等で収集した個人の安否情
報を災害対策本部などの防災機関で利用できる
衛星安否確認サービスの全国展開に向け普及を
推進するとともに、確実な機能確保および高度
化に向けて必要なシステム整備を進める。

令和5年度予算額	16,747百万円の内数
令和4年度予算額	16,752百万円の内数

(3) 災害警備活動用資機材等の整備

警察庁においては、都道府県警察の災害警備
活動に必要な救出救助資機材や警察用航空機
(ヘリコプター)等の整備を行うとともに、警
察施設の耐震化等による防災機能の強化等を図
る。また、警察災害派遣隊等の災害対処能力向
上のため、災害警備訓練施設の整備を推進す
る。

令和5年度予算額	18,929百万円
令和4年度予算額	21,495

(4) 災害に備えた交通安全施設等の整備

警察庁においては、車両感知器、信号機電源
付加装置、交通管制センター等の災害に備えた
交通安全施設等の整備を推進する。

令和5年度予算額	17,850百万円の内数
令和4年度予算額	17,830百万円の内数

(5) 防災基盤整備事業の推進

総務省及び消防庁においては、災害等に強い
安全・安心なまちづくりを進めるため、防災基
盤整備事業として地方財政措置を講じることに
より、地方公共団体が行う防災施設整備、消防
防災の情報化等の重点的な防災基盤の整備を推
進する。

（6）電気通信網の確保等

　総務省においては、停電対策、水防対策、伝送路の信頼性向上等による災害に強い電気通信設備の構築や、被災地との円滑な安否確認等に利用できる災害用伝言サービスの利用促進等、電気通信事業者による災害対策を推進する。

（7）災害対策用移動通信機器の配備

　総務省においては、非常災害時における被災地の通信手段の確保のため、地方公共団体等への災害対策用移動通信機器の貸出を行う。

（8）消防防災無線通信設備の整備

　消防庁においては、災害時における国・都道府県・市町村相互間における情報の収集伝達の確実化及び迅速化を推進するため、全国的な消防防災通信ネットワークの整備等、機能の高度化に努める。

　令和5年度予算額　　　　　　485百万円
　令和4年度予算額　　　　　　525

（9）緊急消防援助隊関係施設及び資機材の整備

　消防庁においては、南海トラフ地震等の大規模災害への対応力を国として強化するため、緊急消防援助隊を計画的に増強整備し、より効果的な活動体制を構築するために、消防用車両等の整備について、市町村等に対し補助を行う。

　令和5年度予算額　　　　　　4,986百万円
　令和4年度予算額　　　　　　4,986

（10）消防防災施設の整備

　消防庁においては、地震や火山噴火等に伴う大規模災害や特殊災害、増加する救急需要等に適切に対応し、住民生活の安心・安全を確保するため、消防防災施設の整備について、市町村等に対し補助を行う。

　令和5年度予算額　　　　　　1,372百万円
　令和4年度予算額　　　　　　1,372

（11）文化財の防災対策の推進

　文化庁においては、世界遺産・国宝等における防火対策5か年計画や近年多発する大地震や豪雨等の自然災害を踏まえ、防火施設等の整備や耐震対策等に対して補助を行う。

　令和5年度予算額　　　　　　1,991百万円
　令和4年度予算額　　　　　　1,763

（12）災害拠点病院の整備

　厚生労働省においては、災害拠点病院の整備について補助を行う。

　令和5年度予算額　　　　　　2,555百万円の内数
　令和4年度予算額　　　　　　2,392百万円の内数

（13）広域災害・救急医療情報システムの整備

　厚生労働省においては、都道府県が既存の救急医療情報センター事業を再編強化し、災害時において医療機関の稼動状況、医師・看護師等スタッフの状況、災害派遣医療チーム（DMAT）等災害医療に係る総合的な情報収集を行うため、厚生労働省、保健所、消防本部、病院等とのネットワーク化を図るための整備等を行う。

　令和5年度予算額　　　　　　206百万円
　令和4年度予算額　　　　　　190

（14）社会福祉施設の整備

　厚生労働省においては、障害者支援施設等における防災対策上必要な施設整備に対する補助を行う。

　令和5年度予算額　　　　　　4,462百万円の内数
　令和4年度予算額　　　　　　4,462百万円の内数

　厚生労働省においては、地域密着型の特別養護老人ホーム等における防災対策上必要な施設整備に対する補助を行う。

　令和5年度予算額　　　　　　1,167百万円の内数
　令和4年度予算額　　　　　　1,167百万円の内数

　こども家庭庁においては、児童福祉施設等における防災対策上必要な施設整備に対する補助を行う。

　令和5年度予算額　　　　　　36,168百万円の内数
　令和4年度予算額　　　　　　47,665百万円の内数

（15）航空搬送拠点臨時医療施設（SCU）の医療資機材施設設備の整備

　厚生労働省においては、被災地では対応が困難な重傷者を被災地外の医療施設へ航空機により搬送するために、空港等に設置される臨時の医療施設（SCU）に必要な医療資機材設備の整備について補助する。

　令和5年度予算額　　　　　　25,055百万円の内数
　令和4年度予算額　　　　　　23,986百万円の内数

（16）漁港漁村の防災対策施設の整備

農林水産省においては、南海トラフ等の切迫する大規模な地震・津波等の大規模自然災害に備え、国土強靭化及び人命・財産の防護の観点から全国の漁業地域の安全の確保等に向けた対策を行う（後掲　第2章2-2（12）、3-2（3））。

令和5年度予算額　　　　78,957百万円の内数
※この他に農山漁村地域整備交付金の内数
令和4年度予算額　　　　79,163百万円の内数
※この他に農山漁村地域整備交付金の内数

（17）農山村の防災機能強化の促進

農林水産省においては、豪雨等に対する防災機能の向上に資する林道等の整備に対し助成を行う。

令和5年度予算額　　　　6,370百万円の内数
※この他に農山漁村地域整備交付金、デジタル田園都市国家構想交付金（内閣府計上）の内数
令和4年度予算額　　　　6,000百万円の内数
※この他に農山漁村地域整備交付金、地方創生推進交付金（内閣府計上）の内数

（18）緊急時の農業水利施設の活用

農林水産省においては、農業水利施設から緊急時の消防用水及び生活用水の取水を可能とするための防火水槽、吸水枡、給水栓等の施設整備を推進する。

令和5年度予算額　　　　77,390百万円の内数
令和4年度予算額　　　　78,398百万円の内数

（19）河川・道路管理用無線通信設備等の整備

国土交通省においては、電話、河川情報、道路情報、レーダ雨量データ、監視カメラ映像やテレビ会議等の河川管理、道路管理、災害対応に必要な情報を流通させるための通信基盤となる光ファイバネットワークと多重無線通信網をシームレスに接続するIP統合通信網の整備を引き続き実施するとともに、河川・道路管理用の移動体通信システムとしてデジタル陸上移動通信システム（K-λ）と衛星を経由してヘリコプターからの災害映像を伝送するヘリサット及び衛星を経由して車両からの災害映像を伝送するCar-SAT（カーサット）を順次導入していく。

（20）災害予防融資

独立行政法人住宅金融支援機構等においては、「地すべり等防止法」（昭和33年法律第30号）による関連事業計画等に基づく住宅の移転等や、地方公共団体が防災対策として実施する移転促進事業等を対象とした「地すべり等関連住宅融資」を実施するとともに、「宅地防災工事資金融資」により「宅地造成及び特定盛土等規制法」（昭和36年法律第191号）、「急傾斜地の崩壊による災害の防止に関する法律」（昭和44年法律第57号）又は「建築基準法」（昭和25年法律第201号）による勧告又は命令を受けて擁壁又は排水施設の設置等を行う宅地防災工事を支援する。

（21）基幹的広域防災拠点の管理等

国土交通省においては、首都直下地震や南海トラフ地震等の大規模災害発生時に広域的な災害応急対策を円滑に実施できるよう、基幹的広域防災拠点を適切に維持管理するとともに、緊急物資輸送等の訓練を実施する。

令和5年度予算額　　　　122百万円
令和4年度予算額　　　　127

（22）「道の駅」の防災機能の強化

国土交通省においては、災害時に地域の避難所等となる「道の駅」や広域的な復旧・復興活動拠点となる「道の駅」の防災機能強化を図る。

（23）気象観測施設の整備等

気象庁においては、台風や線状降水帯等による集中豪雨、豪雪等の自然現象による災害の防止・軽減を図るため、新型気象レーダー（二重偏波気象レーダー）や地域気象観測システム（アメダス）、次期静止気象衛星の整備等を行う。

令和5年度予算額　　　　16,284百万円
令和4年度予算額　　　　14,499

（24）航路標識の防災対策の推進

海上保安庁においては、航路標識の耐災害性強化対策及び老朽化等対策を推進する。

令和5年度予算額　　　　2,046百万円
令和4年度予算額　　　　1,635

（25）巡視船艇の整備等

海上保安庁においては、巡視船艇・航空機等及び電子海図システムの整備等を行う。

令和5年度予算額　　　122,046百万円
令和4年度予算額　　　105,390

（26）海上防災体制の整備

海上保安庁においては、油、有害液体物質等排出事故に対応するための防災資機材を充実させ、巡視船艇・航空機等による迅速的確に対処しうる体制を確保する。

令和5年度予算額　　　50百万円
令和4年度予算額　　　44

（27）海上保安施設等の耐災害性強化対策

海上保安庁においては、被災又は停電等により救助・支援活動等に支障を来すおそれがある海上保安施設等について、非常用電源設備の設置や燃料供給体制の確保等を実施し、耐災害性の強化を図ることで、同施設等の機能喪失を防止する。

令和5年度予算額　　　473百万円
令和4年度予算額　　　454

（28）防災拠点等への再生可能エネルギー等の導入

環境省においては、地域防災計画により災害時に避難施設等として位置付けられた公共施設、又は業務継続計画により災害等発生時に業務を維持するべき公共施設への再生可能エネルギー設備等の導入を支援し、平時の温室効果ガス排出抑制に加え、災害時にもエネルギー供給等の機能発揮を可能とする。

令和5年度予算額　　　2,000百万円
令和4年度予算額　　　2,000

1-3 災害危険地住宅移転等

（1）防災集団移転促進事業

国土交通省においては、「防災のための集団移転促進事業に係る国の財政上の特別措置等に関する法律」（昭和47年法律第132号）に基づき、自然災害の発生した地域又は災害のおそれのある区域のうち、住民の居住に適当でない区域内にある住居の集団的移転を支援する。

令和5年度予算額　　　134百万円

令和4年度予算額　　　132

（2）がけ地近接等危険住宅移転事業

国土交通省においては、がけ崩れ、土石流、雪崩、地すべり、津波、高潮、出水等の危険から住民の生命の安全を確保するため、ハザードエリア内にある既存不適格住宅等の移転を支援する。

令和5年度予算額
　防災・安全交付金及び社会資本整備総合交付金の内数
令和4年度予算額
　防災・安全交付金及び社会資本整備総合交付金の内数

1-4 その他

（1）国土強靱化の推進

内閣官房国土強靱化推進室においては、「国土強靱化基本計画」（平成30年12月14日閣議決定）、「国土強靱化年次計画」及び「防災・減災、国土強靱化のための5か年加速化対策」（令和2年12月11日閣議決定）に基づき、政府横断的な国土強靱化への取組を推進するとともに、地方公共団体や民間の取組促進、「国土強靱化基本計画」の見直しのための検討等を実施する。

令和5年度予算額　　　171百万円
令和4年度予算額　　　170

（2）災害時等における船舶を活用した医療体制の強化及び災害医療における民間との連携強化に係る調査検討

内閣官房船舶活用医療推進本部設立準備室においては、船舶を活用した災害医療活動等のフィージビリティを検証するため、自衛隊艦艇等を活用した実動訓練等を実施し、具体的な推進方針等を調査検討する。また、災害医療活動を行うことのできる民間事業者等と連携して対応を行う仕組みを検討・構築するための調査事業を行う。

令和5年度予算額　　　99百万円

（3）実践的な防災行動推進事業経費

内閣府においては、「災害被害を軽減する国民運動の推進に関する基本方針」（平成18年4

月21日中央防災会議決定）及び「災害被害を軽減する国民運動の具体化に向けた取組について」（平成18年12月13日専門調査会報告）に基づき、個人や家庭、地域、企業、団体等が日常的に減災のための行動と投資を息長く行う国民運動を展開するとともに、地域防災力の向上を推進するための地区防災計画の策定促進、実践的な防災教育や避難訓練の実施促進に取り組む。

令和5年度予算額	106百万円
令和4年度予算額	89

（4）災害ボランティア（多様な主体の）連携促進事業

内閣府においては、近い将来発生が危惧されている巨大災害等に備え、発災時にボランティア活動がより円滑かつ効果的に行われるよう、行政とボランティアの相互理解など、広く災害ボランティア活動に関する環境整備を図る。また、避難生活支援を行うボランティア人材の育成等を進めるための「避難生活支援・防災人材育成エコシステム」構築に向けた調査・研究を進める。

令和5年度予算額	40百万円
令和4年度予算額	32

（5）官民連携による被災者支援体制整備事業

内閣府においては、専門性を持つNPO等のボランティアや企業等の多様な被災者支援の担い手間の連携、情報共有の役割を担う中間支援組織等の体制整備や強化を図る。また、被災者支援の実態を調査し、中間支援組織等に求められる機能や活動の現状を把握することで、効率的で質の高い被災者支援の実現を目指す。

令和5年度予算額	46百万円

（6）社会全体としての事業継続体制の構築推進

内閣府においては、中央省庁における業務継続体制の確保のため、有識者による省庁業務継続計画の評価や、評価結果に基づいた同計画の見直しに係る調査等を行う。また、民間企業・団体の事業継続体制の構築及び災害リスクマネジメント力向上の取組推進のため、民間企業等の事業継続体制に関する実態調査や、自然災害への事前対策の効果を把握する参考指標の作成

を行う。さらに、地方公共団体における業務継続体制の実効性確保のため、地方公共団体の取組の調査等を行い、課題解決に向けた検討を行う。

令和5年度予算額	37百万円
令和4年度予算額	42

（7）物資調達・輸送調整等支援システムの整備

内閣府においては、国と地方公共団体の間で物資の調達・輸送等に必要な情報を共有し、迅速かつ円滑な被災者への物資支援に資する「物資調達・輸送調整等支援システム」の安定運用を図るため、定期点検及び障害対応等の保守・運用体制を確保する。

令和5年度予算額	20百万円
令和4年度予算額	20

（8）地域防災力の向上推進

内閣府においては、「自助」「共助」の精神に基づく地域コミュニティによる地域防災力の向上を推進するため、地区防災計画制度の普及啓発に努める。

（9）被災者支援・復興対策の調査検討

内閣府においては、被災者の立場に立ったきめ細やかな被災者支援が講じられるよう、必要な検討を行う。また、災害からの復興を円滑かつ迅速に進めるための施策の検討及び関係機関との共有等を図る。

令和5年度予算額	78百万円
令和4年度予算額	44

（10）特定地震防災対策施設（阪神・淡路大震災記念　人と防災未来センター）の運営に対する助成

内閣府においては、特定地震防災対策施設（阪神・淡路大震災記念　人と防災未来センター）において行われる、阪神・淡路大震災を始めとする国内外の地震災害関連資料の収集・保存・展示や情報発信などに要する経費の一部を補助し、当該事業の推進を図る。

令和5年度予算額	251百万円
令和4年度予算額	251

(11) 防災広報

　内閣府においては、「災害対策基本法」（昭和36年法律第223号）に基づく防災白書の作成のほか、防災に関する正確な知識・情報を提供するためのホームページを運営管理し、さらに、防災施策をわかりやすく伝達するための広報誌「ぼうさい」を発行する等の防災広報を幅広く展開する。

　　　令和5年度予算額　　　　　　　12百万円
　　　令和4年度予算額　　　　　　　14

(12) 防災計画の充実のための取組推進

　内閣府においては、南海トラフ地震や日本海溝・千島海溝周辺海溝型地震等の大規模災害に関する基本計画に基づき、地震防災対策を効果的に推進するため、好事例の収集・横展開や、課題の収集・分析、課題解決のための方策の検討、連絡会議の開催等を行う。

　　　令和5年度予算額　　　　　　　8百万円
　　　令和4年度予算額　　　　　　　9

(13) 災害対応業務標準化の推進

　内閣府においては、災害対応を行う地方公共団体等のニーズと民間企業等が持つ先進技術のマッチングや、効果的な活用事例の横展開等を行う場として「防災×テクノロジー官民連携プラットフォーム」（防テクPF）を引き続き運営するとともに、地方公共団体が持つ官民ネットワークと連携し、防テクPFへの地方公共団体・民間企業等の参加拡大を図り、防災分野への更なる先進技術導入を促進する。

　大規模災害時に現地で災害情報を集約・地図化して提供するISUT（Information Support Team）の体制を強化するとともに、ISUTサイトの活用に関する研修プログラムを地方公共団体等へ実施し、現地写真等の被災情報をより迅速に災害対応機関に提供する情報収集・共有ツールを運用する。また、令和4年度に策定した防災分野における個人情報の取扱いに関する指針について周知を行う。

　　　令和5年度予算額　　　　　　　55百万円
　　　令和4年度予算額　　　　　　　50

(14) 被災者支援に関する総合的対策の推進

　内閣府においては、更なる感染症対策の推進や、感染症の収束後も見据えた避難所の環境改善等について、有識者による検討会の指摘等も踏まえながら、地方公共団体において必要となる被災者支援の取組について調査検討を実施する。

　また、個別避難計画の作成の更なる加速化を目指すとともに、取組が十分に進んでいない市町村を後押しするため、都道府県による市町村への支援体制を整備する。

　さらに、被災者が抱える多様な課題が解消されるよう、一人ひとりの被災者の状況を把握した上で、関係者が連携して、被災者に対するきめ細やかな支援を継続的に実施する取組（災害ケースマネジメント）について、令和4年度に作成した手引き等を活用し、地方公共団体の職員、福祉関係者等の幅広い関係者を対象とした説明会の実施等の周知啓発を進める。

　　　令和5年度予算額　　　　　　　48百万円
　　　令和4年度予算額　　　　　　　57

(15) 総合防災情報システムの整備

　内閣府においては、地震発災直後の被害推計、地理空間情報を活用した防災関係機関の情報共有により政府の初動対応を支援する総合防災情報システムの安定運用を図るため、定期点検及び障害対応等の保守・運用体制を確保する。

　　　令和5年度予算額　　　　　　　240百万円
　　　令和4年度予算額　　　　　　　263

(16) 地域女性活躍推進交付金事業

　内閣府においては、地域における女性の職業生活における活躍推進に資する取組と併せて実施する、地域防災において女性のリーダーシップを推進するための地方公共団体の取組等を支援する。

　　　令和5年度予算額　　　　　275百万円の内数
　　　令和4年度予算額　　　　　300百万円の内数

(17) 地域における男女共同参画促進を支援するためのアドバイザー派遣事業

　内閣府においては、女性視点での災害対応の強化を図るため、災害対応力を強化する女性の視点～男女共同参画の視点からの防災・復興ガイドライン～等の地域における、更なる活用を図る。

　　　令和5年度予算額　　　　　　2百万円の内数

令和4年度予算額　　　　2百万円の内数

(18) 防災分野における女性の参画促進事業

内閣府においては、地方防災会議や災害対応の現場などへの女性の参画拡大を図るため、自治体職員向けの研修を実施し、地域の女性防災リーダーとのネットワークを強化するための意見交換等を行う。

令和5年度予算額　　　　7百万円
令和4年度予算額　　　　7

(19) 大規模災害対策の推進

警察庁においては、大規模災害発生時における広域部隊派遣計画の策定・検討や災害に強い警察情報通信基盤等の整備を進めるとともに、災害発生時には警察用航空機（ヘリコプター）や無人航空機（ドローン）を利用した映像伝送等により現場情報を収集・伝達するなど、災害警備対策の強化を図る。

令和5年度予算額　　　　3,173百万円
令和4年度予算額　　　　3,682

(20) 道路交通情報の充実

警察庁及び国土交通省においては、高度化光ビーコンやETC2.0、交通情報板、道路情報板等を活用し、的確な道路交通情報の収集・提供を推進する。

また、警察庁においては、災害時における効果的な交通規制、避難路の確保等を行うため、都道府県公安委員会が収集する交通情報と民間事業者が保有するプローブ情報を融合して活用・提供するための広域交通管制システムを引き続き運用するなど、災害時の交通情報提供の充実を図る。

さらに、警察庁、総務省及び国土交通省においては、ＶＩＣＳ（道路交通情報通信システム）を活用して提供される道路交通情報の充実に資する取組を推進する。

このほか、国土交通省においては、道路利用者の利便性を向上させるため、豪雨等による事前通行規制区間において実施する規制開始・解除の見通し情報の提供に努める。

令和5年度予算額　　　　249百万円
令和4年度予算額　　　　251

(21) 無線局における災害対策

総務省においては、防災関係機関の無線局の免許、定期検査等に際し、免許人に対して、災害に対する保安対策、予備の無線設備と予備電源の装備や自家発電装置の設置等の停電対策及び非常災害時に備えた訓練の実施を行うよう引き続き指導する。

なお、総務省では、電気通信事業者に対し、災害対応の重要拠点となる市町村役場等をカバーする移動体通信の基地局や固定通信の収容局における予備電源の長時間化について、少なくとも24時間停電対策等を求めている。

(22) 災害情報自動集約ネットワークの維持・運用

総務省においては、災害時等における電気通信設備の大規模な被災や輻輳が発生した場合において、被災状況の即時把握等、国・電気通信事業者間の迅速かつ効率的な情報共有を可能とするための災害情報自動集約ネットワークを運用する。

令和5年度予算額　　　　9百万円
令和4年度予算額　　　　9

(23) 地域防災等のためのG空間情報の利活用推進（Lアラートの高度利用・普及促進等）

総務省においては、地域住民等の具体的な避難行動を促進するため、Lアラート情報をG空間情報と併せて活用しやすいものとするべく調査研究を実施する。

令和5年度予算額　　　　15百万円
令和4年度予算額　　　　55

(24) テレワーク普及展開推進事業

総務省においては、災害時等の事業継続にも有効なテレワークについて、関係者と連携し、テレワーク月間等の普及啓発、専門家による無料相談事業の実施等を通じた企業等への導入支援や地域窓口による全国的な導入支援等を行う。

令和5年度予算額　　　　255百万円
令和4年度予算額　　　　261

(25) 民放ラジオ難聴解消支援事業

総務省においては、ラジオの難聴を解消する

ことにより、平時における国民に密着した情報に加え、災害時における国民に対する生命・財産の確保に必要な情報の提供を確保するため、ラジオの難聴解消のための中継局整備支援を実施する。

| 令和5年度予算額 | 320百万円 |
| 令和4年度予算額 | 300 |

(26) 放送ネットワーク整備支援事業

総務省においては、被災情報や避難情報など、国民の生命・財産の確保に不可欠な情報を確実に提供するため、災害発生時に地域において重要な情報伝達手段となる放送ネットワークの強靱化を実現する。

| 令和5年度予算額 | 66百万円 |
| 令和4年度予算額 | 195 |

(27) 地上基幹放送等に関する耐災害性強化支援事業

総務省においては、大規模な自然災害が発生した場合においても、適切な周波数割当により置局された現用の放送局からの放送を継続させるため、地上基幹放送等の放送局等の耐災害性強化を図る地上基幹放送事業者等に対して整備費用を支援する。

| 令和5年度予算額 | 105百万円 |
| 令和4年度予算額 | 148 |

(28) 地域ICT強靱化事業（本省・地方）

総務省においては、総合通信局等に臨時災害放送局用の送信機等を配備し、平時においては地方公共団体等が行う送信点調査や運用訓練に活用し、災害時においては地方公共団体等に対して貸し出すことにより、災害時における迅速な開設を図る。また、大規模災害時にテレビ放送が途絶しないよう、総合通信局等において可搬型予備送信設備等の運用研修・訓練を行うとともに、地方公共団体や放送事業者が可搬型予備送信設備等を活用できるよう、運用マニュアルの更新等を行う。

| 令和5年度予算額 | 19百万円 |
| 令和4年度予算額 | 19 |

(29)「新たな日常」の定着に向けたケーブルテレビ光化による耐災害性強化事業

総務省においては、災害時に、放送により確

実かつ安定的な情報伝達が確保されるよう、条件不利地域等に該当する地域におけるケーブルテレビネットワークの光化等に要する費用の一部を支援する。

| 令和5年度予算額 | 900百万円 |
| 令和4年度予算額 | 900 |

(30) 応急対策職員派遣制度の運用

総務省においては、平成30年3月から運用している応急対策職員派遣制度に関して、関係地方公共団体等と連携し、円滑に運用するための情報伝達・連携訓練を実施するとともに、甚大な被害が想定される南海トラフ地震等における同制度に係るアクションプランの策定に向けた検討を行う。

| 令和5年度予算額 | 27百万円 |
| 令和4年度予算額 | 27 |

(31) 全国瞬時警報システム（Jアラート）の安定運用

消防庁においては、弾道ミサイル情報や緊急地震速報、津波警報等の緊急情報を住民に瞬時に伝達するシステムであるJアラートについて、情報受信団体における常時良好な受信環境及び安定的な運用を確保するため、同システムの保守・管理を行う。

| 令和5年度予算額 | 368百万円 |
| 令和4年度予算額 | 376 |

(32) 地域防災計画の見直しの推進

消防庁においては、地域防災計画の見直しを推進するため、地域の実情に即した具体的かつ実践的な計画になるよう、地方公共団体に対し要請・助言等を行う。また、地域防災計画データベースの運用により、地方公共団体間の計画内容の比較・検証を通じたより適切な計画への見直しを支援し、防災体制の充実を推進する。

(33) 緊急消防援助隊派遣体制の整備

消防庁においては、緊急消防援助隊の迅速・安全な出動及びより効果的な部隊運用を図るため、地域ブロック合同訓練の実施、またヘリコプター動態管理システム及び動態情報システムの保守管理を行う。

| 令和5年度予算額 | 239百万円 |
| 令和4年度予算額 | 380 |

(34) 緊急消防援助隊の機能強化

消防庁においては、近年、激甚化・頻発化する土砂・風水害、南海トラフ地震を始めとする切迫する大地震など、大規模な自然災害やNBC災害に備えるとともに、緊急消防援助隊の充実と即応体制の強化を図るため、「消防組織法」（昭和22年法律第226号）第50条に基づく国有財産等の無償使用制度を活用して、必要な車両及び資機材を整備する。

令和5年度予算額	0百万円
令和4年度予算額	0

(35) 消防団を中核とした地域防災力の充実強化

消防庁においては、地方公共団体による女性や若者等の入団を促進するために地域の企業や大学等と連携して消防団員を確保する取組の支援、地域防災力充実強化大会の開催、装備・教育訓練の充実強化、自主防災組織の活性化の推進等により、消防団等の充実強化を図る。

令和5年度予算額	754百万円
令和4年度予算額	740

(36) 救急業務の充実強化

消防庁においては、高齢化の進展等を背景とする救急需要の増大に対応し救命率を向上させるため、救急車の適正利用の推進や、救急業務の円滑な実施と質の向上など、救急業務を取り巻く諸課題への対応策について検討を行う。

令和5年度予算額	63百万円
令和4年度予算額	145

(37) 救助技術の高度化の推進

消防庁においては、複雑・多様化する消防の救助活動における課題を克服し、救助技術の高度化を図るため、救助技術の高度化等検討会、全国消防救助シンポジウムを開催し、救助隊員の救助技術・知識の向上を図る。

令和5年度予算額	16百万円
令和4年度予算額	15

(38) 市町村の消防の広域化及び消防の連携・協力の推進

消防庁においては、消防の広域化及び消防の連携・協力の取組を促進するため所要の地方財政措置を講じるとともに、「消防用車両出動シ

ミュレーションシステム」の実用化に向けた改修や「消防広域化推進アドバイザー」の派遣等を行う。

令和5年度予算額	18百万円
令和4年度予算額	26

(39) 消防職団員の惨事ストレス対策

消防庁においては、消防職団員の惨事ストレス対策の充実強化を図るため、緊急時メンタルサポートチーム登録者のスキルアップや増員等に係る取組を行うほか、消防本部等における惨事ストレス対策の取組について、支援を行う。

令和5年度予算額	2百万円
令和4年度予算額	2

(40) 災害応急対応に係る業務継続体制の確立

消防庁においては、首都直下地震時等において本庁舎が被災した場合であっても、全国の被害情報の収集や緊急消防援助隊の出動指示等の災害応急対応業務を迅速かつ的確に実施するため、代替拠点における必要な設備・資機材等の整備を行う。

令和5年度予算額	7百万円
令和4年度予算額	7

(41) 地方公共団体等における災害対応能力の強化

消防庁においては、地方公共団体等における災害対応能力を強化するため、市町村長の災害危機管理対応力の向上を図ることを目的とした研修、市町村の業務継続計画（BCP）及び受援計画の策定支援や大規模災害時に首長を支援する「災害マネジメント総括支援員」等を対象とする研修、小規模市町村向けの初動対応訓練を支援するためのモデル事業、インターネットを活用して防災教育を行う防災・危機管理e-カレッジのコンテンツの更新等を行う。

令和5年度予算額	45百万円
令和4年度予算額	37

(42) ドローンの活用推進

消防庁においては、災害時に各消防本部がドローンを安全かつ効果的に活用できるよう、消防職員を対象としたドローン運用アドバイザー育成研修と、アドバイザー派遣による人材育成を推進する。また、消防本部が水中ドローンを

調達する費用について、地方財政措置を講じる。

令和5年度予算額	7百万円
令和4年度予算額	7

（43）消防共有サイトシステムの運用・保守

消防庁の施策に係る情報をはじめ、各消防本部・消防学校等が実施している独自性に富む様々な取組や情報等について、双方向かつ横断的な収集・蓄積により相互共有を図り、それぞれの団体等において自由にデータを活用できる専用サイト「消防共有サイト」の安定的な稼働体制を確保する。

令和5年度予算額	10百万円

（44）法務省における災害時の対処能力の維持

法務省においては、災害が発生し、庁舎・収容施設等が被災した場合に、法務省の業務を継続し、治安上の問題が生じないようにするため、庁舎・収容施設における防災・保安警備等の対処能力の維持を図る。

令和5年度予算額	7百万円
令和4年度予算額	25

（45）法務省における大規模災害発生直後から必要不可欠な行政機能の確保

法務省においては、矯正施設からの被収容者の逃亡による治安の悪化を防止するため、矯正施設の監視カメラ等の総合警備システム、デジタル無線機、非常用食料の更新整備及び特別機動警備隊の野営活動訓練等を実施する。

令和5年度予算額	190百万円
令和4年度予算額	190

（46）文教施設の防災対策の強化・推進

文部科学省においては、児童生徒等の安全の確保等のため、水害対策や非構造部材の耐震対策を進めるとともに、学校施設の防災機能の強化に関する検討や、応急危険度判定技術者の養成等、総合的・計画的な防災対策を強化・推進する。

令和5年度予算額	11百万円
令和4年度予算額	11

（47）災害拠点病院等の活動支援

厚生労働省においては、以下の補助を行う。

・国が又は国が地方公共団体と連携して行う防災訓練等に参加・協力する災害拠点病院等の訓練参加費用
・災害時に被災地へ派遣された災害派遣医療チーム（DMAT）及び災害派遣精神医療チーム（DPAT）先遣隊の活動費

令和5年度予算額	12百万円
令和4年度予算額	12

（48）災害福祉支援ネットワーク構築推進等事業

厚生労働省においては、災害時において災害時要配慮者（高齢者・障害者等支援が必要な方々）に対し緊急的に対応を行えるよう、民間事業者、団体等の福祉支援ネットワークを構築する事業に対する補助を行う。

令和5年度予算額	39,577百万円の内数
令和4年度予算額	38,621百万円の内数

（49）災害派遣医療チーム（DMAT）体制整備

厚生労働省においては、以下の事業を実施する。

・医師、看護師等に対し、DMAT隊員養成研修の実施
・DMATを統轄し、DMAT隊員の技能継続研修等を行うDMAT事務局の運営
・災害時に被災地の医療機関に係る被害状況を把握し、迅速かつ的確な医療の確保を図るため、災害医療の専門家が速やかに被災地に入るヘリコプター運営

令和5年度予算額	802百万円
令和4年度予算額	802

（50）予防接種法に基づく定期接種の実施

厚生労働省においては、災害時における感染症の発生及びまん延防止のため、平時から市町村において「予防接種法」（昭和23年法律第68号）に基づく定期接種が着実に実施されるように取り組む。

（51）災害派遣精神医療チーム（DPAT）事務局体制整備

厚生労働省においては、DPATの活動能力保持のため、都道府県等及びDPAT構成員に対する研修や技術的支援等を行うDPAT事務

局の運営について委託する。

　　令和 5 年度予算額　　　　　　 61 百万円
　　令和 4 年度予算額　　　　　　 57

（52）災害派遣精神医療チーム（DPAT）体制整備

　厚生労働省においては、DPATを整備するための構成員に対する専門的対応技術等の研修の実施について補助する。

　　令和 5 年度予算額　　　　　　 24 百万円
　　令和 4 年度予算額　　　　　　 28

（53）在宅医療の災害時における医療提供体制強化支援

　厚生労働省においては、災害時における在宅医療提供体制の充実強化のため、在宅医療提供機関を対象とした事業継続計画（BCP）策定支援研修を実施する。

　　令和 5 年度予算額　　　　　　 15 百万円
　　令和 4 年度予算額　　　　　　 15

（54）独立行政法人国立病院機構における災害医療体制整備

　独立行政法人国立病院機構においては、災害時の医療を確実に実施するため、初動医療班の派遣体制の整備等を行う。

　省庁及び関係民間団体等と連携して検討を進めるなど、連携体制の構築を進める。

（55）山村地域の防災・減災対策

　農林水産省においては、山地災害による被害を軽減するため、治山施設の設置等のハード対策と併せて、地域における避難体制の整備等の取組と連携して、山地災害危険地区の位置情報を住民に提供する等のソフト対策を推進する。

　　令和 5 年度予算額　　　 7,225 百万円の内数
　　令和 4 年度予算額　　　 7,510 百万円の内数

（56）防災情報ネットワークの整備

　農林水産省においては、国営造成土地改良施設や農業用ため池の被災や地域の被災を未然に防止するため、防災上重要な水位等の観測データや災害時の緊急点検状況、被害状況をリアルタイムで行政機関、施設管理者等が共有できるシステム等の整備、保守運用を行う。

　　令和 5 年度予算額　　　　 1,424 百万円

　　令和 4 年度予算額　　　　 1,397

（57）中小企業に対する事業継続力強化計画等の策定や実行に関する支援

　経済産業省においては、中小企業に対して、事業継続力強化計画等の自然災害等のリスクに備えるための計画の策定を支援する。

　　令和 5 年度予算額　　　 18,345 百万円の内数
　　令和 4 年度予算額　　　 17,592 百万円の内数

　株式会社日本政策金融公庫においては、中小企業が自ら策定した事業継続計画や、経済産業大臣が認定した事業継続力強化計画等に基づき、防災に資する設備等の整備を行う者に対し、融資を行う。

（58）石油備蓄事業補給金

　経済産業省においては、石油精製業者等が所有するタンクを借上げ、経費相当額を補給金として支払い、ガソリン・軽油等の製品形態での国家石油備蓄を効率的に維持・管理する。

　　令和 5 年度予算額　　　 26,280 百万円の内数
　　令和 4 年度予算額　　　 26,200 百万円の内数

（59）災害時に備えた社会的重要インフラへの自衛的な燃料備蓄の推進事業費補助金

　経済産業省においては、需要家側への燃料備蓄を促進し、災害時のエネルギー供給の安定化を図るため、避難所、多数の避難者が生じる施設等にLPガスタンクや石油製品タンク等を設置するために必要な経費の一部等を支援する。

　　令和 5 年度予算額　　　　 4,275 百万円
　　令和 4 年度予算額　　　　 3,750

（60）災害時に備えた地域におけるエネルギー供給拠点の整備事業費

　経済産業省においては、災害時の石油製品の安定供給体制を確保するため、SSの地下タンクの大型化に伴う入換、災害時に緊急車両等への優先給油を行う中核SSにおける自家発電設備の入換、SSの災害対応能力強化のための研修・訓練等に係る費用について支援する。

　　令和 5 年度予算額　　　　　 665 百万円
　　令和 4 年度予算額　　　　　 672

（61）石油ガス地域防災対応体制整備事業

　経済産業省においては、災害時におけるLP

ガスの安定供給確保のため、中核充填所の新設・機能拡充や、災害時石油ガス供給連携計画を確実に実施していくための訓練に係る取組を支援する。

> 令和5年度予算額　　　　　800百万円の内数
> 令和4年度予算額　　　　　715百万円の内数

(62) 石油コンビナートの生産性向上及び強靭化推進事業

経済産業省においては、特別警報級の大雨・高潮等を想定した製油所の排水設備の増強など、製油所等のレジリエンス強化を図るための企業の取組を支援する。

> 令和5年度予算額　　　　6,600百万円の内数
> 令和4年度予算額　　　　7,500百万円の内数

(63) クリーンエネルギー自動車導入促進補助金
クリーンエネルギー自動車の普及促進に向けた充電・充てんインフラ等導入促進補助金

経済産業省においては、災害時に避難所や老人福祉施設等に電力の供給が可能な電気自動車や燃料電池自動車等の導入やインフラ整備を促進する。

> 令和5年度予算額　　　　20,000百万円の内数
> （クリーンエネルギー自動車導入促進補助金）
> 　　　　　　　　　　　10,000百万円の内数
> （クリーンエネルギー自動車の普及促進に向けた充電・充てんインフラ等導入促進補助金）
> 令和4年度予算額　　　　14,000百万円の内数
> （クリーンエネルギー自動車導入促進補助金）

(64) 地籍整備の推進

国土交通省においては、引き続き、事前防災や災害後の迅速な復旧・復興等に貢献する地籍調査を推進するとともに、「防災・減災、国土強靱化のための5か年加速化対策」に基づき、土砂災害特別警戒区域等における地籍調査の実施を重点的に支援する。

> 令和5年度予算額　　　　5,445百万円
> 　※この他に防災・安全交付金の内数
> 令和4年度予算額　　　　5,870
> 　※この他に防災・安全交付金及び社会資本整備総合交付金の内数

(65) 緊急災害対策派遣隊（ＴＥＣ－ＦＯＲＣＥ）による大規模災害時の対応体制の強化

国土交通省においては、大規模自然災害に際して、全国の地方整備局等の職員により組織する緊急災害対策派遣隊（ＴＥＣ－ＦＯＲＣＥ）により被災状況の把握や被害拡大防止に関する被災地方公共団体等の支援を行うとともに、被災地の早期復旧のための技術的支援を迅速に実施する体制の強化を推進する。

(66) 土地分類基本調査の実施

国土交通省においては、土地の改変が進み不明確となっている土地本来の自然条件や改変状況等の情報を整備した上で、それを災害履歴等と組み合わせてわかりやすく提供する土地履歴調査を、国が実施する土地分類基本調査として実施する。

> 令和5年度予算額　　　　47百万円
> 令和4年度予算額　　　　41

(67) 平常時・災害時を問わない安全かつ円滑な物流等の確保

国土交通省においては、平常時・災害時を問わない安定的な輸送を確保するため、国土交通大臣が物流上重要な道路輸送網を「重要物流道路」として指定し、機能強化や重点支援を実施する。災害時においては、迅速な救急救命活動や緊急支援物資の輸送などを支えるため、地方管理道路の災害復旧等を国等が代行できる制度を活用し道路啓開や災害復旧の迅速化を図る。

(68) 災害に強い物流システムの構築

国土交通省においては、物流施設の災害対応能力の強化を図り、災害時等に必要な物資を確実・迅速に届けるため、営業倉庫等の物流施設に対して、非常用電源設備を導入する場合において、その費用の一部を支援するとともに、災害時を想定した支援物資物流の訓練を実施する。

> 令和5年度予算額　　　　25百万円
> 令和4年度予算額　　　　11

(69) 被災宅地危険度判定制度の整備

国土交通省においては、大地震等による宅地被害の発生状況を迅速かつ的確に把握し、二次

災害の防止・軽減や早期復旧に資する被災宅地危険度判定について、引き続き、都道府県等と連携し、実施体制の整備を支援する。

(70) 災害時の緊急情報収集・支援体制の充実強化

国土交通省においては、災害発生時に被害の早期把握及び被災地方公共団体等への支援を的確かつ円滑に行うため、必要となる資機材の維持・整備や、プッシュ型で支援できる人材の育成等、防災体制・機能の充実強化を図る。

令和5年度予算額	28百万円
令和4年度予算額	25

(71) 災害時における自転車の活用の推進

国土交通省においては、「自転車活用推進法」（平成28年法律第113号）により定められる「自転車活用推進計画」（令和3年5月28日閣議決定）に基づき、被災状況の把握や住民の避難等、災害時における自転車の活用の推進に関する課題や有用性について検討する。

(72) 抜本的かつ総合的な防災・減災対策の推進

国土交通省においては、近年の気候変動の影響により激甚化・頻発化する水災害や切迫する大規模地震など、あらゆる自然災害から国民のいのちとくらしを守るため、「国土交通省防災・減災対策本部」において令和4年6月に取りまとめた「令和4年度　総力戦で挑む防災・減災プロジェクト」に基づいて総力を挙げて防災・減災対策を推進するとともに、災害対応等を踏まえ、プロジェクトについて不断の見直しや改善を行い、防災・減災に関する取組の更なる充実・強化を図る。

(73) 海上輸送を活用した災害廃棄物の広域処理における港湾での円滑な対応

国土交通省においては、南海トラフ地震等の大規模災害で大量に発生する災害廃棄物の処理に備え、海面処分場の有効活用や広域な土地を有する港湾を災害廃棄物の仮置場としての利用、港湾を拠点として海上輸送による広域輸送が可能であることを踏まえ、引き続き関係省庁及び関係民間団体等と連携して検討を進めるなど、連携体制の構築を進める。

(74) 災害時における被災地域の道路交通機能の確保

国土交通省においては、昨今の災害時交通マネジメントの事例も踏まえ、地域防災計画へ位置付けることで、災害発生時に速やかに実施体制に移行できるよう、全国各地で行政、学識経験者、交通事業者、経済団体等からなる体制の事前構築を推進する。

(75) 港湾における災害情報収集等に関する対策の推進

国土交通省においては、衛星やドローン、カメラ等を活用して、港湾における災害関連情報の収集・集積を高度化し、災害発生時における迅速な港湾機能の復旧等を可能とする体制を構築する。

令和5年度予算額	244,403百万円の内数
令和4年度予算額	243,903百万円の内数

(76) 空港BCPの実効性の強化

国土交通省においては、自然災害発生後、救急・救命活動や緊急物資輸送の拠点となる空港の機能をできるだけ速やかに確保するため、空港全体としての機能保持及び早期復旧に向けた目標時間や関係機関の役割分担等を明確化した空港BCP（A2（Advanced/Airport）－BCP）に基づいて対応する。また、訓練や定期監査などを実施し、必要に応じて空港BCPの見直しを行うなど、実効性の強化を図る。

(77) 電子国土基本図と防災地理情報による防災対策の推進

国土地理院においては、防災対策や災害時の応急活動の支援のため、平時から国土の変化に応じた電子国土基本図の更新や火山周辺の地形等を詳細に表した火山基本図、土地の成り立ちや自然災害リスクの把握に役立つ地形分類情報等の防災地理情報の整備・更新を行う。

令和5年度予算額	1,319百万円の内数
令和4年度予算額	1,264百万円の内数

(78) 防災地理情報による防災教育支援の推進

国土地理院においては、洪水等の自然災害リスクの把握に役立つ地形分類情報や適切な避難行動に資する指定緊急避難場所データ等の防災地理情報を活用し、地域防災力向上のための防

災教育支援を行う。

    令和5年度予算額   102百万円の内数
    令和4年度予算額   57百万円の内数

(79) 災害発生時における浸水推定図等の作成

国土地理院においては、災害発生時における孤立者救助や洪水時の排水作業等の応急活動の迅速・効率化に資するため、被災状況に応じて、浸水推定図等の災害状況を表した図の作成を行う。

(80) 訪日外国人旅行者への災害発生時における情報提供

観光庁においては、訪日外国人旅行者向け災害時情報提供アプリ「Safety tips」について、普及促進に取組むとともに、様々な場面における訪日外国人旅行者の情報入手手段の多重化を推進する。

(81) 災害時における踏切道の的確な管理の推進

国土交通省においては、災害時の円滑な避難や緊急輸送を確保するため、「踏切道改良促進法」(昭和36年法律第195号)に基づき、災害時の管理の方法を定めるべき踏切道を指定し、鉄道事業者・道路管理者の連携による災害時の踏切優先開放等の措置の実施を促進する。

(82) 地域建設業の災害対応力・生産性向上の促進

国土交通省においては、地域建設業の災害対応力・生産性向上の促進を図るため、災害対応時における地域建設業の課題やニーズ等について実態調査や課題抽出を行うとともに、効率的・効果的な対応策の検討を実施する。

    令和5年度予算額   23百万円

(83) 気象庁による地域防災支援

気象庁においては、次の事業を実施する。

・地方公共団体への支援

全国各地の気象台が、平時から地方公共団体に対し防災気象情報の利活用の促進を行うとともに、災害時には、首長等へのホットラインの実施、TEC-FORCEの一員として活動するJETT(気象庁防災対応支援チーム)の派遣等により、地方公共団体の防災対応の支援を行う。

・気象防災アドバイザーの拡充

地方公共団体が行う平時における防災知識の普及や、災害時における避難情報の発令判断等を支援するため、気象・防災に関する専門的な知見を活かして地方公共団体で活動する気象防災アドバイザーの拡充を実施する。

   〔令和5年度予算額   12百万円〕
   〔令和4年度予算額   21〕
   (注)〔 〕書きは、第2章1-2(23)に計上したものの内数である。

(84) 予報、警報その他の情報の発表及び伝達

気象庁においては、台風や線状降水帯等による集中豪雨、豪雪等の自然現象による災害の防止・軽減を図るため、適時適切な予報、警報及び大雨警報・洪水警報の危険度分布等の防災気象情報を発表するとともに、防災関係機関等に伝達することで、避難指示等の判断等、地方公共団体等が行う災害応急対策や、国民の自主的防災行動に資する。また、各種天気図や波浪、海流及び海氷の実況・予想図等について気象無線模写通報(無線ファクシミリ放送)等による提供を行う。

(85) 走錨事故防止対策の推進

海上保安庁においては、臨海部に立地する施設の周辺海域における錨泊制限や令和3年に改正された「海上交通安全法」(昭和47年法律第115号)等による措置として、船舶に対し湾外等の安全な海域への避難の勧告等を実施するとともに海域監視体制の強化を図るなど走錨事故防止対策を推進する。

    令和5年度予算額   57百万円
    令和4年度予算額   710

(86) 万全な災害廃棄物処理体制の構築

環境省においては、平時から災害時における生活ごみやし尿に加え、災害廃棄物の処理を適正かつ円滑・迅速に実施するため、国、地方公共団体、研究・専門機関、民間事業者等の連携を促進するなど、引き続き、地方公共団体レベル、地域ブロックレベル、全国レベルで重層的に廃棄物処理システムの強靱化を進めるとともに、新たに必要な連携方策の検討等を進める。

    令和5年度予算額   333百万円

令和4年度予算額　　　　　　　305

(87) 災害を想定したペットの適正飼養及び支援体制等強化推進

環境省においては、これまでに作成した「人とペットの災害対策ガイドライン」等を活用し、市町村等の地方自治体と一般の家庭動物の飼い主に対してペットの災害対策を普及しつつ、都道府県等や関係民間団体と連携した災害対応訓練を実施する。

令和5年度予算額　　　　　5百万円
令和4年度予算額　　　　　5

(88) 浄化槽リノベーション推進事業費

環境省においては、浄化槽の長寿命化計画策定による計画的・効率的な更新、修繕等を実施するとともに、浄化槽台帳システムの普及による管理の高度化の検討を実施することで、国土強靱化及び災害対応力の強化を図る。

令和5年度予算額　　　　15百万円
令和4年度予算額　　　　15

(89) 気候変動による災害激甚化に係る適応の強化

環境省においては、気候変動を踏まえた将来の気象災害の影響を分析するとともに、気候変動を考慮した感染症・気象災害に対する強靱性強化に関するマニュアル整備等を実施する。

令和5年度予算額　　　　97百万円
令和4年度予算額　　　　97

(90) 生態系を活用した防災・減災（Eco−DRR）の推進

環境省においては、生態系を活用した防災・減災（Eco−DRR）の推進のため、令和4年度に公表した生態系保全・再生ポテンシャルマップの作成・活用方法の手引きと全国規模のベースマップを基に自治体等に対する計画策定や取組への技術的な支援を進める。

令和5年度予算額　　　　34百万円
令和4年度予算額　　　　67

(91) 災害対処能力の向上経費

防衛省においては、災害対処拠点となる駐屯地・基地等の機能維持・強化のための耐震改修等を促進するなど各種災害への対処能力の向上

を図る。

令和5年度予算額　　　317,166百万円
令和4年度予算額　　　235,536

(92) 防災ＤＸの推進

デジタル庁においては、関係府省庁と連携し、防災アーキテクチャを検討の上、データ連携基盤の構築に向けた取組を行う。また、位置情報やマイナンバーカード等を活用した優れたアプリやサービスについて、サービスカタログなどの形で整理し、デジタルマーケットプレイスにつながるよう実証事業などの取組を行う。

2 地震災害対策

2-1 教育訓練

（1）緊急地震速報の訓練

内閣府、消防庁及び気象庁においては、国民が緊急地震速報を見聞きしたときに、慌てずに身を守る行動ができるよう、関係機関と連携して、全国的な訓練を実施し、国民に積極的な参加を呼びかける。

（2）警察庁における教育訓練

警察庁においては、都道府県警察の幹部に対して地震災害発生時の災害応急対策等についての教育訓練を行う。また、都道府県警察に対して地震災害対策上必要な教育訓練の実施を指示する。

さらに、災害時に運転者が採るべき措置について、交通の方法に関する教則等を用いた普及啓発を図るよう指導する。

（3）消防庁における震災対策訓練

消防庁においては、政府の総合防災訓練、図上訓練等に参加するとともに、大規模地震災害発生時における消防庁災害対策本部の機能強化を図るための地震・津波対応図上訓練や参集訓練を実施する。

（4）地震・津波対策訓練

国土交通省においては、9月1日の「防災の日」に際して国土交通省地震防災訓練を実施するとともに、11月5日の「津波防災の日」に際して、地震による大規模津波の被害軽減を目

指すとともに津波に対する知識の普及・啓発を図ることを目的として、大規模津波防災総合訓練を実施する。

（5）津波警報等の伝達訓練等

気象庁においては、津波警報等の発表の迅速化を図るための訓練を全国中枢（本庁・大阪）にて行うとともに、地方公共団体等が行う訓練にも積極的に参加協力する。さらに、南海トラフ地震臨時情報等に係る業務の訓練を実施する。

（6）海上保安庁における震災対応訓練等

海上保安庁においては、地震・津波災害対応に従事する職員を対象とした災害発生時の対応に係る教育、関係機関と連携した地震・津波災害対応訓練等を実施する（後掲　第2章3-1（2））。

令和5年度予算額	4百万円
令和4年度予算額	4

（1）広域防災拠点の維持管理

内閣府においては、首都直下地震等により広域的な災害が発生した場合の災害応急対策活動の拠点となる、立川災害対策本部予備施設及び東京湾臨海部基幹的広域防災拠点（有明の丘地区及び東扇島地区）の維持管理を行う（後掲第2章3-2（1））。

令和5年度予算額	82百万円
令和4年度予算額	91

（2）公共施設等耐震化事業の推進

総務省及び消防庁においては、地震等の大規模災害発生時の被害を軽減し、住民の安全を確保できるよう、公共施設等耐震化事業として地方財政措置を講じることにより、地方公共団体が行う災害対策拠点となる公共施設等や地域防災計画上の避難所とされている公共施設等の耐震化を推進する。

（3）地震防災機能を発揮するために必要な合同庁舎の整備

財務省及び国土交通省においては、地域の地震防災活動の拠点としての役割を担っている国の庁舎の耐震化の状況が十分とは言えないことを踏まえ、地震防災機能を発揮するために必要な合同庁舎の整備を実施する。

令和5年度予算額	481百万円
令和4年度予算額	3,103

（4）国立大学等施設の整備

文部科学省においては、地震による建物への被害等を防止し、学生等の安全を確保するため、国立大学等施設の老朽化対策及び防災機能の強化等への支援を行う（後掲　第4章2-3（1））。

令和5年度予算額	36,265百万円の内数
令和4年度予算額	36,320百万円の内数

（5）公立学校施設の整備

文部科学省においては、児童生徒等の学習・生活の場であるとともに、災害時には地域住民の避難所としての役割も果たす公立学校施設について、安全・安心かつ快適な環境を確保するため、非構造部材の耐震対策を含めた老朽化対策及び防災機能の強化等への支援を行う。

令和5年度予算額	73,718百万円の内数
（内閣府で計上している沖縄分を含む）	
令和4年度予算額	73,835百万円の内数
（内閣府で計上している沖縄分を含む）	

（6）私立学校施設の整備

文部科学省においては、大規模災害時における幼児児童生徒及び学生の安全確保を図る観点から、学校施設の耐震化や防災機能強化を促進するため、校舎等の耐震改築（建替え）事業、耐震補強事業及び防災機能強化のための整備等を支援する。

令和5年度予算額	4,022百万円
令和4年度予算額	4,451

（7）社会体育施設の整備

文部科学省においては、地域のスポーツ活動の場であるとともに、災害時には避難所としての役割を果たす社会体育施設について、耐震性が確保されていないと判断された施設の耐震化等について国庫補助を行う。

〔令和5年度予算額	32,396百万円の内数
（内閣府で計上している沖縄分を含む）〕	
〔令和4年度予算額	31,153百万円の内数

（内閣府で計上している沖縄分を含む）〕

(注)〔 〕書きは、第2章2-2（5）に計上したものの内数である。

（8）医療施設の耐震化
　厚生労働省においては、政策医療を担う病院が行う耐震診断に対する補助を行う。

令和5年度予算額	3百万円
令和4年度予算額	13百万円

（9）水道施設の耐震化等
　厚生労働省においては、災害時においても安全で良質な水道水を安定的に供給するための水道施設や、疾病の予防・治療等の拠点となる保健衛生施設等について、地方公共団体等が実施する耐震化等を推進する。

令和5年度予算額	20,154百万円
令和4年度予算額	21,804

（10）独立行政法人国立病院機構の施設整備
　独立行政法人国立病院機構においては、老朽建物の建替え等に取り組み、耐震性の向上を図る。

（11）治山事業の推進
　農林水産省においては、地震による山地災害を防止し、これによる被害を最小限にとどめるため、地震等による山地災害の発生の危険性が高い地区における治山施設の整備等を重点的に実施する（後掲　第2章4-2（1）、5-2（2）、6-2（3）、第3章2）。

令和5年度予算額	62,291百万円の内数
※この他に農山漁村地域整備交付金の内数	
令和4年度予算額	62,027百万円の内数
※この他に農山漁村地域整備交付金の内数	

（12）漁港漁村の防災対策施設の整備
　（再掲　第2章1-2（16））
　（後掲　第2章3-2（3））

（13）海岸保全施設の整備
　農林水産省及び国土交通省においては、地震対策として、大規模地震の発生が危惧される地域等における海岸保全施設の整備を推進する（後掲　第2章3-2（4）、4-2（2）、第3章5）。

令和5年度予算額	40,297百万円の内数
※この他に農山漁村地域整備交付金、防災・安全交付金及び社会資本整備総合交付金の内数	
令和4年度予算額	40,379百万円の内数
※この他に農山漁村地域整備交付金、防災・安全交付金及び社会資本整備総合交付金の内数	

（14）農業水利施設の耐震化等
　農林水産省においては、地震対策として、大規模地震の発生が危惧される地域等における農業水利施設の耐震化等を推進する。

令和5年度予算額	254,372百万円の内数
※この他に農山漁村地域整備交付金の内数	
令和4年度予算額	251,645百万円の内数
※この他に農山漁村地域整備交付金の内数	

（15）官庁施設の耐震化等の推進
　国土交通省においては、所要の耐震性能を満たしていない官庁施設について、人命の安全の確保及び防災機能の強化と災害に強い地域づくりを支援するため、耐震化を推進する。
　あわせて、大規模空間を有する官庁施設の天井耐震対策、災害応急対策活動に必要となる官庁施設の電力の確保等を推進する。

令和5年度予算額	17,320百万円の内数
令和4年度予算額	17,556百万円の内数

（16）建設機械の整備
　国土交通省においては、土砂災害等の応急復旧作業等に必要な機械を整備する。

令和5年度予算額	851,796百万円の内数
※この他に防災・安全交付金の内数及びデジタル庁一括計上分	
令和4年度予算額	848,413百万円の内数
※この他に防災・安全交付金の内数及びデジタル庁一括計上分	

（17）盛土による災害の防止
　国土交通省、農林水産省及び林野庁においては、都道府県等が行う「宅地造成及び特定盛土等規制法」に基づく早期の規制区域指定等のための基礎調査の実施や危険な盛土の安全性把握のための詳細調査及び盛土の撤去や擁壁設置等の対策を支援し、環境省においては、都道府県

等が行う産業廃棄物の不法投棄等の可能性がある盛土に対する詳細調査及び支障除去等事業を支援する（後掲　第2章4-2（4））。

　　令和5年度予算額
　　　防災・安全交付金の内数
　　　農山漁村地域整備交付金の内数
　　　産業廃棄物不法投棄等原状回復措置推進費補助金の内数
　　令和4年度予算額
　　　防災・安全交付金の内数
　　　農山漁村地域整備交付金の内数
　　　産業廃棄物適正処理推進基金の内数

（18）地震災害に強いまちづくりの推進

　国土交通省においては、地震災害に対する都市の防災性向上のための根幹的な公共施設等の整備として、次の事業を実施する。

・避難地、避難路、帰宅支援場所及び防災活動拠点となる都市公園の整備
　　令和5年度予算額　　　　32,386百万円の内数
　　　※この他に防災・安全交付金及び社会資本整備総合交付金の内数
　　令和4年度予算額　　　　31,971百万円の内数
　　　※この他に防災・安全交付金及び社会資本整備総合交付金の内数
・避難路として活用される道路等における街路事業の実施
　　令和5年度予算額　　　2,118,262百万円の内数
　　　※この他に防災・安全交付金及び社会資本整備総合交付金の内数
　　令和4年度予算額　　　2,110,940百万円の内数
　　　※この他に防災・安全交付金及び社会資本整備総合交付金の内数
・避難地・避難路の整備を都市の防災構造化と併せて行う土地区画整理事業の実施
　　令和5年度予算額
　　　防災・安全交付金及び社会資本整備総合交付金の内数
　　令和4年度予算額
　　　防災・安全交付金及び社会資本整備総合交付金の内数
・避難地として活用される都市公園予定地等の取得を行う地方公共団体に対する都市開発資金の貸付
　　令和5年度予算額　　　　　492百万円の内数
　　令和4年度予算額　　　　1,463百万円の内数

　また、地震災害に強い都市構造の推進として、次の事業を実施する。
・密集市街地を始めとする防災上危険な市街地における都市防災総合推進事業の実施
　　令和5年度予算額
　　　防災・安全交付金の内数
　　令和4年度予算額
　　　防災・安全交付金の内数
・三大都市圏の密集市街地の改善整備及び避難路として活用される道路の整備等による防災性の向上に資する都市再生区画整理事業の実施
　　令和5年度予算額
　　　防災・安全交付金及び社会資本整備総合交付金の内数
　　令和4年度予算額
　　　防災・安全交付金及び社会資本整備総合交付金の内数
・防災上危険な密集市街地等における市街地再開発事業等の実施
　　令和5年度予算額　　　　10,146百万円の内数
　　　※この他に防災・安全交付金及び社会資本整備総合交付金の内数
　　令和4年度予算額　　　　9,894百万円の内数
　　　※この他に防災・安全交付金及び社会資本整備総合交付金の内数
・都市構造再編集中支援事業等を活用した災害弱者施設（病院、老人デイサービスセンター等）の移転や耐震性貯水槽、備蓄倉庫、避難空間等の整備の実施
　　令和5年度予算額　　　　70,000百万円の内数
　　　※この他に社会資本整備総合交付金の内数
　　令和4年度予算額　　　　70,000百万円の内数
　　　※この他に社会資本整備総合交付金の内数
・事前復興まちづくり計画等に基づき行われる、防災拠点の形成に必要なインフラ整備の実施
　　令和5年度予算額
　　　防災・安全交付金の内数
・都市機能が集積する地域における災害時の滞在者等の安全を確保する都市安全確保促進事業の実施
　　令和5年度予算額　　　　　　　76百万円
　　令和4年度予算額　　　　　　　80
・地下街の防災対策のための計画の策定や、同計画に基づく避難通路や地下街設備の改修等

を支援する地下街防災推進事業の実施

令和5年度予算額　　　　　　51百万円

令和4年度予算額　　　　　　270

・密集市街地等における延焼防止の促進のため、密集市街地等における空き地等の延焼防止効果を向上するための緑化を支援

令和5年度予算額　　　　329百万円の内数

　※この他に防災・安全交付金及び社会資本整備総合交付金の内数

令和4年度予算額　　　　250百万円の内数

　※この他に防災・安全交付金及び社会資本整備総合交付金の内数

・都市機能が集積した拠点地区において、災害時にエネルギーの安定供給が確保される業務継続地区の構築を支援する。

令和5年度予算額　　13,000百万円の内数

令和4年度予算額　　13,000百万円の内数

・災害時に都市の機能を維持するための拠点市街地の整備の実施

令和5年度予算額

　防災・安全交付金の内数

令和4年度予算額

　防災・安全交付金の内数

・都市・地域交通戦略推進事業を活用した、多くの人々が集まる駅・駅前広場と周辺地区等における防災力に資する整備の実施

令和5年度予算額　　　1,000百万円の内数

　※この他に防災・安全交付金及び社会資本整備総合交付金の内数

(19) 下水道における震災対策

　国土交通省においては、地震時においても下水道が果たすべき役割を確保するため、重要な下水道施設の耐震化・耐津波化を図る「防災」と被災を想定して被害の最小化を図る「減災」を組み合わせた総合的な地震対策を推進する。

令和5年度予算額

　防災・安全交付金及び社会資本整備総合交付金の内数

令和4年度予算額

　防災・安全交付金及び社会資本整備総合交付金の内数

(20) 河川の耐震・液状化対策

　国土交通省においては、地震による液状化等により、多くの堤防が被災したことを踏まえ、

堤防・水門等の耐震・液状化対策を推進し、被害の防止・軽減を図る。

令和5年度予算額　　851,796百万円の内数

　※この他に防災・安全交付金の内数及びデジタル庁一括計上分

令和4年度予算額　　848,413百万円の内数

　※この他に防災・安全交付金の内数及びデジタル庁一括計上分

(21) 土砂災害による災害の防止

　国土交通省においては、地震により土砂災害が発生した場合、防災拠点、重要交通網、避難路等への影響や、孤立集落の発生等が想定される土砂災害警戒区域等について、土砂災害防止施設の整備を推進する。

令和5年度予算額　　851,796百万円の内数

　※この他に防災・安全交付金の内数及びデジタル庁一括計上分

令和4年度予算額　　848,413百万円の内数

　※この他に防災・安全交付金の内数及びデジタル庁一括計上分

(22) 道路における震災対策

　国土交通省においては、大規模災害への備えとして、高規格道路のミッシングリンクの解消及び暫定2車線区間の4車線化、高規格道路と代替機能を発揮する直轄国道とのダブルネットワークの強化等を推進するとともに、ロッキング橋脚橋梁、緊急輸送道路上の橋梁、同道路をまたぐ跨道橋の耐震補強の推進や無電柱化等各種道路事業を実施する。また、バイクや自転車、カメラの活用に加え、ＵＡＶ（無人航空機）による迅速な状況把握や官民ビッグデータなども活用した「通れるマップ」の情報提供・共有の仕組みの構築を推進するとともに、道路の高架区間等を活用した津波や洪水からの浸水避難対策を推進する。

令和5年度予算額　　2,118,262百万円の内数

　※この他に防災・安全交付金及び社会資本整備総合交付金の内数

令和4年度予算額　　2,110,940百万円の内数

　※この他に防災・安全交付金及び社会資本整備総合交付金の内数

(23) 不良住宅の除却の推進

　国土交通省においては、不良住宅が密集する

こと等によって保安、衛生等に関し危険又は有害な状況にある地区において、地方公共団体が不良住宅を除却し、従前居住者向けの住宅を建設するとともに、生活道路等を整備する住宅地区改良事業等について補助を行う。

令和5年度予算額
防災・安全交付金及び社会資本整備総合交付金の内数
令和4年度予算額
防災・安全交付金及び社会資本整備総合交付金の内数

（24）住宅市街地の防災性の向上

国土交通省においては、既成市街地において、都市機能の更新、密集市街地の整備改善等の政策課題に、より機動的に対応するため、住宅や生活支援施設等の整備、公共施設整備等を総合的に行う事業について補助を行う。

令和5年度予算額　116,297百万円の内数
※この他に防災・安全交付金及び社会資本整備総合交付金の内数
令和4年度予算額　115,242百万円の内数
※この他に防災・安全交付金及び社会資本整備総合交付金の内数

(25) 帰宅困難者等の受入拠点施設整備の推進

国土交通省においては、南海トラフ地震、首都直下地震等の大規模災害時において、大量に発生する帰宅困難者等への対応能力を事前に確保するため、災害時の帰宅困難者等の受入拠点となる施設の整備を促進する。

令和5年度予算額
地域防災拠点建築物整備緊急促進事業
11,200百万円の内数
令和4年度予算額
地域防災拠点建築物整備緊急促進事業
13,000百万円の内数

（26）老朽公営住宅の建替等の推進

国土交通省においては、地方公共団体が行う耐震性の低い既存の公営住宅団地の建替事業及び耐震改修事業に要する費用の一部に対して防災・安全交付金等を交付する。

令和5年度予算額
防災・安全交付金及び社会資本整備総合交付金の内数

令和4年度予算額
防災・安全交付金及び社会資本整備総合交付金の内数

（27）港湾における地震対策の推進

国土交通省においては、最新の地震被害想定等を踏まえ、大規模災害の緊急物資輸送、幹線物流機能の確保のため、ネットワークを意識した耐震強化岸壁の整備や臨港道路の耐震化等を推進する。

令和5年度予算額　　244,403百万円の内数
※この他に防災・安全交付金及び社会資本整備総合交付金の内数
令和4年度予算額　　243,903百万円の内数
※この他に防災・安全交付金及び社会資本整備総合交付金の内数

（28）総合的な宅地防災対策の推進

国土交通省においては、大地震等による盛土造成地の滑動崩落や液状化の宅地被害を防止・軽減するため、宅地耐震化推進事業により、防止対策に向けた詳細調査や対策工事の実施を推進する。

令和5年度予算額
防災・安全交付金の内数
令和4年度予算額
防災・安全交付金の内数

（29）情報通信基盤の整備

国土交通省においては、災害時に迅速かつ的確に災害情報等を収集し、関係機関に伝達するとともに、災害対応や情報提供に資する電気通信設備・情報通信基盤の整備を推進する。

（30）民有港湾施設の耐震改修の促進

国土交通省においては、大規模地震発生後も耐震強化岸壁や石油製品入出荷施設に至る航路機能を維持し、緊急物資や燃油物資を輸送・供給するため、航路沿いの民有護岸等の耐震改修に対する無利子貸付制度及び延長した固定資産税の特例措置により、民間事業者による耐震改修を支援する。

令和5年度予算額　　244,403百万円の内数

（31）鉄道施設の地震防災対策

国土交通省においては、首都直下地震や南海

トラフ地震等の大規模地震に備え、地震時において、鉄道利用者の安全確保や一時避難場所としての機能の確保及び社会・経済的影響の軽減等を図るため、主要駅や高架橋等の耐震補強を推進する。

令和5年度予算額
鉄道施設総合安全対策事業費補助
5,035百万円の内数
都市鉄道整備事業費補助（地下高速鉄道）
8,050百万円の内数
令和4年度予算額
鉄道施設総合安全対策事業費補助
4,588百万円の内数
都市鉄道整備事業費補助（地下高速鉄道）
4,473百万円の内数

（32）建築物の耐震診断・耐震改修の促進
国土交通省においては、地震の際の住宅・建築物やブロック塀等の倒壊等による被害の軽減を図るため、「建築物の耐震改修の促進に関する法律」の的確な運用に努めるとともに、住宅・建築物等の耐震性の向上に資する事業について補助を行う。

令和5年度予算額　　　116,297百万円の内数
※この他に防災・安全交付金及び社会資本整備総合交付金の内数
令和4年度予算額　　　115,242百万円の内数
※この他に防災・安全交付金及び社会資本整備総合交付金の内数

（33）耐震改修工事融資
独立行政法人住宅金融支援機構等においては、耐震改修工事又は耐震補強工事に対する融資により、戸建住宅やマンションの耐震性の向上を支援する。

（34）空港の耐震対策
国土交通省においては、地震発生後における救急・救命活動等の拠点機能の確保や航空ネットワークの維持を可能とするため、滑走路等の耐震対策を実施する。

令和5年度予算額　　　394,163百万円の内数
令和4年度予算額　　　389,641百万円の内数

（35）一般廃棄物処理施設の防災対策
環境省においては、今後想定される首都直下型地震、南海トラフ巨大地震における災害廃棄物の量が、東日本大震災を遥かに上回ると予想されることから、災害時において迅速な復旧・復興を可能とするため、市町村が行う一般廃棄物処理施設の防災機能の向上のための整備事業に対して循環型社会形成推進交付金等を交付する。

令和5年度予算額　　　53,163百万円の内数
令和4年度予算額　　　53,163百万円の内数

2-3　その他

（1）地震対策の推進
内閣府においては、南海トラフ地震、首都直下地震、日本海溝・千島海溝沿いの巨大地震及び中部圏・近畿圏直下地震における防災・減災対策や大規模地震発生時の帰宅困難者対策の検討・推進を行う（後掲　第2章3-3（1））。

令和5年度予算額　　　213百万円
令和4年度予算額　　　228

（2）南海トラフ地震、首都直下地震及び日本海溝・千島海溝周辺海溝型地震における具体的な応急対策活動に関する計画の検証
内閣府においては、南海トラフ地震、首都直下地震及び日本海溝・千島海溝周辺海溝型地震における具体的な応急対策活動に関する計画の実効性の確保・向上を図るための調査・検討を行う。

令和5年度予算額　　　20百万円
令和4年度予算額　　　75百万円の内数

（3）都市再生安全確保計画の作成及び改善・更新の促進
内閣府及び国土交通省においては、都市再生緊急整備地域における滞在者等の安全の確保を図るため、国、地方公共団体、民間事業者等の関係者の適切な役割分担・連携方法等を定め、それぞれが定められた事業又は事務を着実に実施できるようにする都市再生安全確保計画の作成及び改善・更新を促進し、都市の安全の確保を図る。

（4）交通対策の推進
警察庁においては、都道府県警察から詳細な

交通情報をリアルタイムで収集し、広域的な交通管理に活用する広域交通管制システムを的確に運用する。

また、災害に備えた交通安全施設等の整備を推進するとともに、交通規制計画等に基づき、隣接都府県警察等と連携した総合的かつ実戦的な訓練を実施するよう都道府県警察に対して指導する。

（5）建築物の耐震化の推進

法務省においては、矯正施設及び法務官署施設について、庁舎の規模や耐震診断結果等に応じて、耐震改修又は庁舎新営による耐震化を計画的に実施する。

令和5年度予算額	18,900百万円
令和4年度予算額	24,273

（6）被災建築物の応急危険度判定体制の整備及び活動支援

国土交通省においては、地震により被災した建築物の危険性を速やかに判定し情報提供を行う被災建築物応急危険度判定について、人材の育成、実施体制及び支援体制の整備を推進する。

（7）港湾における災害対応力強化

国土交通省においては、地震・津波や台風による非常災害が発生した場合でも港湾機能を維持するため、関係機関と連携し、防災訓練の実施や港湾BCPの改訂を図る等、災害対応力強化に取り組む（後掲　第2章3-3（3）、4-3（16））。

（8）全国活断層帯情報整備

国土地理院においては、全国の活断層を対象に、断層の詳細な位置、関連する地形の分布等の情報の整備・更新を行う。

令和5年度予算額	102百万円の内数
令和4年度予算額	57百万円の内数

（9）南海トラフ地震臨時情報等の発表、通報

気象庁においては、南海トラフ沿いで異常な現象が観測され、その現象が南海トラフ地震と関連するか調査を開始した場合又は南海トラフ地震発生の可能性が平常時と比べて相対的に高まっていると評価した場合等には、南海トラフ

地震臨時情報等を発表するとともに防災関係機関等に通報し、各機関で適切な防災体制が執られるよう努める。

（10）緊急地震速報、地震情報等の発表、伝達
（再掲　第1章2-1（13））

気象庁においては、地震観測の結果をもとに緊急地震速報、地震情報等を発表し、これを防災関係機関等に伝達して、災害の防止・軽減に努める（後掲　第2章3-3（6））。

令和5年度予算額	1,388百万円
令和4年度予算額	2,539

（11）巨大地震に備えた最低水面に係る情報の整備

海上保安庁においては、巨大地震発生時の迅速な海上輸送ルート確保のため、高低測量を実施し、海図水深の基準となる「最低水面」に係る情報を整備する。

令和5年度予算額	1百万円
令和4年度予算額	1

③　津波災害対策

3-1　教育訓練

（1）警察庁における教育訓練

警察庁においては、都道府県警察の幹部に対して津波災害発生時の災害応急対策、災害警備活動に従事する警察官の安全の確保等についての教育訓練を行う。また、都道府県警察に対して津波災害対策上必要な教育訓練の実施を指示する。

（2）海上保安庁における震災対応訓練等
（再掲　第2章2-1（6））

3-2　防災施設設備の整備

（1）広域防災拠点の維持管理
（再掲　第2章2-2（1））

（2）海岸防災林の整備

農林水産省においては、海岸防災林について、その適切な保全を図ることにより、飛砂害や風害、潮害の防備等の災害防止機能の発揮を

確保することに加え、地域の実情等を踏まえ、津波に対する被害軽減効果も考慮した生育基盤の造成や植栽等の整備を進める。

令和5年度予算額 62,751百万円の内数
（東日本大震災復興特別会計含む）
※この他に農山漁村地域整備交付金の内数
令和4年度予算額 62,655百万円の内数
（東日本大震災復興特別会計含む）
※この他に農山漁村地域整備交付金の内数

（3）漁港漁村の防災対策施設の整備

（再掲 第2章1-2（16）、2-2（12））

（4）海岸保全施設の整備

（再掲 第2章2-2（13））

農林水産省及び国土交通省においては、津波対策として、大規模地震の発生が危惧される地域等における海岸保全施設の整備を推進する（後掲 第2章4-2（2）、第3章5）。

（5）河川の津波対策

国土交通省においては、東日本大震災で津波により甚大な被害が発生したことを踏まえ、堤防の嵩上げ、水門等の自動化・遠隔操作化等を推進し、被害の防止・軽減を図る。

令和5年度予算額 851,796百万円の内数
※この他に防災・安全交付金の内数及びデジタル庁一括計上分
令和4年度予算額 848,413百万円の内数
※この他に防災・安全交付金の内数及びデジタル庁一括計上分

（6）港湾における津波対策の推進

国土交通省においては、設計津波を超える大規模津波発生時に、防波堤が倒壊して、津波の到達時間が早まり被害が拡大する事態や、静穏度が確保できず荷役が再開できない事態を防止するため、「粘り強い構造」を導入した防波堤の整備を推進する。

また、港湾労働者等が安全に避難できるよう、港湾の特殊性を考慮した避難計画の作成や津波避難施設の整備等を促進するとともに、避難機能を備えた物流施設等を整備する民間事業者に対して支援を行う。

令和5年度予算額 244,403百万円の内数
※この他に防災・安全交付金及び社会資本整

備総合交付金の内数
令和4年度予算額 243,903百万円の内数
※この他に防災・安全交付金及び社会資本整備総合交付金の内数

（7）津波災害に強いまちづくりの推進

国土交通省においては、津波災害に対する都市の防災性向上のための根幹的な公共施設の整備として、次の事業を実施する。

・避難地、避難路、帰宅支援場所及び防災活動拠点となる都市公園の整備
令和5年度予算額 32,386百万円の内数
※この他に防災・安全交付金及び社会資本整備総合交付金の内数
令和4年度予算額 31,971百万円の内数
※この他に防災・安全交付金及び社会資本整備総合交付金の内数
・避難路として活用される道路等における街路事業の実施
令和5年度予算額 2,118,262百万円の内数
※この他に防災・安全交付金及び社会資本整備総合交付金の内数
令和4年度予算額 2,110,940百万円の内数
※この他に防災・安全交付金及び社会資本整備総合交付金の内数
・避難地・避難路の整備を都市の防災構造化と併せて行う土地区画整理事業の実施
令和5年度予算額
防災・安全交付金及び社会資本整備総合交付金の内数
令和4年度予算額
防災・安全交付金及び社会資本整備総合交付金の内数
・避難地として活用される都市公園予定地等の取得を行う地方公共団体に対する都市開発資金の貸付
令和5年度予算額 492百万円の内数
令和4年度予算額 1,463百万円の内数
津波災害に強い都市構造の推進として、次の事業を実施する。
・南海トラフ地震や日本海溝・千島海溝周辺海溝型地震などの地震による津波被害が想定される防災上危険な市街地における都市防災総合推進事業の実施
令和5年度予算額
防災・安全交付金の内数

令和4年度予算額
　　防災・安全交付金の内数
・土地の嵩上げや避難路として活用される道路
　の整備等による防災性の向上に資する都市再
　生区画整理事業の実施
　令和5年度予算額
　　防災・安全交付金及び社会資本整備総合交付
　　金の内数
　令和4年度予算額
　　防災・安全交付金及び社会資本整備総合交付
　　金の内数
・都市構造再編集中支援事業等を活用した災害
　弱者施設（病院、老人デイサービスセンター
　等）の移転や耐震性貯水槽、備蓄倉庫、避難
　空間等の整備の実施
　令和5年度予算額　　　　70,000百万円の内数
　　※この他に社会資本整備総合交付金の内数
　令和4年度予算額　　　　70,000百万円の内数
　　※この他に社会資本整備総合交付金の内数
・事前復興まちづくり計画等に基づき行われ
　る、防災拠点の形成に必要なインフラ整備の
　実施
　令和5年度予算額
　　防災・安全交付金の内数
・災害時に都市の機能を維持するための拠点市
　街地の整備の実施
　令和5年度予算額
　　防災・安全交付金の内数
　令和4年度予算額
　　防災・安全交付金の内数
・都市・地域交通戦略推進事業を活用した、多
　くの人々が集まる駅・駅前広場と周辺地区等
　における防災力に資する整備の実施
　令和5年度予算額　　　　　1,000百万円の内数
　　※この他に防災・安全交付金及び社会資本整
　　備総合交付金の内数

（8）官庁施設の津波対策の推進
　国土交通省においては、津波襲来時の一時的
な避難場所を確保するとともに、防災拠点とし
ての機能維持と行政機能の早期回復を図るた
め、官庁施設における津波対策を総合的かつ効
果的に推進する。
　令和5年度予算額　　　　17,320百万円の内数
　令和4年度予算額　　　　17,556百万円の内数

（1）地震対策の推進
（再掲　第2章2-3（1））

（2）交通対策の推進
　警察庁においては、都道府県警察から詳細な
交通情報をリアルタイムで収集し、広域的な交
通管理に活用する広域交通管制システムを的確
に運用する。また、災害に備えた交通安全施設
等の整備を推進するよう都道府県警察に対して
指導する。

（3）港湾における災害対応力強化
（再掲　第2章2-3（7））
（後掲　第2章4-3（16））

（4）海・船の視点から見た港湾強靱化
　国土交通省においては、南海トラフ巨大地震
や千島海溝等での巨大地震等の発生に備え、迅
速沖合退避や係留強化に資する海・船の視点
から見た港湾強靱化に取り組む。

（5）船舶の津波防災対策の推進
　国土交通省においては、船舶の津波避難対策
推進を図るために、前年度に引き続き船舶運航
事業者に対し津波避難マニュアル作成等に必要
な協力・支援を行うとともに、作成したマニュ
アルに基づく事業者の津波避難訓練の実施や同
マニュアルの改善等を促していく。

（6）津波警報等の発表、伝達
（再掲　第1章2-1（13）、第2章2-3
（10））
　気象庁においては、地震観測の結果をもとに
津波警報等を発表するとともに、沖合及び沿岸
で津波が観測された際には速やかに観測情報を
発表し、防災関係機関等に伝達し、災害の防
止・軽減に努める。
　令和5年度予算額　　　　　　　1,388百万円
　令和4年度予算額　　　　　　　2,539

（7）津波防災対策の推進
　海上保安庁においては、南海トラフ巨大地震
及び首都直下地震による津波襲来に備え、津波
防災情報図を整備して港湾及び付近船舶の津波

防災対策に活用するとともに、海底地形データの提供を行い、自治体等による津波浸水想定の設定や津波ハザードマップ作成を支援する。

　　令和5年度予算額　　　　　　0百万円
　　令和4年度予算額　　　　　　0

④ 風水害対策

4-1 教育訓練

警察庁における教育訓練

　警察庁においては、都道府県警察の幹部に対して風水害発生時の災害応急対策等についての教育訓練を行う。また、都道府県警察に対して風水害対策上必要な教育訓練の実施及び災害の発生が予想される場合における警備体制の早期確立について指示する。

4-2 防災施設設備の整備

（1）治山事業の推進

　（再掲　第2章2-2（11））
　農林水産省においては、森林の水源涵養機能や山地災害防止機能等の維持増進を通じて、安全で安心して暮らせる国土づくりを図るため、治山施設の整備等を推進する（後掲　第2章5-2（2）、6-2（3）、第3章2）。

　　令和5年度予算額　　　62,291百万円の内数
　　　※この他に農山漁村地域整備交付金の内数
　　令和4年度予算額　　　62,027百万円の内数
　　　※この他に農山漁村地域整備交付金の内数

（2）海岸保全施設の整備

　（再掲　第2章2-2（13）、3-2（4））
　農林水産省及び国土交通省においては、国土保全上特に重要な海岸において、高潮、波浪、侵食対策等を重点的に推進する（後掲　第3章5）。

（3）総合的な農地防災対策

　農林水産省においては、地域全体の防災安全度を効率的かつ効果的に向上させるため、ため池の豪雨対策等を含めた総合的な整備を推進する。

　　令和5年度予算額　　　41,119百万円の内数
　　　※この他に農山漁村地域整備交付金の内数

　　令和4年度予算額　　　40,725百万円の内数
　　　※この他に農山漁村地域整備交付金の内数

（4）盛土による災害の防止

　（再掲　第2章2-2（17））

（5）建設機械の整備

　国土交通省においては、風水害の災害対策に必要な機械を整備する。

　　令和5年度予算額　　　851,796百万円の内数
　　　※この他に防災・安全交付金の内数及びデジタル庁一括計上分
　　令和4年度予算額　　　848,413百万円の内数
　　　※この他に防災・安全交付金の内数及びデジタル庁一括計上分

（6）河川・ダム・道路管理用情報通信設備の整備

　国土交通省においては、雨量、水位、路温等の水文・道路気象データを収集するためのテレメータや、ダム等の放流による河川水位上昇を警報するための警報設備、監視カメラ設備、雨量を高精度かつリアルタイムに捉えるMP（マルチパラメータ）レーダ等の整備を行う。また、高機能化を図った河川情報システムの整備を引き続き推進するとともに、各部局及び地方公共団体が保有するデータの共有を推進する。さらに、東日本大震災、紀伊半島大水害、関東・東北豪雨等を踏まえた、情報通信設備の耐震対策、津波・洪水による浸水対策、停電対策等を実施する。

（7）土砂災害による災害の防止

　国土交通省においては、人家や公共建物を保全する砂防設備、地すべり防止施設の整備を推進するとともに、都道府県が実施する急傾斜地崩壊防止施設等の整備を支援する。

　　令和5年度予算額　　　851,796百万円の内数
　　　※この他に防災・安全交付金の内数及びデジタル庁一括計上分
　　令和4年度予算額　　　848,413百万円の内数
　　　※この他に防災・安全交付金の内数及びデジタル庁一括計上分

（8）道路における防災対策

　国土交通省においては、大規模災害への備え

として、高規格道路のミッシングリンクの解消及び暫定2車線区間の4車線化、高規格道路と代替機能を発揮する直轄国道とのダブルネットワークの強化等を推進するとともに、災害時の交通機能を最大限活用するためのインフラ整備や道路構造令等の見直し等を推進する。また、渡河部の橋梁や河川に隣接する道路構造物の流失防止対策や法面・盛土の土砂災害防止対策を推進する。さらに、危険箇所等の調査方法の高度化に向けた取組を実施する。

> 令和5年度予算額　　　2,118,262百万円の内数
> 　※この他に防災・安全交付金及び社会資本整備総合交付金の内数
> 令和4年度予算額　　　2,110,940百万円の内数
> 　※この他に防災・安全交付金及び社会資本整備総合交付金の内数

（9）港湾における高潮・高波対策の推進

国土交通省においては、激甚化・頻発化する台風に伴う高潮・高波による港湾内の被害軽減を図るため、最新の設計沖波等で照査した結果を踏まえ、港湾施設の嵩上げ・補強等を推進する。

> 令和5年度予算額　　　244,403百万円の内数
> 　※この他に社会資本整備総合交付金及び防災・安全交付金の内数
> 令和4年度予算額　　　243,903百万円の内数
> 　※この他に社会資本整備総合交付金及び防災・安全交付金の内数

（10）下水道における浸水対策

国土交通省においては、都市化の進展や下水道の計画規模を大きく上回る集中豪雨の多発に伴う雨水流出量の増大に対応して、都市における安全性の確保を図るため、主として市街地に降った雨水を河川等に排除し、浸水被害を防止することを目的とした雨水幹線や貯留浸透施設等の下水道の整備を推進する。併せて、内水ハザードマップの作成・公表や下水道の水位情報の提供等のソフト対策、また、住民自らの取組による自助を組み合わせた総合的かつ効率的な浸水対策を推進し、施設の計画規模を上回る降雨に対して被害の最小化を図る（後掲　第3章9）。

> 令和5年度予算額　　　66,451百万円
> 　※この他に防災・安全交付金及び社会資本整

備総合交付金の内数
> 令和4年度予算額　　　52,448百万円
> 　※この他に防災・安全交付金及び社会資本整備総合交付金の内数

（11）風水害に強いまちづくりの推進

国土交通省においては、風水害に対する都市の防災性向上のための根幹的な公共施設の整備として、次の事業を実施する。
・避難地、避難路、帰宅支援場所及び防災活動拠点となる都市公園の整備
> 令和5年度予算額　　　32,386百万円の内数
> 　※この他に防災・安全交付金及び社会資本整備総合交付金の内数
> 令和4年度予算額　　　31,971百万円の内数
> 　※この他に防災・安全交付金及び社会資本整備総合交付金の内数
・避難路として活用される道路等における街路事業の実施
> 令和5年度予算額　　　2,118,262百万円の内数
> 　※この他に防災・安全交付金及び社会資本整備総合交付金の内数
> 令和4年度予算額　　　2,110,940百万円の内数
> 　※この他に防災・安全交付金及び社会資本整備総合交付金の内数
・避難地・避難路の整備を都市の防災構造化と併せて行う土地区画整理事業の実施
> 令和5年度予算額
> 　防災・安全交付金及び社会資本整備総合交付金の内数
> 令和4年度予算額
> 　防災・安全交付金及び社会資本整備総合交付金の内数
・避難地として活用される都市公園予定地等の取得を行う地方公共団体に対する都市開発資金の貸付
> 令和5年度予算額　　　492百万円の内数
> 令和4年度予算額　　　1,463百万円の内数
風水害に強い都市構造の推進として、次の事業を実施する。
・台風や洪水による風水害が想定される防災上危険な市街地における都市防災総合推進事業の実施
> 令和5年度予算額
> 　防災・安全交付金の内数
> 令和4年度予算額

防災・安全交付金の内数
・土地の嵩上げや避難路として活用される道路の整備等による防災性の向上に資する都市再生区画整理事業の実施
令和5年度予算額
防災・安全交付金及び社会資本整備総合交付金の内数
令和4年度予算額
防災・安全交付金及び社会資本整備総合交付金の内数
・都市構造再編集中支援事業等を活用した災害弱者施設（病院、老人デイサービスセンター等）の移転や耐震性貯水槽、備蓄倉庫、避難空間等の整備の実施
令和5年度予算額　　　70,000百万円の内数
※この他に社会資本整備総合交付金の内数
令和4年度予算額　　　70,000百万円の内数
※この他に社会資本整備総合交付金の内数
・事前復興まちづくり計画等に基づき行われる、防災拠点の形成に必要なインフラ整備の実施
令和5年度予算額
防災・安全交付金の内数
・土地が持つ雨水貯留浸透機能を活用したグリーンインフラの取組の実施
令和5年度予算額　　　329百万円の内数
※この他に防災・安全交付金及び社会資本整備総合交付金の内数
令和4年度予算額　　　250百万円の内数
※この他に防災・安全交付金及び社会資本整備総合交付金の内数
・災害時に都市の機能を維持するための拠点市街地の整備の実施
令和5年度予算額
防災・安全交付金の内数
令和4年度予算額
防災・安全交付金の内数
・都市・地域交通戦略推進事業を活用した、多くの人々が集まる駅・駅前広場と周辺地区等における防災力に資する整備の実施
令和5年度予算額　　　1,000百万円の内数
※この他に防災・安全交付金及び社会資本整備総合交付金の内数

(12) 空港における浸水対策
　国土交通省においては、空港における高潮・

高波・豪雨等による大規模災害に備えるため、護岸の嵩上げや排水機能の強化等の浸水対策を実施する。
令和5年度予算額　　　394,163百万円の内数
令和4年度予算額　　　389,641百万円の内数

(13) 港湾における走錨対策の推進
　国土交通省においては、令和元年房総半島台風等で発生した走錨事故を踏まえ、港内避泊が困難な港湾や混雑海域周辺の港湾等において、避泊水域確保のための防波堤等の整備を推進する。
令和5年度予算額　　　244,403百万円の内数
※この他に防災・安全交付金及び社会資本整備総合交付金の内数
令和4年度予算額　　　243,903百万円の内数
※この他に防災・安全交付金及び社会資本整備総合交付金の内数

(14) 港湾等の漂流物対策の推進
　国土交通省においては、令和3年8月海底火山「福徳岡ノ場」の噴火による軽石により航路等が埋塞したことも踏まえ、引き続き船舶の航行安全に資するよう、漂流物の回収体制の強化に向けて検討を進める。

(15) 住宅・建築物の風水害対策等の促進
　国土交通省においては、風水害に対する住宅や建築物の防災性向上のため、次の事業を実施する。
・水害からの一時避難場所整備の促進
令和5年度予算額
地域防災拠点建築物整備緊急促進事業
　　　　　　　　　11,200百万円の内数
令和4年度予算額
地域防災拠点建築物整備緊急促進事業
　　　　　　　　　13,000百万円の内数
・住宅・建築物の風水害対策のための改修支援
令和5年度予算額
防災・安全交付金及び社会資本整備総合交付金の内数
令和4年度予算額
防災・安全交付金及び社会資本整備総合交付金の内数

（1）土砂災害・水害等の災害時における避難対策等の推進

内閣府においては、首都圏等における大規模水害時の広域避難や、水害・土砂災害からの住民の主体的な避難行動の促進に係る検討を行う。

令和5年度予算額	52百万円
令和4年度予算額	66

（2）風水害に対する警戒体制の強化

警察庁においては、管区警察局及び都道府県警察に対して災害危険箇所の事前把握、災害の発生が予想される場合における警備体制の早期確立、部隊派遣の検討・実施、自治体・関係機関との連携による迅速な避難誘導の徹底を指示するなど、警戒警備体制の強化を図る。

（3）風水害対策の推進

消防庁においては、災害応急対策の実施体制の確立、迅速かつ的確な避難指示等の発令・伝達、指定緊急避難場所等の周知、避難行動要支援者等の避難対策の推進、防災訓練の実施等について地方公共団体に対し要請・助言等を行う。

（4）災害時要援護者関連施設に係る防災対策の推進

農林水産省においては、「災害弱者関連施設に係る総合的な土砂災害対策の実施について」（平成11年1月、文部省、厚生省、林野庁、建設省及び消防庁共同通達）等を受け、災害時要援護者関連施設を保全するため、本施設に係る山地災害危険地区及び農地地すべり危険箇所等の周知を図るとともに、治山事業及び農地防災事業等による防災対策を推進する。

令和5年度予算額	103,410百万円の内数
※この他に農山漁村地域整備交付金の内数	
令和4年度予算額	164,779百万円の内数
※この他に農山漁村地域整備交付金の内数	

（5）山地災害防止のための普及啓発活動

農林水産省においては、山地災害の未然防止について、住民への山地災害危険地区等の周知徹底及び防災意識の高揚に資することを目的に、山地災害防止キャンペーン（5月20日～6月30日）を実施する。

（6）要配慮者利用施設に係る防災対策の推進

国土交通省においては、「水防法」（昭和24年法律第193号）及び「土砂災害警戒区域等における土砂災害防止対策の推進に関する法律（平成12年法律第57号）（以下「土砂災害防止法」という。）」に基づき、市町村地域防災計画において浸水想定区域又は土砂災害警戒区域内の要配慮者利用施設の名称及び所在地、情報伝達体制等を定めるとともに、これら要配慮者利用施設の管理者等による避難確保計画の作成及び計画に基づく訓練の実施を促進するなど、引き続き警戒避難体制の充実・強化を図る。

（7）河川情報基盤整備の推進

国土交通省においては、適切な施設管理や避難行動等の防災活動等に役立てるため、高分解能・高頻度に集中豪雨や局地的な大雨を的確に把握できるXRAIN（国土交通省高性能レーダ雨量計ネットワーク）の配信エリアの拡大を図るとともに、洪水時の水位観測に特化した低コストな水位計や簡易型河川監視カメラなど、防災情報の迅速かつ的確な把握・提供のための情報基盤の整備を推進する。

（8）河川情報・洪水情報の提供の推進

国土交通省においては、観測施設等の情報基盤を適切に維持管理するとともに、災害時における迅速な危機対応のため、国土交通省「川の防災情報」等のウェブサイトによりリアルタイムのレーダ雨量、河川水位、洪水予報、河川カメラ画像等を提供する。また、河川水位等の河川情報をデータ配信し、民間企業やメディア等と連携し、ウェブサイトやアプリ等を通じて、住民の避難行動等に資する河川情報の提供を推進する。

（9）流域治水の本格的実践「継続と深化」

国土交通省においては、気候変動による水災害の頻発化・激甚化に対応するため、あらゆる関係者が協働して取り組む「流域治水」を推進し、ハード・ソフト一体の事前防災対策を加速するとともに、水災害リスクを踏まえ特定都市河川の指定を拡大し、流域一体となった取組を

実施する（後掲　第3章　1（1））。

(10) 水害リスク情報等の充実
　国土交通省においては、「水防法」に基づく
想定最大規模の降雨（洪水・内水）・高潮に対
応した浸水想定区域図の作成や「土砂災害防止
法」に基づく土砂災害警戒区域等の設定を促進
し、市町村による洪水・内水・高潮・土砂災害
に係るハザードマップの作成・公表を支援す
る。その他、ハザードマップの作成・公表状況
を関係自治体間で共有する等、関係自治体と連
携し、引き続き住民の防災意識の高揚と災害へ
の備えの充実を図る。
　また、浸水範囲と浸水頻度の関係をわかりや
すく図示した「水害リスクマップ（浸水頻度
図）」を新たに整備し、水害リスク情報の充実
を図り、土地利用・住まい方の工夫等の促進を
図る。

(11) 総合的な土砂災害対策の推進
　国土交通省においては、土砂災害による人
命、財産の被害の防止・軽減に資することを目
的として、ハード対策としての関係機関と連携
した砂防堰堤等の施設整備と、ソフト対策とし
ての都道府県が行う土砂災害警戒区域等の指定
や情報基盤整備等、ハード・ソフト対策を組み
合わせた総合的な土砂災害対策について支援を
行う。また、深層崩壊に伴う河道閉塞等の大規
模な土砂災害が急迫している地域において、
「土砂災害防止法」に基づく緊急調査を行い、
被害の想定される区域等に関する情報の周知を
図る。
　　令和5年度予算額　　　851,796百万円の内数
　　　※この他に防災・安全交付金の内数及びデジ
　　　　タル庁一括計上分
　　令和4年度予算額　　　848,413百万円の内数
　　　※この他に防災・安全交付金の内数及びデジ
　　　　タル庁一括計上分

(12) 土砂災害防止のための普及啓発活動
　国土交通省においては、土砂災害による人
命、財産の被害の防止・軽減に資することを目
的として、6月を「土砂災害防止月間」、6月
の第一週を「がけ崩れ防災週間」と定め、土砂
災害防止に関する広報活動や防災教育を推進す
るとともに、土砂災害防止功労者の表彰、危険

箇所の周知、点検、関係行政機関が連携した実
践的な訓練、住民等が主体となって地域の実情
に応じた避難訓練等を実施する。

(13) 水防に関する普及啓発活動
　国土交通省においては、水防に対する国民の
理解を深めるとともに広く協力を求めるため、
水防月間において、都道府県、水防管理団体等
とともに実施する各種の行事・活動、市町村等
職員に対する水防研修、水防団員に対する水防
技術講習会を引き続き実施する。

(14) 地下駅等の浸水対策
　国土交通省においては、各地方公共団体の定
めるハザードマップ等により浸水被害が想定さ
れる地下駅等（出入口及びトンネル等）につい
て、止水板や防水ゲート等の浸水対策を推進す
る。
　　令和5年度予算額
　　　鉄道施設総合安全対策事業費補助
　　　　　　　　　　　5,035百万円の内数
　　　都市鉄道整備事業費補助（地下高速鉄道）
　　　　　　　　　　　8,050百万円の内数
　　令和4年度予算額
　　　鉄道施設総合安全対策事業費補助
　　　　　　　　　　　4,588百万円の内数
　　　都市鉄道整備事業費補助（地下高速鉄道）
　　　　　　　　　　　4,473百万円の内数

(15) 鉄道施設の豪雨対策
　国土交通省においては、近年、激甚化・頻発
化する豪雨災害に適切に対応するため、河川に
架かる鉄道橋りょうの流失・傾斜対策や鉄道に
隣接する斜面からの土砂流入防止対策を推進す
る。
　　令和5年度予算額
　　　鉄道施設総合安全対策事業費補助
　　　　　　　　　　　5,035百万円の内数
　　令和4年度予算額
　　　鉄道施設総合安全対策事業費補助
　　　　　　　　　　　4,588百万円の内数

(16) 港湾における災害対応力強化
　（再掲　第2章2-3（7）、3-3（3））

（17）予報、警報その他の情報の発表及び伝達

　気象庁においては、台風や線状降水帯等による集中豪雨、豪雪等の自然現象による災害の防止・軽減を図るため、適時適切な予報、警報及び大雨警報・洪水警報の危険度分布等の防災気象情報を発表するとともに、防災関係機関等に伝達することで、避難指示等の判断等、地方公共団体等が行う災害応急対策や、国民の自主的防災行動に資する。

⑤ 火山災害対策

5-1　教育訓練

警察庁における教育訓練

　警察庁においては、都道府県警察の幹部に対して火山災害発生時の災害応急対策等についての教育訓練を行う。また、都道府県警察に対して火山災害対策上必要な教育訓練の実施及び災害の発生が予想される場合における警備体制の早期確立について指示する。

5-2　防災施設設備の整備

（1）民間の認定こども園、幼稚園、保育所等における降灰対策の推進

　こども家庭庁においては、「活動火山対策特別措置法」（昭和48年法律第61号）の規定に基づき、降灰防除地域の指定を受けた地域に所在する民間の認定こども園、幼稚園、保育所等の降灰除去に要する費用を負担する。

　　令和5年度予算額　　　1,594,795百万円の内数
　　令和4年度予算額（内閣府）
　　　　　　　　　　　　1,491,839百万円の内数

（2）火山地域における治山事業の推進

　（再掲　第2章2 - 2（11）、4 - 2（1））
　農林水産省においては、火山地域における山地災害の防止・軽減を図るため、治山施設の整備等を推進する（後掲　第2章6 - 2（3）、第3章2）。

　　令和5年度予算額　　　62,291百万円の内数
　　　※この他に農山漁村地域整備交付金の内数
　　令和4年度予算額　　　62,027百万円の内数
　　　※この他に農山漁村地域整備交付金の内数

（3）火山砂防事業の推進

　国土交通省においては、火山地域における土砂災害による人命、財産の被害の防止・軽減に資することを目的として、砂防堰堤等の施設整備を推進するとともに、噴火時の土砂災害による被害を軽減するため、ハード・ソフト対策からなる火山噴火緊急減災対策砂防計画の策定を関連機関と連携して推進する。

　　令和5年度予算額　　　851,796百万円の内数
　　　※この他に防災・安全交付金の内数及びデジタル庁一括計上分
　　令和4年度予算額　　　848,413百万円の内数
　　　※この他に防災・安全交付金の内数及びデジタル庁一括計上分

5-3　その他

（1）火山災害対策の推進

　内閣府においては、火山監視観測・調査研究体制の整備、火山専門家の技術的支援、広域噴火災害対策、多様な火山現象に応じた避難対策等の火山災害対策を検討・推進する。

　　令和5年度予算額　　　　　　　158百万円
　　令和4年度予算額　　　　　　　172

（2）活動火山対策の推進

　消防庁においては、火山防災協議会等連絡・連携会議等の場を通じて、関係府省庁と連携して、火山防災対策の推進を図るとともに、火山噴火に係る住民等避難への対応の支援や、避難施設や避難情報伝達手段の整備、救助体制の強化、防災訓練の実施等について、関係地方公共団体に対し要請・助言等を行う。

（3）火山災害防止のための普及啓発活動

　国土交通省においては、火山と地域の安全について火山地域の自治体が情報交換を行い、火山砂防事業を含む火山噴火対策への自治体・住民の理解を深めることを目的とした火山砂防フォーラムの開催を支援する等、火山災害防止のための啓発活動を行う。

（4）測地技術を用いた地殻変動の監視

　（再掲　第1章2 - 1（11））

（5）火山防災協議会における警戒避難体制の整備

国土交通省においては、火山噴火に伴う土砂災害の観点から火山ハザードマップの検討を行うとともに一連の警戒避難体制の検討に参画する。

（6）噴火警報等の発表、伝達等

気象庁においては、火山監視観測を行い、噴火警報等を適時適切に発表し、防災関係機関等への警戒等を呼びかけることで、災害の防止・軽減に努める。また、火山防災協議会での共同検討を通じて避難計画や噴火警戒レベルの改善を推進する。

令和5年度予算額	1,195百万円
令和4年度予算額	881

⑥ 雪害対策

6-1 教育訓練

警察庁における教育訓練

警察庁においては、都道府県警察の幹部に対して雪害発生時の災害応急対策等についての教育訓練を行う。また、都道府県警察に対して雪害対策上必要な教育訓練の実施及び災害の発生が予想される場合における警備体制の早期確立について指示する。

6-2 防災施設設備の整備

（1）民間の認定こども園、幼稚園、保育所等における雪害防止

こども家庭庁においては、特別豪雪地帯における民間の認定こども園、幼稚園、保育所等に対し、除雪に要する費用を負担する。

令和5年度予算額	1,594,795百万円の内数
令和4年度予算額（内閣府）	1,491,839百万円の内数

（2）民間社会福祉施設の雪害防止

厚生労働省においては、特別豪雪地帯に所在する保護施設等の行政委託等が行われる民間社会福祉施設の除雪に要する費用を措置費に算入している。

令和5年度予算額	6百万円

令和4年度予算額　　　　　　　　　　6

（3）積雪地帯における治山事業の推進

（再掲　第2章2-2（11）、4-2（1）、5-2（2））

農林水産省においては、積雪地帯における雪崩による被害から集落等を守るため、雪崩の防止を目的とする森林の造成や防止施設の設置を推進するとともに、融雪に伴う山腹崩壊箇所等の復旧整備等を図る（後掲　第3章2）。

令和5年度予算額　　　62,291百万円の内数
　※この他に農山漁村地域整備交付金の内数
令和4年度予算額　　　62,027百万円の内数
　※この他に農山漁村地域整備交付金の内数

（4）冬期における道路交通の確保

国土交通省においては、積雪寒冷特別地域における安定した冬期道路交通を確保するため、除雪、防雪、凍害防止の事業を推進する。特に短期間の集中的な大雪時等においても、人命を最優先に幹線道路上における大規模な車両滞留を徹底的に回避することを基本的な考え方として、関係機関と連携したタイムラインを策定しつつ、前広な出控えや広域迂回等の呼びかけ、通行止め予測の公表を行うとともに、高速道路と並行する国道等の同時通行止めも含め、広範囲での予防的・計画的な通行止めや集中除雪等を行う。また、除雪機械の自動化や、AIによる交通障害の自動検知により、立ち往生車両等を早期に発見し、移動措置等、現地対応の迅速化を図る。

令和5年度予算額　　　2,118,262百万円の内数
　※この他に防災・安全交付金及び社会資本整備総合交付金の内数
令和4年度予算額　　　2,110,940百万円の内数
　※この他に防災・安全交付金及び社会資本整備総合交付金の内数

（5）雪に強いまちづくりの推進

国土交通省においては、豪雪時の都市機能の確保を図るため、積雪・堆雪に配慮した体系的な都市内の道路整備を行い、下水処理水や下水道施設等を活用した積雪対策のより一層の推進を図る。

令和5年度予算額
　防災・安全交付金及び社会資本整備総合交付

金の内数
令和4年度予算額
防災・安全交付金及び社会資本整備総合交付金の内数

（6）融雪時の出水や雪崩に伴う土砂流出対策等

国土交通省においては、融雪時の出水や雪崩に伴う土砂流出を防止するため、砂防設備等の施設整備を推進する。

令和5年度予算額　　851,796百万円の内数
※この他に防災・安全交付金の内数及びデジタル庁一括計上分
令和4年度予算額　　848,413百万円の内数
※この他に防災・安全交付金の内数及びデジタル庁一括計上分

（7）空港の雪害防止

国土交通省においては、積雪寒冷地域における航空交通を確保するため、空港の除雪、除雪機械等の整備を行う。

令和5年度予算額　　　　　404百万円
令和4年度予算額　　　　　383

（8）除排雪時等の死傷事故防止

国土交通省においては、除排雪時等の死傷事故を防止するため、豪雪地帯において持続可能な除排雪体制の整備等に取り組む地方公共団体を支援する。

令和5年度予算額　　　　　75百万円
令和4年度予算額　　　　　75

6-3　その他

（1）雪害予防のための広報啓発活動

警察庁においては、雪害の発生実態を踏まえ、雪害予防のための情報提供に努めるとともに、都道府県警察に対して雪崩危険箇所等の把握や広報啓発活動の実施について指示する。

（2）雪害対策の推進

消防庁においては、災害初動体制の確立、気象等に関する情報の収集・伝達の徹底、除雪中の事故防止対策、要配慮者等の避難誘導体制の整備等について、関係地方公共団体に対し要請・助言等を行う。

（3）集落における雪崩災害防止のための普及啓発活動

国土交通省においては、雪崩災害による人命、財産の被害防止・軽減に資することを目的として、12月の第一週を「雪崩防災週間」と定め、雪崩災害防止に関する広報活動の推進、雪崩災害防止功労者の表彰、危険箇所の周知、点検、避難訓練等を実施する。

（4）予報、警報その他の情報の発表及び伝達

気象庁においては、避難指示等の判断等、地方公共団体等が行う災害応急対策や、国民の自主的防災行動に資するため、降積雪や雪崩等に関する適時適切な予報、警報及び解析積雪深・解析降雪量等の防災気象情報を発表するとともに、防災関係機関等に伝達し、災害の防止・軽減に努める。

火災対策

7-1　教育訓練

（1）消防庁消防大学校における教育訓練

消防庁消防大学校においては、国及び都道府県の消防の事務に従事する職員並びに市町村の消防職員及び消防団員に対し、幹部として必要な火災予防、火災防御、火災時の救助・救急等に関する教育訓練を行う。

（2）海上保安庁における消防訓練等

海上保安庁においては、船舶火災対応等に従事する職員を対象とした事故発生時の対応に係る教育、関係機関と連携した消防訓練を実施する。

令和5年度予算額　　　　　2百万円
令和4年度予算額　　　　　2

7-2　防災施設設備の整備

（1）林野火災の予防対策

農林水産省においては、林野火災を予防するため、全国山火事予防運動等林野火災の未然防止についての普及や予防体制の強化等を地域単位で推進する事業並びに防火及び消火活動の円滑な実施にも資する林道や防火線の整備等を行う。

令和5年度予算額　　　　70,266百万円の内数
　※この他に農山漁村地域整備交付金、デジタ
　　ル田園都市国家構想交付金の内数
令和4年度予算額　　　　70,229百万円の内数
　※この他に農山漁村地域整備交付金、地方創
　　生推進交付金の内数

（2）災害の防止に寄与する耐火建築物等に対する建設・購入資金融資

　独立行政法人住宅金融支援機構等において
は、災害の防止に寄与する耐火建築物等のう
ち、合理的土地利用建築物の建設・購入に対
し、融資を行う。

（3）空港における消防体制の整備

　国土交通省においては、計画的に国管理空港
の化学消防車の性能向上を図って更新を行う。
　　令和5年度予算額　　　　　1,615百万円
　　令和4年度予算額　　　　　　920

7-3　その他

（1）火災予防体制の整備等

　消防庁においては、火災による被害を軽減す
るため、次のとおり火災予防体制の整備を図
る。
・火災予防対策、消防用機械器具業界の指導育
　成
　　令和5年度予算額　　　　　3百万円
　　令和4年度予算額　　　　　3
・製品火災対策の推進及び火災原因調査の連絡
　調整
　　令和5年度予算額　　　　　3百万円
　　令和4年度予算額　　　　　11
・住宅防火対策の推進
　　令和5年度予算額　　　　　16百万円
　　令和4年度予算額　　　　　7
・消防法令に係る違反是正推進
　　令和5年度予算額　　　　　19百万円
　　令和4年度予算額　　　　　15
・消防の技術に関する総合的な企画立案
　　令和5年度予算額　　　　　4百万円
　　令和4年度予算額　　　　　4
・火災予防の実効性向上及び規制体系の再構築
　　令和5年度予算額　　　　　20百万円
　　令和4年度予算額　　　　　14

・消防用設備等及びその点検における新技術導
　入の推進
　　令和5年度予算額　　　　　1百万円
　　令和4年度予算額　　　　　9
・火災予防分野における各種手続の電子申請等
　の推進
　　令和5年度予算額　　　　　0百万円
　　令和4年度予算額　　　　　1

（2）林野火災予防体制の整備等

　消防庁及び農林水産省においては、共同して
全国山火事予防運動を実施し、林野火災の防火
意識の普及啓発に努める。

（3）建築物の安全対策の推進

　国土交通省においては、火災等の災害から建
築物の安全を確保するため、多数の者が利用す
る特定の特殊建築物等に対して、維持保全計画
の作成、定期調査・検査報告、防災査察等を推
進し、これに基づき適切な維持保全及び必要な
改修を促進する。
　また、既存建築物の防火上・避難上の安全性
の確保を図るため、建築物の火災安全対策改修
に対する支援を行う。
　　令和5年度予算額
　　　防災・安全交付金及び社会資本整備総合交付
　　　金の内数

⑧ 危険物災害対策

8-1　教育訓練

（1）消防庁消防大学校における教育訓練

　消防庁消防大学校においては、国及び都道府
県の消防の事務に従事する職員並びに市町村の
消防職員に対し、危険物災害及び石油コンビ
ナート災害における消防活動等に関する教育訓
練を行う。

（2）海上保安庁における危険物災害対応訓練等

　海上保安庁においては、危険物災害対応に従
事する職員を対象とした災害発生時の対応に係
る教育、関係機関と連携した危険物災害対応訓
練等を実施する。
　　令和5年度予算額　　　　　13百万円

令和4年度予算額　　　　　13

8-2　その他

（1）火薬類の安全管理対策

警察庁においては、火薬類取扱事業者による火薬類の保管管理と取扱いの適正化を図るため、火薬類取扱場所等への立入検査の徹底及び関係機関との連携を図るよう都道府県警察に対して指示する。

（2）各種危険物等の災害防止対策

警察庁においては、関係機関との緊密な連携による各種危険物運搬車両等に対する取締りの推進及び安全基準の遵守等についての指導を行うよう都道府県警察に対して指示する。

（3）危険物規制についての要請・助言等

消防庁においては、「消防法」（昭和23年法律第186号）に基づき、次の予防対策を推進する。

・危険物の安全を確保するための技術基準等の整備の検討（危険物施設の老朽化を踏まえた長寿命化対策）

令和5年度予算額　　　　　60百万円
令和4年度予算額　　　　　59

・危険物施設の事故防止対策等

令和5年度予算額　　　　　12百万円
令和4年度予算額　　　　　12

・危険物データベースの精度の向上、新規危険性物質の早期把握及び危険性評価等

令和5年度予算額　　　　　10百万円
令和4年度予算額　　　　　10

（4）石油コンビナート等防災対策の推進

消防庁においては、石油コンビナートにおける事故防止及び被害軽減のための検討を行うとともに、「石油コンビナート等における自衛防災組織の技能コンテスト」を開催し、自衛防災組織等の技能や士気の向上を図る。

令和5年度予算額　　　　　26百万円
令和4年度予算額　　　　　31

消防庁及び経済産業省においては、石油及び高圧ガスを併せて取り扱う事業所の新設等に際し、事業所内の施設地区の設置等について審査するとともに、必要な助言等を行う。

令和5年度予算額　　　　　2百万円
令和4年度予算額　　　　　2

（5）産業保安等に係る技術基準の調査研究等

経済産業省においては、高圧ガスや火薬類等に係る事故・災害の未然防止を図り、もって公共の安全を確保するため、技術基準の見直し等に向けた調査研究等や、事故情報の原因解析及び再発防止策の検討を行い、産業保安基盤の整備・高度化に資する事業を実施する。

令和5年度予算額　　　　　600百万円の内数
令和4年度予算額　　　　　600百万円の内数

（6）高圧ガス及び火薬類による災害防止の指導等

経済産業省においては、製造事業者等に対する立入検査及び保安教育指導並びに都道府県取締担当者に対する研修等を行う。

（7）都市ガス分野における災害対応・レジリエンス強化に係る支援事業

経済産業省においては、災害時連携計画の効果を高めることを通じて都市ガス分野における災害対応・レジリエンスを強化するため、災害時の復旧作業等の迅速化に資する機器や設備の導入を行う中小規模の一般ガス導管事業者に対して、その費用の一部の補助を行う。

令和5年度予算額　　　　　200百万円

（8）危険物の海上輸送の安全対策の確立

国土交通省においては、国際基準の策定・取り入れについて十分な評価検討を行い、危険物の特性に応じた安全対策を講じる。また、危険物の海上輸送における事故を防止するため、危険物を運送する船舶に対し運送前の各種検査及び立入検査を実施する。

令和5年度予算額　　　　　274百万円の内数
令和4年度予算額　　　　　237百万円の内数

（9）危険物積載船舶運航及び危険物荷役に関する安全防災対策

海上保安庁においては、ふくそう海域における危険物積載船舶の航行の安全を確保するとともに、大型タンカーバースにおける適切な荷役等について指導し、安全防災対策を推進する。

(10) 沿岸海域環境保全情報の整備

海上保安庁においては、油流出事故が発生した際の迅速かつ的確な油防除活動等に資する目的で、沿岸海域の自然的・社会的情報等をデータベース化し、海図データ及び油の拡散・漂流予測結果等と併せて表示する沿岸海域環境保全情報の整備を引き続き行う。

令和5年度予算額	1百万円
令和4年度予算額	1

(11) 漂流予測体制の強化

海上保安庁においては、油流出事故による防除作業を的確に行うため、常時監視可能なブイを用いて漂流予測の評価・補正を行い、高精度の漂流予測が実施可能な体制を整備する。

令和5年度予算額	3百万円
令和4年度予算額	4

(12) 油防除対策に係る分野別専門家等の登録

海上保安庁においては、「油等汚染事件への準備及び対応のための国家的な緊急時計画」に基づき、関係行政機関等の協力を得て国内の各種分野の専門家等に関する情報を一元化するとともに、関係機関の要請に応じて提供可能な体制を確保する。

(13) 沿岸海域環境保全情報の整備

環境省においては、環境保全の観点から油等汚染事故に的確に対応するため、環境上著しい影響を受けやすい海岸等に関する情報を盛り込んだ図面（脆弱沿岸海域図）の運用、地方公共団体職員等による活用の推進及び更新のための情報収集に加え、適切な運用方法の検討を実施する。

令和5年度予算額	3百万円
令和4年度予算額	4

⑨ 原子力災害対策

9-1 教育訓練

(1) 原子力防災に関する人材育成の充実・強化整備

内閣府においては、原子力災害時において中核となる防災業務関係者について、体系的かつ効果的な訓練や研修等により人材育成を推進す

る。また、原子力防災の国内外の知見の分析・蓄積を行うための調査研究を実施する。

令和5年度予算額	408百万円
令和4年度予算額	435

(2) 警察庁における教育訓練

警察庁においては、都道府県警察の幹部に対して原子力に関する基礎的な知識、原子力災害発生時の災害応急対策、放射線量のモニタリング等についての教育訓練を行う。また、都道府県警察に対して原子力災害対策に必要な訓練の実施を指示する。

(3) 消防庁消防大学校における教育訓練

消防庁消防大学校においては、国及び都道府県の消防の事務に従事する職員並びに市町村の消防職員に対し、原子力災害における消防活動等に関する教育訓練を行う。

(4) 放射性物質安全輸送講習会

国土交通省においては、輸送作業従事者等に対し、輸送に関する基準及び放射性物質輸送に関する専門的知識等に係る講習会を実施する。

令和5年度予算額	0百万円
令和4年度予算額	0

(5) 環境放射線モニタリングのための研修等

原子力規制委員会においては、地方公共団体職員等を対象に、放射能分析に係る技術向上及び緊急時モニタリングの実効性向上のための研修等を実施する。

令和5年度予算額	228百万円
令和4年度予算額	227

(6) 海上保安庁における原子力災害対応訓練等

海上保安庁においては、原子力災害対応に従事する職員を対象とした災害発生時の対応に係る教育、関係機関と連携した原子力災害対応訓練等を実施する。

令和5年度予算額	2百万円
令和4年度予算額	2

9-2 防災施設設備の整備

原子力施設等の防災対策

　原子力規制委員会においては、原子力災害に係る緊急時対策支援システム整備、その他の原子力防災体制整備等を行う。

令和5年度予算額	4,072百万円
令和4年度予算額	3,638

9-3 その他

（1）地域防災計画・避難計画の具体化・充実化支援（原子力発電施設等緊急時安全対策交付金事業）

　内閣府においては、地域防災計画・避難計画の具体化・充実化を進めるため、地方公共団体が行う防災活動に必要な放射線測定器、防護服等の資機材の整備の支援などを行う。また、緊急時避難円滑化事業等により避難の円滑化を着実に推進する。

令和5年度予算額	10,042百万円
令和4年度予算額	9,502

（2）原子力防災体制等の構築

　内閣府においては、広域的視野からより有効な資機材等の調達・活用等を推進するべく、資機材等の備蓄・配送体制の構築及び運用の最適化を進める。

令和5年度予算額	50百万円
令和4年度予算額	23

（3）食品中の放射性物質に関するリスクコミュニケーション

　消費者庁においては、食品中の放射性物質に関し、関係府省、地方公共団体等と連携した意見交換会の開催、「食品と放射能Ｑ＆Ａ」による情報提供等を行う。

令和5年度予算額	71百万円の内数
令和4年度予算額	63百万円の内数

（4）地方消費者行政の充実・強化、放射性物質検査体制の整備

　消費者庁においては、風評被害の払拭のため、地方消費者行政強化交付金により、地方公共団体の取組を支援する。
　被災県（福島県）に対しては、別途地方消費者行政推進交付金（復興特別会計）により、消費サイドの放射性物質検査体制の整備等を支援する。

令和5年度予算額	1,944百万円の内数
令和4年度予算額	2,029百万円の内数

　また、原発事故を踏まえ、食品と放射能に関する食の安全・安心を確保するため、消費者庁及び国民生活センターにおいては、放射性物質検査機器の貸与を引き続き行うとともに、検査機器等に関する研修会を開催する。

令和5年度予算額	3,366百万円の内数
令和4年度予算額	3,026百万円の内数

（5）原子力災害対策の推進

　消防庁においては、地方公共団体における地域防災計画の見直しの助言・支援、原子力防災訓練への助言・協力等を行う。

令和5年度予算額	1百万円
令和4年度予算額	3

（6）海上輸送に係る原子力災害対策

　国土交通省においては、放射性物質等の海上輸送時の事故や災害発生時に想定される原子力災害への対応に備え、防災資材の整備・維持や衛星電話通信の維持、放射性物質災害防災訓練の指導等を行う。

令和5年度予算額	274百万円の内数
令和4年度予算額	237百万円の内数

⑩ その他の災害対策

10-1 教育訓練

（1）消防庁消防大学校における教育訓練

　消防庁消防大学校においては、国及び都道府県の消防の事務に従事する職員並びに市町村の消防職員に対し、生物剤及び化学剤に起因する災害における消防活動等に関する教育訓練を行う。

（2）船員の災害防止のための教育

　国土交通省においては、一般公共メディアを通じて船員等に対し安全衛生教育を行う。

令和5年度予算額	99百万円の内数
令和4年度予算額	81百万円の内数

（3）船員労働災害防止対策

国土交通省においては、船員災害防止基本計画に基づき、船員労働災害防止を効果的かつ具体的に推進するため、船員災害防止実施計画を作成し、各船舶所有者による自主的な船員災害防止を促すとともに、運航労務監理官による船舶及び事業場の監査指導を行う。

令和5年度予算額	291百万円の内数
令和4年度予算額	301百万円の内数

10-2 その他

（1）特殊災害対策の充実強化

消防庁においては、特殊災害に係る防災対策について、関係機関との連携を強化し、災害防止対策及び消防防災対策の充実強化を図るため、防災体制や消防活動の検討を行う。

令和5年度予算額	3百万円の内数
令和4年度予算額	9百万円の内数

（2）労働災害防止対策

厚生労働省においては、労働災害防止計画に基づき、計画的な労働災害防止対策の展開を図る。化学プラント等における化学物質による災害の防止、自然災害に伴う道路復旧工事等における土砂崩壊災害などの労働災害の防止等を図る。

なお、上記のうち一部については、令和5年度より独立行政法人労働者健康安全機構の事業の一環として、当該法人への交付金により行われる。

令和5年度予算額	217百万円の内数
令和4年度予算額	278百万円の内数

（3）鉱山に対する保安上の監督

経済産業省においては、鉱山における危害及び鉱害を防止するため、「鉱山保安法」（昭和24年法律第70号）及び「金属鉱業等鉱害対策特別措置法」（昭和48年法律第26号）に基づき、立入検査を行う。

（4）ライフライン関連施設の保安の確保

経済産業省においては、電気、ガスの供給に関する施設の適切な維持運用のため、関係法令に基づき、立入検査を行う。

（5）外国船舶の監督の実施

国土交通省においては、「海上人命安全条約」等の国際基準に適合しない船舶（サブスタンダード船）を排除し、海難事故を未然に防止するため、外国船舶監督官の組織を引き続き整備するとともに、我が国に寄港する外国船舶に対する監督（PSC）を的確に実施する。

令和5年度予算額	111百万円
令和4年度予算額	97

第3章　国土保全

① 治水事業

国土交通省においては、令和4年8月の大雨等による被害や気候変動の影響を踏まえ、「防災・減災、国土強靱化のための5か年加速化対策」も活用し、堤防・遊水地・ダム等の整備に加え、特定都市河川の指定拡大、内水対策、避難対策の強化等、ハード・ソフトの取組の強化とともに、計画的・効率的なインフラの老朽化対策、防災・減災対策を強力に進めるDX、カーボンニュートラルの推進に資するGX、水辺空間の良好な環境の創出等による地域活性化の取組を総合的に推進する。
- 流域治水の本格的実践「継続と深化」
- インフラ老朽化対策等による持続可能なインフラメンテナンスサイクルの実現
- 防災・減災対策を飛躍的に高度化・効率化するDXの推進
  令和5年度予算額　　851,796百万円の内数
  ※この他に防災・安全交付金の内数及びデジタル庁一括計上分
  令和4年度予算額　　848,413百万円の内数
  ※この他に防災・安全交付金の内数及びデジタル庁一括計上分

（1）流域治水の本格的実践「継続と深化」
（再掲　第2章　4-3（9））
気候変動による水災害の頻発化・激甚化に対応するため、あらゆる関係者が協働して取り組む「流域治水」を推進し、ハード・ソフト一体の事前防災対策を加速するとともに、水災害リスクを踏まえ特定都市河川の指定を拡大し、流域一体となった取組を実施する。

（2）インフラ老朽化対策等による持続可能なインフラメンテナンスサイクルの実現
予防保全によるライフサイクルコストの縮減・平準化を図るため、長寿命化計画に基づく定期点検等により確認された修繕・更新が必要な施設への対策を加速するとともに、新技術の積極的な活用等により効率的かつ持続可能なメンテナンスサイクルを実現する。

（3）防災・減災対策を飛躍的に高度化・効率化するDXの推進
3日程度先の水位予測情報の提供等による洪水予測の高度化などの情報分野での流域治水の取組を加速するとともに、デジタル技術の活用・新技術の導入等による施設の整備・管理や、流域情報等のオープンデータの拡充、サイバー空間上の実証実験基盤の整備等、イノベーションを促進する取組を推進する。

② 治山事業

（再掲　第2章2-2（11）、4-2（1）、5-2（2）、6-2（3））

農林水産省においては、大雨や短時間強雨の発生頻度の増加等により、山地災害が激甚化・頻発化する傾向にあることを踏まえ、山地災害の被害を防止・軽減する事前防災・減災の考え方に立ち治山対策を推進する。具体的には、流域治水の取組と連携しつつ、山地災害危険地区等において、土砂流出の抑制、森林土壌の保全強化を図るための治山施設の設置等、荒廃森林の整備、及び海岸防災林の整備等のハード対策と、山地災害危険地区に係る監視体制の強化推進等のソフト対策を一体的に実施することにより、地域の安全・安心の確保を図る。
  令和5年度予算額　　62,291百万円の内数
  ※この他に農山漁村地域整備交付金の内数
  令和4年度予算額　　62,027百万円の内数
  ※この他に農山漁村地域整備交付金の内数

2-1　国有林治山事業

農林水産省においては、国有林野内における治山事業を実施する。
  令和5年度予算額　　20,889百万円の内数
  令和4年度予算額　　20,878百万円の内数

2-2　民有林治山事業

農林水産省においては、次のとおり事業を実施する。

（1）直轄事業
- 直轄治山事業
  継続16地区について、民有林直轄治山事業を実施する。

・直轄地すべり防止事業

　林野の保全に係る地すべりについて、継続7地区（直轄治山と重複している地区を含む。）において事業を実施する（後掲　第3章3-1 (1)）。

令和5年度予算額	12,838百万円の内数
令和4年度予算額	12,832百万円の内数

・治山計画等に関する調査

　治山事業の効果的な推進を図るため、山地保全調査、治山事業積算基準等分析調査、治山施設長寿命化調査及び流域山地災害等対策調査を実施する。

令和5年度予算額	184百万円の内数
令和4年度予算額	180百万円の内数

（2）補助事業

・治山事業

　荒廃山地の復旧整備や水土保全機能が低下した森林の整備、海岸防災林の整備・保全等を実施する（後掲　第3章3-1 (2)）。

令和5年度予算額	28,380百万円の内数
	※この他に農山漁村地域整備交付金の内数
令和4年度予算額	28,137百万円の内数
	※この他に農山漁村地域整備交付金の内数

③ 地すべり対策事業

3-1　農林水産省所管事業

　農林水産省においては、次のとおり事業を実施する。

（1）直轄事業

・直轄地すべり対策事業

　農用地・農業用施設に被害を及ぼすおそれが大きく、かつ、地すべりの活動が認められる等緊急に対策を必要とする区域のうち、規模が著しく大きい等の地すべり防止工事について、事業を実施する。

令和5年度予算額	720百万円
令和4年度予算額	440

・直轄地すべり防止事業
　（再掲　第3章2-2 (1)）

・地すべり調査

　地すべり災害から農地及び農業用施設を保全するため、地すべり防止に係る調査を実施する。

令和5年度予算額	
基礎技術調査費	219百万円の内数
令和4年度予算額	
基礎技術調査費	219百万円の内数

（2）補助事業

・地すべり対策事業

　農用地・農業用施設に被害を及ぼすおそれが大きく、かつ、地すべりの活動が認められる等緊急に対策を必要とする区域に重点を置き、事業を実施する。

令和5年度予算額	41,119百万円の内数
令和4年度予算額	40,725百万円の内数

・地すべり防止事業
　（再掲　第3章2-2 (2)）

　林野の保全に係る地すべりについて、集落、公共施設等に被害を及ぼすおそれが大きく、かつ、緊急に対策を必要とする地区において事業を実施する。

令和5年度予算額	28,380百万円の内数
	※この他に農山漁村地域整備交付金の内数
令和4年度予算額	28,137百万円の内数
	※この他に農山漁村地域整備交付金の内数

3-2　国土交通省所管事業

　国土交通省においては、地すべりによる人命、財産の被害の防止・軽減に資することを目的として、地すべり防止施設の整備を行うとともに、都道府県において、地すべりの危険がある箇所を把握し、土砂災害警戒区域等の指定等による警戒避難体制の整備を支援する。

　また、大雨、地震等により新たな地すべりが発生又は地すべり現象が活発化し、経済上、民生安定上放置し難い場合に緊急的に地すべり防止施設を整備し、再度災害防止を図る。

令和5年度予算額	851,796百万円の内数
	※この他に防災・安全交付金の内数及びデジタル庁一括計上分
令和4年度予算額	848,413百万円の内数
	※この他に防災・安全交付金の内数及びデジタル庁一括計上分

④ 急傾斜地崩壊対策事業

　国土交通省においては、都道府県が指定する

急傾斜地崩壊危険区域における急傾斜地崩壊防止施設の整備や、土砂災害警戒区域等の指定等による警戒避難体制の整備等を支援する。

令和5年度予算額　851,796百万円の内数
※この他に防災・安全交付金の内数及びデジタル庁一括計上分
令和4年度予算額　848,413百万円の内数
※この他に防災・安全交付金の内数及びデジタル庁一括計上分

⑤ 海岸事業

（再掲　第2章2-2（13）、3-2（4）、4-2（2））

農林水産省及び国土交通省においては、国土保全上特に重要な海岸において、地震、津波、高潮、波浪、侵食対策等を重点的に推進する。

⑥ 農地防災事業

農林水産省においては、次の農地防災事業を実施する。

（1）直轄事業

・国営総合農地防災事業

農村地域の自然的社会的条件の変化により、広域的に農用地・農業用施設の機能低下又は災害のおそれが生じている地域において、これに対処するため農業用排水施設等の整備を行う事業を実施する。

令和5年度予算額　26,966百万円
令和4年度予算額　28,025

（2）補助事業

・農地防災事業

農用地・農業用施設の湛水被害等を未然に防止又は被害を最小化するため、農村地域防災減災事業、特殊自然災害対策施設緊急整備事業等を実施する。

令和5年度予算額　41,119百万円の内数
※この他に農山漁村地域整備交付金の内数
令和4年度予算額　41,025百万円の内数
※この他に農山漁村地域整備交付金の内数

⑦ 災害関連事業

（1）農林水産省所管事業

農林水産省においては、被災した農林水産業施設・公共土木施設等の再度災害防止のため、災害復旧事業と併せて隣接施設等の改良等の災害関連事業を実施する。

令和5年度予算額　5,446百万円
令和4年度予算額　5,219

（2）国土交通省所管事業

国土交通省においては、災害復旧事業の施行のみでは再度災害の防止に十分な効果が期待できないと認められる場合に、災害復旧事業と合併して新設又は改良事業を実施する。また、河川、砂防等について、災害を受けた施設の原形復旧に加え、これに関連する一定の改良復旧を緊急に行うほか、施設災害がない場合においても豪雨等により生じた土砂の崩壊等に対処する事業等を緊急に実施する。

令和5年度予算額　17,817百万円
令和4年度予算額　17,946

（3）環境省所管事業

環境省においては、国立公園内における緊急避難場所となる利用拠点施設の整備や利用者の安全確保を目的とした皇居外苑の石垣の修復等を実施する。

令和5年度予算額　8,235百万円の内数
令和4年度予算額　8,332百万円の内数

⑧ 地盤沈下対策事業

（1）地盤沈下対策事業

・地下水調査（保全調査）

農林水産省においては、農業用地下水利用地帯において、地盤沈下等の地下水障害状況の実態把握等に関する調査を実施する。

令和5年度予算額
基礎技術調査費　219百万円の内数
令和4年度予算額
基礎技術調査費　219百万円の内数

・地盤沈下対策事業

農林水産省においては、地盤の沈下により低下した農用地・農業用施設の効用の回復を図るため、緊急に対策を必要とする地域に重点を置

き、農業用排水施設を整備する等の事業を実施する。

　令和5年度予算額　　　41,119百万円の内数
　　※この他に農山漁村地域整備交付金の内数
　令和4年度予算額　　　40,725百万円の内数
　　※この他に農山漁村地域整備交付金の内数

（2）地盤沈下防止対策事業等

　経済産業省においては、地盤沈下防止のため、次の事業を実施する。

・地盤沈下防止対策工業用水道事業

　地下水に代わる水源としての工業用水道の整備を推進する事業を実施する。

　令和5年度予算額　　　497百万円の内数
　令和4年度予算額　　　491百万円の内数

・地下水位観測調査

　「工業用水法」（昭和31年法律第146号）に基づく指定地域における規制効果の測定を行うため、地下水位についての観測を継続的に実施する。

　令和5年度予算額　　　2百万円
　令和4年度予算額　　　2

（3）低地対策関連河川事業

　国土交通省においては、次の事業を実施する。

・地盤沈下関連水準測量等

　国土地理院においては、全国の主要地盤沈下地域を対象に、人工衛星の観測データを用いたSAR干渉解析や水準測量を実施し、地方公共団体の行う測量結果と併せて地盤変動の監視を行う。

　令和5年度予算額　　　232百万円の内数
　令和4年度予算額　　　239百万円の内数

（4）地下水対策調査

　国土交通省においては、濃尾平野、筑後・佐賀平野及び関東平野北部の地盤沈下防止等対策の実施状況を把握するとともに、地下水データの整理と分析を行い、地盤沈下を防止し、地下水の保全を図るための検討を行う。また、広域的な地下水マネジメントが必要となる地盤沈下防止等対策要綱地域等を対象に、関係者が収集・整理する地下水データを相互に活用する地下水データベースの運用を行う。

　令和5年度予算額　　　22百万円

　　※この他にデジタル庁一括計上分
　令和4年度予算額　　　16
　　※この他にデジタル庁一括計上分

（5）地下水・地盤環境対策

　環境省においては、全国から地盤沈下に関する測量情報を取りまとめた「全国の地盤沈下地域の概況」及び代表的な地下水位の状況や地下水採取規制に関する条例等の各種情報を整理した「全国地盤環境情報ディレクトリ」を公表する。また、地盤沈下を防止しつつ、地中熱等で需要が高まっている地下水利用に対応するため、持続可能な地下水の保全と利用の両立を推進するための方策について調査・検討を行う。

　令和5年度予算額　　　29百万円の内数
　令和4年度予算額　　　29百万円の内数

⑨　下水道における浸水対策

（再掲　第2章4-2（10））

⑩　その他の事業

（1）緊急自然災害防止対策事業債等

　総務省においては、地方公共団体が自然災害を未然に防止するために行う地方単独事業を防災対策事業債（自然災害防止事業）の対象とするとともに、河川管理施設又は砂防設備に関する工事その他の治山治水事業等の地方単独事業を一般事業債（河川等事業）の対象とする。また、「防災・減災、国土強靱化のための5か年加速化対策」と連携しつつ、緊急に自然災害を防止するための社会基盤整備や流域治水対策に関する地方単独事業について緊急自然災害防止対策事業債の対象とする。さらに、地方公共団体が単独事業として緊急的に実施する河川や防災重点農業用ため池等の浚渫について緊急浚渫推進事業債の対象とする。

（2）保安林等整備管理費

　農林水産省においては、全国森林計画等に基づき保安林の配備を進めるとともに、保安林の適正な管理を推進するため、保安林の指定・解除等の事務、保安林の管理状況の実態把握等の事業を実施する。

　令和5年度予算額　　　459百万円

（3）休廃止鉱山鉱害防止等事業等

経済産業省においては、鉱害防止義務者が不存在又は無資力の休廃止鉱山の鉱害防止のために地方公共団体の実施する事業に対して補助を行うとともに、同義務者が実施する休廃止鉱山の坑廃水処理事業のうち、義務者に起因しない汚染に係る部分に対し補助を行う。

令和5年度予算額　　　2,100百万円
令和4年度予算額　　　2,100

（4）鉄道防災事業

国土交通省においては、旅客鉄道株式会社が施行する落石・雪崩等対策及び海岸等保全のための防災事業並びに独立行政法人鉄道建設・運輸施設整備支援機構が施行する青函トンネルの防災事業を推進する。

令和5年度予算額　　　923百万円
令和4年度予算額　　　923

（5）鉄道施設の老朽化対策

国土交通省においては、鉄道事業者に対して、予防保全の観点から構造物の定期検査の実施、それに基づく健全度の評価を行い適切な維持管理を行うよう指示するとともに、人口減少が進み経営状況が厳しさを増す地方の鉄道事業者に対して、長寿命化に資する鉄道施設の補強・改良を推進する。

令和5年度予算額　　5,035百万円の内数
令和4年度予算額　　4,588百万円の内数

（6）防災・減災対策等強化事業推進費

国土交通省においては、年度当初に予算に計上されていない事業について、事業推進に向けた課題が解決されたこと、災害が発生するおそれが急遽高まっていること又は災害により被害が生じていることなど、年度途中に事業を実施すべき事由が生じた場合に、国民の安全・安心の確保をより一層図るため、緊急的かつ機動的に事業を実施し、防災・減災対策を強化する。

令和5年度予算額　　13,886百万円
令和4年度予算額　　19,971

（7）港湾施設の老朽化対策

国土交通省においては、第2次「国土交通省

インフラ長寿命化計画（行動計画）」（令和3年6月策定）を踏まえた予防保全型の取組への転換を加速するため、新技術を活用するなどして、計画的・集中的な老朽化対策を推進する。

令和5年度予算額　　244,403百万円の内数
令和4年度予算額　　243,903百万円の内数

（8）海岸保全施設の老朽化対策

農林水産省及び国土交通省においては、急速に進行する海岸保全施設の老朽化に対処するため、戦略的な維持管理・更新等による予防保全型のインフラメンテナンスへの転換に向けて、海岸保全施設の老朽化対策を集中的かつ計画的に推進する。

令和5年度予算額　　40,297百万円の内数
　※この他に農山漁村地域整備交付金、防災・安全交付金及び社会資本整備総合交付金の内数
令和4年度予算額　　40,379百万円の内数
　※この他に農山漁村地域整備交付金、防災・安全交付金及び社会資本整備総合交付金の内数

（9）一般廃棄物処理施設の老朽化対策

環境省においては、ダイオキシン対策により整備した一般廃棄物処理施設が老朽化し、地域でのごみ処理能力の不足、事故リスク増大のおそれがあることから、市町村が行う一般廃棄物処理施設の整備事業に対して循環型社会形成推進交付金を交付することで、施設の適切な更新や改修を図るとともに、地域住民の安全・安心を確保する。

令和5年度予算額　　30,933百万円
令和4年度予算額　　30,933

（10）浄化槽の整備推進

環境省においては、個別分散型汚水処理施設であり、災害に強い浄化槽の整備を推進するとともに、地球温暖化対策に資する浄化槽の省エネ改修等に対して国庫助成を行う。

令和5年度予算額　　10,810百万円
令和4年度予算額　　10,810

第4章　災害復旧等

① 災害応急対策

1-1　自衛隊の災害派遣

防衛省においては、災害派遣に直接必要な経費として、災害派遣等手当、災害派遣された隊員に支給される食事等に係る経費を計上している。

令和5年度予算額	1,122百万円
令和4年度予算額	974

1-2　非常災害発生に伴う現地災害対策等

内閣府においては、令和5年度に発生する災害について、職員を派遣し、被災情報の把握を行うとともに、必要に応じて政府調査団等による現地派遣を行い、地方公共団体の長等に対し必要な指導・助言等を行う等、的確かつ迅速な災害応急対策を行う。

令和5年度予算額	43百万円
令和4年度予算額	57

1-3　緊急消防援助隊の災害派遣

消防庁においては、大規模災害や特殊災害の発生に際し、「消防組織法」第44条第5項の規定に基づく消防庁長官の指示により出動した緊急消防援助隊の活動に要する費用について、同法第49条の規定に基づき負担する。

令和5年度予算額	10百万円
令和4年度予算額	10

1-4　災害救助費の国庫負担

内閣府においては、「災害救助法」（昭和22年法律第118号）に基づく救助に要する費用を同法に基づき負担する。

令和5年度予算額	2,839百万円
令和4年度予算額	2,839

1-5　災害弔慰金等の支給及び災害援護資金の貸付

内閣府においては、「災害弔慰金の支給等に関する法律」（昭和48年法律第82号）に基づき、災害弔慰金等の一部負担及び災害援護資金の原資の貸付を行う。

（1）災害弔慰金等の国庫負担

令和5年度予算額	140百万円
令和4年度予算額	140

（2）災害援護資金の原資の貸付

令和5年度予算額	150百万円
令和4年度予算額	150

1-6　その他の災害応急対策

（1）感染症法に基づく消毒や害虫駆除等の実施

厚生労働省においては、「感染症の予防及び感染症の患者に対する医療に関する法律」（平成10年法律第114号）に基づき、感染症の発生予防及びまん延防止のために必要な消毒や害虫駆除等について、都道府県等に対し補助を行う。

令和5年度予算額	1,200百万円の内数
令和4年度予算額	1,200百万円の内数

（2）災害廃棄物の処理

環境省においては、地方公共団体が災害のために実施した廃棄物の収集、運搬及び処分に係る事業に対して補助を行う。

令和5年度予算額	200百万円
令和4年度予算額	200

② 災害復旧事業

2-1　公共土木施設等災害復旧事業

（1）治山施設等

農林水産省においては、次のとおり災害復旧事業を実施する。

・直轄事業

治山施設について、令和4年災害及び令和5年災害に係る復旧事業の円滑な施行を図る。

また、農村振興局所管の地すべり防止施設について、令和5年災害に係る復旧事業の円滑な施行を図る。

さらに、漁港施設について、令和5年災害に係る復旧事業の円滑な施行を図る。

令和5年度予算額 893百万円
令和4年度予算額 893
・補助事業
　治山施設について、令和3年災害の復旧を完了し、令和4年災害及び令和5年災害に係る復旧事業の円滑な施行を図る。また、農村振興局所管の海岸保全施設及び地すべり防止施設について、令和3年災害の復旧を完了し、令和4年災害及び令和5年災害に係る復旧事業の円滑な施行を図る。さらに、漁港施設及び水産庁所管の海岸保全施設について、令和3年災害の復旧を完了し、令和4年災害及び令和5年災害に係る復旧事業の円滑な施行を図る。
令和5年度予算額 11,409百万円の内数
（2-2農林水産業施設災害復旧事業分を含む）
令和4年度予算額 10,697百万円の内数
（2-2農林水産業施設災害復旧事業分を含む）

（2）河川等
　国土交通省においては、次のとおり災害復旧事業を実施する。
令和5年度予算額 38,288百万円
令和4年度予算額 37,879
・直轄事業
　河川、ダム、海岸保全施設、砂防設備、地すべり防止施設、道路及び港湾施設について、令和元年災害、令和2年災害、令和3年災害、令和4年災害及び令和5年災害に係る復旧事業の円滑な施行を図る。
令和5年度予算額 20,128百万円
令和4年度予算額 18,973
・補助事業
　河川、海岸保全施設、砂防設備、地すべり防止施設、急傾斜地崩壊防止施設、道路、下水道、公園、都市施設及び港湾施設について、令和3年災害、令和4年災害及び令和5年災害に係る復旧事業並びに堆積土砂排除事業の円滑な施行を図るとともに、火山噴火に伴い多量の降灰のあった市町村が行う市町村道及び宅地等に係る降灰除去事業に対してその費用の一部を補助する。
令和5年度予算額 18,160百万円
令和4年度予算額 18,906

　農林水産省においては、次のとおり災害復旧事業を実施する。
・直轄事業
　「土地改良法」（昭和24年法律第195号）に基づき直轄土地改良事業により施行中及び完了した施設及び国有林野事業（治山事業を除く。）に係る林道施設等について、平成30年災害、令和3年災害、令和4年災害及び令和5年災害に係る復旧事業の円滑な施行を図る。
令和5年度予算額 2,349百万円
令和4年度予算額 3,178
・補助事業
　地方公共団体、土地改良区等が施行する災害復旧事業については、「農林水産業施設災害復旧事業費国庫補助の暫定措置に関する法律」（昭和25年法律第169号）の規定により補助し、農地、農業用施設、林業用施設、漁業用施設、農林水産業共同利用施設について事業の進捗を図る。
令和5年度予算額 11,409百万円の内数
（2-1公共土木施設等災害復旧事業分を含む）
令和4年度予算額 10,697百万円の内数
（2-1公共土木施設等災害復旧事業分を含む）

（1）国立大学等施設災害復旧事業
（再掲　第2章2-2（4））
　文部科学省においては、災害により被害を受けた国立大学等施設の復旧事業に対し、国庫補助を行う。
令和5年度予算額 36,265百万円の内数
令和4年度予算額 36,320百万円の内数

（2）公立学校施設災害復旧事業
　文部科学省においては、災害により被害を受けた公立学校施設の復旧事業に対し、国庫負担（補助）を行う。
令和5年度予算額 539百万円
令和4年度予算額 495

（3）文化財災害復旧事業
　文化庁においては、災害により被害を受けた国指定等文化財の復旧事業に対し、国庫補助を

行う。

令和5年度予算額	27,042百万円の内数
令和4年度予算額	26,550百万円の内数

2-4　水道施設等災害復旧事業

　厚生労働省においては、水道施設に係る災害について所要の復旧事業を実施する。

令和5年度予算額	356百万円
令和4年度予算額	356

2-5　その他の災害復旧事業

（1）公営住宅等
　国土交通省においては、地方公共団体が実施する災害により被害を受けた既設公営住宅等の復旧事業に対し、補助を行う。

令和5年度予算額	101百万円
令和4年度予算額	101

（2）鉄道災害復旧事業
　国土交通省においては、鉄軌道事業者が行う豪雨等による鉄道施設の災害復旧事業に対して「鉄道軌道整備法」（昭和28年法律第169号）に基づく補助を行うとともに、熊本地震を踏まえ、特に、大規模な災害により甚大な被害を受けた鉄道の復旧事業に対しては、より強力に支援する。

令和5年度予算額	985百万円
令和4年度予算額	974百万円

（3）廃棄物処理施設の災害復旧事業
　環境省においては、地方公共団体が実施する災害により被害を受けた廃棄物処理施設を原形に復旧する事業に対して補助を行う。

令和5年度予算額	30百万円
令和4年度予算額	30

③　財政金融措置

3-1　災害融資

（1）沖縄振興開発金融公庫の融資
　沖縄振興開発金融公庫においては、本土における政策金融機関の業務を、沖縄において一元的に行う総合政策金融機関として、沖縄県内の

被災した中小企業者、生活衛生関係業者、農林漁業者、医療施設開設者等の再建及び被災住宅の復興に資するため、貸付資金の確保に十分配慮するとともに、必要に応じて貸付条件を緩和した復旧資金の融資措置を講ずる。

（2）日本私立学校振興・共済事業団の融資（私立学校施設）
　災害により被害を受けた私立学校が日本私立学校振興・共済事業団から融資を受ける際、貸付条件を緩和する復旧措置を講ずる。

（3）独立行政法人福祉医療機構の融資
　独立行政法人福祉医療機構においては、融資の際、病院等の災害復旧に要する経費について貸付資金の確保に十分配慮するとともに、貸付条件を緩和した復旧資金の融資措置を講ずる。

（4）被災農林漁業者に向けた災害関連資金の融通
　ＪＡ等金融機関においては、被災した農林漁業者等に対して災害関連資金を融通する。さらに、甚大な自然災害については、災害関連資金の金利負担を貸付当初5年間軽減する措置を講ずる。また、農業信用基金協会等においては、被災農林漁業者等の資金の借入れに対して保証を行う。さらに、甚大な自然災害については、保証料を保証当初5年間免除する措置を講ずる。

（5）（株）日本政策金融公庫（国民一般向け業務）の融資
　株式会社日本政策金融公庫（国民一般向け業務）においては、被災中小企業者等に対し、必要な資金を融通する。また、既往債務の条件変更等に柔軟に対応する。
　さらに、激甚災害の指定を受けた災害については、災害貸付の利率の引下げを実施し、被災中小企業者等の事業再開に向けた資金繰りを支援する。

（6）（株）日本政策金融公庫（中小企業向け業務）の融資
　株式会社日本政策金融公庫（中小企業向け業務）においては、被災中小企業者に対し、運転資金・設備資金など必要な資金を融通する。ま

た、既往債務の条件変更等に柔軟に対応する。

さらに、激甚災害の指定を受けた災害については、災害復旧貸付の利率の引下げを実施し、被災中小企業者の事業再開に向けた資金繰りを支援する。

（7）（株）商工組合中央金庫の融資

株式会社商工組合中央金庫においては、被災中小企業者に対し、プロパー融資により運転資金・設備資金など必要な資金を融通する。また、既往債務の条件変更等に柔軟に対応する。

さらに、激甚災害の指定を受けた災害であって特に中小企業への影響が大きい場合については、災害復旧貸付を実施し、被災中小企業者の事業再開に向けた資金繰りを支援する。

（8）信用保証協会による信用保証

信用保証協会においては、被災中小企業者による運転資金・設備資金などの必要な資金の借入れに対して保証を行う。具体的には「災害救助法」が適用された自治体等において、当該災害の影響により売上高等が減少している被災中小企業者に対しては、通常の保証限度額とは別枠で融資額の100%を保証するセーフティネット保証4号を適用する。

さらに、激甚災害の指定を受けた災害についても、通常の保証限度額とは別枠で融資額の100%を保証する災害関係保証を措置し、被災中小企業者の事業の再建に向けた資金繰りを支援する。

（9）独立行政法人住宅金融支援機構の融資

独立行政法人住宅金融支援機構においては、被災家屋の迅速な復興を図るため、その建設・補修等について災害復興住宅融資を行う。

3-2 災害保険

（1）地震再保険

財務省においては、「地震保険に関する法律」（昭和41年法律第73号）に基づき地震再保険事業を運営しているところであるが、令和5年度においては、1回の地震等により政府が支払うべき再保険金の限度額を11兆7,713億円と定めて実施する。

　令和5年度予算額　　　　　108,891百万円

　令和4年度予算額　　　　　109,941

（2）農業保険

農林水産省においては、「農業保険法」（昭和22年法律第185号）に基づき、農業経営の安定を図るため、農業者が災害その他の不慮の事故によって受ける損失を補塡する農業共済事業及びこれらの事故等によって受ける農業収入の減少に伴う農業経営への影響を緩和する農業経営収入保険事業を実施する。

　令和5年度予算額　　　121,695百万円

　令和4年度予算額　　　　96,326

（3）漁業保険

農林水産省においては、漁業者が不慮の事故によって受ける損失を補塡し、経営の維持安定を図るため、次の災害補償等を実施する。

・「漁業災害補償法」（昭和39年法律第158号）に基づき、漁業災害に関する漁業共済事業を実施する。

　令和5年度予算額　　　13,127百万円

　令和4年度予算額　　　24,433

・「漁船損害等補償法」（昭和27年法律第28号）に基づき、漁船の損害及び船主の損害賠償責任等に関する保険事業を実施する。

　令和5年度予算額　　　6,925百万円

　令和4年度予算額　　　7,160

（4）森林保険

国立研究開発法人森林研究・整備機構においては、「森林保険法」（昭和12年法律第25号）に基づき、森林所有者が火災、気象災及び噴火災によって受ける森林の損害を補塡し、林業経営の維持安定を図るため、森林災害に関する森林保険業務を実施する。

3-3 地方債

総務省においては、災害復旧事業債について令和5年度地方債計画（通常収支分）において1,126億円を計上している。

　令和5年度地方債計画額　〔112,600〕百万円

　令和4年度地方債計画額　〔112,700〕

4 災害復興対策等

（1）被災者生活再建支援金の支給

　内閣府においては、「被災者生活再建支援法」（平成10年法律第66号）に基づき、被災者に支給される被災者生活再建支援金について、その半額を補助する。

令和5年度予算額	600百万円
令和4年度予算額	600

（2）被災者生活再建支援基金への拠出財源に対する地方財政措置

　総務省においては、「被災者生活再建支援法」に基づき、各都道府県が被災者生活再建支援基金における運用資金のために拠出した経費に係る地方債の元利償還金について、引き続き普通交付税措置を講じる。

（1）震災復興事業に係る特別の地方財政措置

　総務省においては、「被災市街地復興特別措置法」（平成7年法律第14号）に基づく「被災市街地復興推進地域」において被災地方公共団体が実施する土地区画整理事業及び市街地再開発事業について、引き続き国庫補助事業に係る地方負担額に充当される地方債の充当率を90％にするとともに、その元利償還金について普通交付税措置を講じる。

（2）被災地域の再生等のための面的整備事業の推進

　国土交通省においては、被災市街地復興推進地域等の再生、被災者のための住宅供給及び新都市核の整備のため、市街地再開発事業について、引き続き推進・支援する。

令和5年度予算額
　社会資本整備総合交付金の内数
令和4年度予算額
　社会資本整備総合交付金の内数

（1）被災者支援

　復興庁等関係省庁においては、避難生活の長期化等に伴う被災者の心身の健康の維持、住宅や生活の再建に向けた相談支援、コミュニティの形成、生きがいづくり等の「心の復興」など、生活再建のステージに応じた切れ目のない支援を実施する。

令和5年度予算額	24,913百万円
令和4年度予算額	27,849

（主な事業）
①被災者支援総合交付金

令和5年度予算額	10,201百万円
令和4年度予算額	11,527

②被災した児童生徒等への就学等支援

令和5年度予算額	2,304百万円
令和4年度予算額	2,570

③緊急スクールカウンセラー等活用事業

令和5年度予算額	1,572百万円
令和4年度予算額	1,671

④仮設住宅等

令和5年度予算額	728百万円
令和4年度予算額	788

⑤被災者生活再建支援金補助金

令和5年度予算額	2,038百万円
令和4年度予算額	2,538

⑥地域医療再生基金

令和5年度予算額	2,385百万円
令和4年度予算額	2,915

（2）住宅再建・復興まちづくり

　復興庁等関係省庁においては、住まいとまちの復興に向けて、災害公営住宅に関する支援を継続するほか、住民の安全・安心の確保等のために迅速に事業を進める必要があることから、災害復旧事業等について支援を継続する。

令和5年度予算額	47,638百万円
令和4年度予算額	50,782

（主な事業）

①家賃低廉化・特別家賃低減事業
　　令和5年度予算額　　　　　　21,910百万円
　　令和4年度予算額　　　　　　22,133

②社会資本整備総合交付金
　　令和5年度予算額　　　　　　11,553百万円
　　令和4年度予算額　　　　　　10,272

③災害復旧事業
　　令和5年度予算額　　　　　　7,492百万円
　　令和4年度予算額　　　　　　8,498

④森林整備事業
　　令和5年度予算額　　　　　　4,413百万円
　　令和4年度予算額　　　　　　4,601

⑤ハンズオン型ワンストップ土地活用推進事業
　　令和5年度予算額　　　　　　104百万円
　　令和4年度予算額　　　　　　133

（3）産業・生業（なりわい）の再生

　復興庁等関係省庁においては、ALPS処理水の処分に伴う対策として、被災県への水産に係る加工・流通・消費対策や福島県農林水産業の再生、原子力災害被災12市町村における事業再開支援、避難指示解除区域等における工場等の新増設支援等の取組を引き続き実施。
　　令和5年度予算額　　　　　　33,906百万円
　　令和4年度予算額　　　　　　34,698

（主な事業）

①災害関連融資
　　令和5年度予算額　　　　　　1,573百万円
　　令和4年度予算額　　　　　　2,008

②復興特区支援利子補給金
　　令和5年度予算額　　　　　　494百万円
　　令和4年度予算額　　　　　　641

③中小企業組合等共同施設等災害復旧事業
　　令和5年度予算額　　　　　　2,708百万円
　　令和4年度予算額　　　　　　2,246

④水産業復興販売加速化支援事業
　　令和5年度予算額　　　　　　4,053百万円

　　令和4年度予算額　　　　　　4,053

⑤被災地次世代漁業人材確保支援事業
　　令和5年度予算額　　　　　　698百万円
　　令和4年度予算額　　　　　　381

⑥福島県農林水産業復興創生事業
　　令和5年度予算額　　　　　　3,955百万円
　　令和4年度予算額　　　　　　4,055

⑦原子力災害による被災事業者の自立等支援事業
　　令和5年度予算額　　　　　　1,631百万円
　　令和4年度予算額　　　　　　2,970

⑧自立・帰還支援雇用創出企業立地補助金
　　令和5年度予算額　　　　　　14,090百万円
　　令和4年度予算額　　　　　　14,090

⑨独立行政法人中小企業基盤整備機構運営費交付金
　　令和5年度予算額　　　　　　208百万円
　　令和4年度予算額　　　　　　451

⑩原子力災害被災12市町村の農地中間管理機構による農地の集積・集約化
　　令和5年度予算額　　　　　　123百万円
　　令和4年度予算額　　　　　　123

⑪福島県における観光関連復興支援事業
　　令和5年度予算額　　　　　　500百万円
　　令和4年度予算額　　　　　　500

⑫ブルーツーリズム推進支援事業
　　令和5年度予算額　　　　　　270百万円
　　令和4年度予算額　　　　　　270

（4）原子力災害からの復興・再生

　復興庁等関係省庁においては、避難指示が解除された区域での生活再開に必要な帰還環境の整備や、帰還困難区域の特定復興再生拠点の整備、特定復興再生拠点区域外への帰還・居住に向けた避難指示解除に向けた取組等を実施するとともに、中間貯蔵施設の整備等を着実に推進する。また、風評払拭及び放射線に関するリスクコミュニケーションの取組を推進する。

令和 5 年度予算額　　　417,025 百万円
令和 4 年度予算額　　　444,667

（主な事業）
①特定復興再生拠点整備事業
令和 5 年度予算額　　　43,579 百万円
令和 4 年度予算額　　　44,461

②特定復興再生拠点区域外に係る除染等事業
令和 5 年度予算額　　　5,955 百万円
令和 4 年度予算額　　　1,434

③福島再生加速化交付金
令和 5 年度予算額　　　60,179 百万円
令和 4 年度予算額　　　70,084

④福島生活環境整備・帰還再生加速事業
令和 5 年度予算額　　　8,012 百万円
令和 4 年度予算額　　　8,819

⑤帰還困難区域の入域管理・被ばく管理等
令和 5 年度予算額　　　4,761 百万円
令和 4 年度予算額　　　5,296

⑥放射性物質対処型森林・林業再生総合対策事業
令和 5 年度予算額　　　3,734 百万円
令和 4 年度予算額　　　3,618

⑦福島県浜通り地域等の教育再生
令和 5 年度予算額　　　618 百万円
令和 4 年度予算額　　　618

⑧帰還困難区域等における鳥獣捕獲等緊急対策事業
令和 5 年度予算額　　　413 百万円
令和 4 年度予算額　　　411

⑨中間貯蔵関連事業
令和 5 年度予算額　　　178,646 百万円
令和 4 年度予算額　　　198,106

⑩放射性物質汚染廃棄物処理事業等
令和 5 年度予算額　　　72,993 百万円
令和 4 年度予算額　　　63,776

⑪除去土壌等適正管理・原状回復等事業
令和 5 年度予算額　　　16,929 百万円
令和 4 年度予算額　　　27,087

⑫風評払拭・リスクコミュニケーション強化対策
令和 5 年度予算額　　　1,965 百万円
令和 4 年度予算額　　　2,020

⑬地域の魅力等発信基盤整備事業
令和 5 年度予算額　　　239 百万円
令和 4 年度予算額　　　219

⑭福島医薬品関連産業支援拠点化事業
令和 5 年度予算額　　　2,021 百万円
令和 4 年度予算額　　　2,328

⑮原子力被災地域における映像・芸術文化支援事業
令和 5 年度予算額　　　330 百万円

（5）創造的復興

復興庁等関係省庁においては、単に震災前の状態に戻すのではなく、「創造的復興」を実現するため、上記の取組に加えて、福島国際研究教育機構の構築、福島イノベーション・コースト構想の推進、移住等の促進、高付加価値産地の形成等に係る取組を実施する。
令和 5 年度予算額　　　23,595 百万円
令和 4 年度予算額　　　16,263

（主な事業）
①福島国際研究教育機構関連事業
令和 5 年度予算額　　　14,492 百万円
令和 4 年度予算額　　　3,790

②福島イノベーション・コースト構想関連事業
令和 5 年度予算額　　　6,111 百万円
令和 4 年度予算額　　　6,964

③福島県高付加価値産地展開支援事業
令和 5 年度予算額　　　2,688 百万円
令和 4 年度予算額　　　5,180

④「新しい東北」普及展開等推進事業
令和 5 年度予算額　　　304 百万円

令和4年度予算額　　　　　　　　329

（6）東日本大震災の教訓継承事業

東日本大震災の教訓を継承するため、10年間の政府の復興政策の経緯・課題等をとりまとめ、公表するとともに、被災者をはじめとする国民の有する復興に係る知見を収集し、整理する。また、被災地における伝承活動を持続可能なものとするために東日本大震災の固有の課題等を調査し、整理する。

令和5年度予算額　　　　　73百万円
令和4年度予算額　　　　　74

（7）震災復興特別交付税

総務省においては、東日本大震災の復旧・復興事業に係る被災地方公共団体の財政負担について、被災団体以外の地方公共団体の負担に影響を及ぼすことがないよう、別枠で「震災復興特別交付税」を確保し、事業実施状況にあわせて決定・配分する。

令和5年度
　地方財政計画額　　　93,502百万円
令和4年度
　地方財政計画額　　　106,939

（8）日本司法支援センター（法テラス）における復興対策

法務省においては、日本司法支援センター（法テラス）にて、被災者への法的支援として、「総合法律支援法」（平成16年法律第74号）に基づく情報提供、民事法律扶助の各業務を実施する。

（9）登記事務処理の復興対策

法務省においては、東日本大震災における被災地復興の前提として、以下の施策を行う。
・被災者のための登記相談業務の委託
・復興に伴う登記事務処理体制の強化

（10）人権擁護活動の強化

法務省においては、人権擁護機関（法務省人権擁護局、全国の法務局及び人権擁護委員）が、震災に伴って生起する様々な人権問題に対し、人権相談を通じて対処するとともに、新たな人権侵害の発生を防止するための人権啓発活動を実施する。

令和5年度予算額　　　　　1百万円
令和4年度予算額　　　　　3

4-4　平成28年（2016年）熊本地震に関する復興対策

（1）農林水産省の対策

農林水産省においては、平成28年熊本地震による災害の復旧対策として、以下の事業を実施する。
・農業施設災害復旧事業
被災した農林水産業施設・公共土木施設の復旧整備を実施する。
令和5年度予算額　　　　8,189百万円の内数
令和4年度予算額　　　　8,276百万円の内数
・果樹農業生産力増強総合対策
令和5年度予算額　　　　5,074百万円の内数
令和4年度予算額　　　　5,102百万円の内数
（ただし令和元年度までは果樹農業好循環形成総合対策事業として措置）
・林業施設整備等利子助成事業
令和5年度予算額　　　　244百万円の内数
令和4年度予算額　　　　289百万円の内数
・農の雇用事業及び雇用就農資金（次世代経営者育成派遣研修タイプ）
令和5年度予算額　　　19,225百万円の内数
令和4年度予算額　　　20,700百万円の内数
・治山事業
令和5年度予算額　　　62,291百万円の内数
　※この他に農山漁村地域整備交付金の内数
令和4年度予算額　　　62,027百万円の内数
　※この他に農山漁村地域整備交付金の内数

（2）国土交通省の対策

・土砂災害対策の推進
国土交通省においては、地震により地盤の緩んだ阿蘇地域において土砂災害対策を行う。
令和5年度予算額　　851,796百万円の内数
　※この他に防災・安全交付金の内数及びデジタル庁一括計上分
令和4年度予算額　　848,413百万円の内数
　※この他に防災・安全交付金の内数及びデジタル庁一括計上分
・宅地耐震化の推進
国土交通省においては、被災宅地の再度災害を防止するための宅地の耐震化を支援する。

令和5年度予算額
　　　防災・安全交付金の内数
令和4年度予算額
　　　防災・安全交付金の内数
・被災市街地の早期復興のための復興まちづくりの推進
　熊本地震により甚大な被害を受けた熊本県益城町中心部における早期復興に向け、主要な幹線道路の整備や土地区画整理事業等によるまちの復興を支援する。
令和5年度予算額
　　　防災・安全交付金及び社会資本整備総合交付金の内数
令和4年度予算額
　　　防災・安全交付金及び社会資本整備総合交付金の内数

| 4-5 | 平成29年（2017年）7月九州北部豪雨に関する復興対策 |

（1）農林水産省の対策

　農林水産省においては、平成29年7月九州北部豪雨を含む平成29年台風第3号及び梅雨前線による6月7日からの大雨による災害の復旧対策として、以下の事業を実施する。
・災害復旧事業
　被災した農林水産業施設・公共土木施設の復旧整備を実施する。
　　令和5年度予算額　　　　　8,189百万円の内数
　　令和4年度予算額　　　　　9,410百万円の内数
・果樹農業生産力増強総合対策
　　令和5年度予算額　　　　　5,074百万円の内数
　　令和4年度予算額　　　　　5,102百万円の内数
　　（ただし令和元年度までは果樹農業好循環形成総合対策事業として措置）
・茶・薬用作物等地域特産作物体制強化促進事業
　　令和5年度予算額　　　　　1,353百万円の内数
　　令和4年度予算額　　　　　1,367百万円の内数
・農の雇用事業及び雇用就農資金（次世代経営者育成派遣研修タイプ）
　　令和5年度予算額　　　　19,225百万円の内数
　　令和4年度予算額　　　　20,700百万円の内数
・林業施設整備等利子助成事業
　　令和5年度予算額　　　　　244百万円の内数
　　令和4年度予算額　　　　　289百万円の内数

・治山事業
　　令和5年度予算額　　　62,291百万円の内数
　　　※この他に農山漁村地域整備交付金の内数
　　令和4年度予算額　　　62,027百万円の内数
　　　※この他に農山漁村地域整備交付金の内数
・森林整備事業
　　令和5年度予算額　　　125,249百万円の内数
　　令和4年度予算額　　　124,823百万円の内数

（2）国土交通省の対策

　国土交通省においては、甚大な被害を受けた河川において、再度災害の防止を目的に河川整備や砂防堰堤等の整備を行う。
　　令和5年度予算額　　　851,796百万円の内数
　　　※この他に防災・安全交付金の内数及びデジタル庁一括計上分
　　令和4年度予算額　　　848,413百万円の内数
　　　※この他に防災・安全交付金の内数及びデジタル庁一括計上分

| 4-6 | 平成30年（2018年）7月豪雨に関する復興対策 |

（1）農林水産省の対策

　農林水産省においては、平成30年7月豪雨を含む平成30年の梅雨期における豪雨及び暴風雨による災害の復旧対策として、以下の事業を実施する。
・災害復旧事業
　被災した農林水産業施設・公共土木施設の復旧整備を実施する。
　　令和5年度予算額　　　　　8,189百万円の内数
　　令和4年度予算額　　　　　9,410百万円の内数
・果樹農業生産力増強総合対策
　　令和5年度予算額　　　　　5,074百万円の内数
　　令和4年度予算額　　　　　5,102百万円の内数
　　（ただし令和元年度までは果樹農業好循環形成総合対策事業として措置）
・茶・薬用作物等地域特産作物体制強化促進事業
　　令和5年度予算額　　　　　1,353百万円の内数
　　令和4年度予算額　　　　　1,367百万円の内数
・農の雇用事業及び雇用就農資金（次世代経営者育成派遣研修タイプ）
　　令和5年度予算額　　　　19,225百万円の内数
　　令和4年度予算額　　　　20,700百万円の内数

・林業施設整備等利子助成事業
　令和5年度予算額　　　　　244百万円の内数
　令和4年度予算額　　　　　289百万円の内数
・治山事業
　令和5年度予算額　　　62,291百万円の内数
　　※この他に農山漁村地域整備交付金の内数
　令和4年度予算額　　　62,027百万円の内数
　　※この他に農山漁村地域整備交付金の内数
・森林整備事業
　令和5年度予算額　　　125,249百万円の内数
　令和4年度予算額　　　124,823百万円の内数
・漁業経営基盤強化金融支援事業
　令和5年度予算額　　　　　265百万円の内数
　令和4年度予算額　　　　　209百万円の内数

（2）国土交通省の対策

　国土交通省においては、再度災害の防止を目的に、甚大な被害を受けた岡山県等において治水対策を行うとともに、広島県等において土砂災害対策を集中的に行う。
　令和5年度予算額　　　851,796百万円の内数
　　※この他に防災・安全交付金の内数及びデジタル庁一括計上分
　令和4年度予算額　　　848,413百万円の内数
　　※この他に防災・安全交付金の内数及びデジタル庁一括計上分

4-7　平成30年（2018年）台風第21号に関する復興対策

農林水産省の対策

　農林水産省においては、平成30年台風第21号による災害の復旧対策として、以下の事業を実施する。
・果樹農業生産力増強総合対策
　令和5年度予算額　　　　5,074百万円の内数
　令和4年度予算額　　　　5,102百万円の内数
（ただし令和元年度までは果樹農業好循環形成総合対策事業として措置）
・茶・薬用作物等地域特産作物体制強化促進事業
　令和5年度予算額　　　　1,353百万円の内数
　令和4年度予算額　　　　1,367百万円の内数
・農の雇用事業及び雇用就農資金（次世代経営者育成派遣研修タイプ）
　令和5年度予算額　　　19,225百万円の内数

　令和4年度予算額　　　20,700百万円の内数
・林業施設整備等利子助成事業
　令和5年度予算額　　　　　244百万円の内数
　令和4年度予算額　　　　　289百万円の内数
・治山事業
　令和5年度予算額　　　62,291百万円の内数
　　※この他に農山漁村地域整備交付金の内数
　令和4年度予算額　　　62,027百万円の内数
　　※この他に農山漁村地域整備交付金の内数
・森林整備事業
　令和5年度予算額　　　125,249百万円の内数
　令和4年度予算額　　　124,823百万円の内数
・漁業経営基盤強化金融支援事業
　令和5年度予算額　　　　　265百万円の内数
　令和4年度予算額　　　　　209百万円の内数

4-8　平成30年（2018年）北海道胆振東部地震に関する復興対策

（1）農林水産省の対策

　農林水産省においては、平成30年北海道胆振東部地震による災害の復旧対策として、以下の事業を実施する。
・災害復旧事業
　被災した農林水産業施設・公共土木施設の復旧整備を実施する。
　令和5年度予算額　　　　8,189百万円の内数
　令和4年度予算額　　　　9,410百万円の内数
・果樹農業生産力増強総合対策
　令和5年度予算額　　　　5,074百万円の内数
　令和4年度予算額　　　　5,102百万円の内数
（ただし令和元年度までは果樹農業好循環形成総合対策事業として措置）
・林業施設整備等利子助成事業
　令和5年度予算額　　　　　244百万円の内数
　令和4年度予算額　　　　　289百万円の内数
・農の雇用事業及び雇用就農資金（次世代経営者育成派遣研修タイプ）
　令和5年度予算額　　　19,225百万円の内数
　令和4年度予算額　　　20,700百万円の内数
・治山事業
　令和5年度予算額　　　62,291百万円の内数
　　※この他に農山漁村地域整備交付金の内数
　令和4年度予算額　　　62,027百万円の内数
　　※この他に農山漁村地域整備交付金の内数
・森林整備事業

第3部　令和5年度の防災に関する計画

令和5年度予算額　　　　125,249百万円の内数
令和4年度予算額　　　　124,823百万円の内数
・漁業経営基盤強化金融支援事業
令和5年度予算額　　　　265百万円の内数
令和4年度予算額　　　　209百万円の内数

（2）国土交通省の対策

・土砂災害対策の推進

　国土交通省においては、甚大な被害を受けた北海道勇払郡厚真町等において、土砂災害対策を集中的に行う。

令和5年度予算額　　　　851,796百万円の内数
　※この他に防災・安全交付金の内数及びデジタル庁一括計上分
令和4年度予算額　　　　848,413百万円の内数
　※この他に防災・安全交付金の内数及びデジタル庁一括計上分

・宅地耐震化の推進

　国土交通省においては、被災宅地の再度災害を防止するための宅地の耐震化を支援する。

令和5年度予算額
　防災・安全交付金の内数
令和4年度予算額
　防災・安全交付金の内数

4-9	平成30年（2018年）台風第24号に関する復興対策

農林水産省の対策

　農林水産省においては、平成30年台風第24号による災害の復旧対策として、以下の事業を実施する。

・果樹農業生産力増強総合対策
令和5年度予算額　　　　5,074百万円の内数
令和4年度予算額　　　　5,102百万円の内数
（ただし令和元年度までは果樹農業好循環形成総合対策事業として措置）
・茶・薬用作物等地域特産作物体制強化促進事業
令和5年度予算額　　　　1,353百万円の内数
令和4年度予算額　　　　1,367百万円の内数
・農の雇用事業及び雇用就農資金（次世代経営者育成派遣研修タイプ）
令和5年度予算額　　　　19,225百万円の内数
令和4年度予算額　　　　20,700百万円の内数
・林業施設整備等利子助成事業

令和5年度予算額　　　　244百万円の内数
令和4年度予算額　　　　289百万円の内数
・治山事業
令和5年度予算額　　　　62,291百万円の内数
　※この他に農山漁村地域整備交付金の内数
令和4年度予算額　　　　62,027百万円の内数
　※この他に農山漁村地域整備交付金の内数
・森林整備事業
令和5年度予算額　　　　125,249百万円の内数
令和4年度予算額　　　　124,823百万円の内数
・漁業経営基盤強化金融支援事業
令和5年度予算額　　　　265百万円の内数
令和4年度予算額　　　　209百万円の内数

4-10	令和元年（2019年）8月の前線に伴う大雨に関する復興対策

農林水産省の対策

　農林水産省においては、令和元年8月の前線に伴う大雨を含む令和元年8月から9月の前線に伴う大雨（台風第10号、第13号、第15号及び第17号の暴風雨を含む。）、台風第19号等による災害の復旧対策として、以下の事業を実施する。

・災害復旧事業

　被災した農林水産業施設・公共土木施設の復旧整備を実施する。

令和5年度予算額　　　　5,360百万円の内数
令和4年度予算額　　　　14,743百万円の内数
・果樹農業生産力増強総合対策
令和5年度予算額　　　　5,074百万円の内数
令和4年度予算額　　　　5,102百万円の内数
（ただし令和元年度までは果樹農業好循環形成総合対策事業として措置）
・茶・薬用作物等地域特産作物体制強化促進事業
令和5年度予算額　　　　1,353百万円の内数
令和4年度予算額　　　　1,367百万円の内数
・農の雇用事業及び雇用就農資金（次世代経営者育成派遣研修タイプ）
令和5年度予算額　　　　19,225百万円の内数
令和4年度予算額　　　　20,700百万円の内数
・林業施設整備等利子助成事業
令和5年度予算額　　　　244百万円の内数
令和4年度予算額　　　　289百万円の内数
・治山事業

令和5年度予算額　　　　62,291百万円の内数
　　※この他に農山漁村地域整備交付金の内数
令和4年度予算額　　　　62,027百万円の内数
　　※この他に農山漁村地域整備交付金の内数
・森林整備事業
令和5年度予算額　　　　125,249百万円の内数
令和4年度予算額　　　　124,823百万円の内数
・漁業経営基盤強化金融支援事業
令和5年度予算額　　　　265百万円の内数
令和4年度予算額　　　　209百万円の内数

4-11	令和元年（2019年）房総半島台風に関する復興対策

農林水産省の対策

　農林水産省においては、令和元年台風第15号を含む令和元年8月から9月の前線に伴う大雨（台風第10号、第13号及び第17号の暴風雨を含む。）、台風第19号等による災害の復旧対策として、以下の事業を実施する。
・果樹農業生産力増強総合対策
令和5年度予算額　　　　5,074百万円の内数
令和4年度予算額　　　　5,102百万円の内数
（ただし令和元年度までは果樹農業好循環形成総合対策事業として措置）
・茶・薬用作物等地域特産作物体制強化促進事業
令和5年度予算額　　　　1,353百万円の内数
令和4年度予算額　　　　1,367百万円の内数
・農の雇用事業及び雇用就農資金（次世代経営者育成派遣研修タイプ）
令和5年度予算額　　　　19,225百万円の内数
令和4年度予算額　　　　20,700百万円の内数
・林業施設整備等利子助成事業
令和5年度予算額　　　　244百万円の内数
令和4年度予算額　　　　289百万円の内数
・治山事業
令和5年度予算額　　　　62,291百万円の内数
　　※この他に農山漁村地域整備交付金の内数
令和4年度予算額　　　　62,027百万円の内数
　　※この他に農山漁村地域整備交付金の内数
・森林整備事業
令和5年度予算額　　　　125,249百万円の内数
令和4年度予算額　　　　124,823百万円の内数
・漁業経営基盤強化金融支援事業
令和5年度予算額　　　　265百万円の内数

令和4年度予算額　　　　209百万円の内数

4-12	令和元年（2019年）東日本台風に関する復興対策

（1）農林水産省の対策

　農林水産省においては、令和元年台風第19号を含む令和元年8月から9月の前線に伴う大雨（台風第10号、第13号、第15号及び第17号の暴風雨を含む。）等による災害の復旧対策として、以下の事業を実施する。
・災害復旧事業
　被災した農林水産業施設・公共土木施設の復旧整備を実施する。
令和5年度予算額　　　　5,360百万円の内数
令和4年度予算額　　　　14,743百万円の内数
・果樹農業生産力増強総合対策
令和5年度予算額　　　　5,074百万円の内数
令和4年度予算額　　　　5,102百万円の内数
（ただし令和元年度までは果樹農業好循環形成総合対策事業として措置）
・茶・薬用作物等地域特産作物体制強化促進事業
令和5年度予算額　　　　1,353百万円の内数
令和4年度予算額　　　　1,367百万円の内数
・農の雇用事業及び雇用就農資金（次世代経営者育成派遣研修タイプ）
令和5年度予算額　　　　19,225百万円の内数
令和4年度予算額　　　　20,700百万円の内数
・林業施設整備等利子助成事業
令和5年度予算額　　　　244百万円の内数
令和4年度予算額　　　　289百万円の内数
・治山事業
令和5年度予算額　　　　62,291百万円の内数
　　※この他に農山漁村地域整備交付金の内数
令和4年度予算額　　　　62,027百万円の内数
　　※この他に農山漁村地域整備交付金の内数
・森林整備事業
令和5年度予算額　　　　125,249百万円の内数
令和4年度予算額　　　　124,823百万円の内数
・漁業経営基盤強化金融支援事業
令和5年度予算額　　　　265百万円の内数
令和4年度予算額　　　　209百万円の内数

（2）国土交通省の対策
・治水対策及び土砂災害対策の推進

国土交通省においては、再度災害の防止を目的に、甚大な被害を受けた長野県等において治水対策を行うとともに、宮城県等において土砂災害対策を集中的に行う。

令和5年度予算額　　　851,796百万円の内数
　※この他に防災・安全交付金の内数及びデジタル庁一括計上分
令和4年度予算額　　　848,413百万円の内数
　※この他に防災・安全交付金の内数及びデジタル庁一括計上分

・道路事業

国土交通省においては、広範囲で浸水による道路損傷が発生した国道349号において、「大規模災害からの復興に関する法律」（平成25年法律第55号）に基づく直轄権限代行により復旧を推進する。

令和5年度予算額　　　20,128百万円の内数
令和4年度予算額　　　18,973百万円の内数

4-13	令和2年（2020年）7月豪雨に関する復興対策

（1）農林水産省の対策

農林水産省においては、令和2年7月豪雨による災害の復旧対策として、以下の事業を実施する。

・災害復旧事業

被災した農林水産業施設・公共土木施設の復旧整備を実施する。

令和5年度予算額　　　13,549百万円の内数
令和4年度予算額　　　14,743百万円の内数

・果樹農業生産力増強総合対策

令和5年度予算額　　　5,074百万円の内数
令和4年度予算額　　　5,102百万円の内数

・茶・薬用作物等地域特産作物体制強化促進事業

令和5年度予算額　　　1,353百万円の内数
令和4年度予算額　　　1,367百万円の内数

・農の雇用事業及び雇用就農資金（次世代経営者育成派遣研修タイプ）

令和5年度予算額　　　19,225百万円の内数
令和4年度予算額　　　20,700百万円の内数

・林業施設整備等利子助成事業

令和5年度予算額　　　244百万円の内数
令和4年度予算額　　　289百万円の内数

・治山事業

令和5年度予算額　　　62,291百万円の内数
　※この他に農山漁村地域整備交付金の内数
令和4年度予算額　　　62,027百万円の内数
　※この他に農山漁村地域整備交付金の内数

・森林整備事業

令和5年度予算額　　　125,249百万円の内数
令和4年度予算額　　　124,823百万円の内数

・漁業経営基盤強化金融支援事業

令和5年度予算額　　　265百万円の内数
令和4年度予算額　　　209百万円の内数

（2）国土交通省の対策

・治水対策及び土砂災害対策の推進

国土交通省においては、再度災害の防止を目的に、甚大な被害を受けた熊本県等において治水対策を行うとともに、土砂災害対策を支援する。

令和5年度予算額　　　851,796百万円の内数
　※この他に防災・安全交付金の内数及びデジタル庁一括計上分
令和4年度予算額　　　848,413百万円の内数
　※この他に防災・安全交付金の内数及びデジタル庁一括計上分

・道路事業

国土交通省においては、豪雨により流出した熊本県の球磨川沿いの橋梁10橋を含む国道219号や県道等の約100kmにおいて、「道路法」（昭和27年法律第180号）に基づく直轄権限代行により復旧を推進する。

令和5年度予算額　　　20,128百万円の内数
令和4年度予算額　　　18,973百万円の内数

・宅地耐震化の推進

国土交通省においては、被災宅地の再度災害を防止するため、公共施設と宅地との一体的な嵩上げを支援する。

令和5年度予算額
　防災・安全交付金の内数
令和4年度予算額
　防災・安全交付金の内数

・被災鉄道の復旧支援

国土交通省においては、令和2年7月豪雨により被災した鉄道の早期復旧を図るため、経営基盤の脆弱な鉄道事業者が行う災害復旧事業について支援を行う。

令和5年度予算額　　　985百万円の内数
令和4年度予算額　　　974百万円の内数

4-14 令和2年（2020年）台風第10号に関する復興対策

農林水産省の対策

農林水産省においては、令和2年台風第10号による災害の復旧対策として、以下の事業を実施する。

・果樹農業生産力増強総合対策
令和5年度予算額　　　　　5,074百万円の内数
令和4年度予算額　　　　　5,102百万円の内数
・農の雇用事業及び雇用就農資金（次世代経営者育成派遣研修タイプ）
令和5年度予算額　　　　19,225百万円の内数
令和4年度予算額　　　　20,700百万円の内数
・林業施設整備等利子助成事業
令和5年度予算額　　　　　244百万円の内数
令和4年度予算額　　　　　289百万円の内数
・治山事業
令和5年度予算額　　　　62,291百万円の内数
　　　※この他に農山漁村地域整備交付金の内数
令和4年度予算額　　　　62,027百万円の内数
　　　※この他に農山漁村地域整備交付金の内数
・森林整備事業
令和5年度予算額　　　　125,249百万円の内数
令和4年度予算額　　　　124,823百万円の内数
・漁業経営基盤強化金融支援事業
令和5年度予算額　　　　　265百万円の内数
令和4年度予算額　　　　　209百万円の内数

4-15 令和2年（2020年）12月から令和3年（2021年）1月の大雪等に関する復興対策

農林水産省の対策

農林水産省においては、令和2年12月から令和3年1月の大雪等による災害の復旧対策として、以下の事業を実施する。

・果樹農業生産力増強総合対策
令和5年度予算額　　　　　5,074百万円の内数
令和4年度予算額　　　　　5,102百万円の内数
・農の雇用事業及び雇用就農資金（次世代経営者育成派遣研修タイプ）
令和5年度予算額　　　　19,225百万円の内数
令和4年度予算額　　　　20,700百万円の内数
・林業施設整備等利子助成事業
令和5年度予算額　　　　　244百万円の内数
令和4年度予算額　　　　　289百万円の内数

・治山事業
令和5年度予算額　　　　62,291百万円の内数
　　　※この他に農山漁村地域整備交付金の内数
令和4年度予算額　　　　62,027百万円の内数
　　　※この他に農山漁村地域整備交付金の内数
・森林整備事業
令和5年度予算額　　　　125,249百万円の内数
令和4年度予算額　　　　124,823百万円の内数
・漁業経営基盤強化金融支援事業
令和5年度予算額　　　　　265百万円の内数
令和4年度予算額　　　　　209百万円の内数

4-16 令和3年（2021年）福島県沖を震源とする地震に関する復興対策

農林水産省の対策

農林水産省においては、令和3年福島県沖を震源とする地震による災害の復旧対策として、以下の事業を実施する。

・災害復旧事業
被災した農林水産業施設・公共土木施設の復旧整備を実施する。
令和5年度予算額　　　　14,626百万円の内数
令和4年度予算額　　　　14,743百万円の内数
・果樹農業生産力増強総合対策
令和5年度予算額　　　　　5,074百万円の内数
令和4年度予算額　　　　　5,102百万円の内数
・農の雇用事業及び雇用就農資金（次世代経営者育成派遣研修タイプ）
令和5年度予算額　　　　19,225百万円の内数
令和4年度予算額　　　　20,700百万円の内数
・林業施設整備等利子助成事業
令和5年度予算額　　　　　244百万円の内数
令和4年度予算額　　　　　289百万円の内数
・森林整備事業
令和5年度予算額　　　　125,249百万円の内数
令和4年度予算額　　　　124,823百万円の内数
・漁業経営基盤強化金融支援事業
令和5年度予算額　　　　　265百万円の内数
令和4年度予算額　　　　　209百万円の内数

4-17 令和3年（2021年）7月1日からの大雨に関する復興対策

（1）農林水産省の対策

農林水産省においては、令和3年7月1日か

らの大雨による災害の復旧対策として、以下の事業を実施する。

・災害復旧事業

　被災した農林水産業施設・公共土木施設の復旧整備を実施する。

令和5年度予算額	14,626百万円の内数
令和4年度予算額	14,743百万円の内数

・果樹農業生産力増強総合対策

令和5年度予算額	5,074百万円の内数
令和4年度予算額	5,102百万円の内数

・茶・薬用作物等地域特産作物体制強化促進事業

令和5年度予算額	1,353百万円の内数
令和4年度予算額	1,367百万円の内数

・農の雇用事業及び雇用就農資金（次世代経営者育成派遣研修タイプ）

令和5年度予算額	19,225百万円の内数
令和4年度予算額	20,700百万円の内数

・林業施設整備等利子助成事業

令和5年度予算額	244百万円の内数
令和4年度予算額	289百万円の内数

・治山事業

令和5年度予算額	62,291百万円の内数
	※この他に農山漁村地域整備交付金の内数
令和4年度予算額	62,027百万円の内数
	※この他に農山漁村地域整備交付金の内数

・森林整備事業

令和5年度予算額	125,249百万円の内数
令和4年度予算額	124,823百万円の内数

・漁業経営基盤強化金融支援事業

令和5年度予算額	265百万円の内数
令和4年度予算額	209百万円の内数

（2）国土交通省の対策

・土砂災害対策の推進

　国土交通省においては、甚大な被害を受けた静岡県等において、土砂災害対策を集中的に行う。

令和5年度予算額	851,796百万円の内数
	※この他に防災・安全交付金の内数及びデジタル庁一括計上分
令和4年度予算額	848,413百万円の内数
	※この他に防災・安全交付金の内数及びデジタル庁一括計上分

（1）農林水産省の対策

　農林水産省においては、令和3年8月の大雨による災害の復旧対策として、以下の事業を実施する。

・災害復旧事業

　被災した農林水産業施設・公共土木施設の復旧整備を実施する。

令和5年度予算額	14,626百万円の内数
令和4年度予算額	14,743百万円の内数

・果樹農業生産力増強総合対策

令和5年度予算額	5,074百万円の内数
令和4年度予算額	5,102百万円の内数

・茶・薬用作物等地域特産作物体制強化促進事業

令和5年度予算額	1,353百万円の内数
令和4年度予算額	1,367百万円の内数

・農の雇用事業及び雇用就農資金（次世代経営者育成派遣研修タイプ）

令和5年度予算額	19,225百万円の内数
令和4年度予算額	20,700百万円の内数

・林業施設整備等利子助成事業

令和5年度予算額	244百万円の内数
令和4年度予算額	289百万円の内数

・治山事業

令和5年度予算額	62,291百万円の内数
	※この他に農山漁村地域整備交付金の内数
令和4年度予算額	62,027百万円の内数
	※この他に農山漁村地域整備交付金の内数

・森林整備事業

令和5年度予算額	125,249百万円の内数
令和4年度予算額	124,823百万円の内数

・漁業経営基盤強化金融支援事業

令和5年度予算額	265百万円の内数
令和4年度予算額	209百万円の内数

（2）経済産業省の対策

　経済産業省においては、令和3年8月の大雨により、大きな被害を受けた地域（佐賀県武雄市、杵島郡大町町）を対象に、中小企業等が行う施設復旧等の費用の補助を行う。

（3）国土交通省の対策

・土砂災害対策の推進

国土交通省においては、甚大な被害を受けた広島県等において、土砂災害対策を集中的に行う。

令和5年度予算額　　　851,796百万円の内数
※この他に防災・安全交付金の内数及びデジタル庁一括計上分
令和4年度予算額　　　848,413百万円の内数
※この他に防災・安全交付金の内数及びデジタル庁一括計上分

| 4-19 | 令和4年（2022年）福島県沖を震源とする地震に関する復興対策 |

（1）農林水産省の対策

農林水産省においては、令和4年福島県沖を震源とする地震による災害の復旧対策として、以下の事業を実施する。

・災害復旧事業
被災した農林水産業施設・公共土木施設の復旧整備を実施する。
令和5年度予算額　　　14,626百万円の内数
令和4年度予算額　　　14,743百万円の内数
・果樹農業生産力増強総合対策
令和5年度予算額　　　5,074百万円の内数
令和4年度予算額　　　5,102百万円の内数
・農の雇用事業及び雇用就農資金（次世代経営者育成派遣研修タイプ）
令和5年度予算額　　　19,225百万円の内数
令和4年度予算額　　　20,700百万円の内数
・林業施設整備等利子助成事業
令和5年度予算額　　　244百万円の内数
令和4年度予算額　　　289百万円の内数
・治山事業
令和5年度予算額　　　62,291百万円の内数
※この他に農山漁村地域整備交付金の内数
令和4年度予算額　　　62,027百万円の内数
※この他に農山漁村地域整備交付金の内数
・森林整備事業
令和5年度予算額　　　125,249百万円の内数
令和4年度予算額　　　124,823百万円の内数
・漁業経営基盤強化金融支援事業
令和5年度予算額　　　265百万円の内数
令和4年度予算額　　　209百万円の内数

（2）経済産業省の対策

経済産業省においては、令和4年福島県沖を震源とする地震により、大きな被害を受けた地域（岩手県、宮城県、福島県）を対象に、中小企業等が行う施設復旧等の費用の補助を行う。
令和4年度予算額　　　26,350百万円

（3）国土交通省の対策

・道路事業
国土交通省においては、地震により被災した福島県の国道399号伊達橋において、「道路法」に基づく直轄権限代行により復旧を推進する。
令和5年度予算額　　　20,128百万円の内数

| 4-20 | 令和4年（2022年）低気圧や前線による大雨に関する復興対策 |

（1）農林水産省の対策

農林水産省においては、令和4年7月の低気圧や前線によって発生した大雨による災害の復旧対策として以下の事業を実施する。

・災害復旧事業
被災した農林水産業施設・公共土木施設の復旧整備を実施する。
令和5年度予算額　　　14,626百万円の内数
令和4年度予算額　　　14,743百万円の内数
・農の雇用事業及び雇用就農資金（次世代経営者育成派遣研修タイプ）
令和5年度予算額　　　19,225百万円の内数
令和4年度予算額　　　20,700百万円の内数
・林業施設整備等利子助成事業
令和5年度予算額　　　244百万円の内数
令和4年度予算額　　　289百万円の内数
・治山事業
令和5年度予算額　　　62,291百万円の内数
※この他に農山漁村地域整備交付金の内数
令和4年度予算額　　　62,027百万円の内数
※この他に農山漁村地域整備交付金の内数
・森林整備事業
令和5年度予算額　　　125,249百万円の内数
令和4年度予算額　　　124,823百万円の内数
・漁業経営基盤強化金融支援事業
令和5年度予算額　　　265百万円の内数
令和4年度予算額　　　209百万円の内数

（2）国土交通省の対策

・治水対策
国土交通省においては、再度災害の防止を目

的に、令和4年7月の低気圧や前線による大雨により甚大な被害を受けた宮城県等において治水対策を行う。

> 令和5年度予算額　　　851,796百万円の内数
> ※この他に防災・安全交付金の内数及びデジタル庁一括計上分
> 令和4年度予算額　　　848,413百万円の内数
> ※この他に防災・安全交付金の内数及びデジタル庁一括計上分

| 4-21 | 令和4年（2022年）8月3日からの大雨等に関する復興対策 |

（1）農林水産省の対策

農林水産省においては、令和4年8月3日からの大雨等による災害の復旧対策として以下の事業を実施する。

・災害復旧事業

被災した農林水産業施設・公共土木施設の復旧整備を実施する。

> 令和5年度予算額　　　14,626百万円の内数
> 令和4年度予算額　　　14,743百万円の内数

・果樹農業生産力増強総合対策

> 令和5年度予算額　　　5,074百万円の内数
> 令和4年度予算額　　　5,102百万円の内数

・農の雇用事業及び雇用就農資金（次世代経営者育成派遣研修タイプ）

> 令和5年度予算額　　　19,225百万円の内数
> 令和4年度予算額　　　20,700百万円の内数

・林業施設整備等利子助成事業

> 令和5年度予算額　　　244百万円の内数
> 令和4年度予算額　　　289百万円の内数

・治山事業

> 令和5年度予算額　　　62,291百万円の内数
> ※この他に農山漁村地域整備交付金の内数
> 令和4年度予算額　　　62,027百万円の内数
> ※この他に農山漁村地域整備交付金の内数

・森林整備事業

> 令和5年度予算額　　　125,249百万円の内数
> 令和4年度予算額　　　124,823百万円の内数

・漁業経営基盤強化金融支援事業

> 令和5年度予算額　　　265百万円の内数
> 令和4年度予算額　　　209百万円の内数

（2）経済産業省の対策

経済産業省においては、令和4年8月3日か

らの大雨等により、大きな被害を受けた地域（新潟県、石川県）を対象に小規模事業者が行う災害復旧事業の費用の補助を行う。

> 令和5年度予算額　　　1,070百万円の内数
> 令和4年度予算額　　　1,086百万円の内数

（3）国土交通省の対策

・治水対策及び土砂災害対策の推進

国土交通省においては、再度災害の防止を目的に、甚大な被害を受けた石川県等において治水対策を行うとともに、新潟県等において土砂災害対策を集中的に行う。

> 令和5年度予算額　　　851,796百万円の内数
> ※この他に防災・安全交付金の内数及びデジタル庁一括計上分
> 令和4年度予算額　　　848,413百万円の内数
> ※この他に防災・安全交付金の内数及びデジタル庁一括計上分

・鉄道事業

国土交通省においては、令和4年（2022年）8月3日からの大雨等による災害の復旧対策として、鉄軌道事業者が行う鉄道施設の災害復旧事業に対して支援を行う。

> 令和5年度予算額　　　985百万円の内数
> 令和4年度予算額　　　974百万円の内数

| 4-22 | 令和4年（2022年）台風第14号に関する復興対策 |

（1）農林水産省の対策

農林水産省においては、令和4年台風第14号による災害の復旧対策として以下の事業を実施する。

・災害復旧事業

被災した農林水産業施設・公共土木施設の復旧整備を実施する。

> 令和5年度予算額　　　14,626百万円の内数
> 令和4年度予算額　　　14,743百万円の内数

・農の雇用事業及び雇用就農資金（次世代経営者育成派遣研修タイプ）

> 令和5年度予算額　　　19,225百万円の内数
> 令和4年度予算額　　　20,700百万円の内数

・林業施設整備等利子助成事業

> 令和5年度予算額　　　244百万円の内数
> 令和4年度予算額　　　289百万円の内数

・治山事業

令和5年度予算額　　　　62,291百万円の内数
　　※この他に農山漁村地域整備交付金の内数
令和4年度予算額　　　　62,027百万円の内数
　　※この他に農山漁村地域整備交付金の内数
・森林整備事業
令和5年度予算額　　　125,249百万円の内数
令和4年度予算額　　　124,823百万円の内数
・漁業経営基盤強化金融支援事業
令和5年度予算額　　　　　265百万円の内数
令和4年度予算額　　　　　209百万円の内数

（2）経済産業省の対策

　経済産業省においては、令和4年台風第14号により、大きな被害を受けた地域（宮崎県）を対象に小規模事業者が行う災害復旧事業の費用の補助を行う。

令和5年度予算額　　　　　1,070百万円の内数
令和4年度予算額　　　　　1,086百万円の内数

（3）国土交通省の対策

・土砂災害対策の推進

　国土交通省においては、甚大な被害を受けた宮崎県等において、土砂災害対策を集中的に行う。

令和5年度予算額　　　851,796百万円の内数
　　※この他に防災・安全交付金の内数及びデジタル庁一括計上分
令和4年度予算額　　　848,413百万円の内数
　　※この他に防災・安全交付金の内数及びデジタル庁一括計上分

4-23　令和4年（2022年）台風第15号に関する復興対策

（1）農林水産省の対策

　農林水産省においては、令和4年台風第15号による災害の復旧対策として、以下の事業を実施する。

・災害復旧事業

　被災した農林水産業施設・公共土木施設の復旧整備を実施する。

令和5年度予算額　　　　14,626百万円の内数
令和4年度予算額　　　　14,743百万円の内数

・農の雇用事業及び雇用就農資金（次世代経営者育成派遣研修タイプ）

令和5年度予算額　　　　19,225百万円の内数

令和4年度予算額　　　　20,700百万円の内数

・林業施設整備等利子助成事業
令和5年度予算額　　　　　244百万円の内数
令和4年度予算額　　　　　289百万円の内数

・治山事業
令和5年度予算額　　　　62,291百万円の内数
　　※この他に農山漁村地域整備交付金の内数
令和4年度予算額　　　　62,027百万円の内数
　　※この他に農山漁村地域整備交付金の内数

・森林整備事業
令和5年度予算額　　　125,249百万円の内数
令和4年度予算額　　　124,823百万円の内数

・漁業経営基盤強化金融支援事業
令和5年度予算額　　　　　265百万円の内数
令和4年度予算額　　　　　209百万円の内数

（2）経済産業省の対策

　経済産業省においては、令和4年台風第15号により、大きな被害を受けた地域（静岡県）を対象に小規模事業者が行う災害復旧事業の費用の補助を行う。

令和5年度予算額　　　　　1,070百万円の内数
令和4年度予算額　　　　　1,086百万円の内数

（3）国土交通省の対策

・土砂災害対策の推進

　国土交通省においては、甚大な被害を受けた静岡県等において、土砂災害対策を集中的に行う。

令和5年度予算額　　　851,796百万円の内数
　　※この他に防災・安全交付金の内数及びデジタル庁一括計上分
令和4年度予算額　　　848,413百万円の内数
　　※この他に防災・安全交付金の内数及びデジタル庁一括計上分

・鉄道事業

　国土交通省においては、令和4年（2022年）台風第15号による災害の復旧対策として、鉄軌道事業者が行う鉄道施設の災害復旧事業に対して支援を行う。

令和5年度予算額　　　　　985百万円の内数
令和4年度予算額　　　　　974百万円の内数

（1）自然災害による被災者の債務整理に係る支援

金融庁においては、自然災害の影響によって既往債務を弁済できなくなった被災者が、「自然災害による被災者の債務整理に関するガイドライン」（平成27年12月25日策定）に基づき債務整理を行う場合における弁護士等の登録支援専門家による手続支援に要する経費の補助を行う。

令和5年度予算額	88百万円
令和4年度予算額	98

（2）雲仙岳噴火災害に関する復興対策

国土交通省においては、水無川流域で砂防設備を整備するとともに、監視カメラ映像等の情報提供等、火砕流・土石流に対する警戒避難体制の整備を推進する。

令和5年度予算額　　851,796百万円の内数
　※この他に防災・安全交付金の内数及びデジタル庁一括計上分
令和4年度予算額　　848,413百万円の内数
　※この他に防災・安全交付金の内数及びデジタル庁一括計上分

（3）三宅島噴火災害に関する対策

国土交通省においては、泥流災害及び流木災害防止のため、砂防設備の整備を支援する。

令和5年度予算額　　851,796百万円の内数
　※この他に防災・安全交付金の内数及びデジタル庁一括計上分
令和4年度予算額　　848,413百万円の内数
　※この他に防災・安全交付金の内数及びデジタル庁一括計上分

（4）平成23年（2011年）台風第12号による災害に関する復興対策

国土交通省においては、大規模崩壊が多数発生し、現在も顕著な土砂流出が継続している紀伊山系等において土砂災害対策を行う。

令和5年度予算額　　851,796百万円の内数
　※この他に防災・安全交付金の内数及びデジタル庁一括計上分
令和4年度予算額　　848,413百万円の内数
　※この他に防災・安全交付金の内数及びデジ

タル庁一括計上分

（5）平成26年（2014年）広島土砂災害に関する復興対策

国土交通省においては、広島県広島市で土砂災害等が多数発生したため、被災地において土砂災害対策を集中的に行う。

令和5年度予算額　　851,796百万円の内数
　※この他に防災・安全交付金の内数及びデジタル庁一括計上分
令和4年度予算額　　848,413百万円の内数
　※この他に防災・安全交付金の内数及びデジタル庁一括計上分

（6）平成26年（2014年）御嶽山噴火災害に関する復興対策

国土交通省においては、関係機関への観測情報の提供など警戒避難体制の整備を支援する。

令和5年度予算額　　851,796百万円の内数
　※この他に防災・安全交付金の内数及びデジタル庁一括計上分
令和4年度予算額　　848,413百万円の内数
　※この他に防災・安全交付金の内数及びデジタル庁一括計上分

（7）令和3年（2021年）海底火山「福徳岡ノ場」の噴火に係る漂流・漂着軽石に関する対策

農林水産省においては、令和3年（2021年）海底火山「福徳岡ノ場」の噴火に係る漂流・漂着軽石による災害の復旧対策として、以下の事業を実施する。
・漁業経営基盤強化金融支援事業

令和5年度予算額　　265百万円の内数
令和4年度予算額　　209百万円の内数

第5章　国際防災協力

① 多国間協力

（1）国際関係経費

　内閣府においては、第3回国連防災世界会議で策定された「仙台防災枠組2015-2030」の普及・定着を図るとともに、我が国の災害から得られた経験・知見・技術を活かし、戦略的な国際防災協力の展開、アジア地域における多国間防災協力に加え、その他二国間防災協力を推進する。

令和5年度予算額	236百万円
令和4年度予算額	231

（2）ICT防災に係る国際協力のための調査・実証等

　総務省においては、地上デジタルテレビ放送日本方式の特徴の一つである緊急警報放送システム（EWBS）の普及に係る調査・実証、導入・運用の協力を行うとともに、令和4年度に委託調査の一環として開催した調査研究会報告書も踏まえ、EWBS等のICT防災への更なる有効活用のため、地上デジタルテレビ放送日本方式採用国等における実証や調査等を行う。

令和5年度予算額	140百万円
令和4年度予算額	59

（3）消防用機器等の国際動向への対応

　消防庁においては、消防用機器等をめぐる国際動向を踏まえ、各種の規格・基準の整備等を含む必要な対応について調査・検討を行う。

令和5年度予算額	5百万円
令和4年度予算額	5

（4）日本規格に適合した消防用機器等の競争力強化

　消防庁においては、東南アジア諸国等における消防制度の整備状況や消防用機器等の導入実態の把握や、国内の製造事業者、認証機関等との海外展開に向けた制度的課題の検討等を通じて、日本規格適合品の海外展開を促進するとともに、東南アジア諸国等において消防技術に係る国際協力や日本の規格・認証制度の普及を図る。

令和5年度予算額	15百万円
令和4年度予算額	17

（5）国際消防救助隊の海外派遣体制の推進

　消防庁においては、国際消防救助隊の一層の能力強化を図るため、国際消防救助隊の連携訓練やセミナーの開催など、教育訓練の一層の充実を図る。

令和5年度予算額	21百万円
令和4年度予算額	20

（6）消防の国際協力及び国際貢献の推進

　消防庁においては、我が国がこれまで培ってきた消防防災の技術、制度等を広く紹介する国際消防防災フォーラムを、主にASEAN諸国を対象に開催し、消防防災能力の向上を図る。また、日韓両国の消防防災の課題等について情報共有、意見交換等を行う日韓消防行政セミナーを開催し、日韓消防の交流、連携及び協力の推進を図る。

令和5年度予算額	5百万円
令和4年度予算額	5

（7）消防防災インフラシステムの海外展開の推進

　消防庁においては、急速な人口増加や経済成長に伴い、大規模ビルや石油コンビナート等における火災や爆発のリスクが増大している新興国等において、日本企業による消防用機器等の紹介、展示の場を設け、我が国企業と相手国消防防災関係者との関係構築を図る。

令和5年度予算額	35百万円
令和4年度予算額	35

（8）国連・国際機関等への拠出

　外務省においては、国連等と協力し「仙台防災枠組2015-2030」の着実な実施や「世界津波の日」の啓発活動等を推進するため、国連防災機関（UNDRR）への拠出等を行う。また、リアルタイムに世界の災害情報を提供するリリーフウェブ等を管理・運営する国連人道問題調整事務所（OCHA）の活動等を支援する。

令和5年度予算額	837百万円
（UNDRR：627百万円、OCHA：48百万円、その他162百万円）	
令和4年度予算額	733

（UNDRR：494、OCHA：101、その他138）

（9）衛星を利用した防災に関する国際協力の推進

国立研究開発法人宇宙航空研究開発機構においては、アジア太平洋地域における衛星の災害関連情報の共有を目的として我が国が主導する「センチネルアジア」等の国際的な枠組みを通じて、陸域観測技術衛星2号「だいち2号」（ALOS−2）の観測データ等を活用し、海外の災害状況把握に貢献する。

(10) 防災分野の海外展開支援

国土交通省においては、世界における水防災対策の推進及び我が国の水防災技術の海外展開を進めるため、国連における防災と水に関する国際会議等の活動を支援する。

| 令和5年度予算額 | 70百万円 |
| 令和4年度予算額 | 65 |

(11) 気象業務の国際協力

気象庁においては、アジア太平洋域各国に対し、台風や豪雨等の監視に資する静止気象衛星画像、台風の解析・予報に関する資料、季節予報資料及び気候監視情報等を提供するとともに、利用技術や人材育成を支援する活動を行う。

(12) 北西太平洋津波情報の提供

気象庁においては、北西太平洋域における津波災害の軽減に資するため、米国海洋大気庁太平洋津波警報センターと連携し、津波の到達予想時刻や予想される高さ等を北西太平洋関係各国に対して提供する。

(13) 油流出事故等に対する国際協力推進

海上保安庁においては、日本海及び黄海等における海洋環境の保全を近隣諸国とともに進める「北西太平洋地域海行動計画（NOWPAP）」への参画や、各国関係機関との会議や油防除に関する訓練を通じて、事故発生時に関係国が協力して対応できる体制の構築に努め、国際的な連携強化を推進する。

| 令和5年度予算額 | 6百万円 |
| 令和4年度予算額 | 1 |

2 二国間協力

（1）防災分野における「地球規模課題対応国際科学技術協力プログラム（SATREPS）」の活用

外務省・独立行政法人国際協力機構（JICA）及び文部科学省・国立研究開発法人科学技術振興機構（JST）においては、我が国の優れた科学技術と政府開発援助（ODA）との連携により、地球規模課題の解決に向けて、我が国と開発途上国の研究機関が協力して国際共同研究を実施するSATREPSにより、研究分野の一つとして防災分野における協力を行う。

令和5年度予算額
　　JICA運営費交付金の内数、JST運営費交付金の内数
令和4年度予算額
　　JICA運営費交付金の内数、JST運営費交付金の内数

（2）防災に関する国際協力の推進

国土交通省においては、防災面での課題を抱えた新興国等を対象に、両国の産学官が参画し、平常時から防災分野の二国間協力関係を強化するとともに本邦防災技術の海外展開を図る「防災協働対話」の取組を引き続きインドネシアやベトナム、トルコで実施する。さらに、ダム再生案件等の海外の関心が高い分野について、本邦技術の優位性を紹介するワークショップ等の会議を新興国等を対象に行う。加えて産学官の協力体制を構築する組織である「日本防災プラットフォーム」と協力し、引き続き海外展開を推進する。

また、日本が優位性を持つ衛星による観測・予測、氾濫解析等の技術を活用し、アジア太平洋地域等を対象に水害リスク評価等を実施するとともに、水害リスクマップを作成し、水害リスクの可視化を行う。

| 令和5年度予算額 | 109百万円 |
| 令和4年度予算額 | 40 |

附 属 資 料

附属資料　目次

年　月　日	災害名	主な被災地	死者・行方不明者数
昭和20. 1.13	三河地震 (M6.8)	愛知県南部	2,306人
9.17 ～ 18	枕崎台風	西日本 (特に広島)	3,756人
21.12.21	南海地震 (M8.0)	中部以西の日本各地	1,443人
22. 8.14	浅間山噴火	浅間山周辺	11人
9.14 ～ 15	カスリーン台風	東海以北	1,930人
23. 6.28	福井地震 (M7.1)	福井平野とその周辺	3,769人
9.15 ～ 17	アイオン台風	四国から東北 (特に岩手)	838人
25. 9. 2 ～ 4	ジェーン台風	四国以北 (特に大阪)	539人
26.10.13 ～ 15	ルース台風	全国 (特に山口)	943人
27. 3. 4	十勝沖地震 (M8.2)	北海道南部, 東北北部	33人
28. 6.25 ～ 29	大雨 (前線)	九州, 四国, 中国 (特に北九州)	1,013人
7.16 ～ 24	南紀豪雨	東北以西 (特に和歌山)	1,124人
29. 5. 8 ～ 12	風害 (低気圧)	北日本, 近畿	670人
9.25 ～ 27	洞爺丸台風	全国 (特に北海道, 四国)	1,761人
32. 7.25 ～ 28	諫早豪雨	九州 (特に諫早周辺)	722人
33. 6.24	阿蘇山噴火	阿蘇山周辺	12人
9.26 ～ 28	狩野川台風	近畿以東 (特に静岡)	1,269人
34. 9.26 ～ 27	伊勢湾台風	全国 (九州を除く, 特に愛知)	5,098人
35. 5.23	チリ地震津波	北海道南岸, 三陸海岸, 志摩海岸	142人
38. 1	昭和38年1月豪雪	北陸, 山陰, 山形, 滋賀, 岐阜	231人
39. 6.16	新潟地震 (M7.5)	新潟, 秋田, 山形	26人
40. 9.10 ～ 18	台風第23, 24, 25号	全国 (特に徳島, 兵庫, 福井)	181人
41. 9.23 ～ 25	台風第24, 26号	中部, 関東, 東北, 特に静岡, 山梨	317人
42. 7 ～ 8	7, 8月豪雨	中部以西, 東北南部	256人
43. 5.16	1968年十勝沖地震 (M7.9)	青森県を中心に北海道南部・東北地方	52人
47. 7. 3 ～ 15	台風第6, 7, 9号及び7月豪雨	全国 (特に北九州, 島根, 広島)	447人
49. 5. 9	1974年伊豆半島沖地震 (M6.9)	伊豆半島南端	30人
51. 9. 8 ～ 14	台風第17号及び9月豪雨	全国 (特に香川, 岡山)	171人
52. 1	雪害	東北, 近畿北部, 北陸	101人
52. 8. 7 ～ 53.10	1977年有珠山噴火	北海道	3人
53. 1.14	1978年伊豆大島近海の地震 (M7.0)	伊豆半島	25人
6.12	1978年宮城県沖地震 (M7.4)	宮城県	28人
54.10.17 ～ 20	台風第20号	全国 (特に東海, 関東, 東北)	115人
55.12 ～ 56. 3	雪害	東北, 北陸	152人
57. 7 ～ 8	7, 8月豪雨及び台風第10号	全国 (特に長崎, 熊本, 三重)	439人
58. 5.26	昭和58年 (1983年) 日本海中部地震 (M7.7)	秋田, 青森	104人
7.20 ～ 29	梅雨前線豪雨	山陰以東 (特に島根)	117人
10. 3	昭和58年 (1983年) 三宅島噴火	三宅島周辺	－
12 ～ 59. 3	雪害	東北, 北陸 (特に新潟, 富山)	131人
59. 9.14	昭和59年 (1984年) 長野県西部地震 (M6.8)	長野県西部	29人
61.11.15 ～ 12.18	昭和61年 (1986年) 伊豆大島噴火	伊豆大島	－
平成 2.11.17 ～ 7. 6. 3	平成3年 (1991年) 雲仙岳噴火	長崎県	44人
5. 7.12	平成5年 (1993年) 北海道南西沖地震 (M7.8)	北海道	230人
7.31 ～ 8. 7	平成5年8月豪雨	全国	79人
7. 1.17	阪神・淡路大震災 (M7.3)	兵庫県	6,437人
12. 3.31 ～ 13. 6.28	平成12年 (2000年) 有珠山噴火	北海道	－
6.25 ～ 17. 3.31	平成12年三宅島噴火及び新島・神津島近海地震 (M6.5)	東京都	1人
16.10.20 ～ 21	平成16年台風第23号	全国	98人
10.23	平成16年 (2004年) 新潟県中越地震 (M6.8)	新潟県	68人
17.12 ～ 18. 3	平成18年豪雪	北陸地方を中心とする日本海側	152人
19. 7.16	平成19年 (2007年) 新潟県中越沖地震 (M6.8)	新潟県	15人
20. 6.14	平成20年 (2008年) 岩手・宮城内陸地震 (M7.2)	東北 (特に宮城, 岩手)	23人
22.11 ～ 23. 3	平成22年の大雪等	北日本から西日本にかけての日本海側	131人
23. 3.11	東日本大震災 (Mw9.0)	東日本 (特に宮城, 岩手, 福島)	22,318人
23. 8.30 ～ 23. 9. 5	平成23年台風第12号	近畿, 四国	98人
23.11 ～ 24. 3	平成23年の大雪等	北日本から西日本にかけての日本海側	133人
24.11 ～ 25. 3	平成24年11月からの大雪等	北日本から西日本にかけての日本海側	104人
25.11 ～ 26. 3	平成25年からの大雪等	北日本から関東甲信越地方 (特に山梨)	95人
26. 8.20	平成26年8月豪雨 (広島土砂災害)	広島県	77人
26. 9.27	平成26年御嶽山噴火	長野県, 岐阜県	63人
28. 4.14及び 4.16	平成28年 (2016年) 熊本地震 (M7.3)	九州地方	273人
30. 6.28 ～ 7. 8	平成30年7月豪雨	全国 (特に広島, 岡山, 愛媛)	271人
30. 9. 6	平成30年北海道胆振東部地震 (M6.7)	北海道	43人
令和 1.10.10 ～ 1.10.13	令和元年東日本台風	関東, 東北地方	108人
2. 7. 3 ～ 2. 7.31	令和2年7月豪雨	全国 (特に九州地方)	88人
3. 7. 1 ～ 3. 7.14	令和3年7月1日からの大雨	全国 (特に静岡)	29人
3. 8. 7 ～ 3. 8.23	令和3年8月の大雨	全国 (特に長野, 広島, 長崎)	13人
4. 9.17 ～ 4. 9.20	令和4年台風第14号	九州, 中国, 四国地方	5人

注) 死者・行方不明者について, 風水害は500人以上, 雪害は100名以上, 地震・津波・火山噴火は10人以上のもののほか, 「災害対策基本法」による非常災害対策本部等政府の対策本部が設置されたもの。死者・行方不明者数は令和5年3月末時点のもの。

出典：気象年鑑、理科年表、警察庁資料、消防庁資料、緊急災害対策本部資料、非常災害対策本部資料、兵庫県資料をもとに内閣府作成

（人）

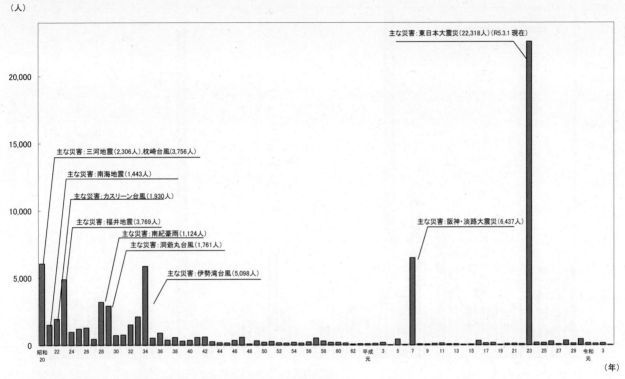

注）令和4年の死者・行方不明者は内閣府取りまとめによる速報値
出典：昭和20年は主な災害による死者・行方不明者（理科年表による）。昭和21～27年は日本気象災害年報、昭和28年～
　　　37年は警察庁資料、昭和38年以降は消防庁資料をもとに内閣府作成

年	人	年	人	年	人	年	人	年	人
昭和20	6,062	37	381	54	208	8	84	25	173
21	1,504	38	575	55	148	9	71	26	280
22	1,950	39	307	56	232	10	109	27	65
23	4,897	40	367	57	524	11	141	28	297
24	975	41	578	58	301	12	78	29	129
25	1,210	42	607	59	199	13	90	30	452
26	1,291	43	259	60	199	14	48	令和元	159
27	449	44	183	61	148	15	62	2	128
28	3,212	45	163	62	69	16	318	3	150
29	2,926	46	350	63	93	17	148	4	26
30	727	47	587	平成元	96	18	177		
31	765	48	85	2	123	19	41		
32	1,515	49	324	3	190	20	101		
33	2,120	50	213	4	19	21	115		
34	5,868	51	273	5	438	22	89		
35	528	52	174	6	39	23	22,585		
36	902	53	153	7	6,482	24	192		

出典：昭和20年は主な災害による死者・行方不明者（理
　　　科年表による）。昭和21～27年は日本気象災害年
　　　報、昭和28年～37年は警察庁資料、昭和38年以
　　　降は消防庁資料をもとに内閣府作成

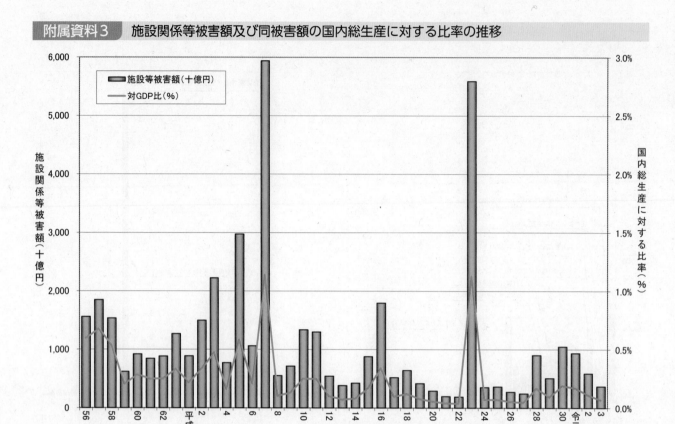

注）国内総生産（GDP）は、平成5年までは平成12年基準（1993SNA）、平成6年以降は2015年（平成27年）基準
　　（2008SNA）
出典：各省庁資料より内閣府作成

区分	台風 （百万）	豪雨 （百万）	地震 （百万）	豪雪 （百万）	その他 （百万）	合計 （百万）	備　考
公共土木施設関係	11,950	147,068	7,960	1,295	18,183	186,457	河川、治山施設、港湾等
農林水産業関係	10,178	131,155	3,923	3,027	3,590	151,872	農地、農業用施設、林道、 漁業用施設、農林水産物等
文教施設等関係	622	2,010	3,864	30	251	6,778	学校施設、文化財等
厚生施設関係	44	3,768	12,414	6	173	16,405	社会福祉施設、水道施設等
その他の施設関係	667	2,728	567	234	813	5,009	自然公園、電信電話、 都市施設等
合計	23,461	286,729	28,729	4,592	23,010	366,520	

注）単位未満四捨五入のため、内訳と合計が一致しない場合がある。
出典：各省庁資料より内閣府作成

		契機となった災害等	災害対策に係る主な法制度	法制度の説明
1940年代	1945（昭和20年）	枕崎台風		
	1946（昭和21年）	南海地震		
	1947（昭和22年）	カスリーン台風	47「災害救助法」	
	1948（昭和23年）	福井地震		
			49「水防法」	
1950年代			50「建築基準法」	
	1959（昭和34年）	伊勢湾台風		
1960年代			60「治山治水緊急措置法」	
	1961（昭和36年）	豪雪	61「災害対策基本法」	我が国の災害対策の最も基本となる法律
			62 中央防災会議設置	・防災行政の責任の明確化
			63 防災基本計画	・総合的かつ計画的な防災行政の推進等
			62「激甚災害に対処するための特別の財政援助等に関する法律」	
	1964（昭和39年）	新潟地震	「豪雪地帯対策特別措置法」	
			66「地震保険に関する法律」	
	1967（昭和42年）	羽越豪雨		
1970年代	1973（昭和48年）	桜島噴火	73「災害弔慰金の支給等に関する法律」	
		浅間山噴火	「活動火山周辺地域における避難施設等の整備等に関する法律」（→昭和53年、「活動火山対策特別措置法」）	
	1976（昭和51年）	東海地震発生可能性の研究発表（地震学会）		
	1978（昭和53年）	宮城県沖地震	78「大規模地震対策特別措置法」	
1980年代			80「地震防災対策強化地域における地震対策緊急整備事業に係る国の財政上の特別措置に関する法律」	
			81「建築基準法施行令」一部改正	
1990年代	1995（平成7年）	兵庫県南部地震（阪神・淡路大震災）	95「地震防災対策特別措置法」	
			「建築物の耐震改修の促進に関する法律」	
			「災害対策基本法」一部改正	・ボランティアや自主防災組織による防災活動の環境整備、内閣総理大臣が本部長となる「緊急災害対策本部」の設置要件緩和、自衛隊の災害派遣要請の法定化等
			96「特定非常災害の被害者の権利利益の保全等を図るための特別措置に関する法律」	
			97「密集市街地における防災地区の整備の促進に関する法律」	
			98「被災者生活再建支援法」	
	1999（平成11年）	広島豪雨		
		JCO臨界事故	99「原子力災害対策特別措置法」	
2000年代	2000（平成12年）	東海豪雨	00「土砂災害警戒区域等における土砂災害防止対策の推進に関する法律」	
			01「水防法」一部改正	
			02「東南海・南海地震に係る地震防災対策の推進に関する特別措置法」	
			03「特定都市河川浸水被害対策法」	
	2004（平成16年）	新潟・福島豪雨等	04「日本海溝・千島海溝周辺海溝型地震に係る地震防災対策推進に関する特別措置法」	
		新潟中越地震	05「水防法」一部改正	
			「土砂災害警戒区域等における土砂災害防止対策の推進に関する法律」一部改正	
			「建築物の耐震改修の促進に関する法律」一部改正	
			06「宅地造成等規制法」一部改正	

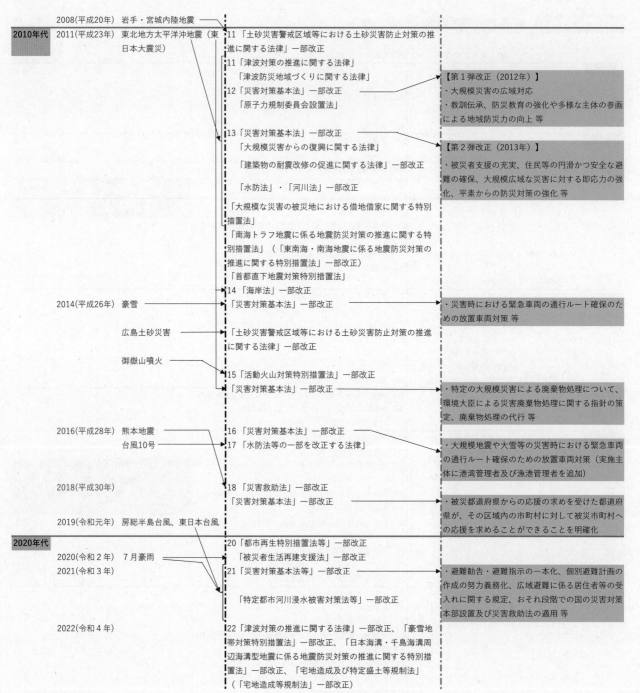

	2008(平成20年) 岩手・宮城内陸地震	
2010年代	2011(平成23年) 東北地方太平洋沖地震（東日本大震災）	11 「土砂災害警戒区域等における土砂災害防止対策の推進に関する法律」一部改正
		11 「津波対策の推進に関する法律」「津波防災地域づくりに関する法律」
		12 「災害対策基本法」一部改正「原子力規制委員会設置法」

【第1弾改正（2012年）】
・大規模災害の広域対応
・教訓伝承、防災教育の強化や多様な主体の参画による地域防災力の向上 等

13 「災害対策基本法」一部改正
「大規模災害からの復興に関する法律」
「建築物の耐震改修の促進に関する法律」一部改正
「水防法」・「河川法」一部改正
「大規模な災害の被災地における借地借家に関する特別措置法」
「南海トラフ地震に係る地震防災対策の推進に関する特別措置法」（「東南海・南海地震に係る地震防災対策の推進に関する特別措置法」一部改正）
「首都直下地震対策特別措置法」

【第2弾改正（2013年）】
・被災者支援の充実、住民等の円滑かつ安全な避難の確保、大規模広域な災害に対する即応力の強化、平素からの防災対策の強化 等

2014(平成26年) 豪雪
14 「海岸法」一部改正
「災害対策基本法」一部改正

・災害時における緊急車両の通行ルート確保のための放置車両対策 等

広島土砂災害
「土砂災害警戒区域等における土砂災害防止対策の推進に関する法律」一部改正

御嶽山噴火
15 「活動火山対策特別措置法」一部改正
「災害対策基本法」一部改正

・特定の大規模災害による廃棄物処理について、環境大臣による災害廃棄物処理に関する指針の策定、廃棄物処理の代行 等

2016(平成28年) 熊本地震
台風10号
16 「災害対策基本法」一部改正
17 「水防法等の一部を改正する法律」

・大規模地震や大雪等の災害時における緊急車両の通行ルート確保のための放置車両対策（実施主体に港湾管理者及び漁港管理者を追加）

2018(平成30年)
18 「災害救助法」一部改正
「災害対策基本法」一部改正

・被災都道府県からの応援の求めを受けた都道府県が、その区域内の市町村に対して被災市町村への応援を求めることができることを明確化

2019(令和元年) 房総半島台風、東日本台風

2020年代		20 「都市再生特別措置法等」一部改正
	2020(令和2年) 7月豪雨	「被災者生活再建支援法」一部改正
	2021(令和3年)	21 「災害対策基本法等」一部改正

「特定都市河川浸水被害対策法等」一部改正

・避難勧告・避難指示の一本化、個別避難計画の作成の努力義務化、広域避難に係る居住者等の受入れに関する規定、おそれ段階での国の災害対策本部設置及び災害救助法の適用 等

2022(令和4年)
22 「津波対策の推進に関する法律」一部改正、「豪雪地帯対策特別措置法」一部改正、「日本海溝・千島海溝周辺海溝型地震に係る地震防災対策の推進に関する特別措置法」一部改正、「宅地造成及び特定盛土等規制法」（「宅地造成等規制法」一部改正）

出典：内閣府資料

類型	予防	応急	復旧・復興

災害対策基本法

類型	予防	応急	復旧・復興
地震津波	・大規模地震対策特別措置法 ・津波対策の推進に関する法律 ・地震防災対策強化地域における地震対策緊急整備事業に係る国の財政上の特別措置に関する法律 ・地震防災対策特別措置法 ・南海トラフ地震に係る地震防災対策の推進に関する特別措置法 ・首都直下地震対策特別措置法 ・日本海溝・千島海溝周辺海溝型地震に係る地震防災対策の推進に関する特別措置法 ・建築物の耐震改修の促進に関する法律 ・密集市街地における防災街区の整備の促進に関する法律 ・津波防災地域づくりに関する法律 ・海岸法	・災害救助法 ・消防法 ・警察法 ・自衛隊法 ・災害時等における船舶を活用した医療提供体制の整備の推進に関する法律	＜全般的な救済援助措置＞ ・激甚災害に対処するための特別の財政援助等に関する法律 ＜被災者への救済援助措置＞ ・中小企業信用保険法 ・天災による被害農林漁業者等に対する資金の融通に関する暫定措置法 ・災害弔慰金の支給等に関する法律 ・雇用保険法 ・被災者生活再建支援法 ・株式会社日本政策金融公庫法 ・自然災害義援金に係る差押禁止等に関する法律 ＜災害廃棄物の処理＞ ・廃棄物の処理及び清掃に関する法律 ＜災害復旧事業＞ ・農林水産業施設災害復旧事業費国庫補助の暫定措置に関する法律 ・公共土木施設災害復旧事業費国庫負担法 ・公立学校施設災害復旧費国庫負担法 ・被災市街地復興特別措置法 ・被災区分所有建物の再建等に関する特別措置法
火山	・活動火山対策特別措置法		
風水害	・河川法 ・海岸法	・水防法	
地滑り 崖崩れ 土石流	・砂防法 ・森林法 ・地すべり等防止法 ・急傾斜地の崩壊による災害の防止に関する法律 ・土砂災害警戒区域等における土砂災害防止対策の推進に関する法律 ・宅地造成及び特定盛土等規制法		＜保険共済制度＞ ・地震保険に関する法律 ・農業保険法 ・森林保険法 ＜災害税制関係＞ ・災害被害者に対する租税の減免、徴収猶予等に関する法律 ＜その他＞ ・特定非常災害の被害者の権利利益の保全等を図るための特別措置に関する法律 ・防災のための集団移転促進事業に係る国の財政上の特別措置等に関する法律 ・大規模な災害の被災地における借地借家に関する特別措置法
豪雪	・豪雪地帯対策特別措置法 ・積雪寒冷特別地域における道路交通の確保に関する特別措置法		
原子力	・原子力災害対策特別措置法		・大規模災害からの復興に関する法律

出典：内閣府資料

年度	科学技術の研究		災害予防		国土保全		災害復旧等		合計 (百万円)
	(百万円)	シェア (%)	(百万円)	シェア (%)	(百万円)	シェア (%)	(百万円)	シェア (%)	
昭37	751	0.4	8,864	4.3	97,929	47.1	100,642	48.3	208,006
38	1,021	0.4	8,906	3.7	116,131	47.7	117,473	48.2	243,522
39	1,776	0.7	13,724	5.4	122,409	48.3	115,393	45.6	253,302
40	1,605	0.5	17,143	5.6	147,858	48.3	139,424	45.6	306,030
41	1,773	0.5	20,436	5.9	170,650	49.0	155,715	44.7	348,574
42	2,115	0.6	23,152	6.1	197,833	52.3	154,855	41.0	377,955
43	2,730	0.7	25,514	6.8	207,600	55.4	138,815	37.1	374,659
44	2,747	0.7	30,177	7.5	236,209	59.0	131,270	32.8	400,403
45	2,756	0.6	36,027	8.2	269,159	60.9	133,998	30.3	441,940
46	3,078	0.5	50,464	8.6	352,686	60.3	178,209	30.5	584,437
47	3,700	0.4	93,425	10.3	488,818	54.1	316,895	35.1	902,838
48	6,287	0.7	111,321	12.4	493,580	54.9	287,082	32.0	898,270
49	14,569	1.5	118,596	12.1	505,208	51.5	342,556	34.9	980,929
50	17,795	1.5	159,595	13.3	615,457	51.3	405,771	33.9	1,198,618
51	21,143	1.3	186,297	11.5	711,159	43.9	700,688	43.3	1,619,287
52	22,836	1.4	234,409	13.9	904,302	53.6	525,886	31.2	1,687,433
53	29,642	1.7	307,170	17.3	1,093,847	61.6	345,603	19.5	1,776,262
54	35,145	1.6	435,963	20.4	1,229,401	57.6	432,759	20.3	2,133,268
55	29,929	1.2	456,575	18.9	1,229,615	50.8	705,168	29.1	2,421,287
56	29,621	1.2	474,926	18.9	1,240,788	49.5	761,950	30.4	2,507,285
57	28,945	1.1	469,443	17.2	1,261,326	46.3	963,984	35.4	2,723,698
58	29,825	1.1	489,918	18.4	1,268,712	47.6	875,851	32.9	2,664,306
59	28,215	1.2	485,219	20.7	1,350,592	57.7	475,878	20.3	2,339,904
60	27,680	1.1	512,837	20.2	1,355,917	53.5	640,225	25.2	2,536,659
61	28,646	1.2	482,889	19.7	1,354,397	55.3	581,462	23.8	2,447,394
62	38,296	1.4	612,505	21.9	1,603,599	57.2	548,337	19.6	2,802,737
63	31,051	1.1	587,073	20.8	1,550,132	54.9	657,681	23.3	2,825,937
平元	34,542	1.2	588,354	20.7	1,638,104	57.5	587,819	20.6	2,848,819
2	35,382	1.1	625,239	20.0	1,669,336	53.4	796,231	25.5	3,126,188
3	35,791	1.1	628,596	19.8	1,729,332	54.3	788,603	24.8	3,182,322
4	36,302	1.1	745,405	22.8	2,017,898	61.6	475,411	14.5	3,275,015
5	43,152	0.9	866,170	18.6	2,462,800	52.9	1,280,569	27.5	4,652,691
6	40,460	1.0	747,223	18.9	1,945,295	49.1	1,230,072	31.0	3,963,050
7	105,845	1.4	1,208,134	16.0	2,529,386	33.5	3,696,010	49.0	7,539,375
8	52,385	1.2	1,029,658	24.5	2,156,714	51.3	968,182	23.0	4,206,938
9	49,128	1.2	1,147,102	28.2	2,014,695	49.4	864,370	21.2	4,075,295
10	62,435	1.1	1,228,539	22.3	2,905,921	52.8	1,310,515	23.8	5,507,411
11	78,134	1.7	1,142,199	25.0	2,400,534	52.6	941,886	20.6	4,562,752
12	73,502	1.8	1,011,535	24.4	2,376,083	57.3	689,225	16.6	4,150,346
13	49,310	1.2	1,060,445	26.7	2,238,816	56.4	618,427	15.6	3,966,998
14	48,164	1.3	1,202,984	31.9	1,981,686	52.5	543,949	14.4	3,776,783
15	35,133	1.1	814,101	25.7	1,625,670	51.4	689,255	21.8	3,164,159
16	30,478	0.7	815,059	19.3	1,753,418	41.5	1,622,112	38.4	4,221,067
17	11,097	0.4	866,290	28.6	1,426,745	47.0	728,606	24.0	3,032,738
18	11,627	0.4	689,505	25.1	1,439,129	52.3	610,302	22.2	2,750,563
19	9,687	0.4	706,853	29.0	1,332,222	54.6	391,637	16.0	2,440,399
20	8,921	0.4	819,359	33.2	1,275,135	51.7	363,471	14.7	2,466,886
21	8,761	0.4	498,397	23.0	1,383,254	63.7	279,789	12.9	2,170,201

年度	科学技術の研究		災害予防		国土保全		災害復旧等		合計（百万円）
	（百万円）	シェア (%)	（百万円）	シェア (%)	（百万円）	シェア (%)	（百万円）	シェア (%)	
22	7,695	0.6	224,841	16.9	813,359	61.1	285,038	21.4	1,330,933
23	28,072	0.6	383,384	8.2	743,936	15.9	3,534,830	75.4	4,690,222
24	53,496	1.1	1,010,535	20.1	951,561	19.0	2,854,537	56.9	5,016,359
25	15,339	0.3	786,046	14.1	879,932	15.8	3,881,875	69.6	5,573,470
26	16,688	0.4	771,210	16.3	841,367	17.8	3,102,691	65.6	4,731,956
27	14,961	0.4	701,843	18.4	155,239	4.1	2,951,923	77.2	3,823,966
28	14,023	0.3	696,399	14.3	318,320	6.5	3,855,516	78.9	4,884,258
29	10,123	0.3	790,361	22.1	267,629	7.5	2,515,384	70.2	3,583,497
30	22,781	0.6	737,429	18.1	482,711	11.8	2,834,284	69.5	4,077,205
令元	14,390	0.3	814,471	19.5	512,324	12.3	2,835,790	67.9	4,176,975
2	15,726	0.4	1,037,401	27.2	437,134	11.5	2,320,286	60.9	3,810,547
3	26,756	0.5	1,108,485	33.3	404,554	7.5	1,226,931	58.2	2,766,726
4	14,806	0.5	1,122,603	37.2	693,159	23.0	1,186,362	39.3	3,016,930
5	7,432	0.5	643,841	40.0	110,084	6.8	846,522	52.6	1,607,879

注）1．補正後予算額（国費）である。ただし、令和5年度は速報値であり、当初予算である。
2．平成19年度における科学技術の研究の減額は、国立試験研究機関の独立行政法人化によるところが大きい（独立行政法人の予算は本表においては計上しない）。
3．平成21年度における災害予防の減額は、道路特定財源の一部が一般財源化されたことに伴い、一部施策について防災関係予算として金額を特定できなくなったことによるものである。
4．平成22年度における災害予防及び国土保全の減額は、「社会資本整備総合交付金」等の創設により、災害予防の一部施策や国土保全における補助事業の多くを当該交付金で措置することによるものである。

出典：各省庁資料より内閣府作成

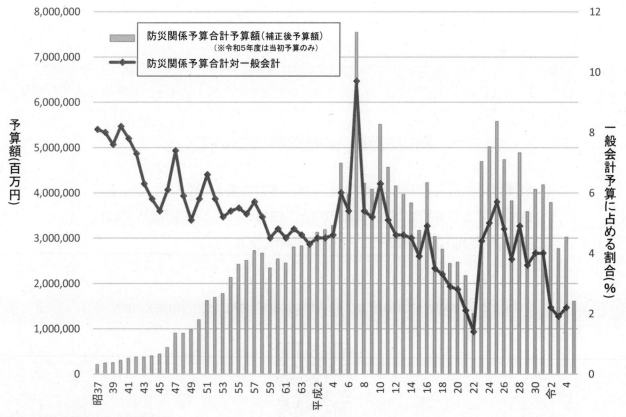

出典：各省庁資料より内閣府作成

防災白書　参考資料について

附属資料として収録した資料以外で、防災白書をご覧いただく上で
参考となる参考資料は、内閣府の防災白書のページに掲載していま
す。以下のURL又はQRコードをご参照ください。

https://www.bousai.go.jp/kaigirep/hakusho/index.html

表紙：第38回防災ポスターコンクールの受賞作品

②　③　④　⑤

⑦　⑨　⑩　⑪

①　　⑥　　⑧

① 防災担当大臣賞　幼児・小学1・2年生の部
　　徳島県　アトリエ遠渡（高木教室）　坂東　芽生（ばんどう　めい）さん
② 防災担当大臣賞　小学3〜5年生の部
　　神奈川県　アトリエENDO　小島　ゆきの（こじま　ゆきの）さん
③ 防災担当大臣賞　小学6年生・中学1年生の部
　　香川県　大北お絵かき教室　宮武　瑳南（みやたけ　さな）さん
④ 防災担当大臣賞　中学2・3年生の部
　　東京都　葛飾区立水元中学校　伊藤　虎生（いとう　こうせい）さん
⑤ 防災担当大臣賞　高校生・一般の部
　　香川県　香川県立高松東高等学校　須永　来怜亜（すなが　くれあ）さん
⑥ 防災推進協議会会長賞　幼児・小学1・2年生の部
　　福岡県　社会福祉法人正寿庵会みのり保育園　細江　美和（ほそえ　みわ）さん
⑦ 防災推進協議会会長賞　小学3〜5年生の部
　　愛知県　だれでもアーティストクラブ　廣田　結子（ひろた　ゆうこ）さん
⑧ 防災推進協議会会長賞　小学6年生・中学1年生の部
　　京都府　洛南高等学校附属中学校　柴　悠一郎（しば　ゆういちろう）さん
⑨ 防災推進協議会会長賞　中学2・3年生の部
　　東京都　文京区立第六中学校　堀　智理（ほり　ちさと）さん
⑩ 防災推進協議会会長賞　高校生・一般の部
　　東京都　個人　古賀　結花（こが　ゆいか）さん
⑪ 審査員特別賞
　　広島県　個人　堀野　ひろみ（ほりの　ひろみ）さん

防災白書（令和5年版）

令和5年7月28日　発行　　定価は表紙に表示してあります。

編　集　　内　閣　府

〒100-8914
東京都千代田区永田町1-6-1
電話　03-5253-2111（代）

発　行　　日経印刷株式会社

〒102-0072
東京都千代田区飯田橋2-15-5
電話　03-6758-1011

発　売　　全国官報販売協同組合

〒100-0013
東京都千代田区霞が関1-4-1
電話　03-5512-7400

落丁，乱丁本はおとりかえします。

ISBN978-4-86579-375-8